教育部人文社会科学重点研究基地成果
中国语言文学国家"双一流"建设学科成果

汉语方言语法研究丛书

顾问　邢福义　张振兴

主编　汪国胜

山西方言语法研究

乔全生 ◎ 著

中国社会科学出版社

图书在版编目（CIP）数据

山西方言语法研究/乔全生著. —北京：中国社会科学出版社，2023.6
（汉语方言语法研究丛书）
ISBN 978－7－5227－1950－4

Ⅰ.①山… Ⅱ.①乔… Ⅲ.①西北方言—语法—方言研究—山西
Ⅳ.①H172.2

中国国家版本馆 CIP 数据核字（2023）第 096198 号

出 版 人	赵剑英	
责任编辑	张　林	
特约编辑	张　虎	
责任校对	李　莉	
责任印制	戴　宽	

出　　版	中国社会科学出版社	
社　　址	北京鼓楼西大街甲 158 号	
邮　　编	100720	
网　　址	http://www.csspw.cn	
发 行 部	010－84083685	
门 市 部	010－84029450	
经　　销	新华书店及其他书店	

印刷装订	北京君升印刷有限公司
版　　次	2023 年 6 月第 1 版
印　　次	2023 年 6 月第 1 次印刷
开　　本	710×1000　1/16
印　　张	23.75
字　　数	381 千字
定　　价	128.00 元

凡购买中国社会科学出版社图书，如有质量问题请与本社营销中心联系调换
电话：010－84083683
版权所有　侵权必究

总　　序

　　20世纪80年代以来，随着汉语方言研究的拓展和深化，方言语法的研究越来越受到学界的关注和重视。这一方面是方言语法客观上存在着不同程度的不容小视的差异，另一方面是共同语（普通话）语法和历史语法的深入研究需要方言语法研究的支持。

　　过去人们一般认为，跟方言语音和词汇比较而言，方言语法的差异很小。这是一种误解，它让人忽略了对方言语法事实的细致观察。实际上，在南方方言，语法上的差异还是不小的，至少不像过去人们想象的那么小。当然，这些差异大多是表现在一些细节上，但就是这样一些细节，从一个侧面鲜明地映射出方言的特点和个性。比如，湖北大冶方言的情意变调，[1] 青海西宁方言的左向否定，[2] 南方方言的是非型正反问句，[3] 等等，这些方言语法的特异表现，既显示出汉语方言语法的丰富性和复杂性，也可以提升我们对整体汉语语法的全面认识。

　　共同语语法和方言语法都是对历史语法的继承和发展，它们密切联系，又相互区别。作为整体汉语语法的一个方面，无论是共同语语法还是历史语法，有的问题光从本身来看，可能看不清楚，如果能将视线投向方言，则可从方言中获得启发，找到问题解决的线索和证据。朱德熙和邢福义等先生关于汉语方言语法的许多研究就是明证。[4] 由此可见方言语法对于共同语语法和历史语法研究的重要价值。

---

[1] 汪国胜：《大冶话的情意变调》，《中国语文》1996年第5期。
[2] 汪国胜：《从语法角度看〈现代汉语方言大词典〉》，《方言》2003年第4期。
[3] 汪国胜、李曌：《汉语方言的是非型正反问句》，《方言》2019年第1期。
[4] 朱德熙：《从历史和方言看状态形容词的名词化》，《方言》1993年第2期；邢福义：《"起去"的普方古检视》，《方言》2002年第2期。

本《丛书》由教育部人文社会科学重点研究基地华中师范大学"语言与语言教育研究中心"筹划实施并组织编纂，主要收录两方面的成果：一是单点方言语法的专题研究（甲类），如《武汉方言语法研究》；二是方言语法的专题比较研究（乙类），如《汉语方言疑问范畴比较研究》。其中有的是国家或教育部社科基金项目的结项成果，有的是作者多年潜心研究的学术结晶，有的是博士学位论文。就两类成果而言，应该说，当前更需要的是甲类成果。只有把单点方言语法研究的工作做扎实了，调查的方言点足够多了，考察足够深了，有了更多的甲类成果的积累，才能更好地开展广泛的方言语法的比较研究，才能逐步揭示汉语方言语法及整体汉语语法的基本面貌。

出版本《丛书》，一方面是想较为集中地反映汉语方言语法的研究成果，助推方言语法研究；另一方面是想为将来汉语方言语法的系统描写做点基础性的工作。《丛书》能够顺利面世，得力于中国社会科学出版社张林编辑的全心支持，在此表示衷心的感谢。《丛书》难免存在这样或那样的问题，盼能得到读者朋友的批评指正。

汪国胜

2021 年 5 月 1 日

目　　录

第1章　山西方言的附加式构词 ……………………………………… (1)
　1.1　构词形式 ……………………………………………………… (1)
　　1.1.1　前加附加式构词 ……………………………………… (1)
　　1.1.2　后附附加式构词 ……………………………………… (7)
　1.2　表义作用和语法功能 ………………………………………… (8)
　　1.2.1　"圪缀词"的表义作用和语法功能 ………………… (8)
　　1.2.2　"日缀词"的表义作用和语法功能 ………………… (10)
　　1.2.3　"忽缀词"的表义作用和语法功能 ………………… (10)
　　1.2.4　"不缀词"的表义作用和语法功能 ………………… (11)
　　1.2.5　"货、鬼、猴、佬"的表义作用和语法功能 ……… (12)
　　1.2.6　"叮、呱、娃"的表义作用和语法功能 …………… (12)
　1.3　形态特征 ……………………………………………………… (13)
　　1.3.1　构成形式的多样性与表示附加意义的丰富性 ……… (13)
　　1.3.2　构形形态的无限能产性与构词形态的受限制性 …… (14)
　　1.3.3　前缀对语义的限制性与构成词类的一致性 ………… (14)
　　1.3.4　后缀对语义的非限制性与构成词类的不一致性 …… (14)

第2章　山西方言的屈折式构词 ……………………………………… (16)
　2.1　屈折式构词的类型 …………………………………………… (16)
　　2.1.1　韵母屈折式构词 ……………………………………… (17)
　　2.1.2　声母屈折式构词 ……………………………………… (21)
　　2.1.3　声母、韵母屈折式构词 ……………………………… (22)
　　2.1.4　声调屈折式构词 ……………………………………… (23)
　2.2　屈折式构词的性质 …………………………………………… (24)

  2.2.1 屈折式不同于合音 ……………………………… (24)
  2.2.2 屈折式不同于异化 ……………………………… (25)
  2.2.3 屈折式不同于文白异读 ………………………… (25)
  2.2.4 屈折式不同于连读变调 ………………………… (25)
  2.2.5 屈折式是一种形态变化 ………………………… (26)

第3章 山西方言的重叠式构词 ……………………… (27)
 3.1 重叠式名词 …………………………………………… (27)
  3.1.1 构成形式 ………………………………………… (28)
  3.1.2 语音特征 ………………………………………… (33)
  3.1.3 语法功能 ………………………………………… (34)
  3.1.4 表义特征 ………………………………………… (35)
 3.2 重叠式副词 …………………………………………… (38)
  3.2.1 构成形式 ………………………………………… (38)
  3.2.2 语音特征 ………………………………………… (40)
  3.2.3 语法功能 ………………………………………… (41)
  3.2.4 表义特征 ………………………………………… (42)
 3.3 重叠式量词 …………………………………………… (42)
  3.3.1 构成形式 ………………………………………… (42)
  3.3.2 语音特征 ………………………………………… (43)
  3.3.3 语法功能 ………………………………………… (44)
  3.3.4 表义特征 ………………………………………… (45)
 3.4 重叠式形容词 ………………………………………… (48)
  3.4.1 构成形式 ………………………………………… (48)
  3.4.2 语音特征 ………………………………………… (52)
  3.4.3 语法功能 ………………………………………… (52)
  3.4.4 表义特征 ………………………………………… (53)
 3.5 重叠式动词 …………………………………………… (56)
  3.5.1 构成形式及读音变化 …………………………… (56)
  3.5.2 语法功能 ………………………………………… (58)
  3.5.3 表义特征 ………………………………………… (59)
 3.6 重叠式数词 …………………………………………… (60)

- 3.6.1 构成形式 …………………………………………………（60）
- 3.6.2 语法功能 …………………………………………………（62）
- 3.6.3 表义特征 …………………………………………………（63）
- 3.7 山西方言重叠式分析 ……………………………………………（64）
  - 3.7.1 地域分布上的广泛性和一致性 …………………………（64）
  - 3.7.2 构成形式上的丰富性和独特性 …………………………（65）
  - 3.7.3 语音形式的多变性和有效区别性 ………………………（65）
  - 3.7.4 构词构形的交叉性和不一贯性 …………………………（65）
  - 3.7.5 表达上的口语化和随意性 ………………………………（66）

第4章 山西方言的子尾 ……………………………………………（67）

- 4.1 子尾 ………………………………………………………………（68）
  - 4.1.1 子尾的语音特征 …………………………………………（68）
  - 4.1.2 子尾词的构成形式 ………………………………………（72）
  - 4.1.3 子尾的语法意义 …………………………………………（80）
  - 4.1.4 山西方言与北京话的子尾比较 …………………………（83）
- 4.2 子变韵母 …………………………………………………………（85）
  - 4.2.1 "子变韵母"的主要元音 …………………………………（85）
  - 4.2.2 "子变韵母"的韵尾 ………………………………………（87）
  - 4.2.3 "子变韵母"的声调 ………………………………………（87）
- 4.3 子尾变调 …………………………………………………………（88）
- 4.4 余论 ………………………………………………………………（90）
  - 4.4.1 没有"子尾"的方言点 ……………………………………（90）
  - 4.4.2 南北区"子尾"的不同读音 ………………………………（90）

第5章 山西方言的儿化和儿尾 ……………………………………（92）

- 5.1 儿化 ………………………………………………………………（92）
  - 5.1.1 儿化的语音特征 …………………………………………（92）
  - 5.1.2 儿化词的构成形式 ………………………………………（96）
  - 5.1.3 儿化的表义功能 …………………………………………（97）
- 5.2 儿尾 ………………………………………………………………（99）
  - 5.2.1 儿尾的语音特征 …………………………………………（99）
  - 5.2.2 儿尾词的构成形式与表义功能 …………………………（101）

5.3 儿中缀 ………………………………………………………… (101)
5.4 儿化、儿尾词的语法功能 ……………………………… (101)
　　5.4.1 儿化、儿尾读音复杂，功能庞杂 ………………… (101)
　　5.4.2 儿的零形式 ……………………………………… (102)

第6章　山西方言的詈词后缀 ……………………………… (103)
6.1 货 ……………………………………………………… (103)
6.2 佬 ……………………………………………………… (106)
　　6.2.1 AA佬 ……………………………………………… (106)
　　6.2.2 AB佬 ……………………………………………… (107)
6.3 鬼 ……………………………………………………… (108)
6.4 猴 ……………………………………………………… (110)
6.5 屄 ……………………………………………………… (111)
6.6 其他詈词后缀 ………………………………………… (111)

第7章　山西方言的代词 …………………………………… (113)
7.1 人称代词 ……………………………………………… (113)
　　7.1.1 人称代词单数的语音特征和语法意义 …………… (113)
　　7.1.2 人称代词复数的语音特征和语法意义 …………… (115)
　　7.1.3 人称代词的主要特点 ……………………………… (119)
7.2 指示代词 ……………………………………………… (125)
　　7.2.1 指示代词三种指称 ………………………………… (125)
　　7.2.2 指示代词的变读 …………………………………… (125)
7.3 疑问代词 ……………………………………………… (128)
　　7.3.1 疑问代词类别及例举 ……………………………… (128)
　　7.3.2 疑问代词的用法 …………………………………… (130)
　　7.3.3 "谁们"的用法 …………………………………… (131)
7.4 再论山西方言的人称代词"我咱""你咱" ………… (132)
　　7.4.1 从山西方言考察 …………………………………… (132)
　　7.4.2 元曲中的"自家" ………………………………… (135)
　　7.4.3 元曲中没有与"我给咱、你给咱"相对应的
　　　　　说法 ………………………………………………… (139)

第8章　山西方言的量词 (141)

8.1　个体量词 (141)
- 8.1.1　个体量词"个" (141)
- 8.1.2　个体量词"根" (142)
- 8.1.3　个体量词"□[p'aʔ˧]""挂" (142)
- 8.1.4　个体量词"圪X" (142)

8.2　不定量词 (144)
- 8.2.1　不定量词"些" (144)
- 8.2.2　不定量词"点" (145)

8.3　量词分析 (145)

第9章　山西方言的"V+将+来/去"结构 (147)

9.1　"将"的音变形式 (148)
9.2　"将"的词汇、语法意义 (148)
9.3　"V将来/去"结构的语法作用 (149)
- 9.3.1　t 类型："动+得+来/去"结构 (149)
- 9.3.2　tʂ 类型："动+张+来/去"结构 (152)
- 9.3.3　ts 类型："动+咋+来/去"结构 (153)
- 9.3.4　tɕ 类型："动+将+来/去"结构 (154)
- 9.3.5　四种类型的特点 (155)

9.4　与近代汉语同类结构的比较 (156)
- 9.4.1　动+将+趋补 (157)
- 9.4.2　动+将+宾+趋补 (157)
- 9.4.3　动+将+宾 (157)

第10章　山西方言表空间位移的"V+X+来/去"结构 (158)

10.1　表空间位移的结构形式 (158)
- 10.1.1　位移动词 V (158)
- 10.1.2　非指示路径的动词 X (159)
- 10.1.3　指示路径的趋向动词 (159)

10.2　表空间位移结构类型的特点 (159)
- 10.2.1　从 V 的位置看 (160)
- 10.2.2　从 X 的位置看 (162)

    10.2.3　从"来/去"的位置看 ································· (164)
  10.3　表空间位移结构的句法功能 ····························· (165)
    10.3.1　V 所带宾语的位置 ······································· (165)
    10.3.2　表指示路径趋向词的回指照应 ······················ (167)
    10.3.3　表位移的趋向动词 ······································ (167)
    10.3.4　表空间位移结构的否定形式 ·························· (168)
  10.4　余论 ··· (169)
    10.4.1　表空间位移的动词一般是动作动词 ··············· (169)
    10.4.2　趋向词内部的表义功能不同 ························· (169)
    10.4.3　结构形式不如普通话灵活 ···························· (170)

第 11 章　山西方言的补语 ··· (171)
  11.1　可能补语 ·· (171)
    11.1.1　V+补+了 ··· (171)
    11.1.2　能+V+补 ··· (172)
    11.1.3　"V+了"与"能+了" ······································· (172)
  11.2　程度补语 ·· (172)
    11.2.1　……得太 ·· (173)
    11.2.2　……了个厉害 ·· (173)
    11.2.3　……得不行；……得了不得 ························· (173)
    11.2.4　A 得 A 哩；A 了个 A ··································· (173)
    11.2.5　……得不能提了；……得要命哩；……得要
            死哩 ·· (174)
    11.2.6　……得哩 ·· (174)
    11.2.7　煞 ·· (174)
  11.3　结果补语 ·· (174)
    11.3.1　见 ·· (174)
    11.3.2　着 ·· (175)
    11.3.3　住 ·· (175)
    11.3.4　转 ·· (175)
  11.4　趋向补语 ·· (175)
    11.4.1　来、去 ·· (175)

11.4.2　转、开……………………………………………………（176）
　　11.4.3　趋向补语：上来、下来、上去、下去、过来、
　　　　　　过去、起来 ……………………………………………（176）
第12章　山西方言表聊天义的言说动词"告诉" ………………（178）
　12.1　山西方言"告诉"的基本义 ………………………………（178）
　12.2　"告诉"一词在山西方言的分布 …………………………（180）
　12.3　山西方言"告诉"的语义特征及其句法表现 ……………（184）
　　12.3.1　"互向性"语义特征及其句法表现………………（184）
　　12.3.2　"持续性"语义特征及其句法表现………………（187）
　12.4　"告诉"的语义发展及聊天义的来源 ……………………（190）
　12.5　余论 …………………………………………………………（195）
第13章　山西南区方言的独立词"可" ……………………………（196）
　13.1　"可"的语法功能……………………………………………（196）
　　13.1.1　用于问句的答句中…………………………………（197）
　　13.1.2　用于叙述性复句分句中……………………………（199）
　　13.1.3　用于比较句或有比较义的句子中…………………（200）
　13.2　"可"的语法性质……………………………………………（200）
　　13.2.1　句尾"可"不同于语助词"呢、么、哩" ………（200）
　　13.2.2　句尾"可"不同于副词"可" ……………………（201）
　　13.2.3　句首"可"不是感叹词 ……………………………（201）
　　13.2.4　句首"可"不是转折词 ……………………………（202）
**第14章　唐以来助词"着"与北京话、山西南区方言的
　　　　比较** …………………………………………………………（203）
　14.1　唐以来助词"着"的用法 …………………………………（203）
　　14.1.1　陈述语气里助词"着"的用法 ……………………（203）
　　14.1.2　祈使语气里助词"着"的用法 ……………………（204）
　14.2　唐宋时期"着"的用法与北京话比较 ……………………（205）
　14.3　唐宋时期"着"的用法与山西南区方言比较 ……………（206）
　　14.3.1　祈使语气…………………………………………（207）
　　14.3.2　陈述语气…………………………………………（207）
　　14.3.3　疑问语气…………………………………………（207）

第15章 山西北区方言的体貌系统 (209)

15.1 关于体貌 (209)

15.1.1 关于体貌的名称 (209)
15.1.2 关于体貌的定义 (209)
15.1.3 关于体貌的层次及分类 (210)

15.2 北区方言体貌系统 (211)

15.2.1 非完全体（imperfective） (212)
15.2.2 完全体（perfective） (215)

第16章 山西洪洞、汾西方言的"去""来" (219)

16.1 洪洞方言"去"的语法功能 (219)

16.1.1 去₁ [tɕʰia˧] (220)
16.1.2 去₂ [tɕʰi˧] (220)
16.1.3 去₃ [tɕʰi˩] (221)
16.1.4 去₄ [·tɕʰia] (221)
16.1.5 去₅ [·tɕʰi] (222)

16.2 洪洞方言"来"的语法功能 (224)

16.2.1 来₁ [lei˧] (224)
16.2.2 来₂ [lɑi˧] (224)
16.2.3 来₃ [·lei] (224)
16.2.4 来₄ [·lɑi] (225)

16.3 汾西方言"去"的用法 (226)

16.3.1 去₁ [tɕʰʅ˩] (226)
16.3.2 去₂ [tɕʰia˥] (226)
16.3.3 去₃ [·tɕʅ] (226)
16.3.4 去₄ [·tɕia] (226)
16.3.5 去₅ [·ta] (227)

第17章 山西洪洞方言的代词 (228)

17.1 人称代词 (228)

17.1.1 人称代词的单数形式 (229)
17.1.2 人称代词的复数形式 (231)
17.1.3 人称代词"咱"的用法 (232)

17.2　疑问代词 …………………………………………………（233）
　　17.2.1　"谁"的用法 ………………………………………（233）
　　17.2.2　"怎"的用法 ………………………………………（234）
　　17.2.3　"什么"的用法 ……………………………………（234）
　　17.2.4　"哪"的用法 ………………………………………（235）
17.3　指示代词 …………………………………………………（235）
　　17.3.1　这$_1$兀$_1$的用法 …………………………………（235）
　　17.3.2　这$_2$兀$_2$的用法 …………………………………（235）
　　17.3.3　这$_3$兀$_3$的用法 …………………………………（236）
　　17.3.4　这$_4$兀$_4$的用法 …………………………………（236）

第18章　山西洪洞方言的助词"着" ……………………（238）
18.1　"着"的共时分析 ………………………………………（238）
　　18.1.1　"着$_1$"的用法 ……………………………………（238）
　　18.1.2　"着$_2$"的用法 ……………………………………（241）
　　18.1.3　"着$_3$"的用法 ……………………………………（244）
　　18.1.4　"着$_4$"的用法 ……………………………………（246）
　　18.1.5　"着$_5$"的用法 ……………………………………（247）
　　18.1.6　"去着"的用法 ……………………………………（248）
18.2　"着"的历时探讨 ………………………………………（249）
　　18.2.1　唐代用例 …………………………………………（249）
　　18.2.2　宋代用例 …………………………………………（251）
　　18.2.3　元代用例 …………………………………………（254）
　　18.2.4　明代用例 …………………………………………（256）
　　18.2.5　清代用例 …………………………………………（257）
　　18.2.6　"着"的演变 ………………………………………（258）
18.3　"着$_2$、着$_3$"的性质 …………………………………（260）
　　18.3.1　"着$_2$"的性质 ……………………………………（260）
　　18.3.2　"着$_3$"的性质 ……………………………………（260）
18.4　余论 ………………………………………………………（261）
　　18.4.1　动态范畴与时点范畴 ……………………………（261）
　　18.4.2　空间差别与时间序列 ……………………………（261）

18.4.3　文白异型与方言干扰 …………………………………… (262)

第19章　从山西洪洞方言看唐宋以来助词"着"的性质 ……… (263)

19.1　唐宋以来助词"着"的性质 ……………………………… (263)
　　19.1.1　从表态功能看"着" ……………………………… (264)
　　19.1.2　从句中位置看"着" ……………………………… (265)
　　19.1.3　从语言系统看"着" ……………………………… (266)
19.2　从洪洞等方言看助词"着"的动态性质 ………………… (267)
　　19.2.1　从洪洞方言看"着" ……………………………… (267)
　　19.2.2　从山西南区等方言看"着" ……………………… (268)
　　19.2.3　从山西其他方言区看"着" ……………………… (269)

第20章　山西洪洞方言用于答语的反诘问句 "咋呢不行的" ……………………………………………… (273)

20.1　"咋呢不行的"出现的语言环境 ………………………… (275)
　　20.1.1　"咋呢不行的"的语言内环境 …………………… (275)
　　20.1.2　"咋呢不行的"使用的语言外环境 ……………… (276)
　　20.1.3　"咋呢不行的"所实施的言语行为：允许 ……… (276)
20.2　"咋呢不行的"的用意 …………………………………… (277)
　　20.2.1　"面子"及"面子维护" ………………………… (278)
　　20.2.2　"咋呢不行的"是积极的面子维护行为 ………… (281)
20.3　"咋呢不行的"用意的识别 ……………………………… (282)
　　20.3.1　会话的合作原则 …………………………………… (283)
　　20.3.2　"咋呢不行的"对方式准则的违反 ……………… (283)
　　20.3.3　"咋呢不行的"用意的识别 ……………………… (284)

第21章　山西洪洞方言的几种语法结构 ……………………… (288)

21.1　形容词、副词、象声词的四重叠结构 …………………… (288)
　　21.1.1　单音节形容词四重叠结构 ………………………… (288)
　　21.1.2　双音节形容词第一语素四重叠结构 ……………… (289)
　　21.1.3　副词四重叠结构 …………………………………… (289)
　　21.1.4　象声词四重叠结构 ………………………………… (289)
21.2　"形补同词"结构 ………………………………………… (289)
21.3　比较句 ……………………………………………………… (290)

21.3.1　没有介词的比较句……………………………………（290）
21.3.2　表否定的"不敌、不胜"比较句………………………（291）
21.4　"V得"结构……………………………………………………（292）
21.4.1　V得唡………………………………………………（292）
21.4.2　V得O唡……………………………………………（292）
21.4.3　VC得唡……………………………………………（293）
21.5　"V+动+哩"结构……………………………………………（294）
21.6　"把"字句………………………………………………………（295）
21.6.1　"把+名"结构………………………………………（295）
21.6.2　"把+名+动/形"结构………………………………（296）
21.7　"的"字结构以及"的"的另一种作用………………………（297）
21.7.1　"的"字结构…………………………………………（297）
21.7.2　"的"的另一种作用…………………………………（298）

第22章　山西中阳方言的人称代词……………………………（300）

22.1　人称代词的表现形式…………………………………………（300）
22.1.1　人称代词单数的表现形式…………………………（300）
22.1.2　人称代词复数的表现形式…………………………（301）
22.1.3　人称代词的其他表现形式…………………………（302）
22.2　人称代词的语法功能…………………………………………（302）
22.2.1　人称代词单数基本形式的语法功能………………（302）
22.2.2　人称代词单数变体形式的语法功能………………（302）
22.2.3　人称代词复数的语法功能…………………………（303）
22.2.4　其他人称代词………………………………………（305）
22.3　人称代词的语用功能…………………………………………（306）
22.3.1　虚指……………………………………………………（306）
22.3.2　人称代词单复数的变换……………………………（306）
22.4　余论………………………………………………………………（307）
22.4.1　常用人称代词单数间的声调感染作用……………（307）
22.4.2　复数词尾"们""家"的叠合…………………………（308）
22.4.3　关于"我咱""你咱"中的"咱"………………………（308）

第23章　山西长治方言的"将" (310)
23.1 "将"的共时用法 (310)
23.1.1 "将"作次要动词、动介两用和介词 (311)
23.1.2 "将"作动态助词 (312)
23.2 "将"的历时演变 (315)
23.2.1 从历时演变上看 (315)
23.2.2 从结构形式上看 (316)
23.2.1 从语法意义上看 (317)

第24章　山西方言语法研究的回顾与展望 (319)
24.1 山西方言语法研究的肇始期（1949年之前） (320)
24.2 山西方言语法研究的探索期（1949—1965） (322)
24.3 山西方言语法研究的萧条期（1966—1977） (324)
24.4 山西方言语法研究的提升期（1978—1998） (327)
24.4.1 词类 (327)
24.4.2 构词法 (329)
24.4.3 句法 (332)
24.5 山西方言语法研究的辉煌期（1999—2021） (333)
24.5.1 词类 (335)
24.5.2 构词法 (338)
24.5.3 句法 (340)
24.5.4 引入语法化理论 (343)
24.5.5 语法史研究 (343)
24.6 山西方言语法研究的几点展望 (344)
24.6.1 全面开展山西方言语法研究 (344)
24.6.2 重点聚焦山西方言语法比较研究 (345)
24.6.3 深入进行山西方言语法历时研究 (345)
24.6.4 注重提升山西方言语法理论研究意识 (345)

参考文献 (347)
后　记 (357)

第1章 山西方言的附加式构词

山西方言因其特殊的地理环境和复杂的历史原因而具有诸多特征，附加式构词的形态特征就是其中最主要特征之一。

山西方言的形态构词方式丰富多样，本章所列举的构词方式所表现出的语法语义和形态特征较之北京话和北方官话是大不相同的，可以说是山西方言特有的。从山西方言的构词方式看，可以分为形态构词和句法构词两大类，形态构词又可分为附加式构词、屈折式构词、重叠式构词三类，句法构词与北京话相差不大。本章重点讨论形态构词中附加式构词及其形态特征。

本章通过系统考察山西方言构词方式中附加式构词现象所表现出的语义、语法形态特征，旨在说明山西方言不仅有丰富的形态，而且有自己的特色。材料上，尽量详细地描写所有构词、构形词缀。对列举的词不再一一注音和注明出处。

山西方言各片的构词现象也不完全一致，有的构词现象带有普遍性，如前缀"圪、日、不"，后缀"鬼"等；有的只在部分方言点使用，如前缀"忽"、后缀"叮、猴"等，行文中将予以注明。

1.1 构词形式

附加式构词是山西方言中较为活跃的构词方式之一，可分为前加和后附两种。

1.1.1 前加附加式构词

前加附加式构词是指词根前加词缀的构词方式。这里主要描写以

"圪、忽、日、不"为前缀的构词形式。

1.1.1.1 "圪"的构词形式

前缀"圪",山西方言较为普遍,这方面材料也很多,入声区读入声,声母为[k],韵母多为央元音加喉塞音[əʔ],非入声区为高元音[ɯ]或[i]。"圪"作为前缀可以构成名词、动词、形容词、量词、拟声词,构成方式主要有:圪A、圪AA、圪A圪B、圪圪AA 等。见表1-1("——"表示缺这一类型的例子)。

表1-1　　　　各区"圪"的构词形式一览表

方言点		圪A	圪AA	圪A圪B	圪圪AA	圪A圪A	圪ABC
中区	太原	圪台	圪台台	圪低圪摇	圪圪注注	圪摇圪摇	圪晾半死
	和顺	圪台	圪脆脆	圪摇圪摆	圪圪碰碰	圪摇圪摇	
西区	汾阳	圪台儿	圪台台	圪支圪促	——	圪欺圪欺	圪摇四筛
	临县	圪梁	圪梁梁	圪呢圪喃	——	圪叭圪叭	圪梁板凳
北区	大同	圪旯	圪旯旯	圪摇圪摆	——	圪涮圪涮	圪朽麻脑
	忻府	圪台	圪台台	圪摇圪摆	圪圪注注	圪转圪转	圪腥烂气
东南区	长治 沁县	圪台	——	圪摇圪摆	——	圪吹圪吹	圪腥烂气
		圪虫	圪虫虫	——	——	圪走圪走	圪雷暴震
南区	盐湖	圪台		圪摇圪摆		圪摇圪摇	
	新绛	圪针			圪圪吃吃	圪摇圪摇	——

山西省外也不同程度地存在"圪"音词,但均没有山西省内丰富。举例如下:

获嘉(河南):名词:圪垯、圪绫碎布条儿、圪扎垃圾、圪节儿草

　　　　　　动词:圪撂桌活动了,把它~住、圪搅、圪拐、圪扣

神木(陕西):名词:圪旯、圪棱、圪坨、圪针、圪台台、圪梁梁

下文用例,除特别注明外,都取自山西北区忻府方言。

1."圪A"式。"圪A"式可以是名词、动词、形容词、量词、拟声词,如:

名词:　　　圪针 枣树、酸枣树的刺　　　　　圪蚤 跳蚤

　　　　　　圪台 台阶　　　　　　　　　　　圪梁 山梁

动词：	圪蛋 圆形的东西	圪堆 堆儿
	圪蹲 蹲	圪捣 挑逗，摆弄
	圪吵 小声谈论	圪蹶 用一条腿向后踢
	圪捞 用棍状物在洞里或夹缝里搅动	圪缩 蜷曲
形容词：	圪腻 形容油腻	圪森 形容可怕
	圪出 形容不平展，皱纹多	
	圪料 形容物体弯曲，形容人别扭	圪星 形容东西少
量词：	圪节 节：一~荞秆（一节高粱秆），一~竹竿	圪独 头：一~蒜
	圪抓 手抓的量：一~瓜子，一~花生	
象声词：	圪吱 形容挑重物时扁担颤动发出的响声	圪噔 形容走路发出的响声
	圪巴 形容物体毁坏时发出的尖脆声	圪才 形容打人发出的声音

2. "圪AA"式。由"圪"与名词、动词、形容词词根重叠而成。个别地方带"圪"的名词词根不能重叠，如和顺方言，"圪台"不能说成"圪台台"。

形容词词根重叠，如：

圪腻：这些儿菜过肥，人们~得不能吃。

圪腻腻 形容非常腻：这肥肉~的，我不能吃。

动词词根重叠后，一般变成形容词，如：

圪瞪 瞪眼：气得他眼~哩。

圪瞪瞪 形容生气地瞪着眼睛：他气得~的。

圪钻钻：兔儿~得哪儿去喽？

圪钻钻 形容尽力往里钻：未那天看把戏 杂技 嗓的时候，这娃娃~的一会就到了前头啊！

有的地方重叠表示"稍微"的意思，如汾阳方言：

圪看看 稍微看一看

圪挪挪 稍微挪一挪

圪搓搓 稍微搓一搓

圪跳跳_{稍微跳一跳}

有的地方带"圪"的动词词根不能重叠，如长治方言可以说"圪坐圪坐"，但不说"圪坐坐"。

3. "圪 A 圪 B"式。A 和 B 多数是同义或近义词，有的是反义词构成形容词性的四字格，如：

圪摇圪摆_{形容摇摇摆摆的样子}

圪扭圪捏_{形容扭扭捏捏的样子}

圪抽圪扯_{形容动作不协调，相互拉扯}

圪梁圪洼_{形容地势凹凸不平}

4. "圪圪 AA"式。这是"圪 A"的重叠式，如：

圪闯（身体）扭动：你站在戏场儿_{剧场}里不要~！

圪圪闯闯_{形容身体来回扭动}：他~的，身上又有了虱子了。

圪洼_{凹陷下去}：未忽娄儿那里~下去了。

圪圪洼洼_{形容地势高低不平}：这条路一牙儿_{从前}~的走上半天也进不了村。

5. "圪 A 圪 A"式。这是"圪 A"的另一种重叠式，如：

圪吵圪吵_{讨论一下}

圪捣圪捣_{摆弄一阵子}

6. "圪 ABC"式。有的是"圪 A"加后缀"马爬""了耳""弹蹄"等，如：

圪蹴马爬_{形容下蹲时间长，难以忍受}：我夜来_{昨天}~的薅了一天谷，至这会儿还腿疼哩。

圪节了耳_{形容节子多}：这棍子~的不能做锄把。

圪搐弹蹄_{形容皱褶多，不平展}：看把袄儿~的，揉下个甚啊！

有的是"圪 A"加同义或近义词，如：

圪迁将就_{将就}：这件衣裳你就~的再穿几天哇！

圪腥烂气_{形容气味腥膻}：这碗下水~的可不好喝哩。

1.1.1.2 "忽"的构形形式

前缀"忽"，山西方言使用频率较高，读入声。与"圪"不同的是，"忽"只在山西中区、西区、北区、东南区通用，而"圪"在山西南区较少用。"忽"做前缀可以构成动词和形容词，构成方式有：忽 A、忽 AA、忽 A 忽 A、忽忽 AA。见表 1-2。

表1-2　　　　　　　各区"忽"的构形形式一览表

方言点		忽A	忽AA	忽A忽A	忽忽AA
中区	太原	忽摇	忽摇摇	忽闪忽闪	忽忽摇摇
	平遥	忽摇	忽摇摇	忽闪忽闪	忽忽摇摇
西区	汾阳	忽摇	忽摇摇	忽摇忽摇	忽忽摇摇
	临县	忽摇	忽摇摇	忽摇忽摇	忽忽摇摇
北区	大同	忽摇	忽悠悠	忽塌忽塌	——
	忻府	忽摇	忽悠悠	忽塌忽塌	忽忽摇摇
东南区	长治	忽摇	忽悠悠	忽搅忽搅	忽忽悠悠
	沁县	忽摇	——	忽闪忽闪	忽忽摇摇

"忽"作为前缀的词，北区比较丰富，以朔城为例：

忽A式：忽拍　忽摆　忽摇　忽塌　忽扇　忽旋
　　　　忽眨　忽揉　忽颤　忽嗤　忽搅

忽AA式：忽摇摇　忽扇扇　忽悠悠
　　　　　忽展展　忽塌塌　忽令令

忽A忽A式：忽拍忽拍　忽塌忽塌　忽闪忽闪
　　　　　　忽搅忽搅　忽抖忽抖　忽眨忽眨

忽忽AA式：忽忽摇摇　忽忽颤颤　忽忽疑疑
　　　　　　忽忽闪闪　忽忽颠颠　忽忽搅搅

1.1.1.3　"日"的构词形式

前缀"日"大致有四种读音，即太原音[zəʔ˧]、平遥音[zʌʔ˥]、大同音[zəʔ˥]、长治音[ieiʔ˧]、南区方言多读[zʅʔ˥]，但用例较少（此处不列）。见表1-3。"日"做前缀可以构成形容词和动词，构成方式有：日A、日AA、日ABC等。

表1-3　　　　　　各区"日"的构词形式一览表

太原	平遥	汾阳	大同	忻府	长治	沁县	注释
zəʔ˧	zʌʔ˥	zəʔ˥	zəʔ˥	zəʔ˧	ieiʔ˧	zəʔ˧	
日脏	日脏	日脏	日脏	日脏	日脏	日脏	脏
日怪	日怪	日怪	日怪	日怪	日怪	日怪	奇怪

续表

太原	平遥	汾阳	大同	忻府	长治	沁县	注释
		日恶	日恶	日恶		日恶	凶恶
日能	日能	日能	日能	日能	日能	日能	耍小聪明
日鬼	日鬼	日鬼	日鬼	日鬼	日鬼	日鬼	捣鬼
日粗			日粗	日粗			吹牛
日噘	日噘	日噘	日噘	日噘	日噘	日噘	骂
日哄		日哄	日哄	日哄	日哄		欺骗

"日"构成的"日A"式各方言点大体一致，一般有20条左右。

日A式：日脏脏、日怪奇怪、日恶凶恶、日能耍小聪明、日样行为怪僻、日秧十分逗人、日伶乖巧伶俐、日猴顽皮、日精（以上形容词），日鬼捣鬼、日粗吹牛、日噘骂、日哄欺骗、日显逞能、日捣哄骗、日瞎瞎说、日蹋糟蹋、日吼乱叫、日拦盲目应付、日撩胡乱敷衍、日拐拐骗、日歪故意往别处说、日玄吹嘘、日弄捉弄、日戏（以上动词）

日AA式：日猴猴、日灵灵、日显显

日ABC式：日洋古怪、日鬼弄棒

1.1.1.4 "不"的构词形式

前缀"不"，在山西方言中区、东南区、北区使用较多，读入声。南区也有部分用例，读舒声。"不"做前缀可以构成名词、量词，构成动词的"不来→摆"分音词不在讨论之列。构成方式有：不A、不AA、B不A，如：

不A式：不涕鼻涕、不脐肚脐、不篮浅筐、不察水坑、不穗儿缨子、不鱼木鱼、不糊稀糊糊（以上名词），不串一~葡萄、不亮一~蒜（以上量词）

不AA式：不盏 盏喂鸡狗盛食器皿、不篮篮、不穗穗、不脐脐

B不A式：肚不脐、线不穗、鸡不盏、清不涕、磴不纠石磨中间的榫头、鬼不袋诡计多端的人、瞎不浪文盲、碗不盏碗的残片

"B不A"式不是BA之间加"不"，而是"不A"之前加B，B、A不是词，所以，"不"不宜作为词嵌看待。山西方言表示同一种事物，有的用"不A"式，有的用"B不A"式，如"不脐"与"肚不脐"。

1.1.2 后附附加式构词

后附附加式构词是指词根后附加后缀或词尾的构词方式，这里主要描写"货、鬼、猴、佬、叮、呱、娃"几个后缀。（"货、鬼、猴、佬"其实是准后缀。详见第六章）

1.1.2.1 "货"的构词形式

后缀"货"是山西方言使用频率较高的一个构词后缀，常附着在单音节名词或形容词、双音节动宾式、主谓式、动补式词后构成名词。如：

A 货：鬼货_{做事鬼鬼祟祟的人}、愣货_{做事愣头愣脑的人}、笨货_{头脑迟钝的人}、乱货_{作风不正派的人}、傻货_{死心眼的人}、铜货_{不知好歹的人}

AB 货：妨主货_{损害祖宗德望的人}、溜沟子货_{喜欢巴结奉迎的人}、枪崩货_{做尽坏事该杀的人}、爬长货_{生活穷困潦倒的人}、刀砍货、窝囊货、讹人货、讨吃货

1.1.2.2 "鬼"的构词形式

后缀"鬼"也是一个通用于山西方言的构词后缀，多附着在双音节词后，少数附于单音节形容词后构成名词。如：

A 鬼：灰鬼、懒鬼

AB 鬼：窝囊鬼、怕死鬼、冒失鬼、挨刀鬼、枪崩鬼、一尺鬼、吊死鬼

1.1.2.3 "猴"的构词形式

后缀"猴"广泛使用于山西北区，其他区很少见到，常附于单音节词、双音节词后构成名词。如：

A 猴：灰猴

AB 猴：抹脱猴_{言行冒失、惹是生非的人}、爬长猴_{好吃懒做、不务正业的人}、不正色猴_{行为不正经的人}、日粗猴_{吹牛皮说大话的人}

"货、鬼、猴"三者有时互用。如：大同的"灰猴"可以说成"灰鬼"，朔城又可说成"灰货"，山阴"货、猴"可以互换而意义不变。

1.1.2.4 "佬"的构词形式

名词后缀"佬"，主要流行于南区尧都、洪洞一带。它附于重叠的形容性语素或动宾结构、主谓结构等后面。如：

尧都　死死佬_{死了的植物}、糠糠佬_{糠了的萝卜}、卖屄佬_{作风不正派的女人}、害

人佬_{老鼠}、烂烂佬_{烂了的东西}、虫吃佬_{虫蛀过的果品}

1.1.2.5 "叮"的构形形式

词尾"叮"主要用于山西方言北区，其他区很少见到，南区汾河片有类似的用法。"叮"主要附于动词后，无附加意义，只起表音作用。如"吹叮＝吹"。应属构形形态。以大同、山阴方言为例：

大同　背叮、包叮、蹦叮、编叮、跑叮、碰叮、拍叮、挖叮、蹬叮、端叮、颠叮、跌叮、推叮、转叮、踢叮、搞叮、喊叮、抢叮

山阴　写叮、说叮、补叮、吃叮、剁叮（以上表示动作随便、不认真）、拍叮、摇叮、蹦叮、踢叮、跌叮（表示动作反复）、吹叮、碰叮、问叮、刮叮、嗝叮

1.1.2.6 "呱"的构形形式

"呱"作为词尾，也是附于动词后，相当于北京话表动量的"一下"，此用法仅见于山西中区和南区。"呱"是"圪一下"的合音。如：

A 呱：看呱、吃呱、尝呱、修呱、坐呱、告呱、引呱、住呱

AB 呱：商量呱、拾掇呱

1.1.2.7 "娃"的构词形式

"娃"作为名词后缀，主要使用于南区一些方言点，未见于北区。多指幼小动物，后面常常带"子"或"儿"，如：

尧都　猪娃子/儿、牛娃子/儿、鸡娃子/儿、猴娃儿、狗娃子/儿、猫娃子/儿、驴娃子/儿、兔娃子/儿、蛇娃儿、虎娃子/儿、狼娃儿、鳖娃儿

不表动物也不表幼小的有一例：贼娃子（但不能带儿尾）。动物中没有"羊娃子/儿、马娃子/儿、骡娃子/儿"的说法。

1.2 表义作用和语法功能

1.2.1 "圪缀词"的表义作用和语法功能

1.2.1.1 "圪缀词"的表义作用

有人曾对"圪缀词"逐个进行研究，认为"圪"大多有实义，但多数人认为"圪"是一个没有词汇意义而只起构词构形作用的前缀。

"圪"的构词作用主要体现在"圪A"式上,构形作用主要体现在"圪AA"式上。

"圪"的构词作用突出地表现为三点:①同一词类前加"圪"表一种意义,不加"圪"表另一种意义。如"台"指平台,"圪台"指台阶;"蛋"指禽蛋,"圪蛋"指圆形的东西。②成词语素前,加不加"圪",词性意义均无变化,"圪"只起补足音节、使单音节词构成双音节词的作用。如"圪腻=腻,圪钻=钻,圪瞪=瞪,圪节=节"。③不成词语素前,不加"圪"不能成词,不能单说,加"圪"才能成词,才能单说。如"蚤"是不成词语素,加"圪"为"圪蚤"才能成词,才能单说。再如"圪出""圪料",连词根的本字都不清楚,也就谈不上成词不成词了。"圪缀词"大多表示口语化风格色彩,庄重场合一般不能用"圪"。

"圪"的构形作用主要表现在"圪AA"式上,AA是词根重叠。名词词根重叠附有"小"的意思,并带有亲昵的感情色彩。如"圪台台"指像台阶的小台子,"圪桃桃"指像核桃一样的小东西。形容词词根重叠,有加深程度的作用。如"圪腻腻"形容非常油腻。动词词根重叠,一般变为形容词。如"圪钻钻"形容尽力往里钻。有的动词词根重叠,表示"稍微"的意思。如"圪看看"指稍微看一看,"圪挪挪"指稍微挪一挪。"圪AA"式所表示的语法意义与词根AA重叠式所表示的语法意义有关。有的方言点,如汾阳,"圪"儿化成"圪儿",做量词,可表示亲切或厌恶的感情色彩,"圪节"做量词却没有感情色彩。量词"圪A"重叠后不表"每一"的意思,如"圪节节"只表示"小"。

1.2.1.2 "圪缀词"的语法功能

"圪"所构成的不同词性的词在语法功能上大多没有体现出特殊之处。有的方言点,"圪A"式动词一般不能直接带宾语,需带补语后方能再带宾语,如:"圪低下得脑头"。有的点动词"圪A"词根重叠后不表示动量反复义,从而失去动词的语法功能,变为形容词,如"圪钻钻""圪瞪瞪"。有的点"圪AA"表示"的字结构",如"圪嗦嗦"表示哆嗦的人。有的不表示动作的反复,而表示动作的短暂,有稍微、稍稍义,如长治的"圪坐圪坐",在句中只能做谓语。

1.2.2 "日缀词"的表义作用和语法功能

1.2.2.1 "日缀词"的表义作用

"日缀词"在山西方言里尽管只有 20 余条，但都是日常生活中使用频率很高的词。"日"在山西方言里是个禁忌词，用"日"骂人，在山西很普遍。中区、西区、东南区、南区，用"日"构成的词多数含贬义，如汾阳话：那家_{那个人}可日能哩。指以"精明"来骗人。但有时"日"能表示"能干、聪明"。如清徐有个谜语：八角、六面、十二棱，谁猜见是日能人——砖。北区多数点多用于褒义。如大同、朔城、左云等地方言：小王可日能哩，电视机、电冰箱、手表他都会修。

1.2.2.2 "日缀词"的语法功能

"日"构成的形容词和动词具有一般动词和形容词的语法功能，除个别方言点外，多数不能重叠，没有"日 AA、日 A 日 A，日日 AA"的形式。这就使"日"作为词缀在本来就有限的数目上难以产生更多的新词或短语，因此，"日缀词"基本上成为一个封闭的类。在句中多做谓语。

1.2.3 "忽缀词"的表义作用和语法功能

1.2.3.1 "忽缀词"的表义作用

"忽"本身没有实义，而是附着在动词前，与动词一起表示意义。从"忽缀词"表示的意义看，与词根所表示的意义基本一致，可以说，词缀"忽"起的是构形作用。"忽 AA"式、"忽 A 忽 A"式、"忽忽 AA"式，对客观事物具有描状作用，如"忽摇摇、忽闪闪"均是描述"摇、闪"的一种状态。

"忽 A"式随不同语境可有不同的感情色彩，有时含赞美意，有时含嘲讽意。如：

（1）宝宝也学着大人们忽拍着小手。

（2）演出冷勾兰蛋_{演得不好}，人们连手也没舍哩忽拍两下。

例（1）中的"忽拍"是褒义词，表示动作可爱，含有赞美的色彩。例（2）中的"忽拍"是贬义词，表示厌恶、嘲讽的情绪。

"忽 AA"式是在"忽 A"式的基础上由词根重叠形成的，以形容词为主，对客观事物具有描摹作用。如：

（1）俗话说"难活不过人想人"，确实，每当我想起他来，心里忽塌塌哩。

（2）八戒捧着肚子，灰心丧气地连连甩着忽扇扇哩两个大耳朵走来。

"忽A忽A"式是"忽A"式的重叠，强调动作的连续性。例（1）至例（3）重在描述。如：

（1）她走起路来忽颠忽颠哩。

（2）房屋被震哩忽颤忽颤哩。

（3）满天星辰忽眨忽眨哩闪着寒光。

（4）三个娃娃挤在忽悠忽悠哩秋千上。

"忽忽AA"式也是"忽A"式的扩展，跟"忽A"式比较，表义程度有所加强，在时间上具有持续性，也多具有描述性，如例（2）。如：

（1）这件事老叫人忽忽疑疑哩不放心。

（2）远处灯火忽忽闪闪哩。

（3）生平第一次坐马车到这大山里来，一路忽忽摇摇哩，怪有意思的。

1.2.3.2 "忽缀词"的语法功能

"忽"附在动词前，具备动词的语法功能，可以做谓语、带宾语、带补语。"忽A"的各种重叠形式比较齐全。"忽AA"可以做谓语、定语，具有一般形容词的性质。

1.2.4 "不缀词"的表义作用和语法功能

"不"是记音形式，有人写作"薄""卜"。"不"没有实义，纯粹起构词作用。"不A"式中，A是名词性不成词语素，附"不"后，成词能单说。"不A"不表附加意义，只表理性意义。如"不涕"不含贬义，只表示鼻涕。"不AA"式中，AA是名词性语素的重叠，名词性语素重叠的表义作用指小。如"不篮篮"指"小筐子"。"B不A"式，也不表示任何附加意义。量词语素附"不"与该量词表示的意义相同。"不串"只能重叠为"一不串一不串"，不能重叠为"不串不串"。

"不"做前缀构成的名词、量词，一般都具有名词、量词的语法功能。

1.2.5 "货、鬼、猴、佬"的表义作用和语法功能

1.2.5.1 "货、鬼、猴、佬"的表义作用

这四个词缀在表义方面有共性可一并讨论。附"货、鬼、猴、佬"的词由于均含斥骂、厌恶的感情色彩，北区多数方言点可以互用。从使用频率看，"货、鬼"比"猴、佬"偏高。附"货、鬼、猴、佬"的词，是通行于日常口语的常用词，含有口语风格色彩，只在使用区域上各有侧重。

1.2.5.2 "货、鬼、猴、佬"的语法功能

附"货、鬼、猴、佬"的词均具备名词的语法功能。在南区还能够进入"把+名"结构，如"我把你个挨刀子货！"其他区的方言无此格式。

1.2.6 "咑、呱、娃"的表义作用和语法功能

北区有许多单音节动词可以带后缀"咑"，使动词增加了随意、随便的附加意义，也有的表示动作的反复性，还有的只起表音作用。

"咑"作为动词后缀，南区尧都、洪洞也有，（尧都音[ta˩]、洪洞音[ta˩]）有随便敷衍的附加意义。有时可重叠说，如"吃咑吃咑、蹦咑蹦咑、说咑说咑"。单用"A咑"时，后面要带补语，如：问咑了两下跑咧丨蹦咑了一阵儿走咧。一般不带宾语。这个结构特点同样适用于北区。另外，北区"A咑"除了可重叠为"A咑A咑"式外，还可以有"AA咑咑"的重叠式，南区则没有。

在文水，"呱"音[kuaʔ˩]，有的写作"刮"，均是记音字，其形成应是"圪一下"的合音。附加在动词后表示动作的短暂性或尝试性，相当于北京话动词后表示动量的"一下"或"动一动"，属于构形词尾。如：

(1) 你看刮，这样画行不行。

(2) 你们先坐刮，我去叫他。

(3) 替我看刮，不要叫鸡吃了，我就来。

例（1）表尝试，例（2）（3）表短暂。

在祁县，"呱"音[kuai˧]，与"乖"同音，表示的语法意义与文水相同。如：

看呱_{看一下}、吃呱_{吃一下}、尝呱_{尝一尝}、商议呱_{商议一下}、修呱（车子）_{修一修（自行车）}

然而，南区尧都、洪洞等方言，许多动词附加后缀"呱[·kuɑ]"起的是构词作用。去掉"呱[·kuɑ]"后，有的能单说，如搭呱_{组装、安装}、洗呱_{洗澡}。有的不能单说，如 塌呱_{指责}。

洪洞　拧呱_{捉拿}、弄呱_{逮住、抓住}、塌呱_{指责}、训呱_{训斥}、卸呱_{拆卸；用拳头"揍"}、扫呱_{打扫屋里}、搭呱_{组装、安装}、洗呱_{洗澡。多用于河水里或水池里}

"娃"作为名词后缀，后面常常带"子尾""儿化"，表动物时，儿化具有小、可爱的表义特点，如猴娃儿、鸡娃儿。附子尾是一般的指称。后附"娃"的名词都具有名词的语法功能。

1.3　形态特征

从附加式构词形式看，可以总结为以下几个主要形态特征。

1.3.1　构成形式的多样性与表示附加意义的丰富性

从构成形式上看，前缀除"日、不"外，"圪、忽"构成的表达形式几乎可以涵盖所有的构成形式：圪A、圪AA、圪A圪A、圪圪AA、忽A、忽AA、忽A忽A、忽忽AA（没有圪圪A、忽忽A形式）。后缀"货、猴、鬼、佬"，附加在基础形式之后，一律变成名词。附加前缀的不同的构成形式和附加后缀的不同的基础形式为意义的表达和口头交际提供了丰富的手段。如洪洞方言的"圪把儿"，只表梨、柿子等果类小一点的把儿、不表"锄把儿"等大一点的把儿，"圪A"具有"小"的附加意义。名词性的"圪AA"也是如此。动词性的"圪A""圪AA""A咑"带有"随便、轻微、短暂"等附加意义，如太原方言的"圪写"、忻府方言的"圪看看"、山阴方言的"A咑"、文水的"A呱"。"圪圪AA、忽忽AA"均带有描摹形容的色彩。"日、鬼、猴、货"多带有浓烈的贬义色彩。附前后缀的词，大部分有口语风格色彩，主要适用于非正式的、随意的场合。这些附加形式所显示出的附加意义构成形态学应具备的最基本、最主要的特征。

1.3.2 构形形态的无限能产性与构词形态的受限制性

一般地讲，构形形态理论上是无限能产的。构词形态有的非常能产，有的则要受到限制。朔城方言作为构形形态的"忽"附着在动词前，能产性极强，几乎可以和口语中所有的常用动词结合。大同、山阴方言后附的"吁"、文水方言动词后附的"呱"也是如此。构词形态则不然，内部极不平衡，有的词缀构词能力很强，结合面极广，词类变化也多。就前缀"圪"而言，统计表明：忻府方言能附前缀"圪"的词不下 570 条，汾阳方言能附前缀"圪"的词不下 450 条。这说明，前缀"圪"作为构词形态（有时兼作构形形态）是比较能产或曾是能产的。同样作为构词形态的前缀"日、不"和后缀"猴、货、鬼"则受到一定限制，构成的词各自只有几十条。

1.3.3 前缀对语义的限制性与构成词类的一致性

山西方言的四个前缀形式均对其基础形式（词根）有或大或小的语义限制。"圪针"是"圪"对"针"这种客观事物的语义限制，使其不再表示"缝衣物所用的一头尖细、一头有眼的工具"，而表示"枣树等树枝上的刺"。"圪吵"是"圪"对"吵"这种行为的语义限制，使其不再表示"用噪杂声音扰人或争吵"，只表示"小声谈论"。但从词类上看，"圪针"与根词"针"、"圪吵"与根词"吵"均为一致，前者是名词，后者是动词。有的前缀对基础形式的影响微乎其微，只起衬音作用，如尧都方言的"圪洼儿"。

1.3.4 后缀对语义的非限制性与构成词类的不一致性

后缀是加在词干或词根后的词缀，它对基础形式的语义影响与前缀相反，一般不改变其原始词义，只转变其词类，如 work→worker→workable，因此，英语后缀不仅是构成新词的手段，而且是形成新的词类的手段。山西方言的"鬼、猴、货"以及多用于南区的"佬"也是如此，如：冒失→冒失鬼、窝囊→窝囊鬼、枪崩→枪崩货、溜沟子→溜沟子货、抹脱_{言行冒失}→抹脱猴，其基本意义前后一致，只是词性改变了，前者是动词或形容词，后者是名词。再如：一尺→一尺鬼，前者是数量词，后者是名词。

另外，山西方言附加式的构词形态与构形形态还有一个突出的特征，即前缀、后缀均可像所附的词根一样，表现出超词缀性质。如"圪A"可重叠为"圪圪AA"，"忽A"可重叠为"忽忽AA"，"A吤"可重叠为"AA吤吤"。

山西方言附加式的构形形态不仅影响着词的内部结构和意义的变化，还影响着语法结构和功能的变化。大同、山阴方言的后缀"吤"，附于动词后，失去了动词的一个最主要的功能——带宾语。不能说：*问吤他一下｜*吃吤一碗饭。"问吤"也不能单独做谓语，能说"谁也不要问"，不能说"*谁也不要问吤"。也不能单独受否定词的修饰，如"*不问吤、没有问吤"等。文水的动词附"呱"后，不能再用"A呱了"的格式，不用于已然的事实。"圪A"式动词词根重叠后一般变为形容词，但又不完全具备形容词的语法功能，"圪AA"可描摹状态，但不能单独做谓语。

（本章曾以《晋语附加式构词的形态特征》为题，发表于《山西大学学报》1996年第3期，又见《首届晋方言国际学术研讨会论文集》，山西人民出版社1996年版。收入本书时作了部分修改。）

第 2 章　山西方言的屈折式构词[*]

词的屈折变化是语言中常见的通过词缀或词根的语音变化来表示不同的语法意义的一种构词手段。词的屈折变化又可分为外部屈折变化和内部屈折变化。

外部屈折变化是指用附加词缀的方法改变词的语法意义的手段，内部屈折变化是指用词根内部元音、辅音的变化、重音的变化来改变词性及语法意义的手段。本章主要讨论词的内部屈折变化。

内部屈折变化是一种古老的语言形式，它在古代汉语中是相对发达的，有元音屈折、辅音屈折、声调屈折。高本汉写过《原始汉语是屈折语》，说明学者们已经注意到这种变化形式。现代汉民族共同语中内部屈折几近消失。然而，"现代方言却还可以提供一些突出的例子"。（袁家骅，1960）现代方言中的屈折变化形式其实也可以看作古代语言形式的遗存。

近年通过对山西方言的不断挖掘，发现其内部屈折变化形式十分丰富，可利用声母、韵母、声调的变换改变词义、词性或语法意义。侯精一对此已进行过专门研究[①]，本章试就所见山西方言材料，在前人研究的基础上对这一内部屈折变化形式的类型及其性质作进一步探讨。

2.1　屈折式构词的类型

从山西方言屈折式构词的类型上看，有韵母、声母、声调及声母韵母屈折四种。韵母、声调都发生变化时，归入韵母。从变化的构词类型

---

[*] 侯精一先生《现代晋语的研究》，从语义的角度对平遥等方言的变读别义现象进行了深入研究，读后颇受启发。详见该书《变读别义》《亲属称谓词的变读》二文。

上看，有名词、动词、代词、量词、助词等。下面以屈折式为纲、词类为目逐类加以讨论。

2.1.1 韵母屈折式构词

韵母屈折构词多集中在代词、量词、名词上，动词、助词也有一些，但为数不多。

2.1.1.1 代词屈折式构词

主要体现在人称代词和指示代词两个方面。

1. 人称代词屈折式构词。山西方言有的方言点人称代词单复数的区别不是用附加法表示，而是用韵母屈折法表示。如表 2-1 所示。

表 2-1

方言点	第一人称		第一人称		第三人称	
	单数	复数	单数	复数	单数	复数
清徐	ŋɤɯˠ	ŋEˠ	niˠ	nie˩		
朔城			ni˧˩	niəu˧˩	tʰa˧˩	tʰɒ˧˥
偏关			ni˧˥	niou˧˥	tʰA˧˥	tʰɒ˧˥
山阴					tʰa˧˩	tʰəʔ˧˥
忻府	ŋɛ˧˩	ŋã˧˩	ni˧˩	nin˧˩		
方山			ɲi˩	ɲie˩		
洪洞	ŋo˧˥	ŋau˧˩	ɲi˧˥	ɲai˧˩		
平遥	ŋiEˠ	ŋaˠ	nˠ	ɲiEˠ		

2. 指示代词屈折式构词。凡属二分范畴（个别三分）的指示代词，多数方言点都有不同的读音，无论是近指还是远指，不同的读音表达着不同的语法意义和语法功能。如表 2-2 所示。

表 2-2

方言点	这	那		用法
山阴	tʂã˩	nã˩		表方式，同"这样、那样"
	tʂəʔ˦	nəʔ˦		表方位，同"这里、那里"
	tʂʅ˦	nɛn˦		与上略同，但与"些"结合不能做主宾语
	tʂou˩	nou		指代人或事物，语气轻
	tʂuɛ˥	nəu˥		同上，语气重
陵川	tieʔ˦	nieʔ˦		用于数量词前
	tiʌʔ˩	niʌn		用于名词前，或代替名词
	tə˩	nə˩		表方位，同"这儿（里）""那儿（里）"
	tʂəɯ˦	nəu		表性状，同"这么（样）""那么（样）"
晋城	tiʌ˥	niʌ˥		指物，做主宾语，表方式，义同"这样、那样"
	tiɛ˦	niɛ˦		指人指物
	ti˦	ni˦		指单个儿事物
	tiəʔ˩	niəʔ		指两个以上事物，表处所
洪洞	tʂæ˥	uo˥		指物指人，与量词连用，做主宾语
	tʂʅ˥	uɑ˥		指人，含感情色彩
	tʂæn˩	uan˩		表方式，同"这样、那样"
	tʂuŋ˩	uaŋ˩		与"个"连用，用于表惊奇的句子
尧都	tʂæ˥	uo˥		与"吖儿"连用，表方位
	tʂei˩	uei˩		与"个"连用，表"这么、那么"
	tʂɛn˩	uen˩		表方式，同"这样、那样"
	tʂuŋ˩	uaŋ˩		含贬义，与"圪节"连用，修饰人或物
寿阳	tsɔ˩	nɔ˩	uɔ˩	表人、事物，偏重人
	tsɤ̃˩	nɤ̃˩	uɤ̃˩	表状态
	tsəʔ˩	nəʔ˩	uəʔ˩	表人、事物，偏重物
	tsei˩æ˩		uei˩æ˩	表处所

　　这种屈折式构词的方式大多是声母不变，韵母改变，个别的声调也变。指示代词的屈折形式最初可能是基式与某个量词或方位词的合音，由于使用频率高而紧紧地结合在一起，现在已经看不出合音的痕迹了。

2.1.1.2 量词屈折式构词

　　不定量词"些"与指示代词"这、兀"结合，"些"读音不同，表达的意义也不同。如：

沁县　　量多：这些些 tɕiɛ˦ çiʌʔ˦ çiʌʔ˦
　　　　　　　兀些些 vəʔ˦ çiʌʔ˦ çiʌʔ˦
　　　　量少：这些些 tɕiɛ˦ çiʔ˧˩ çiʔ˩
　　　　　　　兀些些 vəʔ˦ çiʔ˧˩ çiʔ˩

"量"的多少是由主要元音［ʌʔ］、［ɛ］不同，以及声调的不同决定的。如：

洪洞　　量多：这些 tʂɑn˦ ɕiɑ˦
　　　　　　　兀些 uan˦ ɕiɑ˦
　　　　量少：这些儿 tʂɑn˦ ɕiər˦
　　　　　　　兀些儿 uan˦ ɕiər˦
　　　　不定量：这些（家）tʂɑn˦ ɕi˦ (·tia)
　　　　　　　　兀些（家）uan˦ ɕi˧˩ (·tia)

量的多少是由主要元音［ɑ］、［ər］、［i］的不同决定的。

2.1.1.3　动词屈折式构词

动词"来"在汾西、洪洞、尧都方言里各有两种读音［lei˦］、［lɑi˦］，表示不同的用途和语气。如：

［lei˦］：1）做谓语。如：你今马黑里_{今天晚上}来［lei˦］下我家里。
　　　　2）陈述语气。如：人哪都来［lei˦］。
［lɑi˦］：1）做补语。如：你跟我出来［·lɑi］。
　　　　2）祈使语气。如：你立马来［lɑi˦］。

两种语气、两种语法成分的不同是由主要元音［e］与［a］的不同体现的，两种读音在两种情况下不能互换。

动词"去"在洪洞方言里也是两种读音［tɕʰi˧］［tɕʰiɑ˧］，表示两种语气。两种读音是通过主要元音［i］与［iɑ］的变换形成的。如：

［tɕʰi˧］：用于陈述语气。如：俺俩人去［tɕʰi˧］城里去啊。
［tɕʰiɑ˧］：用于祈使语气。如：你快去［tɕʰiɑ˧］，迟了就没啊。

介休方言的"撒"有［sʌʔ˩］、［sa˩］两种读音，前者表示无意识地撒，后者表示有意识地撒。"把"读［pa˩］是动词，读［pʌʔ˩］是介词。

2.1.1.4 助词屈折式构词

动态助词"了₁"和句尾语气词"了₂"的区别，在山西方言里都是通过不同的语音形式（主要元音）来体现的。

	太原	天镇	原平	怀仁	清徐	平遥	介休	长治	和顺	洪洞	新绛
动态助词了₁	·tsəʔ↓	·lə	·ciɿ	·xɿ	·louʔ	·lɔ↓	·kie↓	·lou↗	·lou	·lio	lao↓
句尾语气词了₂	·la	·la	·liɤ	·la	·lɤ	·lɒ↓	·la	·la	·læ	·lia	la↓

2.1.1.5 名词屈折式构词

名词的屈折变化主要体现在亲属称谓和对人、物的叫名上。

1）亲属称谓屈折式构词

平遥　哥［kɔ↓］重叠是"兄长"的意思
　　　［kiE↓］是父亲的背称

介休　大哥［kiE↑kiE↓］妻兄
　　　［ta↑kə↓］长兄
　　　大大［tiE↑ta↓］大姐
　　　［ta↑ta↓］姐姐
　　　娘娘［ȵia↓ȵia↓］称老年妇女
　　　［ȵiẽ↓ȵiẽ↓］伯母
　　　娘　［ȵya↓］母亲
　　　［ȵia↑］祖母
　　　老娘［lou↓ȵya↓］接生婆
　　　［lou↓ȵia↑］曾祖母
　　　［lou↓ȵiẽ↓］老年母亲

平陆　爹　［tia↓］父亲
　　　［tie↓］伯父

洪洞　姐　［tɕie↓］姐姐
　　　［tɕia↓］母亲
　　　娘　［ȵio↓］祖母
　　　［ȵiaŋ↓］婶婶

2）叫名屈折式构词

尧都　　子［·tsɿ]子尾，人名后加"子［·tsɿ］"用于背称

[·tsɔ]子尾，人名后加"子［·tsɔ]"用于面称或呼叫

3）物名屈折式构词

介休　　饼子[pi˧˩ tsʌʔ˩]用烫面做的薄油饼

　　　　　　[pia˧˩ tsʌʔ˧˩]用发面做的饼

　　　　梆子[puə˩˩ tsʌʔ˩˩]打击乐

　　　　　　[pæ˩˩ tsʌʔ˩˩]地方剧种

2.1.2　声母屈折式构词

从词类上看，声母屈折构词法有：代词、量词、动词、名词。

2.1.2.1　代词屈折式构词

山西方言人称代词的单复数变化有的是通过声母屈折变化来体现。如表2-3所示。

表2-3

方言点	第一人称	
	单数	复数
偏关	ua˧	va˧
长治	uə˧	nə˧ ·tɕiɛ

偏关方言单复数通过零声母与［v］声母的不同来区别；长治方言从构词形式上看，是附加法，但从词根的形式上看，应属于声母的屈折变化。这种构词现象是比较特殊的，它是声母屈折法与附加法，即内部屈折变化与外部屈折变化的混合形式。

2.1.2.2　动词屈折式构词

太谷方言的"上"做动词时读[sɒ˧]，做方位词时读[xɒ˧]。

临县方言"去₁"做动词时读[kʰəʔ˧]入声，"去₂"做趋向动词时读[kəʔ˧]入声，如：你去₁[kʰəʔ˧]啊里_{哪里}去₂[kəʔ˧]呀？

汾西方言"去₁"读[tɕʰʑ̩]，"去₂"读[tɕʰia˧]是动词，"去₃"读［·tɕʑ̩]，"去₄"读［·tɕia]是趋向动词；"去₁"读[tɕʰʑ̩]，"去₃"读［·tɕʑ̩]表已然，"去₂"读[tɕʰia˧]，"去₄"读［·tɕia]表未

然。如：你去₁［tɕʰʐ˧］哪里去₂［·tɕʐ̩］呢？（表已然，问已经回来的人）/你赶紧去₂［tɕʰia˧］！你去₁［tɕʰʐ˧］哪里去₂［·tɕia］呢？（表未然，问正在去的人）。还应指出的是，在祈使句里，"回去、出去"的"去"，新派、老派读音不同，新派读［·tia］，老派读［·tɑ］。

2.1.2.3 名词屈折式构词

有些亲属称谓词是通过声母的变换来表达不同意义的。如：

太原　　婆婆［pɤ˧pɤ˧］外祖母
　　　　　　［pʰɤ˧pʰɤ˧］丈夫的母亲
介休　　奶奶［nzɛi˥˩nzɛi˥˩］乳房或乳汁（声母［nz］是［n］和［z］的合音）
　　　　　　［nɛi˥˩nɛi˥˩］旧称富家已婚妇女

有的名词（非亲属称谓）也有声母屈折变化形式，如：

介休　　牌牌［pɛi˥˩pɛi˧］单层背心或小儿围嘴
　　　　　　［pʰɛi˥˩pʰɛi˧］证章、纪念章之类

2.1.3 声母、韵母屈折式构词

有些词的屈折变化形式是通过声母、韵母共同变化来表达不同意义的。

2.1.3.1 不定量词屈折式构词

不定量词"些"与指示代词"这""兀"结合，"些"重叠后读音不同，表示的意义也不同。如：

清徐　　这些些［tsəʔ˥ɕie˧ɕie˧］表示多，兀些些［vəʔ˥ɕie˧ɕie˧］表示多；
　　　　这些些［tsəʔ˥səʔ˥sɿ˧］表示少，兀些些［vəʔ˥səʔ˥sɿ˧］表示少。
文水　　这些些［tsəʔ˨ɕia˨ɕiaʔ˨］表示多，兀些些［uəʔ˨ɕiaʔ˨ɕiaʔ˨］表示多；
　　　　这些些［tsəʔ˨se˨seʔ˧］表示少，兀些些［uəʔ˨se˨seʔ˧］表示少。

2.1.3.2 动词屈折式构词

"去"在山西方言中区做动词（简称去₁）时一般读［tɕʰy、kʰəʔ］

两种读音，做趋向补语（简称去₂）时一般读［kəʔ、tiʌʔ、tɕi］等几种读音。做动词的读音与做趋向动词的读音在多数方言里是不同的，有的只通过声母的转换，如临县、汾西；有的则要通过声韵的转换，如太原、平遥。

太原"去1"读［tɕʰy˦］，"去2"读［kəʔ˨］，如：你去1［tɕʰy˦］哪去2［kəʔ˨］呀？

平遥"去1"读［tɕʰy˦］，"去2"读［tiʌʔ˨］，如：你去1［tɕʰy˦］唤兀家去2［tiʌʔ˨］。

平遥"解"做动词时读［kæ˦］，义为"解开"，做介词时读［tɕia˦］，义为"从……"汾西"解"做动词时，"解开"义读［tɑi˧］，"理解"义读［ɕie˧］。"别"做动词时读［pʰie˦］，做副词时读［pɛ˦］。"把"做动词时读［pɑ˦］，做介词时读［pʰɑi˧］。

介休"下水"读［xa˦ suei˧］指进入水中，读［ɕia˦ suei˧］指被宰的猪羊内脏。"上"读［ɕyə˦］是动词，读［xɔu˦］是方位词。

2.1.3.3　名词屈折式构词

南区临猗县孙吉方言名词称谓中，"姐夫"一词有两种读音，两个意思。其区别是通过声母、韵母共同变化体现出来的。

临猗　　姐夫　　［tiE˦ ·fu］丈夫
　　　　　　　　［tɕia˦ ·fu］姐姐的配偶

介休　　先生　　［ɕiẽ˧˩ ʂar˩˦］阴阳先生
　　　　　　　　［ɕiẽ˧˩ səŋ˩˦］医生或老师

　　　　蛇　　　［tʂʰE˦］这种动物的通称
　　　　　　　　［tʂæ̃˦］特指十二生肖中的蛇

2.1.4　声调屈折式构词

山西方言中有大量的词是通过声调的变换来改变词性和意义的，主要表现为：子尾变调、儿变调、轻重音。

2.1.4.1　源于子尾变调的屈折式构词

东南区晋城等方言没有"子尾"，常以变调方式表"子尾"，其中有些词的变化属屈折式构词。如：

瞎［ɕiʌʔ˨］动词：~了　　　聋［luoŋ˨］动词：~了

[ɕiAʔ˦] 名词：瞎子　　　　　[luoŋ˥] 名词：聋子

疯 [foŋ˦] 动词：~了

[foŋ˦] 名词：疯子

2.1.4.2　源于儿化变调的屈折式构词

霍州方言部分韵母有儿化变调，其韵母不变，声调变化。如：

刷 [sua˦] 动词　　　　　　　谱 [pʰu˦] 动词

[sua˨] 名词：小刷儿　　　　[pʰu˨] 名词：谱儿

2.1.4.3　源于轻重音的屈折式构词

洪洞等方言有大量轻声词，两个以上音节的词，后面的音节轻声与否，词性、意义大为不同，因而声调的"轻读"与"不轻读"形成了一种屈折变化。如：

挂面　　[kua˦˩ mian˥]　用秤称面。动宾短语

　　　　[kua˦ ·mian]　机制成捆的面条儿。名词

吐沫　　[tʰu˦ mo˥]　嘴里吐出唾液。动宾短语

　　　　[tʰu˦˩ ·mo]　唾液。名词

下坡儿　[xaˀ pʰor˨]　走下坡路。动宾短语

　　　　[xaˀ ·pʰor]　下坡的路。名词

没出息　[mu˦ tʂu˨ ·ɕi]　没有办事的胆量魄力。动宾短语

　　　　[mu˦˩ tʂu ·ɕi]　办事没魄力、没胆量的人。

打一下　[ta˨ i˦ xaˀ]　打了一下。动补短语

　　　　[ta˨˦ ·i ·xa]　打一打。动补短语

老娘　　[lao˨ ȵio˦]　曾祖母

　　　　[lao˨˦ ·ȵio]　外祖母

2.2　屈折式构词的性质

从以上的类型及其用例可以看出，山西方言的屈折式构词是一种适用面较广、构词力较强、特色鲜明的构词方式。它不同于合音、异化、文白异读、连读变调等其他语音变化形式。

2.2.1　屈折式不同于合音

合音是两个音节合成一个音节的语音变化形式，往往从语音构造上

可以看出。如太原方言的［nia˩］是"人家"［zəŋ˩ tɕia˩］一词的合音。平遥方言的［ɕya˧˥］是"谁家"［suei˧˥ tɕia˧˥］一词的合音。合音词不改变原词的词性和词义，屈折式构词改变了原词的词性或词义。当然，有些屈折变化形式最初可能是由"合音"演变而来的。

2.2.2 屈折式不同于异化

异化是由于相连音节的相互影响使两个相同或相近的音变得不相同或不相近的一种语音变化形式。无论声母韵母的变化都不会改变词义或词性。屈折式这种语音变化不是相连引起的变化，而是出于表义的需要。屈折式不同于一般的异化。单纯的异化只是一种语音变化现象，不伴随词义或语法义的变化。清徐、霍州、阳城等方言都有重叠引起的语音变化，如清徐：碟［tiaʔ˩］/碟碟［tiəʔ˩ tiaʔ˩˩］；阳城：盆［pʰɜ˧˥］/盆盆［pʰi:ɔ˧˥ pʰi:ɔ˩˩］。这些音变是由重叠本身引起的，语义变化也是由此而产生的。这些属于异化，不是屈折式变化。

2.2.3 屈折式不同于文白异读

"文白异读是一种成套的、有规律的、在地域分布上是相连成片的语言现象。它在不同的词语环境中有不同的读音。"（侯精一，1999）屈折形式除名词外，多数是零星的、没有明显规律的语音变化形式。有的尽管地域上也是成片的，如了₁了₂和指示代词，但数量很少。有的现象与文白异读相似，如汾西的"来"读［lai˧˥］［lei˧˥］二音，但它不是文白异读，它不是在不同的词语中出现，而是在不同的语气中出现，"它超出了文白异读的范围"（侯精一，1999），属于屈折式变化。洪洞方言的"姐"读［tɕie˧］是姐姐，读［tɕia˧］是母亲，虽合乎洪洞方言的文白异读规律，但所指不同。

2.2.4 屈折式不同于连读变调

连读变调是两个音节连读时所发生的有规律的调值变化。有时连调的不同会反映出语法结构或语义的不同。这部分语音变化与屈折形式相似，它也是通过声调的变换来显示语义或结构的不同，因为绝大多数两字组三字组连读时变调与否并不发生结构或语义的变化，只有少量连调不同时才发生上述变化。对此，我们不把没有发生词义、词性变化的变调当作屈折式构词。

2.2.5　屈折式是一种形态变化

从山西方言的屈折形式看，它是一种形态变化，是通过语音的不同变化构词或表义的一种手段。这点与西方语言的内部屈折近似。英语的屈折构词有元音的变换，元音的增加，辅音的变换，元音辅音屈折等构词形式。如：

元音屈折式构词：fall（落下）——fell（砍倒）（元音变换）
　　　　　　　　rise（升）——raise（举起）（元音增加）

辅音屈折式构词：advice（忠告 n）——advise（忠告 v）（辅音变换）

元音辅音屈折式构词：dull（愚蠢的）——dolt（呆子）（元音辅音变换）

英语的内部屈折作为构词的手段已经成为一种非能产性的构词方式，与那些典型的屈折语言相比，所构成的词为数很少，包括英语表时态的不规则动词词素的变化［go went gone］等表示语法意义的屈折形式也呈萎缩趋势。

山西方言的屈折式构词也是一种非能产性的相对封闭的构词方式。非能产性是说它不能在同类的词里类推与扩展，相对封闭是说有的屈折式构词现象只在一个或几个方言点存在，并不能在一个较大方言区里扩展。助词"了"有"了$_1$、了$_2$"的语音、语义的区别，同类型的"着"就没有；"来、去"在汾西以及尧都、洪洞的方言里可表示不同的语法意义，并未在山西方言腹地找到例证；"去"作为动词和趋向动词的读音不同，在一个相对较大的区域存在，但也不是在山西方言的所有方言点里都存在。

山西方言的屈折构词形式的分布是不均衡的，位于山西方言腹地的中区较为丰富，其他方言区发现的材料有限，北区的材料更少。南区现属中原官话，但它由于与山西中区的地理上的联系和历史上的文化交往诸多原因，有些方言现象与山西方言腹地方言一致，屈折形态亦然。

第3章 山西方言的重叠式构词

重叠式构词作为一种抽象的语法手段在山西方言里得到普遍而广泛的运用，本章从语法学角度选取若干代表点对山西方言各类重叠式构词的构成形式、语法功能和表义特征做一个比较全面的共时描写和分析。山西方言丰富的重叠构词现象将对汉语形态学的建立提供富有特色的方言材料。

山西方言的重叠式构词可以从四个方面考察。①从构成成分上看，有非词重叠（音节重叠），如：猩猩、款款；语素重叠，如：垫垫、尖尖；词的重叠，如：闻闻、掂量掂量。②从音节上看，有单音节重叠、双音节重叠。③从重叠形式上看，有完全重叠，如：看看；不完全重叠，如：坎肩——坎肩肩；衬音重叠，如：蓝——蓝圪英英。④从词类上看，有名词、动词、形容词、数词、量词、副词等重叠。

"重叠式""基式"采用朱德熙的提法，"扣扣"是由"扣"重叠而成，"扣"是"扣扣"的基式，"扣扣"是"扣"的重叠式。

研究山西方言的重叠式构词，重点考虑以下三个方面的问题：①不同地区重叠式的构成形式和语音特征；②基式和重叠式的语法功能的异同；③基式和重叠式的表义特征的异同。

本章字母符号表示如下：A、B 分别表示实语素，X、Y 表示词缀、词尾或衬音成分。如："勺勺"是 AA，"酒盅盅"是 ABB，"水不灵灵"是 AXYY，"生巴巴硬"是 AXXB。

3.1 重叠式名词

重叠式名词在汉语普通话里的表现极为单纯和有限，仅限于亲属称谓和少数的物名,如"妈妈、爸爸、哥哥、星星、宝宝、猩猩"等。与普通话相比,山西方言重叠式名词不仅数量繁多、格式多样,而且表义复杂、富有特色。

3.1.1 构成形式

重叠式名词有 AA 式、ABB 式、AAB 式、AABB 式、ABCC 式、AXBB 式等,前三种形式山西方言很普遍,词条也大致相同,ABB 和 AAB 式,中区和西区比较丰富,东南区、北区和南区也有这两种格式,但词条较少。后两种格式中区、北区常见。大致分布见表 3-1。

表 3-1

方言点		AA 式	ABB 式	AAB 式	AABB 式	ABCC 式	AXBB 式
中区	太原 平遥	牛牛昆虫 牛牛昆虫	笑窝窝酒窝 水牛牛蜗牛	咕咕虫杜鹃 滴滴金一种烟花	花花草草 毛毛杂杂 钱串子	冰糖蛋蛋 花生仁仁	肉圪蛋蛋 土圪碴碴土块
西区	汾阳 岚县	牛牛昆虫 牛牛昆虫	背锅锅驼背 榆钱钱榆树钱儿	温温水 毛毛匠皮匠	汤汤水水	酸枣核核	
北区	忻府 大同	楼楼鸽子 楼楼鸽子	河星星蜻蜓 花大大蝴蝶	毛毛匠皮匠 毛毛匠皮匠	盘盘碟碟 盘盘碟碟	细鬼铮铮 酸枣核核	山圪梁梁 山圪梁梁
东南区	沁县 晋城	床床小凳子 冰冰冰	暮生生遗腹子 蚕姑姑蚕	冷冷蛋冰雹 灰灰白包菜			
南区	尧都 盐湖	瓶瓶儿 牌牌涎布	螂蹦蹦螳螂 鸽梆梆啄木鸟	滴滴灯一种烟花 打打碗破碗	汤汤水水 盆盆罐罐		

3.1.1.1 AA 式

AA 式有三种类型:

1)基式是名词性语素,重叠式是名词:

太原　　刀刀小刀儿　　　　碗碗小碗儿

第 3 章 山西方言的重叠式构词

	牙牙_{乳牙}	壶壶_{小壶儿}
	车车_{童车}	桶桶_{小桶儿}
平遥	虾虾_{小虾}	瓯瓯_{小盅儿}
	渠渠_{小渠}	草草_{小草儿}
汾阳	床床_{小凳子}	盆盆_{小盆儿}
	火火_{灶台}	牛牛_{昆虫}
	牌牌_{围嘴儿}	靥靥_痣
临县	馍馍_{馒头}	洞洞_{背心儿}
	腰腰_{背心儿}	蛛蛛_{蜘蛛}
	角角_{豆角儿}	面面_{调料面儿}
忻府	肚肚_{儿童兜肚}	楼楼_{鸽子}
	粽粽_{粽子}	角角_{饼子}
	牌牌_{围嘴儿}	牛牛_{昆虫}
晋城	冰冰_冰	楦楦_{鞋楦子}
	蛛蛛_{蜘蛛}	壕壕_{壕沟}
盐湖	桌桌_{小桌儿}	瓶瓶_{小瓶儿}
	罐罐_{小罐儿}	眼眼_{小孔}
洪洞	窝窝_{窝窝头}	锅锅_{驼背}
	糊糊_{不好处理的事情}	机机_{机器}

2）基式是动词性语素，重叠式是名词：

太原	垫垫_{垫子}	刷刷_{刷子}
	盖盖_{盖儿}	铲铲_{铲子}
汾阳	插插_{口袋儿}	钩钩_{钩子}
	筛筛_{筛子}	扣扣_{扣子}
临县	铲铲_{小铲子}	缭缭_{衣服兜儿}
	怕怕_{特指狼，儿语}	
忻府	盖盖_{盖子}	擦擦_{黑板擦}
	镊镊_{镊子}	刷刷_{刷子}
沁县	盖盖_{盖子}	画画_{画儿}
	圈圈_{圈儿}	擦擦_{黑板擦}
洪洞	翘翘_{翘状物}	打打_{有裂痕的物体}

	扯扯有裂痕的纸	折折折了的物体
盐湖	蹦蹦蝗虫的一种	摇摇摇动着的东西
	嗑嗑哑巴	

3）基式是形容词性语素，重叠式是名词：

太原	黄黄蛋黄	尖尖尖儿
	清清蛋清	甜甜甜的秸秆
临县	清清稀汤	黄黄蛋黄
	红红胭脂	方方药方
忻府	甜甜甘草	红红胭脂
武乡	甜甜糖块	黄黄蛋黄
	方方药方	尖尖尖儿
洪洞	歪歪歪状物	坏坏坏掉的物品
	反反穿反的衣物	好好好样的人
盐湖	憨憨傻子	拐拐拐杖
	巧巧手巧的人	秕秕秕的颗粒

有的 AA 式有相应的"子尾"式，在表义功能上，AA 式有明显的表"小"的意义，子尾名词多是统称或泛指。以太原方言为例，如：

果子——果果小红果   瓶子——瓶瓶小瓶儿

3.1.1.2 ABB 式

ABB 式大多没有基式。

ABB 式的构成形式比较复杂，A 大部分是名词性语素，如"裤衩衩、油点点"中的"裤、油"；少数是谓词性的，如"笑窝窝、叫蚱蚱"中的"笑、叫"。BB 有的是语素重叠，如"毛莠莠"中的"莠莠"；有的是衬音的重叠，如"酸溜溜"中的"溜溜"。BB 一般都不能单用。从 A 与 BB 的组合关系上，可以分为三种类型。

1）ABB 是一个整体，AB 不成词，BB 不单用，这种类型没有基式。如：

太原 毛莠莠狗尾巴草   醋溜溜沙棘   叫蚱蚱蝈蝈儿   黑浪浪小胡同，"巷"的分音词

岚县 海巴巴蚌   黑浪浪小胡同

大同 雕□□[ly˧ ly˧]老雕   酸溜溜沙棘

万荣　蚂蚱蚱_{蝈蝈儿}　　　鸲木木_{啄木鸟}

洪洞　雕溜溜_{老鹰}　　　糊塌塌_{玉茭面与菜丝搅拌后烙成的饼}

2）ABB 是一个整体，口语中只有这种形式。AB 可以表达相对完整的意义，但口语中不说。BB 大多也是名词 AA 式，但二者意义略有不同，ABB 的基式不完全是 AB。如：

太原　辣角角_{辣椒}　暮生生_{遗腹子}　笑窝窝_{酒窝}　榆钱钱_{榆钱儿}　洋码码_{阿拉伯数字}　豆角角_{豆角}

汾阳　双生生_{双胞胎}　火床床_{灶台上的小柜儿}　毛蹄蹄_{连脚裤}　窗帘帘_{窗帘儿}　酒壶壶_{酒壶}　豁唇唇_{豁唇}

左云　瓷壶壶_{瓷茶壶}　豁唇唇_{豁唇}　鸡冠冠_{鸡冠子}　洋码码_{阿拉伯数字}

武乡　刀背背_{刀背儿}　豆角角_{豆角}　门搭搭_{门搭子}　酒壶壶_{酒壶儿}　暮生生_{遗腹子}

这种形式南区没有。

3）ABB 是一个整体，AB 是词，可单说，与 ABB 并用，BB 有的能成 AA 式名词，有的不能成词，AB 是 ABB 的基式。如：

太原　胡苶——胡苶苶_{胡须}　　坎肩——坎肩肩

　　　裤衩——裤衩衩　　　　酒盅——酒盅盅

　　　房檐——房檐檐　　　　隔壁——隔壁壁

万荣　纸条——纸条条　　　　酒罐——酒罐罐

　　　煤渣——煤渣渣　　　　门闩——门闩闩

　　　油水——油水水　　　　石墩——石墩墩

平遥　手巾——手巾巾　　　　门环——门环环

　　　兄弟——兄弟弟　　　　葱白——葱白白

　　　羊羔——羊羔羔　　　　别针——别针针

太原、万荣方言中有些 ABB 式还有相应的"子尾式"。如：

　　　隔壁壁——隔壁子　　　鸡冠冠——鸡冠子

　　　锅刷刷——锅刷子　　　斧刃刃——斧刃子

　　　灯捻捻——灯捻子　　　油点点——油点子

3.1.1.3　AAB 式

AAB 式也没有基式。

AAB 式从构成形式上看比 ABB 式单纯，它只有一种结构方式，即

AA 作为修饰性或限制性的语素。AAB 式中的 AB 圪不能单独成词。如：

太原　悠悠伞_{蒲公英}　　　咕咕虫_{杜鹃}
　　　辘辘把_{北斗星}　　　金金纸_{锡箔纸}
　　　毛毛匠_{皮匠}　　　　人人书_{小人书}

平遥　汤汤饭_{汤饭}　　　　驴驴皮_{驴皮}
　　　格格纸_{有格的纸}　　婆婆嘴_{嘴碎的人}
　　　温温水_{温水}

汾阳　勾勾眼_{三角眼}　　　谷谷虫_{布谷鸟}
　　　花花菜_{一种酸菜}　　塔塔火_{正月十五街上垒的塔形火}
　　　滴滴金_{一种烟花}

左云　对对眼_{内斜视眼}　　噜噜尘_{墙角上的网状灰尘}
　　　绵绵土_{土末}　　　　牛牛车_{旧式牛车}
　　　毛毛匠_{皮匠}　　　　金金纸_{锡箔纸}

沁县　茴茴旦_{洋白菜}　　　兔兔花_{白头翁}
　　　冷冷蛋_{冰雹}　　　　咕咕库_{斑鸠}
　　　豁豁嘴_{兔唇}

万荣　盒盒粉_{盒装的粉}　　瓶瓶酒_{瓶装的酒}
　　　块块炭_{块儿炭}

洪洞　跛跛虫_{一种昆虫}　　黏黏菜_{麦地里长的一种野菜}
　　　娃娃书_{小人书}　　　滴滴灯_{一种烟花}
　　　花花袄_{有花图案的上衣}　娘娘庙_{观音庙}

3.1.1.4　AA 子 B 式、AA 佬式

　　这几种格式只在山西南区的尧都、洪洞、汾西等地见到。AA 子 B 基式 是 AB，但与 AB 的附加色彩不同，AB 是中性词，AA 子 B 带有厌恶色彩。AB 有时是词，可单说，如"阴天、烂瓜"等；有时不成词，不能单说，如"弯树、走门"等。A 多数是谓词，如：

　　阴天——阴阴子天　　　*弯树——弯弯子树_{树干不直的树}
　　烂瓜——烂烂子瓜　　　*走门——走走子门_{安装不合适，开关有困难的门}
　　破碗——破破子碗　　　*蔫菜——蔫蔫子菜
　　冻萝卜——冻冻子萝卜

　　左栏的例子，破折号前后都能说，右栏破折号前的"AB"不成词，

只能说破折号后的"AA 子 B"。

"AA 佬"式多用于贬义词。如：

苦苦佬_{有苦味儿的食物}　　瞎瞎佬_{瞎子}　　病病佬_{老病号}

3.1.1.5　AABB 式

AABB 重叠式的基式有的是双音节词 AB。如介休、万荣方言：事情——事事情情、东西——东东西西、家具——家家具具、菜蔬——菜菜蔬蔬，这类词的重叠式比较少见。其余 AABB 重叠式是由 AA 和 BB 两个叠式构成，不是 AB 的重叠，AB 不是一个合成词。如：锅锅碗碗≠锅碗，盆盆罐罐≠盆罐，婆婆妈妈≠婆妈，汤汤水水≠汤水，锣锣镲镲≠锣镲，其余还有"头头脑脑，疙疙瘩瘩，旮旮旯旯"。再如：

清徐　　花花草草　　人人马马　　猪猪羊羊　　蹄蹄爪爪

忻府　　底底帮帮_{底细}　　时时节节_{年节}　　头头点点_{指零头}

　　　　盘盘碟碟_{指菜肴丰盛}　　丝丝瓤瓤_{缠绕错杂}　　籽籽瓣瓣_{找茬儿}

前三个是名词性的，后三个带有描述性，这种重叠在山西各区均能见到。

3.1.1.6　ABCC 式

AB 一般是双音节名词或动宾词组，CC 是单音名词重叠，如：

寿阳　　擩面盆盆　　核桃仁仁　　冰糖蛋蛋　　鸡蛋黄黄

介休　　老天爷爷　　送饭牛牛_{花大姐}　　龙王蛛蛛_{一种大蜘蛛}

3.1.1.7　A 圪 BB 式

这种格式在山西方言中区、北区、南区较为常见，如树圪墩墩、肉圪蛋蛋、山圪梁梁、树圪梢梢，这些词可以还原成"树墩墩"等，但有的 ABB 不能变为 A 圪 BB，如"饭桌桌"不能说"饭圪桌桌"。

3.1.2　语音特征

AA 式名词在中区的清徐、榆次、太谷，东南区的阳城，中区与南区交界处的霍州等地，有变韵现象。

3.1.2.1　前字变韵，后字不变。如：

清徐　　床 suŋ˩　　床床 suəʔ˦ suŋ˩_{小板凳儿}

　　　　盘 pʰɛ˩　　盘盘 pʰəʔ˦ pʰɛ˩_{小盘儿}

　　　　碟 tiəʔ˩　　碟碟 tiəʔ˦ tiəʔ˩_{小碟儿}

	盖 kai˧˥	盖盖 kəʔ˩˩ kai˧˥ 小盖儿
	娃 vɒ˧˩	娃娃 v˧˩ vɒ˧˩ 小孩儿
榆次	天 tʰiɛ˧˩	天天 tʰi˧˩ tʰiɛ˧˩
	小 ɕiu˥˩	小小 ɕi˥˩ ɕiu˥˩
	草 tsʰuɤ˥˩	草草 tsʰɤ˥˩ tsʰuɤ˥˩
	格 kaʔ˧˩	格格 kʌ˧˩ kaʔ˧˩
	紧 tɕiŋ˥˩	紧紧 tɕi˥˩ tɕiŋ˥˩

3.1.2.2 后字变韵，前字不变。如：

霍州　豆 tʰuɤ˥˩　豆豆 tʰuɤ˥˩ ·tʰʊ
　　　牌 pʰai˧˥　牌牌 pʰai˧˥ ·pʰɑ
　　　裙 tɕʰyŋ˧˥　裙裙 tɕʰyŋ˧˥ ·tɕʰyu
　　　盘 pʰɑŋ˧˥　盘盘 pʰɑŋ˧˥ ·pʰɑ
　　　扇 ʂuŋ˥˩　扇扇 ʂuŋ˥˩ ·ʂɿ
　　　盖 kai˥˩　盖盖 kai˥˩ ·kɑ

3.1.2.3 前字后字都变韵。如：

阳城　箱 ɕiɑŋ˧˩　（小）箱箱 ɕi:ẽŋ˧˩ ɕi:ẽŋ˧˩
　　　钉 tiɛ̃˧˩　（小）钉钉 ti:oŋ˧˩ ti:oŋ˧˩
　　　刷 suʌʔ˧˩　（小）刷刷 ʂɒ:˧˩ ʂɒ:˧˩
　　　盘 pʰɛ̃˧˥　（小）盘盘 pʰi:ɔ˧˥ pʰi:ɔ˧˥
　　　盆 pʰə̃˧˥　（小）盆盆 pʰɐ:ŋ˧˥ pʰɐ:ŋ˧˥
　　　碟 tiʌʔ˧˩　（小）碟碟 ti:u˧˩ ti:u˧˩

阳城方言的重叠名词前要冠以"小"字。

大多数方言点的 AA 式名词的第二个音节读成轻声。ABB 式的 BB 或 B 读成轻声，但 AAB 式中的第二个 A 有的读为轻声，AABB 式中的第二个 A、第二个 B 有的读为轻声。总地看，南区、东南区、北区读轻声者多，中区、西区一般不读轻声。

3.1.3 语法功能

3.1.3.1 AA 式

名词重叠式 AA 式具有名词的语法功能，可在句中充当主语、宾语、定语。如：

桌桌擦干净了没有？（主语）

他一口气吃了三兀ㄍ馍馍。（宾语）

兀那个人是圪节ㄍ琉琉瓶子。（定语）

但AA式的基式A却没有AA的全部功能，上例中，A只可做宾语，不可做主语、定语。

基式是单音节动词、形容词的AA式，同样具有名词的全部功能，而不再具有动词、形容词的功能。

3.1.3.2 AAB式与ABB式

AAB式与ABB式也具有名词的语法功能，做主语、宾语和定语。如：

这种辣角角真辣｜花花袄看起来特扎眼。（主语）

兀棵树上落了两雕溜溜｜他买了一对钉钉鞋。（宾语）

人人书的皮儿给扯了。（定语）

3.1.3.3 AABB式

AABB式在句中多做主语，由于具有描述性，又在句中做谓语。如：

（1）屋里东东西西扔下一大堆｜盆盆罐罐摆下一地。（主语）

（2）这人一天价婆婆妈妈的意为爱唠叨｜一天事事情情的意为事多、很忙碌。（谓语）

例（1）重叠式与基式AB功能相同，例（2）中的AABB绝对不能说成AB。"婆妈"不能单说，"事情"能单说但与叠式义不同。

3.1.4 表义特征

3.1.4.1 表小与专指

AA式名词的表义特征是小称或专指。"珠珠"是小珠子；"票票"是钞票。重叠、基式、子尾、儿化等表义手段在不同的方言点有不同的分工和选择。太原方言表示事物的大与小，对事物的统称与专指分别是由"子尾词"和"重叠词"充当的。重叠表小，子尾表大。尧都、洪洞方言儿尾表小，子尾表大。翼城方言子尾表小，基式表大。如：

太原　　果子统称，较大——果果小红果儿

　　　　瓶子统称，较大——瓶瓶小瓶儿

钉子_{大钉子}——钉钉_{小钉子}

珠子_{统称，较大}——珠珠_{小珠子}

铺子_{统称，较大}——铺铺_{小铺子}

绳子_{粗的}——绳绳_{细绳子}

裙子_{大人穿的}——裙裙_{小孩穿的}

碟子_{大的}——碟碟_{小碟子}

太原方言不用基式，不能单说"钉、果、裙"，必须用子尾或重叠来显示其语义特征。

汾阳方言的重叠、子尾、儿尾分别表示不同的事物，如：

刀刀_{小刀儿}	刀子_{一般的刀}	刀儿_{切菜刀}
车车_{儿童玩具}	车子_{自行车}	车儿_{旧式大车}
锅锅_{小的锅，如药锅}	锅子_{驼背}	锅儿_{饭锅}
桌桌_{小桌子}	桌子_{一般的桌子}	桌儿_{葬礼上的面食}
皮皮_{秸秆的外皮}	皮子_{裘皮}	

汾阳方言也不单用基式表义。基式只作为语素形式，口语中不单独使用。在普通话或北方其他方言中，儿化或儿尾通常表"小"，而山西方言大部分方言如太原方言、汾阳方言将这一表义特征让位于重叠。与太原方言不同的是，汾阳方言的"儿化/儿尾"形式依然保留，与"子尾"一起分别表示一般语义特征或专指。重叠、儿尾、子尾成鼎立之势。以同一个语素为基本语素构成三种表达形式的方言点，在山西方言的腹地中区可以见到，其他区尚未见到。

有些重叠式名词与基式并存，但表义不同。如：

平遥	票_{买了一张~}	票票_{钞票：他手中有大把的~}
	鱼_{买了一条~}	鱼鱼_{一种面食：中午吃~}
	牛_{牵来了一头~}	牛牛_{昆虫：他捉了一瓶儿~}
万荣	面_{面粉}	面面_{细粉末}
	牌_{牌子、纸牌}	牌牌_{围嘴儿}
	皮_{泛指生物的表皮}	皮皮_{糠皮、皮屑}
	爷_{祖父}	爷爷_{太阳、称家中敬的神}
	娘_{祖母}	娘娘_{菩萨}
	姑_{姑母}	姑姑_{尼姑}

重叠式名词与基式是名词性语素构成的名词,虽然表义不同,但具有相同的语义区别特征,基本义位是一致的。如"面面粉"与"面面细粉末",相同的义位是"粉状","票戏票"与"票票钞票"相同的义位是"凭证、片状物"。

重叠式名词与基式是谓词性语素构成的动词、形容词相比,词性不同,表义自然不同。但在语义特征上,也有相同之处。如"黄——黄黄蛋黄儿",共同义位是"黄颜色"。至于"垫——垫垫垫子",一个是拿一种物体去完成某一任务的动作,一个是物体本身。"好"与"好好好样的人",一个表性质,一个是具备某一特质的人,这些词与词之间本身就有着天然的不可分割的语义联系,它们可以看作整体义与整体义的部分重合。

基式是动词的重叠式名词与动词重叠式有时形式上是一样的,区分的办法是变调不同。如平遥"开开主意 [kʰæ˨˩kʰæ˨˩]（名叠）≠ 开开 [kʰæ˨˩kʰæ˨˦]（动叠）,擦擦 [tsʰʌʔ˨˩tsʰʌʔ˨˦]（名叠）≠ 擦擦 [tsʰʌʔ˨˦tsʰʌʔ˨˦]（动叠）"。

儿尾、子尾名词可以与基式同义并存。如:

临县　磴＝磴儿　沟＝沟儿　墙＝墙儿　院＝院儿　牛＝牛儿

　　　坡＝坡子　槽＝槽子　房＝房子　斧＝斧子　锤＝锤子

而重叠式名词与基式、子尾词、儿尾词总有语义上的差异,这说明重叠式名词作为一种构词现象在汉语中的表义是明确而特殊的。

AA 式重叠与基式意义完全相同的仅限于儿语。如"菜菜＝菜;手手＝手"。即使如此,语用环境也不相同。

3.1.4.2　表义的凝固性

如果说 AA 式名词在山西方言用量丰富,且能产性很强的话,相形之下,名词 ABB 式或 AAB 式重叠式就受到了很大限制。这两类重叠式在结构上已有一定的凝固性,表义上也有专门的固定的意义,不能随意拆开,如"蹦蹦车""金金纸"不能理解为"会蹦的车""金做的纸"。这类词,从每一个音节或语素义上看,都是选取某一个或某一部分语义区别特征,中心词是类属词,修饰、补充成分表示的是相关、相似、相同等语义特征。

ABB 式和 AAB 式名词中的叠音部分有的语义明确,有的语义可能原来是表达确定的意义的，发展到今天，意义不明，只作为记音成分。这两类词从表义上看，有两类不同情况，一类是带有鲜明的描述性，而不是单个叙述，如"纸条条、盆盆罐罐"；另一类就是专指，没有描述性，如"金金纸、冷冷蛋"。

3.2 重叠式副词

重叠式副词普通话也有，但并不很多，如"常常、刚刚、偏偏"等，可以叫作 AA 式。山西方言的 AA 式比普通话丰富。南区除 AA 式外，还有其他格式：AABB 式、AAAA 式等。

3.2.1 构成形式

3.2.1.1 AA 式

有两种类型：

1) 基式是单音节副词，重叠式是 AA 式副词。如：

常——常常　明——明明　偏——偏偏　稍——稍稍
将——将将　渐——渐渐　净——净净　光——光光

基式、重叠式都是副词，基式偏重于书面语，重叠式多用于口语。后面均不带助词"地"。如：

大家都能来，偏/偏偏你一个来不了。

明明是你的不对，你还说的没完。

你明/明明知道开会，你就是不来。

2) 基式是单音节形容词，叠式是 AA 式副词。如：好、快、慢、远、早、细、大、满、紧、深、真、老、活、白，本来是形容词，重叠后成为副词。有时加"地"。如：

好好（地）寻寻　　慢慢（地）吃　　远远（地）来了
活活（地）受罪　　紧紧靠边　　　　老老边上靠边（尧都）
早早（地）起来　　细细（地）看　　真真好（万荣）

南区河津、万荣、临猗、永济等方言，以副词"真"和"太"的重叠表示形容程度的差别，如"美——美的太——美的太太"和"美——真美——真真美"表示程度的逐步加深。如：

河津	好	真好	真真好
	新	真新	真真新
	美	美哩太	美哩太太
	白	白哩太	白哩太太
万荣	怕	真怕	真真怕
	快	真快	真真快
	伟大	真伟大	真真伟大
	坚固	真坚固	真真坚固
	慢	慢得太	慢得太太
	粗	粗得太	粗得太太
	整齐	整齐得太	整齐得太太
永济	脏	真脏	真真脏
	细	真细	真真细
	生动	真生动	真真生动
	硬	硬得太	硬得太太
	能干	能干得太	能干得太太

表示心理活动的动词也有这种组合方式，如：

河津	后悔	真后悔	真真后悔
	麻烦	真麻烦	真真麻烦

3.2.1.2 AABB 式

南区此格式用例不多。基式是双音节形容词、副词、名词等，重叠式为副词 AABB 式，如：自然——自自然然，实在——实实在在，确定——确确定定，真正——真真正正，时刻——时时刻刻，急忙——急急忙忙。如：

他确确实实做下活了 干下坏事了。

我实实在在走不动了。

3.2.1.3 AAAA 式

单音节副词四叠后，表示程度达到极限。如"老老老老、最最最最、紧紧紧紧"等。这类格式数量有限，流行范围只调查到南区洪洞、尧都一带。如：

紧紧紧紧边的兀一那一个是我的/最最最最边上…… | 荷往老老老老

兀那头走

AAAA 的读音第一音节最重，第三音节次之，第二、四音节轻读。

3.2.2 语音特征

山西方言重叠式副词，通过声调的变化，表示语气、程度的不同。如：

万荣　　明［miəŋ˦］一般陈述。

　　　　明明［miəŋ˦ miəŋ˦˨］语气加强。

　　　　明明［miəŋ˦ miəŋ˦˧］语气更加强烈。

三种不同的读音，形成了"原级—次高级—高级"的三级递进式。见表3-2。

表 3-2

级次	表达语气、程度	例句
原级	一般陈述	她真听话！
次高级	语气加强，程度加深	她真真听话！
高级	语气进一步加强，程度更深	她真·真听话（哩）！

如果是表程度的副词，三级呈逐渐加深递进状；如果是表时间的副词，如"刚刚、才才、将将"，则三种不同的读音表示时间的更加短暂。做补语表示程度加深的"太→太太→太·太"也符合三级递进状特点。

基式为形容词的叠式副词 AA 式，读音与普通话有点近似，不管第一音节读什么调，第二个音节总读平调。如：

洪洞　　慢慢儿地［man˥ mar˧˥·ti］

　　　　好好儿吃［xao˨˩ xaor˧˥ tʂʅ˨˩］

有的重叠式副词与重叠式形容词变调不同。如：

平遥　　光光：kuaŋ kuaŋ ˧˥˧˥　副词：光光来了个你就来了你一个人

　　　　　　　　　　　　　˧˥˧˥　形容词：光光底颗头

3.2.3 语法功能

3.2.3.1 做状语
重叠式副词 AA 只能在句中修饰形容词和动词,在句中做状语,不论基式是副词,还是形容词。

3.2.3.2 修饰方位词
程度副词基式"最"以及叠式"最最"可限制动词做状语,也可修饰方位词;而"最最最最"这类重叠式,不能限制动词,只能修饰方位词。如"老老老老兀头那边""紧紧紧紧里头"。不能说"*我最最最最喜欢"。

3.2.3.3 搭配不同
基式与重叠式跟别的词搭配不同,如:*我将一出门,就碰见个老朋友。不能说:我将将一出门,就碰见个老朋友。

3.2.3.4 "太太"与"真真"
南区盐湖方言的"太→太太→太·太"语法功能与一般的重叠式副词不同。单音节副词原形"太"符合一般单音节副词的语法功能,可以做状语,修饰形容词及少数动词和述宾结构。如:

你真是太好了。(单音节形容词)

人太老实就会叫人欺负。(双音节形容词)

小娃娃小孩太听话啦。(动词)

小红太不懂事了。(述宾结构)

但单音节副词重叠式的次高级"太太"和高级"太·太",却不仅失去了单音节副词所有的功能,而且失去了一般单音节重叠式副词做状语的功能,它只能在"形容词 + 得"之后做补语。根据形容词的音节和是否带"得"将其分为两种情况:

1)当形容词是单音节时,它后面的"得"是任意的,可带可不带。如:

小虎精(得)太太!小虎精(得)太·太!

晌午吃那饭香(得)太太!晌午吃那饭香(得)太·太!

2)当形容词是双音节时,它的后面一般不加"得"。如:

宝宝机灵太太,一咕噜,就翻身坐兀咧那里去了。

小丽聪明太太，才六岁，就会背 100 首唐诗了。

另外，能够带补语"太太"的形容词，一般都可以用程度副词"真"的重叠式"真真"来修饰，有时也可同时使用。用"真真"修饰了形容词，也可以再用"太太"做形容词的补语。如：

小虎真真精！　　　　　　小虎真真精得太太！

晌午吃那饭真真香！　　　晌午吃那饭真真香得太太！

宝宝真真机灵！　　　　　宝宝真真机灵太太！

3.2.4　表义特征

1）重叠式与基式不仅在语法、语气上存在差异，在语义表达上也存在差异。虽然重叠式总是在基式的基础上形成的，但它们出现的场合是不完全相同的。赵元任将副词的重叠式称为生动重叠，并且认为"在某些方面，生动重叠式的用法比别的副词更受到限制"。（赵元任《汉语口语语法》，111 页）用标记理论解释，也可以说"A"是无标记的，"AA"式是有标记的。盐湖方言的"太"既可做状语，又可做补语，而"太太"却只能做补语，不能做状语。"将"与"将将，也是,"将"能出现的场合，"将将"不能。"明"与"明明"亦然。

2）重叠式与基式在表示程度的强弱上不同，重叠式比基式表示的程度更强，如"真→真真"。

3）重叠式与基式在表否定义时，否定词出现的位置不同。如"他常来这里"，"不"只能出现在"常"的前面；"他常常来这里"，"不"只能出现在"常常"的后面。

4）重叠式副词一般要比基式使用的频率高。

3.3　重叠式量词

山西方言的重叠式量词很丰富，也很广泛，从南到北各区都有重叠形式，较之普通话结构多样，用法复杂。

3.3.1　构成形式

重叠式量词有：AA 式，一圪 AA 式，一 A 一 A 式，一 AB 一

AB 式。

3.3.1.1　AA 式

AA 式又可分为两种。一种是 AA 式单用，这点与普通话相同。"AA"具有"每一"的意义，能单用，充当句子成分。如"短途车站站都停"。"站站"是"每一站"。另一种形式是，基式是单音节量词，重叠式是 AA 式。不能单用，必须与数词结合成"一 AA"式。如：

交城	一口口（水）	一瓶瓶（酒）	一把把（花）
平遥	一片片（肉）	一堆堆（粪）	一匙匙（油）
万荣	一堆堆（土）	一把把（麦秸）	一捆捆（柴）

尧都、洪洞"一 AA"后面要带"子"尾，如"一堆堆子土，一伙伙子人"，但不表"小"。

一堆堆　一撮撮　两节节　三捆捆　六把把

动量词"AA 式"少见。如中区、北区：喝了一口口，打了三下下，看了两遍遍，去了两回回。

3.3.1.2　一圪 AA 式

凡"一 AA"式都可在"一"后加词缀"圪"，成为"一圪 AA"式。如"一圪匙匙，一圪堆堆，一圪截截"。这种形式在山西方言非常普遍。

3.3.1.3　一 A 一 A 式

这种形式既有物量词，又有动量词。如：

他把东西一件一件地取出来。

他一趟一趟把东西全送完了。

3.3.1.4　一 AB 一 AB 式

这种形式一般用于连成一簇的东西，如"一骨都一骨都（蒜）"是"一头又一头（蒜）"的意思。

3.3.2　语音特征

重叠式量词的读音形式大多没有什么特殊之处，只有不定量词"些些"的读音不同表示量的多少不一。

3.3.3 语法功能

3.3.3.1 AA 式
AA 式量词在句中可做主语、定语、宾语、状语。如：
万荣　　她养了三盆花，盆盆都长得可好哩。（主语）
　　　　件件衣裳都不能穿。（定语）
　　　　鸡蛋你是数个个还是论斤斤呢？（宾语）
　　　　一步赶不上，步步赶不上。（状语）

动量词只能做状语。如：回回空跑，哪能挣下钱？

有的个体量词重叠式常用在名词后构成名量型复合词。如粪堆堆、麦颗颗（麦粒粒）、馍馍块块等。它们之间结合很紧，其间不能插入结构助词"的"，不能说"馍馍的块块，布的条条"。这些词在句中常做主宾语。

3.3.3.2 一AA式
一AA式在句中都可充当主语、定语和宾语，但主要是修饰名词，做定语。如：
（1）这么一堆堆还不够用？（主语）
（2）能吃完一盆盆？（宾语）

如果"一AA"后加上被修饰语"土""饭"，就成了定语。
"一"与"AA"之间可以加上"大""小"。如"一大盆盆、一小堆堆"。

3.3.3.3 一A一A式
一A一A式的A可以是物量词，也可以是动量词，物量词"一A一A"可做主语、定语、状语、谓语。如：
（1）呀人家兀家里好，一个一个都是大学生。（主语）
（2）呀人家村里一个一个干部都是党员。（定语）
（3）做事要一步一步来，甭急。（状语）
（4）他说起话来，一套一套的。（谓语）

动量词"一A一A"在句中只做状语和补语。如：
（1）他一趟一趟往法院跑，老是没结果。
（2）他跑得一趟一趟的，老是没结果。

普通话"一A"与"一A"之间可以加"又",意义不变,山西方言动量词之间可以加"又",但名量词之间不能加"又"。

"一AA"和"一A一A"这两种重叠形式的意思略有不同,前者着眼于总体,后者着眼于个体。"一个个"不同于"一个",却等于"个个";而"一溜溜、一托托"等同于"一溜、一托",却不能说"溜溜、托托"。"一个个"其数词只能是"一",不能是其他。"一溜溜、一托托"不受此限,可以说"三溜溜、四托托"。"一A一A"重叠形式用法基本一致。如果修饰名词,都可说成"一A一A的N",不能说成"三A三A的N";如果修饰动词,都可说成"一A一A地V、三A三A地V"。

3.3.3.4 一AB一AB式

一AB一AB式做定语是其主要功能,如:一骨都一骨都蒜,一不垒一不垒草,一圪截一圪截葱等。

如果把被修饰的名词去掉,就可以做主语:兀窗子上一骨都一骨都是什么呢?也可以做补语:看你把葱剁得一圪截一圪截的。做状语:"你一骨都一骨都地辫"。

双音节名词作为临时量词也可以构成"一AB一AB",如:一汽车一汽车地拉/一簸箕一簸箕地搓。但语法功能比较单一,只能做状语。

3.3.4 表义特征

3.3.4.1 表不表"每一"义

AA式有的不表"每一"义,如:鸡蛋是数个个还是论斤斤?这里AA的表义与基式A相同。

AA式有的表示"每一"义。如:朵朵花儿向太阳/条条大道通北京。重叠式与基式表义不同。

"年、月、日、天、家、户"等的重叠式含有"每"的意思,与普通话相同。

3.3.4.2 表量的多少、大小义

一AA式所表示的语义特点有三种情况。

1)强调量少,计量物小,占大多数方言点。如:

太原　　勺勺一~油　　本本一~书

	绺绺一~线	包包一~药
	把把一~面	盘盘一~菜
平遥	匙匙一~药	对对一~鞋样样
	堆堆一~粪	片片一~肉
	把把一~绳绳	截截一~木头
岚县	匙匙一~油	盒盒一~饼干
	堆堆一~灰渣	捆捆一~柴
	瓣瓣一~蒜	本本一~书
沁县	匙匙一~油	瓣瓣一~蒜
	绺绺一~线	盘盘一~菜
	截截一~木头	

南区万荣方言重叠后有表"小"或"少"的意思。如：

一堆堆土—小堆土

一把把麦秸—小把麦秸

一碗碗饭—小碗饭

一捆捆柴—小捆柴

太原、平遥方言的"一沓沓票票纸币"言钱多，可视为例外。重叠的量词前可以加前缀"圪"，构成"圪AA式"，如"一圪匙匙、一圪堆堆、一圪截截"等。表义特征和不加"圪"的重叠式相同。

2）重叠表示量多，重叠后儿化表示量少。见于北区的大同、左云等方言。如：

	表示量多	表示量少
大同	一堆堆土指许多堆	一堆堆儿土指一小堆
	一把把草指许多把	一把把儿草指一小把
	一捆捆柴指许多捆	一捆捆儿柴指一小捆
左云	一绺绺线指许多绺	一绺绺儿线指一小绺
	一瓣瓣蒜指许多瓣	一瓣瓣儿蒜指一小瓣
	一堆堆灰渣指许多堆	一堆儿灰渣指一小堆

万荣方言重叠后带有词尾"子"，有表示"多"或"足"的意

思。如：

一盒盒子饼干指满盒子的饼子

一本本子书指一大厚本书

两罐罐子油指两满罐子油

3）量的大小、多少要根据基式 A 的性质特点和句子所处的环境而定。如：

万荣　　　表小：一口口饭　　　一把把麦秸

　　　　　　　　　一碗碗饭　　　一捆捆柴

　　　　　表大：一锅锅饭　　　一盆盆米汤

有时同一个形式，根据不同的语境有表大表小两种作用。如：

表小：一勺勺（饭）就够你吃俩？

表大：一勺勺还不够你吃？

有时可加"大、小"来予以明示，如"一大锅锅饭、一小堆堆土"。尧都、洪洞方言表大表小分别用"子尾、儿化"表示。如"一捆捆子柴（表大），一捆捆儿柴（表小）"。文水方言又是一种情况，个体量词"一AA"表"逐一"，集体量词"一AA"表"小"。如"一个个、一条条、一本本、一盘盘"，表"逐一""每一"义；"一堆堆、一捆捆、一撮撮、一把把"，表示"一小堆、一小捆、一小撮、一小把"。

3.3.4.3　表量的多种义

一A一A式的表义特征有三种。一是表"每一"，如"一个一个都是大学生"。二是表"接连不断"，如"他说起学习来一套一套的"。三是表"反复"，如"他一趟一趟往回跑"。这些一A一A式，都不能用"一A"来替换。一A一A含有"不着急、慢条斯理"之意，而基式"一A"不含此意。

3.3.4.4　重叠简化后的表义

一A又一A／一AA式："一座又一座"在中区、西区、北区、东南区都可简化为"一座座"，与前面表小、表大的"一AA"不同。

如《山西交通》1999 年第 4 期报道：一台台压道机马达轰鸣，一根根桥柱拔地而起，巍巍壮观，一座座拌和楼内隆隆作响，一辆辆运料车、逶迤如长龙、穿梭不息。……一个个可歌可泣、勇于奉献的人物，书写出一件件催人奋进、感人肺腑的事迹。这里的"一AA"都是"一

A 又一 A",并不表示小。"一 AB 一 AB"式也是"一 AB 又一 AB"的简化。如"一片子一片子"是"一片子又一片子"的简化、这些重叠形式均含有对事物的描述作用。

3.4 重叠式形容词

重叠式形容词是山西方言里一种很重要的构词手段。各区重叠式形容词的形式非常丰富,普通话出现的重叠形式,山西方言全有。普通话没有的重叠式,如:AXYY、AXYA、AXAXA 着哩、AXXB 等,在山西方言的不同地区各有不同表现。

3.4.1 构成形式

山西方言凡是重叠式形容词都是状态形容词,其基式都是性质形容词。根据基式和重叠式的关系,形容词重叠式的构成形式可分为以下几类。

3.4.1.1 基式是单音节形容词

1)基式是单音节形容词,重叠式是"AA(儿)地的"。中区的清徐、文水等方言点,重叠形容词后面加"地"[ti˧],做定语时再加助词"的"[·təʔ]。肯定式是"大大地的扁食",否定式是"不大大地的扁食"。

文水	大大(儿)地的	宽宽(儿)地的	胖胖(儿)地的
	死死(儿)地的	光光(儿)地的	松松(儿)地的
祁县	慢慢地	红红地	浅浅地
	白白地	平平地	淡淡地
尧都	高高的	好好的	硬硬的
	高高儿的	好好儿的	硬硬儿的
太谷	高高地	高高儿地	高高地的
	高高儿地的		

2)基式是单音节形容词,重叠式是"AXYY","X"是"圪、不、

忽"等词缀,"YY"是表音成分。如:

天镇	干圪绷绷	胖圪墩墩	蓝圪英英	黑圪洞洞
	厚圪沓沓	软圪积积	肥不出出	水不灵灵
	丑不积积	软不积积	俊不生生	黑不出出
忻府	白不几几	灰不处处	黑不兴兴	虚忽沓沓
	甜忽腻腻	清忽闪闪	嫩忽星星	
介休	白圪眨眨 形容皮肤细白		凶圪结结 很凶的样子	绿圪茵茵
	白不测测 苍白的		楞不兴兴 傻乎乎的	
	俗不吃吃 很俗气的			
平遥	齐圪棱棱	红圪登登	暖圪洞洞	软圪浓浓
岚县	蓝圪英英	白圪洞洞	园圪蛋蛋	软不浓浓
	淡不菜菜	楞不兴兴	酸不几几	
陵川	黑圪洞洞	破圪碎碎	新圪崭崭	黑不突突 很黑
	傻不几几 很傻	光不叮叮 很光	白不叉叉 煞白	
洪洞	甜圪囊囊	软不几几	稀不撒撒	淡不几几
闻喜	圆圪鲁鲁	硬圪正正	白不次次	光不溜溜

这个特点在与山西毗邻的陕西神木方言也有,如:蓝圪艳艳、清圪湛湛、软不弄弄、灰不少少;在内蒙古呼和浩特方言有,如:喜圪滋滋、血忽淋淋、棉忽腾腾、病不歪歪;在河南获嘉方言有,如:碎圪渣渣、软圪绵绵、沉圪甸甸、明圪晃晃。这三个方言点今均属晋语。

"A 不 XX"一般用于贬义,如太原方言:酸不几几地 酸得不是味儿、淡不几几地 淡得没味儿、水不几几地 强调水分太多、辣不几几地 不该辣而辣了。类似的例子还可以说成"A 不拉儿地",如"水不拉儿地、酸不拉儿地"等。

3.4.1.2 基式是双音节形容词

基式是双音节形容词"AB",重叠式是"AABB(地)",如:

文水	精精明明	红红火火	大大样样 大大方方
	凄凄惶惶 可怜	可可喜喜 漂漂亮亮	扎扎巴巴 结实
忻府	周周正正	展展活活 地方宽敞	绵绵善善 性格温和

3.4.1.3 基式是状态形容词

基式是状态形容词"AB",重叠式是"ABAB 地"。如:

太原	干红干红地	菊绿菊绿地	腊黄腊黄地
	雪白雪白地	杠红杠红地	冰凉冰凉地
汾阳	杠红杠红地	雪白雪白地	怪红怪红地
洪洞	乌黑乌黑地	稀甜稀甜地	蔫绿蔫绿地

3.4.1.4 基式是性质形容词

1）基式是单音节性质形容词，重叠式是"AXYY（地）"，"X"是助词"得"，"YY"是衬音。如：

太原	酸得来来地	热得来来地	瞌睡得来来地	脏得来来地
岚县	酸得来来	凉得来来	热得来来	瞌睡得来来

2）基式是单音节性质形容词，重叠式是"AXX"。如：

文水	粗滚滚	嫩水水	紧绷绷	白壳壳
	慢油油	展塌塌	蔫溜溜	酸厉厉
祁县	红丹丹	绿油油	热忽忽	黑洞洞	肉囊囊
闻喜	稀软软	精短短	乌黑黑	透虚虚

这种形式在今属晋语的获嘉方言也有：面丹丹儿的瓜很面、圆奏奏儿的很圆、凉森森儿的气温宜人；显令令儿的清楚、暄腾腾儿的蓬松柔软、黏抓抓儿的东西黏手、甜丝儿丝儿的；在神木方言也有：白生生、红丹丹、蓝茵茵、硬铮铮、臭腾腾、灰塌塌；在呼和浩特方言也有：脆嘣嘣、干巴巴、软歪歪、死兴兴、绿茵茵。

3.4.1.5 形容词生动形式

北区、南区形容词生动形式均有"A了个A"式，如"灰了个灰"意思是"坏透了"。这种"AXYA"式重叠是一种形容词生动形式。如：

天镇	灰了个灰	丑了个丑	旧了个旧
	亮了个亮	长了个长	便宜了个便宜
左云	灰了个灰	大了个大	旧了个旧
	亮了个亮	便宜了个便宜	小气了个小气
朔城	灰了个灰	丑了个丑	旧了个旧
	寡了个寡	小气了个小气	吸人了个吸人漂亮
洪洞	坏了个坏	丑了个丑	小了个小	好了个好
	沉了个沉	麻了个麻	贱了个贱	香了个香

上述洪洞方言的例子还可以三叠：丑了个丑了个丑。

南区的尧都方言和盐湖方言形容词生动形式不太相同。尧都方言有"AA 子""AA 了"和"A 的 A 着哩"三种格式。如：

尧都　　酸酸子葡萄　　薄薄子纸　　锈锈了钉子　歪歪子脖项脖子

秕秕子谷　薄薄了被子　烂烂子鞋　蔫蔫子苗　糠糠了萝卜

"子"和"了"相当于北京的"的"。"了"和"子"可以互换，如"酸酸子葡萄"可以说成"酸酸了葡萄"。

尧都方言以形容词的程度来分类，可以分为三种类型，一表示形容词本身具有的性质和状态，二是形容词后面加"的多哩"表示程度比较深，三是"A 的 A 着哩"的重叠式表示程度很深。如：

原级	比较级	最高级
美	美的多哩	美的美着哩
红	红的多哩	红的红着哩
好	好的多哩	好的好着哩

为了加重语气，特别强调形容词的程度，第三种形式还可以说成"A 的 A 的 A 着哩"，如"美的美的美着哩"。

盐湖方言形容词生动形式的构成，是在形容词前面加一个起比喻作用的词，中间加重叠的词缀，后面是一个单音节形容词，形成"AXXB"的格式。程度的差别则是：

	原级	比较级	最高级
河津	白	雪白	雪光光白
	黑	乌黑	乌嘟嘟黑
	绿	焦绿	焦寡寡绿
	黄	腊黄	腊焦焦黄
临猗	青	焦青	焦溜溜青
	红	虹红	虹浅浅红
	沉	死沉	死冻冻沉
	宽	多宽	多桄桄宽
闻喜	碎	稀碎	稀巴巴碎
	硬	铁硬	铁崩崩硬
	肥	透肥	透溜溜肥

形容词前的比喻词和中间重叠的词缀都是固定的，不能随意更换。

这种形式的形容词都是单音节的。

3.4.2 语音特征

"AA 儿地"式,"儿"在中区读儿尾,在其他区读儿化,第二个 A 多读平调。"AABB"式、"ABAB"式,第一音节总是读重音。"圪、不、忽"词缀在入声区读入声,在非入声区读舒声。表音的后缀重叠在南区大多方言点要读轻声,在中区、北区大多不读轻声。

3.4.3 语法功能

3.4.3.1 AA 儿地/的

"AA 儿地/的",可在句中做状语、定语。做状语时用助词"地",做定语时用助词"的"。在文水等中区几个方言点做状语时是"AA 地",做定语时是"AA 地的"。

3.4.3.2 AXX 地、AX 来地、A 圪 XX

各式在句中充当的各种句子成分如表 3-3 所示。

表 3-3

	AXX	A 圪(不/忽)XX	AX 来地	AXX
主语	+地的	+地的	+的	+的
宾语	+地的	+地的	+的	+的
定语	+地的	+地的	+的	+的
谓语	+地	+地	不加	(地)
状语	+地	+地	不加	(地)
补语	(地)	(地)	不加	(地)

注:表 3-3 引自胡双宝《文水方言的若干语法现象》。

再举一些例子:

(1) 红丹丹地的才五角一斤,青□□〔tsa tsa〕地的还卖四角。(主语)

(2) 我抓住一个软不溜溜地的。(宾语)

(3) 给挑几个软溜来地的,不要硬巴巴地的。(宾语)

（4）白格冬冬地的留给妹妹穿，你就穿这双灰的吧。（主语）

（5）黑□□［tsa tsa］地的两只手，往哪放？（定语）

（6）桌子上光溜溜的。（谓语）

（7）这布棉龙冬冬的。（谓语）

（8）果子红丹丹地结了一树。（状语）

（9）老不下雨，庄稼晒得蔫不溜溜的。（补语）

"A"与"XX"结合有很强的固定性。有的"XX"可与多个形容词结合，有的"A"可与多个"XX"结合表示同一意义。

3.4.3.3　不同的形容词重叠式在句中充当的语法成分

不同的形容词重叠式在句中充当的语法成分也不同。

1）AXYA 式只能在句中做谓语。如：

（1）这人真灰了个灰。

（2）这东西就便宜了个便宜。

2）AAX 式多做定语，也可做宾语。如：

（1）酸酸子葡萄不能吃。（定语）

（2）这葡萄是些子酸酸子。（宾语）

3）AXAXA 着哩，只能在句中做谓语、补语。如：

（1）兀朵花红的红的红着哩。（谓语）

（2）人哪兀饭做得好的好的好着哩。（补语）

4）AXXB 式在句中做谓语。如：

（1）兀袋沙死冻冻沉。

3.4.3.4　能不能有修饰成分

所有的重叠式状态形容词，不管做什么句法成分，都不能受程度副词和否定副词"不"的修饰。

3.4.4　表义特征

3.4.4.1　描述义

所有的形容词重叠式都是状态形容词，不管充当何种句子成分都有描述性的作用，重叠得越多，描述性越强，程度越深。有时达到极点。如：

白→白洞洞→白圪洞洞

红→红的红着哩→红的红的红着哩

丑→丑了个丑→丑了个丑了个丑

黑→乌黑→乌嘟嘟黑

3.4.4.2 褒贬义

大多数重叠式状态形容词带感情色彩或形象色彩，或褒或贬，或好或恶，中性很少。"AA（儿）地"式在多数方言的褒贬色彩是根据词义本身或具体的语言环境而定，而南区尧都、洪洞一带，"AA地"含贬义、消极意义，"AA儿地"含褒义、积极意义。

一般地讲，"AABB"式、"ABAB"式带有赞赏、美好、亲热等积极感情色彩，"A里AB，A圪/不/忽BB"带有厌恶、嫌弃、不满等消极感情色彩。这些感情色彩或褒或贬，与基式的意义无关，完全是附加成分后产生的。

"AXX、AXYY、AXYA、AXAY哩"等式所带的感情色彩与基式有关。基式是亲热、爱抚的积极意义或是厌恶、不满的消极色彩，重叠后只是加深程度。感情色彩是附加成分前就已存在的。如"红丹丹、绿茵茵、凉森森"与"干巴巴、臭腾腾、灰塌塌"中的感情色彩是由基式"红、绿、凉"和"干、臭、灰"所决定的。叠音成分只是起增强程度，加深性状的作用。叠音成分的意义，有的比较明确，如"碎圪渣渣"的"渣渣"与"碎"有关，可以进一步说明"碎"的程度和状态；有的不明确，原来可能有意义，只是不知本字，只能拿同音字替代，如"处处""出出""积积""几几"。无论是消极意义，还是积极意义的形容词基式，"A"与"XX"有固定搭配关系，但并不全是一对一的，有一对多，也有多对一。如"白"对"冬冬""生生"（汾阳）都表喜爱，"白"对"耐耐""壳壳""扎扎"都表嫌弃。"平、展、正、密、善、净、齐"等27个单音节形容词都可带"油油"，另外还有15个词可以带"溜溜"，12个词可以带"旦旦"。

由于基式"A"长期习惯与某些"XX"搭配，所以在人们心目中也形成了对"XX"的褒贬印象。山西方言中区文水话叠音后缀的褒贬义分类见表3-4和表3-5。

表 3-4

类别	后缀
褒义 a	a1：塌塌、首首、雯雯、娶娶、滚滚、纳纳、展展、晃晃、剪剪、旦旦、扑扑、甬甬、蹭蹭、刷刷、瓜瓜、忽忽、出出、牛牛、曲曲、水水、韧韧、崭崭、抓抓、束束、严严、董董、脱脱、盒盒、瓦瓦（[uA↘]） a2：油油、厉厉、设设、夺夺、**蛊蛊**、蠕蠕
中性 b 义	b1：林林、绷绷、朗朗、荡荡、糁糁、甸甸、秃秃、闯闯、务务、连连、剥剥、更更、化化、末末、虎虎、洞洞 b2：溜溜、巴巴
贬义 c	渣渣、miㅓmiㅓ、piA↑piA↓、pʰiA↑pʰiA↓、nænㅓnænㅓ、擦擦、堆堆、糟糟、哄哄、醒醒、森森、散散、壳壳、刮刮、瓦瓦（[uA↑]）、ku↓↓ku↓↓

注：表 3-4 引自李守业《文水话形容词的复杂形式》。

表 3-5

后缀类	后缀前出现的形容词	构成格式的褒贬义	举例
a1	褒/中	褒	展塌塌　湿塌塌
a2	褒/中（部分） 中（部分）	褒 中	快厉厉　酸厉厉 嫩厉厉　浅油油
b1	中	中	重甸甸　紧绷绷
b2	中 贬	中 贬	软溜溜　穰溜溜 程溜溜　蔫溜溜
c	中/贬	贬	嫩渣渣　苦渣渣

注：表 3-5 引自李守业《文水话形容词的复杂形式》。

3.4.4.3 主观义

所有的重叠式状态形容词都包含着人们对事物的暂时性的主观态度和感受。性质形容词所反映的事物的性质是客观的、相对持久的，而重叠式状态形容词所反映的事物的性质却是临时的、附加的，有时是因人而异的。

3.5 重叠式动词

山西方言各区都有重叠式动词,单音节动词重叠与双音节动词重叠整体看与普通话大同小异,无须赘言。只是有些读音和形式与普通话不同。

3.5.1 构成形式及读音变化

山西方言重叠式动词从构成形式上看,有"AA(儿)、ABAB、ABB、AA"式等。读音变化是说有的重叠式连读时要发生声调、韵母方面的变化。

3.5.1.1 AA(儿)式

单音节动词重叠时,有几种情况。

1)必须嵌入"一"。如西区临县方言"看一看、想一想、坐一坐、走一走"。这种构成方式带有强制性,不如普通话灵活。

2)不能嵌入"一",但重叠后要儿化,如:

孝义　　剃剃儿 [tʰi˧ tʰiar˥˧]　　见见儿 [tɕiɛ˧ tɕiar˥˧]
　　　　拉拉儿 [la˨ lar˧˥]　　　走走儿 [tsou˨˩ tsar˧˥]

孝义方言重叠不儿化是名词,如"铲铲"是小铁铲,"铲铲儿"是"铲一铲"。"儿化"只有一种形式[ar],可以称为"专用形式"。

洪洞　　坐坐儿 [tsʰo˧ ·tsʰor]　　说说儿 [fɛ˨˩ ·fɛr]
　　　　尝尝儿 [sɒ˧˥ ·sɒr]　　　摸摸儿 [mo˨˩ ·mor]

洪洞方言的"AA 儿"结构也很固定,不能是"坐一坐",也不能说"坐坐"。

3)嵌不嵌"一"均可,重叠不儿化这点与普通话相同。如:

太原　　听听——听一听　试试——试一试　问问——问一问

4)重叠的两个音节间嵌入前一音节的尾音,作用相当于"一"。如:

汾阳　　听听 tʰŋ˧ ·ŋ tʰŋ˧˥　　　称称 tʂəŋ˧ ·ŋ tʂəŋ˧˥
　　　　洗洗 sɿ˧ ·ɿ sɿ˧˥　　　　想想 ɕiɔ˧ ·ɔ ɕiɔ˧˥
　　　　走走 tsou˧ ·u tsou˧˥　　奶奶动词 nai˧ ·ai nai˧˥

万荣　　说说 ɕyɤ˦˦ ˧ ·ɕyɤ　　　烧烧 ʂau˦ ˥ ·ʂau

　　　　量量 liɤ˦ ˧ ·ʎiɤ　　　　擦擦 tsʰa˦ ˥ ·a·tsʰa

　　　　闻闻 vei˦ ˧ ·ɪ ·vei　　　学学 ɕiɤ˦ ˥ ·ɕiɤ

5）延长重叠后的第一个音节的时长表动词重叠，不延长是名词重叠。如：

乡宁　　捆捆 kʰuəŋ:˥ ·kʰuəŋ　　摊摊 tʰæ:˥ ·tʰæ

　　　　管管 ku æ:˥ ·ku æ　　　抓抓 tʂua:˥ ·tʂua

6）用不同的变调方式区分动词重叠和名词重叠，见表 3-6。

表 3-6

	名词	动词
平遥	筛筛 sæ˧˥ sæ˧˦ 筛子 糊糊 xu˧ xu˦ 糊状面食 草草 tsʰɔ˦ tsʰɔ˦ 草 瓮瓮 uŋ˧˦ uŋ˧˦ 瓮 擦擦 tsʰaʔ˧˦ tsʰaʔ˦ 板擦儿 席席 ɕiaʔ˥ ɕiaʔ˦ 席子	筛筛 sæ˧˥ sæ˦ 筛一下 糊糊 xu˧˦ xu˦ 糊一下 炒炒 tsʰɔ˦ tsʰɔ˦ 炒一下 问问 uŋ˧˦ uŋ˦ 问一下 擦擦 tsʰaʔ˧˦ tsʰaʔ˦ 擦一下 学学 ɕiaʔ˥ ɕiaʔ˦ 学一下
和顺	梳梳 su˧ su˧˦ 梳子 奶奶 nai˥ nai˧˦ 祖母 刷刷 suaʔ˧ suaʔ˧˦ 刷子	梳梳 su˧˦ su˧ 梳一梳 奶奶 nai˥˦ nai˧˦ 动词 刷刷 suaʔ˧ suaʔ˧ 刷一刷

和顺方言此类变调只限于阴平、上声和入声，阳平和去声没有这一分别。

3.5.1.2 ABB（儿）式

有的"AB"是一个词，如孝义方言，有的很难说"AB"是一个词，如汾西方言。

孝义　　撩逗逗儿　商量量儿　欺侮侮儿　拾掇掇儿

汾西　　种花花 种牛痘　磨圆圆 原地转圈圈　藏安安 捉迷藏　擦滑滑 溜冰

这种现象在省外晋语呼和浩特方言中也有，如：浮水水 游泳、插行行 加塞、打要要 闹着玩、取暖暖 取暖。

3.5.1.3　ABAB 式

基式是"AB",叠式是"ABAB",与普通话相同。如：

太原	拾掇拾掇	置落置落	洗涮洗涮
	问讯问讯	开导开导	思谋思谋
尧都	打扫打扫	协商协商	讨论讨论
	拾掇拾掇	斟酌斟酌	安置安置

3.5.1.4　XAXA 式与 XAA 式

"X"是"圪""不""忽"等。如：

壶关	圪拥圪拥_{挪动}	圪蹦圪蹦_{一蹦一跳}		
汾阳	圪老圪老	圪欺圪欺	圪胡圪胡	挖搓圪搓_{搓一下}
交城	忽颠忽颠	忽闪忽闪	忽撇忽撇_{挣扎}	
祁县	圪歇圪歇	圪拍圪拍	圪坐圪坐	忽摇忽摇
洪洞	圪捞圪捞_{搅一下}	不拉不拉_捋		
太原	圪瞪瞪	忽摇摇	忽扇扇	
大同	圪钻钻	忽悠悠	忽展展	

3.5.1.5　A 叮 A 叮式

"叮"是后缀,放在动词后成为"A 叮"。"A 叮"重叠在山西方言中区、南区常见。如：

交城	拍叮拍叮	扫叮扫叮	摇叮摇叮
尧都	拍叮拍叮	扫叮扫叮	摇叮摇叮

3.5.2　语法功能

3.5.2.1　重叠式动词前面的限制

所有的动词重叠式都可在句中做谓语,但与其他成分的关系要受到许多限制。如可以说"不看、不捆、不撩逗、不商量、不坐",不能说"不圪看看、不圪捆捆、不撩逗逗、不商量量、不要圪坐圪坐"。有的重叠式动词的否定式只出现于反问句里。如平遥方言"你不看看兀家他去?"不能出现于其他语气。

3.5.2.2　重叠式动词后面的限制

动词重叠式后面不能带任何动态助词。不能说:你看看着/了,你坐坐儿着/了,你商量量着/了,你商量商量着/了,你拍打拍打着/了。

3.5.2.3 及物动词重叠式的限制

有的及物动词基式"AB"可带宾语,重叠成"ABB 儿"后不能带宾语,说"商量事情",不说"商量量儿事情"。"圪 A"可带宾语、补语,如"圪瞅外头嘞?""圪擦干净"。"圪 A 圪 A"式后面不能带宾语、补语。

3.5.3 表义特征

3.5.3.1 重叠式动词的短暂义

几乎所有的动词重叠式都有表示动作延续时间的短暂和表示动作次数的减少的意义,这点与普通话相同,不过也有少数方言点例外。

3.5.3.2 重叠式动词的动作义

汾西的 ABB 重叠式是专指一种行为动作,不包含短暂义,"取暖暖"意为"取暖",而不是"取一会儿暖",也不是"取少量暖"。

3.5.3.3 超音段成分的区别义

重叠既是动词的构词手段,又是名词的构词手段。山西方言里两种相同语素的重叠形式,要用"变调""儿化""音长"这些超音段成分来区别,这点比较有特色。

3.5.3.4 重叠式动词的级差义

山西方言的重叠式表动作短暂比普通话多一个级差,见表 3-7。

表 3-7

	基式（一般）	重叠式（短暂）	重叠式（更短暂）
普通话	看、转	看看、转转	—
山西方言	看、转	看看（儿）、转转（儿）	圪看看、圪转转

3.5.3.5 重叠式动词的随便义

山西方言的"圪 AA、圪 A 圪 A"式重叠式动词除了表示动作的短暂或尝试性意义外,还增加了随便、轻松、非正式、不经意等感情色彩。比如两个人走在路上,对路旁的音乐、物品可以去"圪看看""圪听听""圪看圪看""圪听圪听",但是如果对一场音乐会、一场报告,即使听一会儿,用此重叠式也显然不得体。"AA"式、"ABAB"式则相反，往往在正式、重要的场合使用，带有认真、在意、庄重的附加色彩。

3.6 重叠式数词

数词在普通话中几乎不能重叠，有"他和客人一一握手告别"的说法，但"一一"不是数词的重叠，而是数量词重叠式"一个一个"的简略形式。概数词重叠式"三三两两"有成语化倾向，无法扩展。所以严格地说，普通话没有数词重叠式。

山西方言有数词重叠式，但限于序数词和概数词。

3.6.1 构成形式

3.6.1.1 重叠式数词 AA 式

AA 式及其使用情况：AA 式序数重叠只用于多子女家庭中的排行。农村中过去大多为多子女家庭，家长文化程度也不高，所以最简单的办法是将子女从大到小按顺序排行称叫。如中区榆社方言：大大、二二、三三、四四、五五、六六、七七、八八、九九。老大叫"大大"，不叫"一一"，可能与"姨姨"同音而避之。也不能叫"头头"或"首首"，尽管在特定场合，当给别人叙述有关生育情况时，可以称自己或别人的第一个孩子为"头首"。南区万荣方言从二以后依次叫"二二、三三、四四、五五、六六、七七、八八、九九"。南区洪洞方言有"三三、五五"的叫法，无"一一、二二、四四"的叫法，"二二"叫起来可能与"儿儿"音近而避之；无"四四"，"四"与"死"谐音，避讳。汾西方言有"三三、四四、五五、六六"的叫法，无"一一、二二、八八、九九、十十"的叫法。"一一"与"姨姨"同音，"二"与"儿"同音，"八八"与"爸爸"同音，皆因音近而避之。永和方言在老七之后就不能用数词重叠，一般排行老二用"老二"或"二子"指称。浮山方言只有基数"三"可以重叠为"三三"（老三），其他基数词不能这样重叠。五台方言只限于"二"以后的序数。霍州方言只有"三三""六六"的叫法。阳高方言有"二二、三三、四四"的叫法。灵石方言只有"三三"的叫法。清徐方言只有"三三"和"四四"的叫法。北区代县方言的序数重叠后第二个音节要儿化,如"三三儿"。山西境外晋语区的呼和浩特也有排行序数的重叠,但只限于三、四、五、六、七、八几个数。如:

(1) 三三哪儿去了?
(2) 快把四四叫回来!

一、二、九、十及十以后的数不能重叠。

3.6.1.2　重叠式数词 AABB 式

AABB 式:"AABB"式多由十以内(限于四至九)相邻两个基数词重叠构成,如"四四五五、五五六六、六六七七、七七八八、八八九九"。再看下面的例子:

南区万荣方言:(1) 对那事我还不知道个七七八八?(2) 你不说我也知道个四四五五。(3) 你再八八九九地说,他就是不听。

北区平鲁方言可以说:一一二二、二二三三。

山阴方言的"三三两两"表示零碎,不说"二二三三"。

阳高方言的"三三两两"表概数,但只用于指人,指两三个人。如:你们三三两两地相跟上去。

南区洪洞方言的"七七八八"也表示概数,如:家里都准备得七七八八啊,结果人家不来啊。

未见其他基数词重叠成 AABB 式表概数的说法。

汾西方言只有"七七八八"一种说法,相当于"八九不离十"。如:你不说我也知道个七七八八。

五台方言有"四四五五、七七八八、八八九九"的说法,如:这件事我也知道个七七八八。

浮山方言的"三三两两"。如:你看那边三三两两的娃做甚哩?"七七八八"。如:有个七七八八你再跟人家说,要不会惹人笑话的。

清徐方言只有"四四五五""七七八八"的用法。

山西方言中还有两个不相邻的数词重叠的说法,如娄烦方言:三三五五。其他方言尚未见到不相邻数词的重叠形式。

山西方言多数方言点,十以外的 AABB 式只有"千千万万"。娄烦方言的"千千万万"还可以说成"万万千千"。

3.6.1.3　重叠式数词其他形式

其他形式:AAB 式、ABAB 式、ABA 式、ABAC 式、AAABBB 式。

AAB 式：南区万荣方言十以内数词还可以说成"八八九、九九八"。

山西方言多数方言点十以外的数词还有：千千万、万万千。其他数目未见这种重叠形式。

ABAB 式：北区山阴、平鲁等方言有"千万千万"。如：这个事儿你千万千万不要说出去。

ABA 式：浮山、灵石、阳高方言有"一等一"，如：让他干活，那还不是一等一呀！（属于叠用数词的形式，极具方言特色）他是个一等一的好人。

ABAC 式：浮山、灵石方言有"十分十离"的说法，如：要是不到十分十离的时候，他才不会去求人哩！

AAABBB 式：阳高方言可以说"七七七八八八"，如：他七七七八八八可说来，上面儿的咋也没同意。/七七七八八八的，说是个没完没了。

3.6.2 语法功能

3.6.2.1 重叠式数词 AA 式

重叠式数词 AA 式在句中可以做主语、宾语、定语。如：

万荣　　三三还没放学啦？（主语）
　　　　我在路上碰着_{遇见}五五啦。（宾语）
　　　　六六爸进城去啦。（定语）
汾西　　三三去地里去啦。（主语）
　　　　四四在居舍（家里）么？（主语）
　　　　五五又病下啦！（主语）
　　　　六六念书（上学）去啦。（主语）
　　　　我没寻着（没找到）三三。（宾语）
　　　　把三三吆喝（叫）进来。（宾语）
　　　　这是三三的书包。（定语）
浮山　　三三去哪啦？（主语）
五台　　五五做甚去唡？（主语）
　　　　我路上碰见六六唡。（宾语）

这是四四咧东西（定语）

把三三叫回来。（宾语）可与介词"把"构成介词短语

吉县　四四上班了。（主语）

阳高　二二可亲哩?（主语）

灵石　三三去哪啦?（主语）

清徐　三三做甚的咪嘞?（主语）

你去街啊寻刚（"圪一下"的合音）三三的。（宾语）

这本子书好像是三三的（书）。（定语）

3.6.2.2　重叠式数词 AABB 式

重叠式数词 AABB 式在句中可以做宾语、状语、补语、定语。如：

万荣　对那事我还不知道个七七八八?（宾语）

你不说我也知道个四四五五。（宾语）

你再八八九九地说，他就是不听。（状语）

洪洞　家里都准备得七七八八啊，结果人哪不来啊。（补语）

五台　这件事我也知道个七七八八。（宾语）

浮山　你看那边三三两两的娃做甚哩?（定语）

有个七七八八你再跟人家说，要不会惹人笑话的。（宾语）

阳高　你们三三两两地相跟上去。（状语）

那场面上的人千千万万多。（状语）

清徐　你要是有个四四五五，叫我怎的办嘞?（宾语）

到（已经）做咔个七七八八咪，怎的 [ti⁰] 说不做就不做咪?（补语）

3.6.2.3　重叠式数词 ABAB 式

重叠式数词 ABAB 式在句中可以做状语。如：

洪洞　这事儿你千万千万别说出去。（状语）

阳高　出门在外，千万千万甭跟人家叫唬吵嘴阿。（状语）

3.6.3　表义特征

用于多子女家庭排行的序数词重叠"AA"式，"大大""二二"多为长辈对晚辈的称叫，含有亲切的感情色彩。北区的三、四、五、六、七、八几个序数词重叠后，兼有表小和喜爱的作用，属于爱称或小名。

阳高方言多用于对儿子的爱称或昵称。

由十以内（限于四至九）相邻两个基数词重叠构成的 AABB 式，表示概数。数目越大、概率越高。如：四四五五、八八九九。

平鲁方言的一一二二，表示十分清楚或小气琐碎。二二三三，表示零碎。山阴方言的三三两两表示零散。

洪洞方言表示概数的"七七八八"，多用来表示估价、预测、揣度事物发展情况，含较大的把握性，但不表示极有把握。也用于遇到着急事情责怪人的场合。汾西方言的"七七八八"表示说话者对情况推测的把握性较大。五台方言有"四四五五、七七八八、八八九九"的说法，也用来表示概数，多用来估计、预测、推度事物发展的情况。浮山方言的"三三两两"表示三两个人，只用于指人。如：你看那边三三两两的娃做甚哩？"七七八八"指说话人对事情发展有个眉目，把握性较大。

山阴、阳高等方言十以外的 AABB 式，只有"千千万万"，表示数量特别多。

山西方言 ABAB 式"千万千万"，用于嘱托人要格外小心。如：这个事儿你千万千万不要说出去。

浮山、灵石方言 ABA 式的"一等一"，表示不在话下，没有问题。

浮山、灵石方言的 ABAC 式有"十分十离"的说法，指无可奈何。

阳高方言的 AAABBB 式"七七七八八八"指一直不停地说话，有时让人产生厌恶、麻烦之感。

3.7　山西方言重叠式分析

资料表明，重叠是汉语的一种很重要的语法手段，山西方言的重叠现象又为汉语语法研究增添了无比丰富的内容。山西方言重叠式主要有以下几个方面的特点。

3.7.1　地域分布上的广泛性和一致性

上述六类词的重叠现象在山西各区，甚至在山西境外的晋语区普遍存在，有较强的一致性。每一类词的各种重叠形式（除个别形式外）

在各区的表现也基本相同。这种大面积的、多种类的重叠现象不仅在普通话少见，有的现象（如量词重叠、副词重叠）在相邻的北京官话、吴方言区也很少见。

3.7.2　构成形式上的丰富性和独特性

与山西之外的其他方言相比，重叠构成形式显示出丰富性和独特性。吴语苏州方言名词也有"AAB、ABB、AABB"形式，但数量少，山西方言数量很大；量词"一 XAA、一 AB 一 AB"式，动词的"XAXA"式，吴方言没有，山西方言很多。普通话以及北方其他方言也远不如山西方言重叠式丰富多彩和富有特色。吴方言的"一只只"与普通话一样，是"一只一只"的意思；而山西方言的"一只只""一堆堆"表示的是小、少。山西方言的这些特点，官话其他方言也很少见。在表示动作轻松、短时、少量的意义上，"看看、散散心、吃吃讲讲"等几种形式没有明显的区别以及时差和量差。而山西方言在表示该类语法意义时，分别有"看看→圪看看→圪看圪看"来依次表示时差、量差的递减。万荣方言重叠式副词"真→真真→真·真"分别依次表示修饰程度的加深。同类还有"太→太太→太·太""好→好的好→好的好的好"。

3.7.3　语音形式的多变性和有效区别性

朱德熙认为在研究重叠式的时候应该注意语音特征。山西方言有些方言的重叠现象，如名词 AA 式与动词 AA 式，语素相同，只有通过元音延长、儿化、变调来加以区别。构形也常用语音手段来显示："真真"与"真·真""太太"与"太·太"变调不一样，程度深浅也不一样。

3.7.4　构词构形的交叉性和不一贯性

如果说重叠有很强的构词构形作用，那么这种作用是不整齐、不一贯的。拿名词来说，基式是名词性的"AA"式重叠，语法意义是"小、喜爱"，如"刀刀"。词性没变，基本意义也没变。基式是谓词性的"AA"式重叠，词性改变，如"垫垫垫子、红红胭脂"。有的重叠式与基式，词性相同，但意义变了。如"面_{面粉}——面面_{细粉}"，与名词情况相类似的有副词重叠式、数词重叠式。既有构词，又有构形。相形之下，重叠式动词、重叠式量词、重叠式形容词都表现为构形手段。"动——动动儿"，增加了短时性，词性未变；"红——红丹丹"，增加了形象性；"黑——黑乎乎"，增加了厌恶感情色彩。名词、副词、数词重叠式这种构词、构形的交叉性，不仅在重叠式中体现，在附加式构词中也有体现。构形手段是比较能产的，如动词 AA 式、ABAB 式，量词 AA 式，但有的要受到一定限制，如形容词 AXX 式、名词 AA 式的构词能力相对要强一些，ABB、AAB 式则较弱。

3.7.5 表达上的口语化和随意性

大部分重叠形式，无论是构词、构形，表达上都体现为较强的口语化和随意性，正式场合和庄重场所绝对不用。方言口语与书面语的场合分离导致二者长期保持较大的距离，有大量重叠格式在知识界是不多用的。在民间俗语中运用相当广泛。如"圪 A 圪 A 式、一 XAA 式、XAA 式、AAB 式、ABB 式"等。俗语有："好汉不打圪就_弱者，青圪絮絮吊，上坟到"，"崖娃娃_{崖上的小土圆球相传是小孩变的}穿白鞋［xɑi˧˩］，你妈死了没人埋_{夭折的孩子的妈妈将来死后没人料理后事}"。这些口语化极强的格式体现了方言在民间代代相因的特色。

动词的"AA 儿、XAXA、AXAX、XAA"等重叠式含有明显的轻松自如、悠闲自得的意味。如孝义方言：兀家闲下咷也耍耍儿牌，下下儿棋，拉拉儿胡胡，看看儿戏。尧都、洪洞方言闲聊时可说：你那好茶呢，荷_拿出来，得咱也尝叮尝叮。正式场合，如果一个人在会上号召大家种果树，不能说："大家一定要试叮试叮。"一个人若坐着没事，可以说：来，将兀本杂志来，我咱圪翻翻。

（本章曾以《晋语重叠式研究》为题，发表于《汉语学报》2001 年第 3 期，收入本书时作了部分修改。）

第 4 章 山西方言的子尾

本章以调查到的山西方言 98 个方言点为对象①，其中南区 23 个方言点，其他区 75 个方言点。比较发现，南区的"子尾"与其他区的"子尾"读音是不同的。南区的"子尾"多读［˙tsʅ］，其他区的"子尾"，声母、主要韵母读音复杂多样，形成山西方言的一大特色。本章重在从地域角度展示山西方言"子尾"复杂多变的语音形式，将重点分析"子尾词"富有特色的语法结构、语法意义，如：动词形容词重叠式加"子尾"，述宾结构加"子尾"，形容词附"子尾"，量词重叠式加"子尾"，人名及排行加"子尾"，"子尾"表动作完成的语法意义以及"子尾"的变韵、变调等。从对"子尾"丰富多彩的语言事实的归纳与分析可以看出，山西方言"子尾"的读音对外有排斥性，对内呈复杂性，但复杂性中又蕴育着一致性的特点。如"子尾"的读音，尽管有［˙tə］［˙lə?］［˙tsə?］［˙tsə］［˙zə?］［˙ə]等多种变化，但主

---

① 98 个方言点包括中区 21 点，西区 13 点，东南区 14 点，北区 26 点，南区 23 点，东北区 1 点。
中区 21 点：太原、晋源、阳曲、介休、平遥、盂县、文水、榆次、汾阳、祁县、清徐、交城、孝义、太谷、灵石、寿阳、榆社、阳泉、左权、和顺、昔阳。
西区 13 点：离石、柳林、方山、兴县、临县、中阳、石楼、汾西、隰县、交口、大宁、永和、蒲县。
东南区 14 点：长治、长子、屯留、壶关、潞城、沁县、沁源、襄垣、武乡、陵川、阳城、晋城、高平、泽州。
北区 26 点：忻府、定襄、岢岚、岚县、神池、静乐、宁武、五寨、河曲、保德、浑源、偏关、五台、平鲁、朔城、代县、原平、应县、大同、天镇、怀仁、右玉、左云、山阴、繁峙、阳高。
南区 23 点：尧都、洪洞、古县、浮山、霍州、翼城、曲沃、襄汾、新降、垣曲、夏县、盐湖、乡宁、吉县、万荣、永济、河津、平陆、临猗、侯马、闻喜、绛县、稷山。
东北区 1 点：广灵。

要韵母大多读［ə］。山西方言的"子尾"有如下几个特点：①"子尾"的涵盖面广，我们调查到的84个方言点（一般一个县城所在地为一个方言点）都有"子尾"或相当于"子尾"的其他形式。②"子尾"的语音表现形式复杂多样，有舒声、有入声、有轻声、有音变。③有"子尾"变韵、变调。④语法结构、语法意义富有特色。

4.1　子尾

4.1.1　子尾的语音特征

4.1.1.1　子尾声母的读音

子尾的声母有［ts］、［z］、［t］、［l］、［ŋ/n］以及零声母［∅］等多种读音。如：

［ts－］	尧都	桌子	pfo˨˩ ·tsɿ	门子	mei˧˥ ·tsɿ
［z－］	天镇	麦子	miaʔ˨˩ zə	粽子	tsuə˧˥ zə
［t－］	长治	包子	pɔ˨˩ ·təʔ˨˩	扇子	saŋ˥ ·təʔ˨˩
［l－］	沁县	被子	pɿ˥ ·lə	妗子	tɕiŋ˥ ·ləʔ
［ŋ/n－］	翼城	房子	fɔ˨˩ ·ŋ	房子	fɔ˨˩ ·nəŋ
	忻府	轮子	luəŋ˨˩ ·nəʔ		
［∅］	原平	拐子	kuæ˨˩ ·ə	尺子	tʂʅʔ˨˩ ·ə
	绛县	桌子	pfɤ˨˩ ·ə	镜子	tɕi˥ ·ə
	闻喜	车子	tsʰʒ˨˩ ·u	扣子	kʰəu˥ ·u

4.1.1.2　子尾韵母的读音

子尾的韵母有［-ɿ］、［-ə］、［-əʔ］、［-ʌʔ］、［-ɐʔ］、［-əŋ］、［-u］、［-ei］等多种读音，如：

［-ɿ］	洪洞	骡子	lo˨˩ ·tsɿ	杌子	u˨˩ ·tsɿ
	新绛	栗子	li˥ ·tsɿ	筷子	kʰuaɤ˥ ·tsɿ
	襄垣	茭子	tɕiɔ˧ ·tsɿ	栗子	li˥ ·tsɿ
	蒲县	辫子	pʰiæ˥ ·tsɿ	担子	tæ˥ ·tsɿ
	稷山	轮子	lũ˨˩ ·tsɿ	磴子	uei˥ ·tsɿ
［-ə］	忻府	蚊子	vəŋ˨˩ ·tə	房子	fɤ˨˩ ·tə
	原平	锁子	suɤ˨˩ ·ə	炉子	lɤɯ˨˩ ·ə

[-əʔ]	大同	凳子	tɤˋ ʂəʔ˙	胰子	iˋ ʂəʔ˙	
	山阴	日子	ʐʅˊ zə˙	毯子	tʰæˇ zə˙	
	太谷	爪子	tsuɒˇ tsəʔ˙	蝇子	iˊ tsəʔ˙	
	兴县	小子	ɕiɯˇ tsəʔ˙	车子	tʂɤˇ tsəʔ˙	
	晋源	柱子	tsuˊ tsəʔ˙	拐子	kuaiˇ tsəʔ˙	
	隰县	沙子	saˊ tsəʔ˙	筛子	saeˇ tsəʔ˙	
	石楼	辫子	piɑŋ tsəʔ˙	沙子	saˊ tsəʔ˙	
	五寨	筛子	seiˊ tsəʔ˙	把子	paˊ tsəʔ˙	
	保德	把子	pʌˊ tsəʔ˙	轮子	lyŋ˧ tsəʔ˙	
	岢岚	陀子	tʰuɤ˧ tsəʔ˙	沙子	saˊ tsəʔ˙	
	屯留	斧子	fuˊ təʔ˙	钉子	tiəŋˇ təʔ˙	
	长治	尿子	tuəʔ˧˩ təʔ˙	辫子	piɑŋˊ təʔ˙	
	沁县	麦子	miʌʔ˧˩ ləʔ˙	被子	pʅ˧ ləʔ˙	
	沁源	钵子	pʌʔ˧ tsəʔ˙	磨子	miEʔ˙ tsəʔ˙	
[-ʌʔ]	介休	裙子	tɕyə̃˧˩ tsʌʔ˙	墓子	mu˧ tsʌʔ˙	
	平遥	锅子	kueiˊ tsʌʔ˙	妹子	mæˊ tsʌʔ˙	
[-ɚʔ]	临县	柚子	iəɯˇ tsɚʔ˙	栗子	leiˇ tsɚʔ˙	
[-əŋ]	翼城	房子	fɑ˧˩ ŋəŋ˙	鼻子	pi˧˩ ŋəŋ˙	
[-u]	闻喜	盘子	pʰã˧˩ u˙	剪子	tɕiã˙ u	
[-ei]	河津	小刀子	ɕiauˇ tauˇ tei	小瓶子	ɕiauˇ pʰiəŋˇ tei	

4.1.1.3 子尾声调的读音

子尾的声调有的读为入声，有的读舒声，入声有轻声、非轻声，舒声只有轻声。以下分三类叙述。

1）舒声为轻声。主要集中在南区、北区。如：

尧都	箱子	ɕiaŋˇ tsʅ˙	房子	fɔˊ tsʅ˙	
	胡子	xuˊ tsʅ˙	腰子	iauˇ tsʅ˙ 短棉衣	
永济	扣子	kʰəu˧ tsʅ˙	秃子	tʰuˇ tsʅ˙	
	聋子	nəŋ˧ tsʅ˙	车子	tʂʅe˧ tsʅ˙ 自行车	
洪洞	桌子	tʂɒ˧˩ tsʅ˙	篮子	lan˧˩ tsʅ˙	
	尺子	tʂʅ˧˩ tsʅ˙	鼻子	pʰi˧˩ tsʅ˙	
隰县	棍子	kuə̃ˊ tsʅ˙	绳子	sʌŋˊ tsʅ˙	

蒲县	钉子	tiɛ˦ ·tsʅ	锤子	tʂʰu˦ ·tsʅ	
	钳子	tɕʰiæ˦ ·tsʅ	竹子	tʂu˦ ·tsʅ	
侯马	钳子	tɕʰiæ˦ ·tsʅ	钉子	tiɛ˧ ·tsʅ	
稷山	叶子	iɛ˦ ·tsʅ	竹子	tʂuɤ˦ ·tsʅ	
新绛	绳子	ʂəŋ˦ ·tsʅ	钳子	tɕʰiã˦ ·tsʅ	
翼城	沙子	ʂʌ˦ ·ŋ	叶子	iE˦ ·ŋ	
	竹子	tʂuɤ˦ ·ŋ	蔓子	væ˧ ·ŋ	
天镇	帽子	mɔu˦ ·zə	巷子	ha˦ ·zə 胡同	
	雹子	pɔu˦ ·zə	筐子	kʰa˥ ·zə	
原平	筷子	kuæ̃˦ ·ə	辫子	piɛ̃˦ ·ə	
	镊子	niɤ˦ ·ə	绳子	ʂʅ˧ ·ə	
忻府	勺子	ʂɤ˦ ·tə	盘子	pʰuɒ̃˧ ·tə	
	日子	zəʔ˧ ·tə	饼子	piəŋ˦ ·tə 烧饼	

2）入声为轻声。主要集中在中区、北区、西区、东南区。如：

太原	钉子	tiŋ˧ ·tsəʔ	席子	ɕiəʔ˦ ·tsəʔ	
	盘子	pʰæ˧ ·tsəʔ	门子	məŋ˧ ·tsəʔ	
沁县	麦子	miʌʔ˧ ·ləʔ	㞘子	tuəʔ˧ ·ləʔ 屁股	
	锤子	tsʰuei˧ ·ləʔ	撢子	tan˦ ·ləʔ	
山阴	蛋子	tæ˩ ·zəʔ 冰雹	黍子	ʂʅ˦ ·zəʔ	
	日子	zʅ˩ ·zəʔ	毯子	tæ˦ ·zəʔ	
离石	李子	li˦ ·tsəʔ	麦子	mieʔ˧ ·tsəʔ	
	柿子	sʅ˦ ·tsəʔ	桌子	tsuaʔ˧ ·tsəʔ	
石楼	钵子	pʌʔ˧ ·tsəʔ	陀子	tʰuə˧ ·tsəʔ	
	钳子	tɕʰiaŋ˧ ·tsəʔ	绳子	ʂəŋ˧ ·tsəʔ	
沁源	钵子	pʌʔ˧ ·tsəʔ	磨子	miE˦ ·tsəʔ	
	钉子	tiɔ˧ ·tsəʔ	棍子	ku˧ ·tsəʔ	
偏关	碓子	tuei˦ ·tsəʔ	绳子	ʂʯŋ˧ ·tsəʔ	
	沙子	sa˦ ·tsəʔ	竹子	tʂuə˧ ·tsəʔ	
五寨	轮子	lyəỹ˧ ·tsəʔ	钉子	tiəỹ˦ ·tsəʔ	
	棍子	kuəỹ˦ ·tsəʔ	沙子	sa˦ ·tsəʔ	
岢岚	斧子	fu˦ ·tsəʔ	钳子	tɕʰiɛ˧ ·tsəʔ	

第 4 章　山西方言的子尾

	绳子	ʂəŋ˦ ·tsəʔ		沙子	sa˦ ·tsəʔ
大同	钉子	tiɤɣ˨ ·tsəʔ		锤子	tʂʰuɛ˨ ·tsəʔ
	棍子	kuɤɣ˦ ·tsə?		绳子	ʂɤɣ˨ ·tsə?
方山	棍子	kuə̃ŋ˨ ·tsə?		钳子	tɕʰiɛ˦ ·tsə?
	锤子	tɕʰy˦ ·tsə?		钉子	ti˦ ·tsə?
保德	沙子	sʌ˨ ·tsə?		竹子	tʂuɛʔ˦ ·tsə?
	叶子	iɛ˦ ·tsə?		蔓子	vɑŋ˨ ·tsə?

3) 入声为非轻声，主要集中在中区、北区、东南区。如：

平遥	蝇子	i˦ tsʌʔ˦		锤子	tsuei˦ tsʌʔ˦
	锅子	kuei˦ tsʌʔ˦		妹子	mæ˦ tsʌʔ˦
介休	饼子	piə̃˦˨ tsʌʔ˦		裙子	tɕyə̃˦˨ tsʌʔ˦
	袜子	uʌʔ˦ tsʌʔ˦		墓子	mu˦ tsʌʔ˦
孟县	包子	pɔ˨ tsʔ˨		裙子	tɕʰyə̃˦ tsʔ˨
	扣子	kʰəu˦ tsʔ˨		哑子	ŋia˦ tsʔ˨
文水	辫子	piɛn˦ tsə? ˨		桌子	tsuəʔ˦˨ tsə?˦˨
	豆子	tou˨ tsə?˨		村子	tsʰuəŋ˦˨ tsə?˦˨
大同	饺子	tɕiɐ˦ tsə?˨		袖子	ɕiəu˨ tsə?˨
	炉子	ləu˨ tsə?˨		锁子	suo˦ tsə?˨
长治	荄子	tɕiɔ˨ tə?˨		茄子	tɕie˦ tsə?˨
	圈子	tɕʰyaŋ˨ tə?˨ ˨戒指		滚子	kuŋ˥ tsə?˥
屯留	筛子	sæ˥ tə?˨		担子	tæ˥ tə?˨
	把子	pa˥ tə?˨		脚子	tɕiɔ˨ tɕiə?˨
侯马	起子	tɕʰi˨ tsɿ˨			
交口	沙子 sa˦˨ tsə?˦				

吉县方言"子尾"读音比较特殊，老派新派读音不同。老派读音有两个，在单音节词根后面读 [tsɿ]，在双音节（包括叠音）后面读 [zɿ]。如：

　　桌子　　pfa˦˨ ·tsɿ　　　　椅子　　ŋi˦˥ ·tsɿ
　　小舅子　ɕiau˦˥ tɕʰiou˦ zɿ　　窗窗子　pfʰə˦˨ pfʰə˦˨ zɿ

新派不论词根音节多少，子尾都读零声母轻声音节 [·ə]。如：

　　枣子　　tsau˥ ·ə　　　　柿子　　sɿ˦ ·ə

茶缸子 tsʰɑ˩ˎkəŋ˥ˑə　　　盆盆子 pʰei˩ˑpʰei˩ˑə

有的方言，由于"子尾"出现的语音环境不同，其语音形式要发生变化。南区尧都方言里人名后的"子尾"，背称某人时为[ˑtsʅ]，当面短距离呼叫某人时为[ˑtsɔ]，当面长距离呼叫时为[ˑtsei]。如：

叙述背称　　　　　　小春子 ɕiao˅ˑpʰei˩ˑtsʅ
当面短距离呼叫　　　小春子 ɕiao˅ˑpʰei˩ˑtsɔ
当面长距离呼叫　　　小春子 ɕiao˅ˑpʰei˩ˑtsei

北区朔城方言在排行人名的叫法上子尾[ˑzəʔ]可弱化为[ˑɤ]。如：

二女子[ˑzəʔ]→二女子[ˑɤ]
三小子[ˑzəʔ]→三小子[ˑɤ]

北区原平方言子尾词根的韵母是鼻尾韵时，[ˑə]要变读为[ə̃]或[ŋ]如：

粽子 tsuəŋ˥˩ˑə̃　　　檩子 lieŋ˩ˑŋ

4.1.2　子尾词的构成形式

从构成形式上看，"子尾"大多可附着于名词之后，名词有单音节、双音节、多音节。多音节名词中还可嵌入"子"缀。"子尾"还可以附着在动词、形容词、量词之后。

4.1.2.1　名词或名词性语素加"子尾"

1）单音节名词（或语素）加"子尾"。如：

太原	席子 ɕiəʔ˥ˑtsəʔ	桌子 tsuaʔ˩ˑtsəʔ
平遥	蝇子 i˩tsʌʔ˥	妹子 mæ˥tsʌʔ
大同	褥子 zu˩tsəʔ˅	橡子 tʂʰuæ˅tsəʔ˩
长治	胰子 i˩təʔ˥	房子 faŋ˩təʔ˥
汾西	膘子 piao˩ˑtsə 肥肉	材子 tsʰai˩˥ˑtsə 棺材
尧都	裤子 kʰu˩ˑtsʅ	裤子 kua˥ˑtsʅ
洪洞	裤子 kʰu˩˥ˑtsʅ	勺子 ʂɤ˩˥ˑtsʅ
	椅子 ȵi˩˥ˑtsʅ	盘子 pʰan˩˥ˑtsʅ
	胰子 i˩˥ˑtsʅ	筷子 kʰuɑi˩ˑtsʅ
吉县	罗子 lue˩ˑtsʅ 漏面的工具	盉子 kʰuei˩ˑtsʅ 放猪食物的盆子

浮山　糨子　tɕyoˊ ·tsʅ　　　　袍子　pʰaoˋ ·tsʅ
侯马　杯子　pEˋ·tsʅ↓　　　　车子　tʂʅɜˊ·tʂʅ
介休　虱子　ʂʌʔˋ·tsʌʔ　　　　蝇子　i13˧˨·tsʌʔ
离石　柱子　tsuˊ ·tseʔ　　　　席子　ɕieʔ˧˨·tseʔ
清徐　斧子　fuˊ ·tseʔ　　　　麦子　miaʔˋ ·tseʔ

有的方言单音节名词重叠后加"子尾"，其义相当于单音节名词加"子尾"。如：

吉县　窗窗子　pfʰə˧˨ pfʰə˧˨ ·zʅ　　篮篮子　læˊ ·læˊ ·zʅ
乡宁　柴柴子 柴草棍　　汤汤子 稀汤　　水水子 小滴药水
　　　糠糠子 糠了的东西　苗苗子 幼苗　　姑姑子 尼姑
大宁　钵钵子　　　　　墩墩子　　　　　错错子 错误

哪些词直接附"子尾"，哪些词重叠后附"子尾"，无明显规律，当与习惯有关。

2）双音节名词加"子尾"。如：

文水　叫花子 tɕiˊ xuaʔ˧˨ tseʔ↓　　女婿子 nzu˧˨ sʅˊ tseʔ˧˨
　　　大伯子 tɛiˊ piaʔˋ tseʔ↓　　　嘴边子 tsʅ˧˨ pien˨˨ tseʔ˧˨
忻府　冷蛋子 laˋ ˧˨ taˊ ·tə 冰雹　　粪泊子 fəŋˊ puoʔˋ ·tə 粪坑
　　　围脖子 veiˋ pʰuoʔˋ ·tə 围巾　戒指子 tɕieˊ tsʰʅˊ ˧˨ ·tə
沁县　鞋楦子 ɕiɜˊ sueiˊ ·ləʔ　　　嘴片子 tsueiˋ pʰɪˊ ·ləʔ
　　　屎蛋子 tuəʔˊ tanˊ ·ləʔ 屁股　顶针子 tiŋ˧˨ tsəŋ˧˨ ·ləʔ
洪洞　地窨子 tʰiˊ ˧˨ in ·ts　　　草帽子 tsʰaoˋ ·mao ·tsʅ
　　　野雀子 iaˋ ·tɕʰiao ·tsʅ 喜鹊　下巴子 xa˧˨ ·pa ·tsʅ
　　　赤腿子 tʂʅˋ tʰueiˋ ·tsʅ 光着腿　牙花子 ŋiaˊ ˧˨ ·xua ·tsʅ 牙龈
　　　脸蛋子 lianˋ ·tʰan ·tsʅ 脸
汾西　门限子 məŋ˧˨ xã˧˨ ·tsə　　老女子 laoˊ yˊ ·tsə 老处女
　　　骡骡子 kʰuˊ ·lɯ ·tsə 母骡　　老汉子 laoˊ xã ·tsə
吉县　火筷子 xuəˊ kʰuaiˊ ·tsʅ　　本家子 peiˊ tɕiaˊ ·tsʅ
浮山　箸罐子 pfʰuˊ ·kuā ī ·tsʅ 筷桶　大麻子 tʰuoˊ ma˧˨ ·tsʅ
左权　煤黑子 miˋ ʂeʔˊ ·tsʅ　　　雨点子 yˋ ɜieˊ ·tsʅ
侯马　腮帮子 sæˊ paŋˋ tsʅˋ　　　炮筒子 pʰoˋ tʰuŋ˨ tsʅˋ

榆社　玉茭子 zʅ˧ tɕiou˦ ·t　　　秤盘子 tʰɛ˧ pʰa˦ ·t
离石　嘴唇子 tsu˧˩ tsʰuəŋ˧ ·tsəʔ　　牌位子 phiɛ˧ uɣɛ˧˩ ·tsəʔ

榆社方言方向名词加"子"尾，仍表方向。如：

　　　　东半子 tuɛɪ˦ pa˧ ·t 东方　　　西半子 sʅ˧ pa˧ ·t 西方
　　　　左半子 tsu˧˩ pa˧ ·t 左边　　　右半子 iəu˧˩ pa˧ ·t 右边

3）多音节名词加"子尾"。如：

忻府　　花生仁子　xua˧˩ səŋ˧˩ zəŋ˧˩ ·tə
　　　　锛树鸫子　pəŋ˧˩ su˧˩ tɕʰia˧˩ ·tə 啄木鸟
　　　　洗脸胰子　ɕi˧˩ liẽ˧˩ i˧˩ ·tə 香皂

长治　　水圪洼子　suei˥˩ kəʔ˦ ua˦ təʔ˦ 小水坑
　　　　瓦瓷片子　ua˥ tsʅ˧ pʰiaŋ˦ təʔ˦ 碎瓦片
　　　　晚西黑子　uaŋ˥ ɕi˥ xaʔ˦ təʔ˦ 黄昏

洪洞　　四方桌子　sʅ˧˩ ·faŋ tɕo˧˩ ·tsʅ
　　　　调花馇子　tʰiao˧˩ ·xua tɕʰi˧˩ ·tsʅ 汤面
　　　　护泥板子　xu˧˩ ·ni pan˧˩ ·tsʅ 自行车挡泥板

吉县　　长腿蚊子　tʂʰə˩ tʰuei˩ məŋ˥ ·tsʅ
　　　　撑泥杆子　ʂɿɛ˧ ni˧ kæ˧˩ ·tsʅ 在窑口防泥土掉下来撑起的杆子

浮山　　小腿肚子　ɕiao˧˩ tʰuei˩ tʰu˥ ·tsʅ
　　　　麦麦萝子　mæ˥ mæ˥ luo˩ ·tsʅ

侯马　　络腮胡子　lə˧ sæ˧ xu˧ tsʅ˧
　　　　冰凌碴子　pɪaŋ˧ lɪaŋ˧ tsʰa˧ tsʅ˧

4）多音节名词（或短语）嵌"子"缀。如：

汾西　　青虎子德石　tɕʰi˩ ·xβ ·tsəʔ tə˧ sə˧ 青石
　　　　羊肚子手巾　i˧ tʰβ˥ ·tsə sou˧ ·tɕiəŋ 毛巾
　　　　窝囊子人　u˩ ·nã ·tsə zəŋ˧

山阴　　朴连子风　pʰəʔ˧ lie˧˩ ·zəʔ fɣ˧˩ 侧面方向的风
　　　　坷拉子炭　kʰəʔ˧ la˧˩ ·zəʔ tʰæ˧ 小块煤

阳曲　　溜沟子货　lei˧ kei˧ ·tsəʔ xu˧˩ 阿谀奉迎的人
　　　　挨枪子子货　næ˧ tɕʰi˧ tsʅ˧˩ tsəʔ xu˧˩

洪洞　　青虎子的石　tɕʰie˧ xu˧ tsʅ˧ ti˧ ·ʂʅ 青石
　　　　羊肚子手巾儿　io˧˩ tʰu˧ ·tsʅ ɡu˧˩ ·tɕiəɾ 毛巾

吉县　　木脚子车　mu˧˩ tɕiəu˥ ·tsʅ　tʂʰa˧˩木轮车

　　　　马茹子花　ma˥ vu˧ ·tsʅ xua˧˩灌木结红色颗粒状小果子，叫马茹子，开的花叫~

浮山　　楼杆子腿　lou˧ kã˧ tsʅ˥ tʰuei˧罗圈腿

　　　　下巴子胡　xa˥ pa˥ ·tsʅ xu˧长在下巴上的胡须

4.1.2.2　动词（或语素）加"子尾"

1）单音节动词加"子尾"，成为名词。如：

长治　　插子　tsʰəʔ˧˩ təʔ˦门栓　　　　滚子　kuŋ˥ tə˥

尧都　　锁子　sɔ˥ ·tsʅ　　　　　　　　推子　tʰuei˧ ·tsʅ理发工具

阳曲　　拍子　pʰɿɜ˧ tsəʔ˧　　　　　　舀子　iuŋ˧˩ tsəʔ˧

文水　　剪子　tɕien˧˩ tsəʔ˧　　　　　拐子　kuai˧˩ tsəʔ˧

大　　　勾子　kəu˧ tsəʔ˧　　　　　　包子　pɐo˧ tsəʔ˧

汾西　　骗子　pʰiã˧ ·tsə　　　　　　撒子　pʰiɿ˧ ·tsə光说不干的人

洪洞　　擦子　tsʰa˧ ·tsʅ　　　　　　滚子　kuen˧˩ ·tsʅ

　　　　哑子　n̠ia˧˩ ·tsʅ　　　　　　锁子　so˧˩ ·tsʅ

　　　　推子　tʰuei˧ ·tsʅ　　　　　　聋子　len˧˩ ·tsʅ

浮山　　别子　piɛ˧ ·tsʅ别针　　　　　合子　xɤ˧ ·tsʅ几种菜包在里面焙熟的食物

榆社　　磨子　mɤ˧ ·tʌ磨盘　　　　　戳子　tsʰua˧ ·tʌ图章

介休　　拐子　kuai˧˩ ·tsʌʔ瘸子　　　剪子　tɕiɜ˧˩ ·tsʅ

北区朔城方言有的单音节动词加"子尾"表名称。如：穿子 tʂʰuæ ·tsə穿鞋用具，跳子 tʰɔɕ ·tsə跳蚤，抓子 tʂuaʔ ·tsə和泥用具。

2）动词重叠后加"子尾"，成为名词。如：

尧都　　扯扯子　tʂʰa˥ tʂʰa˥ ·tsʅ扯了的东西

　　　　沤沤子　ŋou˥ ŋou˥ ·tsʅ沤了的东西

　　　　坏坏子　xuai˥ xuai˧˩ ·tsʅ坏了的东西

　　　　软软子　vai˥ vai˥ ·tsʅ过于软的东西

洪洞　　蔫蔫子　nian˧ ·nian ·tsʅ蔫了的菜

　　　　折折子　ʂɛ˧˩ ·ʂɛ　·tsʅ折了的东西

　　　　沤沤子　ŋou˧˩ ·ŋou ·tsʅ沤了的东西

　　　　扯扯子　tʂʰa˧˩ ·tʂʰa ·tsʅ扯了的东西

　　　　烂烂子　lan˧˩ ·lan　·tsʅ烂掉的东西

3）使感动词加"子尾"。使感动词是一种描写人对外界感受的述宾式动词，如"冻人（使人受冻）、气人（使人生气）、呛人（使人发呛）"。有的使感动词后也可加"子尾"，加"子尾"后词性不变。如：

孝义　　冻人（子）　tuŋ˦ ʐəŋ˨ (tsəʔ˨)

　　　　恶心人（子）　ŋəŋ˨ ɕiŋ˨ ʐəŋ˨ (tsəʔ˨) 使人厌恶

4）述宾结构后加"子尾"成为名词。如：

阳曲　　瞎眼子　xiaʔ˩ niɛ˦ tsəʔ˨ 瞎子
　　　　扣门子　kʰei˩ mə̃˨ tsəʔ˨ 门钉襻儿
　　　　讨吃子　tʰɛu˦ tsʅ˦ tsəʔ˨ 讨饭的人

洪洞　　背锅子　pei˦ kuo˨·tsʅ 驼背的人
　　　　骑车子　tɕʰi˦·tʂʰa·tsʅ 自行车
　　　　转椅子　tʂuan˦ ȵi˦·tsʅ 能转动的椅子

侯马　　拉条子　la˨ tʰiɔ˧ tsʅ˨ 拉面
榆社　　刮洗子　kuaʔ˦ sʅ˨·t 篦子
　　　　讨吃子　tʰou˦ tsʰʅ˦·t 乞丐
介休　　叫花子　tɕiɔ˥ xua˦·tsʌʔ 乞丐

4.1.2.3　形容词加"子尾"

1）形容词加"子尾"，成为名词。如：

汾西　　冷子　lei˦·tsə 冰雹　　　　憨子 xã˨ ·tsə 智力低下的人
　　　　秃子　tʰuə˨·tsə　　　　　　傻子 sa˨·tsə

永济　　小子　ɕiau˨·tsʅ 男孩　　　聋子 nəŋ˦ tsʅ
　　　　冷子　liɛ˦·tsʅ 冰雹　　　　秃子 tʰu˨ tsʅ

阳曲　　楞子　lə̃˦ tsəʔ˨　　　　　　小子 ɕiɛu˦·tsəʔ˨ 男孩

洪洞　　冷子　lɤ˨·tsʅ 冰雹　　　　憨子 xɑn˨·tsʅ

浮山　　展子　tʂã˨·tsʅ 身材　　　　傻子 ʂa˨·tsʅ

左权　　瘸子　tɕʰy˨ tsə˨　　　　　麻子 ma˨·tsʅ

侯马　　傻子　ʂa˨ tsʅ˨　　　　　　疯子 faŋ˨ tsʅ˨

介休　　聋子　luŋ˦·tsʌʔ　　　　　瞎子 xʌʔ˦·tsʌʔ
　　　　小子　ɕiɔ˦·tsʌʔ

离石　　哑子　nia˨·tsəʔ　　　　　冷子 ləŋ˦·tsəʔ 冰雹

2）形容词重叠后加"子尾"，成为名词。如：

尧都	短短子	tuan˅ tuan˅ ·tsʅ	短的棍状物
	薄薄子	pʰɤˀ˧ pʰɤˀ˧ ·tsʅ	纸等很薄的东西
	酸酸子	suan˨ suan˨ ·tsʅ	葡萄等酸味果子
洪洞	歪歪子	uai˨ ·uai ·tsʅ	歪状物
	绉绉子	tʂou˧ ·tʂou ·tsʅ	绉状物
	尖尖子	tɕian˨ ·tɕian ·tsʅ	尖状物

3）双音节形容词的每个词根后可分别加入"子"，多含贬义，用于描写人的一种状态。南区的洪洞、尧都、浮山、襄汾均有这种现象。如：

尧都　马虎→马子虎子：你别~，要认真点儿。
　　　里拉→里子拉子 形容干活不利落：你干什么活也~的，没正经。
　　　邋遢→邋子遢子：兀人穿衣裳多会也~的。
　　　慌忙→慌子忙子：看你~的，兀做什么去呀呢？
古县　慌张→慌子张子：娃就来坐了一下，~的就走了。
　　　马虎→马子虎子：你干动甚了也是~的。

不是所有的双音节形容词都可以这样加"子尾"。所以，此形式不能拓展，不能说"肮子脏子、慌子张子、冒子失子"。

4）形容性的四字格，前两个音节后可以嵌入"子缀"，多带有描述性，含贬义，常用于对某种状况不满或厌恶，多见于南区。如：

洪洞　乱七八糟→乱七子八糟→乱七子八糟的
　　　乱圪洞洞→乱圪子洞洞→乱圪子洞洞的
　　　黑不弄腾→黑不子弄腾→黑不子弄腾的
　　　贼眉鼠眼→贼眉子鼠眼→贼眉子鼠眼的
侯马　乱七八糟→乱七子八糟→乱七子八糟的
　　　乱糜不分→乱糜子不分→乱糜子不分的 用来指不讲道理的一类人
新绛　乱七八糟→乱七子八糟→乱七子八糟的
　　　恶里八心→恶里子八心→恶里子八心的
　　　糊里糊涂→糊里子糊涂→糊里子糊涂的
古县　乱七八糟→乱七子八糟→乱七子八糟的
　　　贼眉鼠眼→贼眉子鼠眼→贼眉子鼠眼的

4.1.2.4 单音节量词加"子尾"

单音节量词加"子尾"后，成为名词。如：

稷山　　条——条子 便笺　　　朵——朵子 棉花朵儿
　　　　片——片子 影片　　　本——本子 练习簿之类
古县　　对——对子 对联　　　条——条子 便笺
河曲　　本——本子　　　　　袋——袋子
　　　　个——个子　　　　　片——片子
　　　　日——日子　　　　　月——月子

4.1.2.5 数量结构加"子尾"

1) 数量结构加"子尾"，词性不变。如：

汾西　　一把子　iə˧ pa˧ ·tsə ~人
　　　　一堆子　iə˧ tuei˩ ·tsə ~土
　　　　一沓子　iə˧ tʰa˦ ·ts ~纸
尧都　　一阵子　i˩˥ tʂʰən˥ ·tʂ ~雨
　　　　一溜子　i˩˥ liəu˥ ·tʂ ~平房
　　　　一门子　i˩˥ mən˩ ·tʂ ~亲事
洪洞　　一伙子　i˩ xuo˧˥ ·tʂ ~人
　　　　一沓子　i˩ tʰa˧˥ ·tʂ ~纸
　　　　一溜子　i˩ liou˧˥ ·tʂ ~房子
　　　　一堆子　i˩ tuei˩ ·tʂ ~土
侯马　　一盘子　ɪ˧ pʰã˥ tʂ˩ ~菜
　　　　一常子　ɪ˧ tʂʰaŋ˥ tʂ˩ ~事：一段时间

这些数量结构很少不带"子尾"，除了"一溜子、一堆子"可以说成"一溜（平房）、一堆（土）"外，其余如"一把子人、一阵子雨"不能说成"一把人、一阵雨"。此外，哪些数量结构能附"子尾"，哪些不能，似乎也没规律可循，当与使用习惯有关。如能说"一把子人"，不说"一群子人"；能说"一堆子土"，不说"一点子土"。另外也不说"一斤子菜、一寸子布"等。

2) 数量结构中量词重叠加"子尾"，词性不变。"子尾"不能省略。如：

洪洞　　一伙伙子　i˩ xuo˧˥ xuo ·tʂ ~人

	一摊摊子	iɤ tʰan↓·tʰan ·tsʅ	~饭
	一捆捆子	iɤ kʰuen↓ɤ·kʰuen ·tsʅ	~柴
	一条条子	iɤ tʰiao↓ɤ·tʰiao ·tsʅ	~地
浮山	一勺勺子	iɤ↓ ʂao↓ ʂao↓·tsʅ	~糖
	一坛坛子	iɤ↓tʰã ĩ↓ɤtʰã ĩ↓·tsʅ	~醋

"一伙伙子"不能说成"一伙伙",也不同于"一伙子","一伙伙子"比"一伙子"数量要多。

"一伙子"可以重叠为"一伙子一伙子",而"一伙伙子"则不能重叠为"一伙伙子一伙伙子"。

4.1.2.6 人名后加"子尾"

人名后加"子尾"在南区的尧都、洪洞、浮山等地,中区的阳曲尤为突出。南区人名限指"乳名","大名""官名"后一般不加"子尾",中区的阳曲方言,无论"乳名""大名"均可加"子尾"。加"子尾"后,一般不再带姓,南区、中区均如此,南区、中区表示兄弟排行的序数词也可加"子尾"。

1)双音节人名加"子尾"。如:

尧都	小英子	香蛋子	银锁子	三忠子	红星子
	抓住子	香干子	保林子	小狗子	丑娃子
汾西	牛女子	斯蛋子	巧巧子	明溜子	英英子
阳曲	富贵子	爱莲子	海元子	凤娥子	钱宝子
	跃生子	三货子	爱萍子	巧莲子	秀珍子
侯马	新娃子	狗娃子	大妮子	二妮子	小妮子
古县	永生子	富贵子	泵娃子	大明子	大林子
河曲	三女子	燕女子	满仓子	张锁子	二小子
清徐	狗娃子	兔娃子	保良子	小英子	二蛋子

加姓后往往不再加"子尾",不能叫"王小英子、张香蛋子、乔金锁子、刘三忠子"。

近年出生的孩子,多数倾向取单名,单名后不加"子尾",加"子尾"时要在单名后加"娃"。如"刚娃子、强娃子"。新绛方言、古县方言等都有为增加喜爱的感情色彩,在小孩或年轻人的小名单字后加"子",如新绛方言的"娟子、芳子、强子"。古县方言的"林子、明子、虎子"。

2）表示兄弟排行的序数词后加"子尾"。这种称谓，背称、面称均可使用，相当于人的乳名。如：

浮山　　二子……
平遥　　二子　　三子……
河曲　　二子　　五子
古县　　二子　　六子
汾西　　二子　　三子　　五子　　六子……
阳曲　　二子　　三子　　四子　　五子　　六子　　七子……

平遥、汾西方言没有"一子、四子"。"一子"叫成"老大、大大"，"四子"的"四"与"死"谐音，忌讳。阳曲方言不忌"四"。"九子、十子"很少见，因生九个、十个男孩的少见。称呼女孩的"二女子、三女子、四女子、五女子"，不忌讳"四"，没有"一女子"，有"大女子"。现在实行计划生育政策，大多只生一两个孩子，排行序数词加"子尾"的形式，随着新老的交替，在几十年后就会绝迹。

4.1.3　子尾的语法意义

从语法意义上看，大多数词或短语附着"子尾"或嵌入"子"后，成为名词。有的名词不能单说，必须附着"子尾"，如"席子、房子、桌子"。有的形容词和动词，附着"子尾"后一律变成名词，"子尾"有改变词性的作用。有的词，不加"子尾"，没有增加附加意义，加上"子尾"带有明显的感情色彩，如南区尧都方言：坏坏（名词，中性）→坏坏子（名词，含厌恶的感情色彩）；盆盆（名词，儿语）→盆盆子（名词，含厌恶、不喜爱等感情色彩）。

总的看，"子尾"在山西方言里表示的语法意义是很丰富的，它不仅仅起构词作用，还有辨义作用，多有附加意义。

4.1.3.1　"子尾"的构词作用

"子尾"的最大作用是起构词作用，下列例词均为名词。如：

忻府	打摆子	左拐子左撇	背锅子驼背	秃子	聋子
洪洞	桌子	轮子	母子母羊	冷子冰雹	椅子
永济	姑子	车子	果子	帽子	哑子

第 4 章 山西方言的子尾

文水	叫花子	小子	女子	拐子	蝇子
长治	团子豆馅包子	扣子	扇子	领子	茬子
稷山	斗子水车斗	瞎子	口子缺口	胖子	尖子
阳高	推子	憨子	一桌子	二流子	塌鼻子
绛县	狗娃子	贼娃子	外甥子	鸥鸠子	爪爪子
古县	壳子坚果类的皮	推子	草花子	冷蛋子冰雹	揪片子
河曲	左侉子左撇子	辣子	油子老江湖	精子聪明人	火人子
介休	打摆子患疟疾	妗子	咪子猫	痞子	屪子屁股
霍州	牙花子	赤子不穿裤子	二尾子 阴阳人，不男不女

响水子烧水到发出响声但未开的水 伯伯子对丈夫哥哥的背称

如果没有"子尾"，就可能出现三种情况。

1）不能单说。如：忻府方言的"打摆"，洪洞方言的"桌、轮、椅"，永济方言的"果，帽"，文水方言的"绳、叫花"，长治方言的"扇"等。

2）能单说，词性变了，意义也变了。如：

忻府　左拐子→左拐（动词）背锅子→背锅（动词）
　　　秃子→秃（形）
洪洞　冷子→-冷（形）
永济　哑子→哑（动）
文水　小子→小（形）
长治　领子→领（动）　扣子→扣（动）
绛县　剪子→剪（动）
河曲　辣子→辣（形）
长治　插子→插（动）　散子→散（形）
壶关　片子→片（量）　架子→架（动）　搭子→搭（动）
永和　碾子→碾（动）　起子→起（动）　套子→套（动）
浑源　残子→残（形）　筛子→筛（动）　托盘子→托盘（动）

3）能单说，词性未变，但意义变了。如：

菜子油菜→菜　　　口子缺口、伤口→口　　斗子水车斗子→斗
锅子火锅→锅　　　车子自行车→车　　　　罐子小器皿→罐大型容器
小鸡子→小鸡　　　窑子妓院→窑　　　　　老爷子→老爷天老爷

法子办法→法法律　　布子专指用过的碎布→布供用来做衣服或其他物件的材料

茅子→茅　　　　　姑子尼姑→姑　　　　　性子性格→性

4.1.3.2 "子尾"与"儿尾"、"重叠"的分工及辨义作用

"子尾"与"儿尾"、"重叠"在方言中有明确的分工，可一并作为不同的构词手段来区别词义。如：

太原　　刀子泛指刀　　　　车子自行车

　　　　刀儿家用切菜刀　　　车儿大车

　　　　刀刀小刀　　　　　　车车木制玩具车

榆社　　车子自行车

　　　　车儿大车

　　　　车车木制玩具小车

非常明显，这里的"子尾"词，有特定的含义，"儿尾"词并不表"小称"，"小称"让位给"重叠"了。"子尾""儿尾""重叠"成鼎立之势。

有的方言点，只有其中两项对立，或"子尾"与"重叠"的附加意义对立，或"子尾"与"儿尾"的附加意义不同。

介休方言"重叠"与"子尾"形成对立。如：

　　　　腰腰　 ȵiou˧ȵiou˧　贴身穿的小棉袄

　　　　腰子　 ȵiou˧ȵ tsʌʔ˧　一般棉袄

　　　　老汉汉　lou˧ȵ xæ˧ȵ xæ˧　爱称

　　　　老汉子　lou˧ȵ xæ˧ȵ tsʌʔ˧　泛称

榆社方言"重叠"与"子尾"对立。如：

　　　　扇扇　sa˧sa˧　窗扇

　　　　扇子　sa˧·ɤ

　　　　纺车车　fou˩tsʰɤ˧tsʰɤ˩　车前子

　　　　纺车子　fou˩tsʰɤ˩·tɤ　纺线用的工具

洪洞方言"子尾"与"儿尾"词形成对立。如：

　　　　桌子　 tʂɤ˩·tsɿ　大桌子

　　　　桌儿　 tʂɤɹ˩　小桌子

　　　　盔子　 kʰuei˩·tsɿ　陶瓷大容器

　　　　盔儿　 kʰuəɹ˩　陶瓷小容器

4.1.3.3 "子尾"词的贬义色彩

南区的洪洞、尧都、浮山、古县等方言"子尾"词有明显的贬义色彩。如：

酸酸子（葡萄）	秕秕子（谷）
坏坏子（椅子）	漏漏子（盆儿）
破破子（碗）	扭扭子（把儿）
烂烂子（枣）	歪歪子（棒）
条条子（衣服）	温温子（水）
坏坏子（表）	漏漏子（盆）
阴阴子（天）	
瘪瘪子（谷）	扭扭子（铁丝）
弯弯子（树）	

这些"子尾"词也可以单独使用，如"这些子果子全是些子酸酸子"。这类词大多表示的是消极意义，不用于表示积极意义。不能说"甜甜子（葡萄）、好好子（椅子）、饱饱子（谷）"。有个别词是反映事物的一种状态，本身无所谓褒贬，如"扁扁子豆"。

表示贬义色彩的还有其他"子尾"或"子缀"形式，如"马子虎子、里子拉子、乱七子八糟、瓷眉子瞪眼、贼眉子鼠眼"等都含有浓厚的厌恶、轻蔑等贬义色彩。

4.1.3.4 "子尾"表示时态的作用

有的方言"子尾"还可以紧跟在动词后面表示动作的完成，相当于表完成时态的"了"[·lə]。如北区的山阴方言：

(1) 念子五年书就不念了。
(2) 卖子一天就卖完了。
(3) 他借子你多少钱？
(4) 就那点营生整整儿忙乱子一天。

山阴方言凡紧跟在动词后面表示完成时态、不在句尾的"了"（即了₁），都可以换成"子"[zəʔ]，口语里二者可以自由替换，其意义不变。

4.1.4 山西方言与北京话的子尾比较

山西方言的"子尾"与北京话相比，大致可分为三种情况。

1）山西方言、北京话都能加"子尾"的词，如桌子、椅子、房子 等。

2）北京话不能带"子尾"的，山西方言可以带。如"苹果、母羊"，山西有的方言点要说成：果子、母子。

3）北京话能带"子尾"的词，山西方言不能带。如"谷子、麦子"，山西大多数方言点只能说"谷、麦"；或者山西用"儿尾""重叠"等其他语法手段来表示北京话的"子尾"。

需要说明的是，由于山西方言内部复杂，北京话的某词可能与甲地比是一致的，与乙地比可能就不一致，丙地又是另一番情况。山西方言的"子尾"像别的特点一样，对内缺乏普遍性。内部的复杂性是山西方言的一大特色。我们列举的某种情况可能不带有普遍性，只是客观地描述，说明某方言点存在着某种现象。

4.1.4.1　山西方言、北京话均可加"子尾"

山西方言与北京话完全相同，都带"子尾"。如：

长治	北京	大同	北京	古县	北京	河曲	北京
裙子	裙子	胡子	胡子	桌子	桌子	轿子	轿子
袜子	袜子	房子	房子	鼻子	鼻子	棍子	棍子
尺子	尺子	箱子	箱子	尺子	尺子	垫子	垫子

4.1.4.2　山西方言能带"子尾"，北京话不能带

山西方言可以带"子尾"，北京话对应的词不能带。如：

北京	大同	北京	朔城	北京	洪洞	北京	永济
墓	墓子	窑	窑子	苹果	果子	尼姑	姑子
炮	炮子	胸脯	胸脯子	车轮	轮子	冰雹	冷子

4.1.4.3　山西方言不带"子尾"的词，北京话要带

1）北京话的"子尾"词，山西方言要用单音节词表示。如：

北京	洪洞	北京	昔阳	北京	盐湖	北京	长治
谷子	谷	盘子	盘	谷子	谷	谷子	谷
棍子	棒	盆子	盆	豆子	豆	黍子	黍
柜子	柜	椅子	椅	鸽子	鸽	豆子	豆
麦子	麦	凳子	凳	房子	房	柱子	柱

2）北京话"子尾"词，山西方言用双音节词表示。如：

北京	洪洞	北京	原平	北京	河曲
猴子	毛猴儿	胡子	胡楂	胡子	胡采
鸽子	楼鸽	房子	住处	棋子	棋陀
燕子	燕娃	辫子	卜鬏	脖子	脖颈
筐子	笼窝	被子	盖的	橛子	板橛

3）北京话的"子尾"词，在山西方言要用"儿化、儿尾"词表示。如：

北京	洪洞	北京	太原	北京	古县	北京	河曲
兔子	兔儿	帽子	帽儿	兔子	兔儿	影子	影儿
绳子	绳儿	裤子	裤儿	猴子	猴儿	镜子	镜儿

4）北京话"子尾"词，在山西方言要用重叠词表示。如：

北京	阳曲	北京	汾西	北京	忻府	北京	太原
凳子	凳凳	碟子	碟碟	刷子	刷刷	擦子	擦擦
票子	票票	扣子	扣扣	镘子	镘镘	盖子	盖盖
桌子	桌桌	叶子	叶叶	架子	架架	饼子	饼饼

4.2 子变韵母

所谓"子变韵母"是指直接改变词根的基本韵母的读音来表示北京话轻读的"子尾"词的现象。据目前调查，东南区的阳城、晋城、陵川和中区的和顺等方言有这种现象。从语音上看，"子变韵母"有以下几个特点。

4.2.1 "子变韵母"的主要元音

山西方言东南区的阳城、晋城，中区和顺，北区原平、阳高，南区盐湖、平陆等方言点，"子变韵母"的主要元音（有的是介音）是长元音。如（以下"子"右上角的"z"代表"子"）：

	基本韵母	子变韵母
阳城	房 fãŋ˧	房ᶻfɛ:ŋ˧
	鞭 pie˩	鞭ᶻpi:ɔ˩
	椅 i˥	椅ᶻi:u˥

阳城方言点共 12 个"子变韵母",来自 27 个基本韵母。

晋城　　鸡 tɕi˧　　　　鸡ᶻtɕi:ɤ˧

　　　　狮 ʂʅ˧　　　　狮ᶻʂʅ:ɤ˧

　　　　狐 xu˧˩　　　　狐ᶻxu:ɤ˧˩ɤ

晋城方言点 7 个"子变韵母",来自 11 个基本韵母。

和顺　　疤 pa˧˩　　　 疤ᶻpa:˧˩麻子

　　　　裙 tɕʰyŋ˧˩　　 裙ᶻtɕʰy:ŋ˧˩

　　　　院 yæ˧　　　　 院ᶻy:æ˧

和顺方言点的 30 个"子变韵母",来自 33 个基本韵母。

原平　　池 tʂʅ˧　　　　池ᶻtʂʅ:˧

　　　　厂 tʂɔ˧˩　　　　厂ᶻtʂɔ:˧˩

原平方言点韵尾是塞尾的变为开尾,韵尾是鼻尾的,主要元音延长,韵尾不变。声调也随之变化:阴平变 243,阳平、上声不变调,去声变 51。

阳高　　耙 pʰɑ˥　　　　耙ᶻpʰɑ:ɑ˥

　　　　骡 lu˧˩　　　　骡ᶻlu:ə˧˩

　　　　罐 kuɛ˥　　　　罐ᶻkuæ:˥

　　　　尺 tsʰəʔ˧　　　尺ᶻtsʰə:ə˧˩

阳高方言点的 33 个"子变韵母"来自 35 个基本韵母。有的韵母有两种变韵形式,子变韵后与其他韵母的子变韵合成同一个韵母,有的还出现新的韵母,韵母的主要元音都延长。有的子变韵还伴有 [ə]、[ɑ]、[i]、[ɿ]、[ʅ]、[u]、[y] 的尾音。

盐湖　　尺 tʂʅ˧˩　　　　尺ᶻtʂʅ:˧˩

　　　　架 tɕia˧　　　　架ᶻtɕia:˧

　　　　柜 kuei˧　　　　柜ᶻkue:i˧

　　　　秧 iaŋ˧˩　　　　秧ᶻia:ŋ˧˩

盐湖方言 39 个"子变韵母"韵腹韵尾读长音,单韵母直接在后面拉长,其他韵母在韵腹上拉长。除了基本韵母 ər 韵外,都有子变韵母。

平陆　　跛 puə˧　　　　跛ᶻpuə:˧

　　　　谷 ku˧˩　　　　谷ᶻku:˧˩

　　　　柜 kʰui˧˥　　　 柜ᶻkʰui:˧

房 faŋ˧   房ᶻ faŋː˧

平陆方言35个"子变韵母"用拖长词根韵尾来表示。除了基本韵母 ər 韵外，都有子变韵母。

4.2.2 "子变韵母"的韵尾

山西方言东南区的陵川、阳城、晋城、和顺方言，基本韵母是塞音尾入声韵，"子变韵母"的喉塞韵尾消失，一律读开尾舒声韵。如：

	基本韵母	子变韵母
陵川	蝎 ɕiəʔ˧	蝎ᶻ ɕie˧
	勺 ɕiəʔ˧	勺ᶻ ɕie˥

陵川方言的基本韵母是鼻尾韵，"子变韵母"也读鼻尾韵。如：箱 ɕiaŋ˧——箱ᶻ ɕiɒŋ˧；liæ̃n˧——帘ᶻ liæ̃˧；孙 suə̃n˧——孙ᶻ suæ̃n˧。

陵川方言点共10个"子变韵母"来源于16个基本韵母。

阳城	褡 tsʌʔ˧	褡ᶻ tɔː˩
	匣 ɕiʌʔ˧	匣ᶻ ɕiːɔ˧
晋城	虱 ʂʔ˧	虱ᶻ ʂːɿ˥
	碟 tiʌʔ˩	碟ᶻ tiːa˩˧
和顺	脖 paʔ˩	脖ᶻ paːa˩
	桌 tsuaʔ˩	桌ᶻ tsuːa˩

4.2.3 "子变韵母"的声调

山西方言东南区的陵川、阳城、晋城、和顺方言，入声字的"子变韵母"变读舒声韵后，有的读本调，大多数读变调。如：

	基本韵母	子变韵母
阳城	刷 ʂuʌʔ˧	刷ᶻ ʂːʊ˩˧
	秃 tʰuʌʔ˧	秃ᶻ tʰːʊ˩˧
	园 ye˧	园ᶻ yːɔ˧
	骡 luə˧	骡ᶻ lɔː˧
	样 iã̃ŋ˥	样ᶻ iːã̃ŋ˥

晋城	笛 tiəʔ˩		笛ᶻ ti：ɤ˥˩	
	鼻 piəʔ˩		鼻ᶻ pi：ɤ˥˩	
	柿 ʂɤ˥		柿ᶻ ʂ：ɤ˥	
	椅 i˩		椅ᶻ i：ɤ˩	
陵川	裂 liʌʔ˥		裂ᶻ lie˥	
	橛 cyʌʔ˩		橛ᶻ cye˥	
和顺	蹄 tʰi˩		蹄ᶻ ti：˩	
	袋 tai˧		袋ᶻ ta：i˧	
	刀 tɔu˥		刀ᶻ tɔ：u˥˩	

从词的结构特点上看，这些"子变韵母"的词，相当于一个单音节词；从词法意义上看，它以单音节词的形式表示着"子尾"词的意义。有时，它可以单音节词或词根的形式与其他词或词根构成复合词。如"药引ᶻ、钱褡ᶻ、黑头帖ᶻ"。

4.3 子尾变调

所谓"子尾变调"是指用一特殊的变调方式表示北京话读轻声的"子尾"词的现象。如：

		基本调	子尾变调
垣曲	狮 sɿ˩		狮ᶻ sɿ：˥
	脖 pʰo˩		脖ᶻ pʰo：˧
	领 lie˥		领ᶻ lie：˧
	被面 pʰi˩ miɛn˧		被面ᶻ pʰi˩ miɛ：n˥

垣曲方言的"子尾变调"是名词的标志。动词、量词没有"子尾变调"。"瞎ᶻ""盘ᶻ"读子尾变调，"眼瞎""一盘包子"中的"瞎、盘"不读变调，读本调。南区有"子尾变调"的尚不多见。

		基本调	子尾变调
阳高	袖 ɕiɤu˧		袖ᶻ ɕiu：˧
	碾 niŋ˧		碾ᶻ niæ：˧

谷 kuˇ   谷 kuːə˦˨

瞎 ɕiaʔ˦   瞎 ɕiaːɑ˦˨

北区阳高方言的"子尾变韵"同样伴有变调的情况。主要手段为韵母读长音和变调。值得关注的是去声调调型由 24 变为 242。入声调子变韵时舒声化，调型由原来短促的降调变为曲折调，变为同阳平调值相同的调。

"子尾变调"还见于东南区的晋城方言、高平方言、泽州方言。

	基本调	子尾变调
晋城	筛 ʂɛ˨˩	筛ᶻ ʂɛ˦
	梯 tʰi˨˩	梯ᶻ tʰi˦
	盒 xaʔ˨	盒ᶻ xaʔˇ
	桌 tʂuaʔ˨	桌ᶻ tʂuaʔˇ

高平方言去声（53）和上声（313）加"子尾"不变调，阴平（112）、阳平（13）加"子尾"后变 313，入声（ʔ33）加"子尾"后调值为 53。

	基本调	子尾变调
高平	鞭 piɒŋ˨˩	鞭ᶻ piɒŋ˨˩
	鸡 tɕiŋ˨˩	鸡ᶻ tɕiŋ˨˩
	台 tʰiɒŋ˨˩	台ᶻ tʰiɒŋ˨˩
	袜 vɒŋ˦	袜ᶻ vɒŋˇ

泽州方言阳平（24）和去声（53）加"子尾"不变调，阴平（33）、上声（313）加"子尾"后变 311，入声（ʔ21）加"子尾"后调值为 53。

	基本调	子尾变调
泽州	狮 ʂəŋ˦	狮ᶻ ʂəŋ˨˩
	剪 tɕiəŋ˨˩	剪ᶻ tɕiəŋ˨˩
	勺 ʂəŋ˨˩	勺ᶻ ʂəŋˇ
	袜 vɒ˨˩	袜ᶻ vɒˇ

从以上两个方言点来看，垣曲方言、阳高方言的"子尾变调"还伴随着变韵，由主要韵母读短音变为读长音；晋城方言、高平方言、泽州方言的"子尾变调"，只是变调，韵母不发生变化。

临猗方言有"子尾"，也有子尾变韵，主要手段为韵母读长音和变调。如：

麻 ma：ıʅ（〈麻都 ma˦ •təu）麻子脸

小 ɕia：uʏu（〈小都 ɕiau˧˥ •təu）男孩子

4.4 余论

4.4.1 没有"子尾"的方言点

山西方言有的没有"子尾"，韵母、声调也无变化。如东南区沁水方言，中区的昔阳、平定、阳泉方言，北区的阳高方言等。举例如下：

北京	昔阳	阳泉
盆子	盆 pʰə˧˩	盆 pʰəŋ˧˩
肚子	肚 tu˧˥	肚 tu˦
盘子	盘 pʰə˧˩	盘 pʰæ˦
椅子	椅 i˥	椅 i˥

没有"子尾"的方言用"重叠、儿化、头尾"表示相当于"子尾"词的意义。如平定方言用"钉钉"表示"钉子"，用"鼻头"表示"鼻子"。

4.4.2 南北区"子尾"的不同读音

本章讨论的"子尾"着重在山西境内方言"子尾"的特点上。南区27个方言点的"子尾"读音与周围的官话各区基本一致。除了靠近河南的垣曲方言有子尾变调、盐湖区方言个别乡镇有子尾变调外，都有［tsʅ］尾。翼城方言子尾后缀有［tsʅ］［ŋ］两种语音形式，［ŋ］为主要形式，其本字不明，有的人认为是"儿"。我们将其处理为子尾，没有音系上的根据，仅仅是因为它们所表概念义与普通话的子尾词相同。西区、中区、东南区、北区，"子尾"的声母除部分方言点读［ts－］

外，绝大多数声母不同，但韵母几乎都读［-ə］［-əʔ］。中区太原方言与其他官话相比，也可看出，北京、沈阳、哈尔滨、济南、郑州、西安、兰州、成都、昆明、汉口、南京均读［tsʅ］，而太原读［tsəʔ］。

东南区阳城、晋城、陵川、和顺方言有"子尾变韵"，河南境内与山西毗邻的原阳、获嘉一带也有"子尾变韵"。如：

原阳　　　鼻 pi→鼻子 piou　　　　　桌 tʂuo→桌子 tʂuau

　　　　　茄 tɕʰie→茄子 tɕʰiau　　　　瞎 ɕia→瞎子 ɕiau

南区的夏县、盐湖、平陆、临猗方言有"子尾变韵"，山西其他区没有。

（本章曾以《山西方言"子尾"研究》为题，发表于《山西大学学报》1995 年第 3 期，收入本书时增加了许多实例，文字格式上也作了较大修改。）

第5章 山西方言的儿化和儿尾

根据目前所调查的材料，山西方言至少有69个方言点有"儿化"，12个方言点有"儿尾"，还有几个方言点既无"儿化"，也无"儿尾"，如汾西、静乐、石楼、沁水、乡宁、灵石等。以下分别对"儿化""儿尾"的语音特征和表义功能作一描述。

5.1 儿化

5.1.1 儿化的语音特征
5.1.1.1 各区儿化韵的数量（见表5-1）

表5-1

区	方言点	儿化韵	基本韵母	区	方言点	儿化韵	基本韵母
	大同	14	37		定襄	4	45
	阳高	8	37	北	原平	21	42
北	天镇	4	36		五台	11	41
	怀仁	16	35		代县	4	40
	左云	16	37		朔城	15	38
	右玉	12	36		平鲁	13	39
	应县	12	39		浑源	10	39
	山阴	9	39		灵丘	15	39
区	繁峙	7	38	区	神池	19	37
	忻府	11	47		宁武	14	36

续表

区	方言点	儿化韵	基本韵母	区	方言点	儿化韵	基本韵母
北区	五寨	4	36	中区	昔阳	13	36
	岢岚	13	35		和顺	13	37
	保德	9	40		左权	13	34
	偏关	8	36	东南区	长治	8	36
	河曲	4	42		屯留	25	46
西区	离石	11	34		长子	8	44
	汾阳	14	43		晋城	16	40
	临县	14	39	南区	盐湖	37	40
	方山	3	36		芮城	22	42
	隰县	12	36		永济	23	41
	大宁	10	39		临猗	36	40
	永和	11	38		万荣	32	35
	蒲县	22	50		侯马	25	35
中区	太原	5	36		夏县	35	37
	榆次	4	31		闻喜	30	37
	太谷	7	40		稷山	14	36
	平遥	31	35		绛县	24	36
	孝义	14	42		襄汾	25	37
	介休	20	37		尧都	23	41
	榆社	7	38		浮山	29	41
	娄烦	21	36		古县	26	42
	盂县	8	38		洪洞	26	43
	阳泉	12	38				

从表5-1儿化韵的数量大体可以看出，山西方言自北向南儿化韵数目依次增多，反之减少。北区：天镇、定襄、代县、五寨、河曲只有4个儿化韵。南区：盐湖、临猗、夏县、分别高达37、36、35个。也有个别点例外。我们计算了各区儿化韵的平均数值，依次是：北区平均11个、西区平均12个、中区平均13个、东南区平均14个、南区平均27个。从地理上看，呈S形逐渐增多。北区、西区、中区、东南区差别不大，南区是它们平均数的两倍还多。各区儿化韵数目可见图5-1。

5.1.1.2 儿化对基本韵母的影响

儿化对所附音节的影响与儿化韵数量成反比。儿化韵多，说明儿化对所附音节的影响不大。比如万荣共35个韵母，儿化韵就有32个。其中韵母不变，直接加卷舌动作［-r］或加卷舌音［ər］的就有21个，

图 5-1

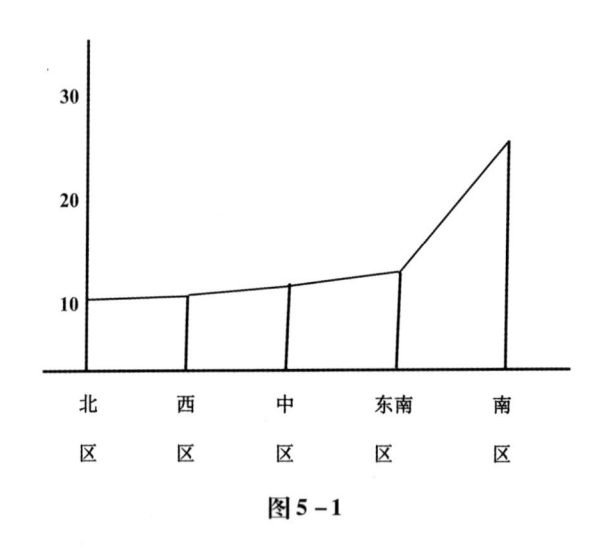

其余变化也不大。反之,儿化韵越少,则儿化对所附音节的主要元音影响就越大。比如天镇共 36 个韵母,儿化韵只有 4 个,卷舌的结果不仅使所有的韵尾全部脱落,而且使所有的韵腹在音值上趋于一致。根据开、齐、合、撮的不同,一律变化为［ar］、［iar］、［uar］、［yar］。北区儿化韵与基本韵母的平均比值是 1∶3.5、西区 1∶3.3、中区 1∶2.8、东南区 1∶3、南区 1∶1.4,可用图 5-2 表示。

图中可以反映,从北到南儿化对基本韵母的影响越来越小。

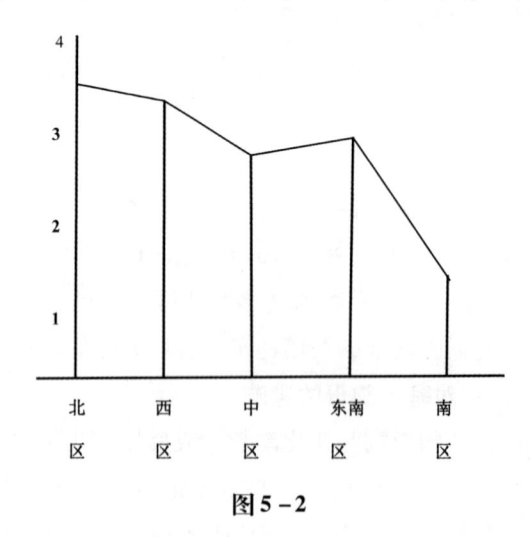

图 5-2

5.1.1.3 儿化对入声韵尾的影响

有入声的方言，儿化后，入声韵变舒声韵，喉塞韵尾消失。如：

天镇	曲 tɕʰyaʔ˧˩ > 小曲儿 ɕiou˧˩ tɕʰyar˧˩
	月 yaʔ˧˩ > 月月儿 yaʔ˧˩ yar˧˩ 每月
山阴	热 zʐA ʔ˧˩ > 热热儿 zʐA ʔ˧˩ zʐʌr˧˩
	窟 kʰuɜʔ˧˩ > 窟窟儿 kʰuɜʔ˧˩ kʌr˧˩
太原	盒 xaʔ˧˩ > 盒儿 xɐr˧˩
	活 xuaʔ˧˩ > 活儿 xuar˧˩
长治	匣 ɕyəʔ˧˩ > 匣儿 ɕyar˧˩
	刷 suaʔ˧˩ > 刷儿 suar˧˩

5.1.1.4 儿化对鼻韵尾的影响

有鼻韵尾 [ŋ] 的方言，儿化后，鼻韵尾脱落，主要元音央化、鼻化。如：

洪洞	箱 ɕiaŋ˧˩ > 小箱儿 ɕiɑo˧˩ ɕi ə̃ r˧˩
	瓶 pʰieŋ˧˩ > 花瓶儿 xua˧˩ pʰi ə̃ r˧˩
永济	芳 faŋ˧˩ > 芳儿 f ə̃ r˧˩
长治	瓶 pʰiŋ˧˩ > 瓶儿 pʰi ə̃ r˧˩
	（小）俊 tɕyŋ˧˩ > （小）俊儿 tɕyər˧˩ 人名
昔阳	（药）方 faŋ˧˩ > 方儿 f ə̃ r˧˩
	（蛋）黄 xuaŋ˧˩ > 黄儿 xu ə̃ r˧˩

5.1.1.5 儿化对主要韵母的影响

北区有 4 个方言点，儿化对主要韵母的影响最大，凡是开口呼的所有韵母一律读成 [ar]，齐齿、合口、撮口，依次是 [iar、uar、yar]，韵腹在音质上趋于一致。这种影响比对韵尾的影响还要大。有的方言点如东南区的屯留，儿化对韵尾、韵腹、韵头都有影响，如 "左面儿 mian > mər、一边儿 pian > pər"。尽管这只是少数，但却反映出一种不可忽略的语言现象和走向，儿化是朝着省力、经济、简化的方向发展的。再比如，长子方言唇音声母后的［u］韵母，儿化后变［ər］，布儿 pu＞pər，很明显，［pər］比［pur］要省力得多。

5.1.1.6 儿化对声调的影响

儿化后要变调，如洪洞方言"桌 tʂɒ↓＞桌儿 tʂɒr↓↑"，与阳去同调。榆次、太谷方言的入声字儿化后阴入与平声调相同，阳入与上声调相同。如：

榆次　　笔 piʌʔ↓＞笔儿 piər↓　　侄 tsʌʔ˥＞侄儿 tsər˥
太谷　　鹿 luʔ˥＞鹿儿 luər˥　　盒 xaʔ˥＞盒儿 xar↓

儿化从这种意义上讲也是促进入声归并的条件之一，阴入与平声调型相近，阳入与上声调型相近，儿化变调后调型相同。

5.1.2 儿化词的构成形式

5.1.2.1 单音节

单音节名词、动词、形容词、数词、量词、代词后都可儿化。如：
钱儿、花儿（名＋儿）扣儿、锁儿（动＋儿）黄儿、青儿（形＋儿）
三儿、四儿（数＋儿）斤儿、两儿（量＋儿）你儿（代＋儿）

5.1.2.2 双音节

1）双音节名词第二音节、第一音节均可儿化。如：
树枝儿、保平儿、吃食儿零食（第二音节儿化）

阳泉、平定、榆社、昔阳的双音节名词比较特殊，是第一音节儿化，如：
花儿草 xuər˧ tsʰɑu˧（榆社）、花儿瓶 xuar˨˩ pʰiəŋ˥（平定、阳泉）、玩儿艺 vər˩ i˨、课儿本 kʰuər˨ pəŋ˥（昔阳）

2）重叠词的第二音节可儿化。如：
看看儿（动叠＋儿）　花花儿（名叠＋儿）　偏偏儿（副叠＋儿）
大大儿（形叠＋儿）　三三儿（数叠＋儿）　斤斤儿（量叠＋儿）

3）两个音节都儿化。如：
平定　偷儿偷儿（副叠中间＋儿）
昔阳　花儿花儿（名叠中间＋儿）

5.1.3 儿化的表义功能

5.1.3.1 表细小、喜爱的附加意义

北京话的名词儿化多数表示一种细小或喜爱的附加意义，山西方言有儿化的点多数也具有这种特点。如：

永济　　细丝儿、树梢儿、刀儿、盆儿、小桶儿、一缕儿
大同　　树叶儿、瓶盖儿、小碗儿、奶锅儿、绿裙儿
山阴　　盖儿、盆儿、花儿、画儿、脸蛋儿、一点儿、门缝儿

有少数方言点词的儿化不表示细小、喜爱的附加色彩，这一附加色彩让位于"重叠""子尾"。翼城方言用"子尾"表小、喜爱，平遥、文水方言用"重叠"表小、喜爱，如：

平遥　　锅儿：指大锅　　锅锅：小锅
文水　　车儿：大车　　　车车：玩具车

有的方言点名词"儿化"表"物类"，统称。如平遥方言，"钱"儿化表"类"，如"借给我些钱儿"；不儿化表"具体数目"，如"借给我三十块钱"。

5.1.3.2 表短暂的附加意义

有的方言点动词重叠再儿化表示短暂的附加意义，形容词重叠再儿化表示轻微等附加意义。如：

尧都　　看看儿、尝尝儿、走走儿、吃吃儿、坐坐儿、想想儿
永济　　轻轻儿（地）、慢慢儿（地）、缓缓儿（地）、念念儿、动动儿

洪洞、尧都方言的副词重叠后也可儿化。如：款款儿（地）、蹑蹑儿（地）、静静儿地、旋旋儿（地）、逐渐地、偏偏儿、将将儿、绵绵儿（地）、轻轻儿（地）。

平鲁方言形容词重叠再儿化加"哩"，则表示"加重"的附加意义。如：那人嘴尖尖儿哩。"尖尖儿哩"比"尖哩"所表达的语气要重。

5.1.3.3 具有构词作用

儿化在大多数方言里具有构词作用，不儿化便不能单用。如：

忻府　　梨儿、桃儿、猫儿、鱼儿、猴儿、盒儿、杏儿、枣儿、虾

儿、雁儿、鸡儿、裤儿

  介休　　街儿、猪儿、裤儿、卵儿_蛋,_{动量词}、阵儿_{量词}

  尧都　　枣儿、杏儿、鸡儿、门口儿、蛾儿、桌儿、木［porㄚ］儿、角儿_{豆角儿}、勺儿_{小勺子}

  永济　　勺儿、角儿、砖坯儿、笼儿_{小篮子}

5.1.3.4　儿化不儿化表义不同

某些名词在有的方言点儿化不儿化所表示的意义不同。如：

  永济　　面：面粉——面儿：细面儿_{粉状物}

     布：普通布料——布儿：碎布块儿

     头：脑袋——头儿：单位主要负责人

     眼：眼睛——眼儿：小孔

  孝义　　棍：棍棒——棍儿：为人蛮横

     车：泛指一切车——车儿：畜力车

5.1.3.5　儿化不儿化词性不同

儿化可以区分不同的词性，动词、形容词儿化后成为名词。如：

  洪洞　　抠（动词）——抠儿_{小气鬼}（名词）

     生（动词）——生儿_{生日}（名词）

     脑扛（动词）——脑儿_{对联横幅}（名词）

     黄（形容词）——黄儿_{鸡蛋黄儿}（名词）

     尖（形容词）——尖儿（名词）

     大（形容词）——大儿_{双胞胎老大}（名词）

  永济　　扣（动词）——扣儿_{纽扣儿}（名词）

     钩（动词）——钩儿（名词）

     关（动词）——关儿（名词）

     伴（动词）——伴儿（名词）

  孝义　　乱（形容词）——乱儿_{乱子}（名词）

     画（动词）——画儿（名词）

     卷（动词）——卷儿_{卷起来的物品}（名词）

5.1.3.6　儿化可表敬称

北区有的方言点代词儿化可以表示敬称。如：

  怀仁　　你（一般称）——你儿（尊称）

他（一般称）——他儿（尊称）

山阴、大同、平鲁方言与此相同，有的点写作"您儿、恁儿"。这种尊称形式未见于其他区。

5.1.3.7 由"日"变来的儿化

有的方言点儿化出现在表时间的名词里，这种"儿化"当是由"日"演变而来。如：

尧都	明儿（个）——明日	一后儿——后三日
	前儿（个）——前两天	生儿——生日
洪洞	后儿（个）——后日	外后儿——后四天
	白儿里——白日里	夜儿个——前天
	先前儿——前三天	

没有"今儿个"的说法。以上九处"儿"当是"日"的轻化。

5.1.3.8 儿化表方位

有的方言点儿化还可以表示方位。如：

忻府	地儿_{地里}	茅子儿_{厕所里}
	嘴儿_{嘴里}	澡堂子儿_{澡堂里}
	饭铺儿_{饭铺里}	
平遥	腰儿_{腰里头}	家儿_{家里头}
	院子儿_{院子里}	戏院子儿_{戏院里}

5.1.3.9 称呼人名时儿化

有些方言点青少年人名都可以儿化。这样称呼，显得亲近。如：

长治　　秀琴儿、太顺儿、广全儿、银锁儿
尧都　　保平儿、玉玲儿、金贵儿、文天儿

5.2 儿尾

5.2.1 儿尾的语音特征

寿阳、文水、清徐、新绛、武乡等 18 个方言点只有独立或自成音节的儿尾，没有儿化。如：

寿阳	袄儿 ŋɔ˧˩˥ ɻe˩ 上衣	雀儿 tɕio˩ ɻe˩ 麻雀
	蛾儿 ŋɤu˧˩ ɻe˩	枣儿 tsɔ˧˩ ɻe˩
文水	燕儿 ien˥ e˩	狐儿 xu˩ e˩ 狐狸
	公鸡儿 kuəŋ˩ tsʅ˥ ɻe˩	犍牛儿 tɕien˩ ȵiou˩ ɻe˩ 公牛
清徐	车儿 tsʰʮ˩ ai˩ 大车	约儿 ia˩ ai˩ 契约
	马儿 mɒ˥ ai˩	帽儿 mɔu˥ ai˩ 帽子
兴县	蛾儿 nɤ˥ ɻə 蝴蝶	夏儿 xa˥ ɻə 夏天
	旋儿 ɕyɤ˥ ɻə 脸盆	秋儿 tɕio˧˥ ɻə 秋天
新绛	月儿 ye˧˩ ər˧˩ 月亮	燕儿 iə̃˧˩ ɻe˧˩
	鸟儿 niɔ˧˩ ɻe˧˩	蛾儿 ŋɤ˧˩ ɻe˧˩
武乡	袄儿 ŋɔ˩ 棉衣、上衣	信儿 ɕiaŋ˥˩
	头儿 tʰəu˥ 先	兔儿 tʰu˥˩

太原、太谷（老派多用儿尾）、榆次、榆社、娄烦、平遥等方言既有自成音节的儿尾，又有儿化。如：

太原	马儿 ma˥ ər˩	蝎虎儿 ɕiaʔ˩ xu˥ ər˩ 壁虎
	梨儿 li˩ ɻe˩	枣儿 tsɔu˥ ər˩
	官儿 kuar˩	院儿 yar˥
	（麻）雀儿（ma˩）tɕʰiour˥	
榆社	猫儿 mər˧	地儿 tŋ˥ ɻe˧
	蛾儿 ŋər˧	城儿 tsʰə̃˥ ər˧
娄烦	袋儿 ter˥	燕儿 iɛ˥ ɻe˩
	官儿 kuər˩	蝶儿 tia˧˩ ɻe˧
太谷	燕儿 iɛ˥ ɻa˧	葱儿 tsʰũ˥ ɻa˧
	蝎虎儿 ɕia˩ xu˧˩ ɻa˧ 壁虎	指头儿 tsəʔ˩ təu˩ ar˥ 手指
	手巾儿 səu˥ tɕi˩ ər˧ 毛巾	曲灯儿 tɕʰyə˩ tə̃r˧ 火柴
平遥	雀儿 tɕio˥ ʐʌʔ˩ 麻雀	伞儿 saŋ˥ ʐʌʔ˩
	地张儿 ti˥ tʂaŋ˥ ʐʌʔ˩ 地方	

但在急读时，儿尾往往可以成为前一音节的卷舌成分，变成"儿化"，这种读音多发生在青少年口中，如平遥"马儿 mar˥"。

5.2.2 儿尾词的构成形式与表义功能

山西方言儿尾与儿化比较,除了读音差异,在构成形式、表义功能上基本一致。有的不表细小等附加意义,如文水方言"犍牛"可以说成"犍牛儿",清徐方言"车儿"表大车。有的儿尾表方位,如寿阳、平遥、武乡:县儿县里,家儿家里头,城儿城里。

5.3 儿中缀

中区平定方言的"儿",不像北京话那样加在韵母之后,合成一个音节,而是嵌入声母和韵母之间,合成一个音节。平定方言的"儿"读 [ʅ],为方便计,记作 [l]。如"洞儿 tuəŋ˦+l→tluəŋ˦"。这种中缀用法在其他方言中很少见到,在平定也仅限于城关及附近一带。

5.4 儿化、儿尾词的语法功能

5.4.1 儿化、儿尾读音复杂,功能庞杂

山西方言的儿化、儿尾虽然语音形式不同,但语法功能基本相同,属于同一种语法手段。与普通话相比,读音复杂,功能庞杂。

5.4.1.1 语音复杂

一是表现为儿尾的多种声韵形式;二是表现为所处不同的位置(中间、词尾);三是表现为对声母、韵母(韵头、韵腹、韵尾)、声调所施加的强大影响;四是表现为儿尾、儿化在同一方言点并用(如太原、榆社等)。这种并用不是同一个人的并用,而是不同群体新老之间的并用。儿尾是原有的,儿化是后起的。这正反映出儿化对原儿尾的侵蚀。这些特点不仅在普通话中少见,在官话和其他方言大区也很少见到。

5.4.1.2 功能庞杂

儿化不仅仅表现出"小称、爱称、轻微、短暂"的语义特征,还表现出"敬称、方位"。更为特殊的是,与普通话反其道而行之,有的方言点儿化并不表示"小称",而是表示"类称"。如平遥、文水方言。儿化不仅有构成别的词的功能,还有成词功能。如尧都、洪洞方言,

"枣、杏、桃"不能单说，不能带"子尾"，必须"儿化"，如同"李、柿、果"不能单说，不能"儿化"，必须带"子尾"一样。有的带"子尾"、"儿化"，语义不同，如"桌子"表类和大的，"桌儿"表小的。所以，儿化与子尾在一个方言中具有各自的成词习惯和使用范围。有的方言点"儿化"占据的语义表达面大，有的相对小一些。

5.4.2 儿的零形式

山西方言的汾西、乡宁、灵石、石楼、静乐、沁水等地没有"儿化、儿尾"，可以称其为"儿的零形式"。没有"儿尾、儿化"的方言点往往"子尾"非常发达，"子尾"肩负着别的方言用"儿化、儿尾"表达的所有或大部分语义功能，充分得到了语义表达的补偿。这也是山西方言的一大特色。

（本章曾以《山西方言儿化、儿尾研究》为题，发表于《山西大学学报》2000年第2期，收入本书时作了部分修改。）

第6章 山西方言的詈词后缀

本章讨论山西方言"货、佬、鬼、猴、屄、贼"等几个特殊的詈词后缀。其中,"佬"除了做后缀外,没有其他实在意义。"货、鬼、猴、屄、贼"还有其他实在意义,本章重点讨论做后缀时的用法。

6.1 货

"货"最早是金钱珠玉布帛的总称。《书·洪范》:"八政:一曰食,二曰货"。孔颖达疏:"货者,金玉布帛之总名。"后指货物、货币,现指货物、商品。如:杂货、便宜货、国产货等。"货"在这些词中并无贬义。货的贬义用法最早是贿赂义。《字汇·贝部》:"货,赂也。"《左传·僖公三十年》:"宁俞货医,使薄其鸩,(卫侯)不死。"《韩非子·亡徵》:"官职可以重求,爵禄可以货得者,可亡也"。"货"作为贬义词缀在近代汉语里已经常见,如《西游记》第三十一回:"你这馕糠的夯货。"现在北京话也有把"货"用作贬义词缀的,但不多见。如:吃货 骂能吃不能干的人｜菜货 懦弱无能的人(见陈刚《北京方言词典》,商务印书馆 1985 年版)。然而,"货"作为贬义词词缀在山西方言里却大量存在,南区的洪洞、尧都一带,北区的忻府、大同一带用得最多。如洪洞方言:

乱货 [lan˨˦ ·xuo] 作风不正派的女人

傻货 [ʂa˨ ·xuo] 为人过于老实、死心眼的人

吃嘴货 [tʂʰʅ˨ ·tɕy xuo˦] 家禽家畜,又叫"张嘴货"

捣蛋货 [tao˥ tan˥ xuo˦] 调皮捣蛋的人

不要脸货 [pu˦ iao˦˦ lian˥ xuo˦] 不知羞耻的人

卖屄货〔mai˦˧ ·pie xuo˧〕乱淫的女人，又叫"卖屄眼货""卖货"

挨打毛货〔nai˧˩ ·ta ·mao xuo˧〕做错事要挨打的人，多指顽童或不安分的女人

青货〔tɕʰie˨ ·xuo〕遇事敢拼命的人

硬货〔nie˦˧ ·xuo〕天不怕地不怕敢碰硬的人

害货〔xai˦˧ ·xuo〕多指老鼠，有时也指人

烧包货〔ʂuo˨ ·pao xuo˧〕爱炫耀自己的人

酸包气货〔suan˨ ·pao ·tɕʰi xuo˧〕说话酸溜溜、使人肉麻的人

夹里毛货〔tia˧˩ ·li ·mao xuo˧〕不敢在人前说话、没出息的人

羞虎子货〔ɕiou˨ ·xu ·tsʅ xuo˧〕不敢见生人的人

震瓜子货〔tʂen˦˧ ·kua ·tsʅ xuo˧〕做事鲁莽的人

贱屄货〔tɕʰiɑn˦˧ ·pie xuo˧〕自轻自贱的人

没理汉货〔mu˧˩ ·li ·xan xuo˧〕无理犟三分、得理不让人的人

吃屄嘴货〔tʂʅ˨ ·pie ·tɕy xuo˧〕爱吃贪吃、不爱干活的人

不超毛货〔pu˧ tʂʰao˨ mao˨ xuo˧〕不务正业、闲散懒惰的人

陈货〔tʂʰen˧˩ ·xuo〕陈旧变质的东西

没来头货〔mu˧˩ ·lai ·tʰou xuo˧〕做事欠考虑、说话没根据的人

臊货〔sao˨ ·xuo〕爱寻花问柳、乱搞男女关系的人

震货〔tʂen˦˧ ·xuo〕固执的人

抄花头货〔tsʰao˨ ·xua ·tʰou xuo˧〕叫花子

沉屄眼货〔tʂʰen˧˩ ·pʰi ·nian xuo˧〕串门闲聊、一坐半天的人

硬杂烂货〔nie˦˧ ·tsʰa ·lan xuo˧〕说也不听、打也不记的人

舔屄眼货〔tʰian˨ ·pʰi ·nian xuo˧〕会巴结奉迎人的人

"货"由指物的中性词到指人的贬义词词缀是经过指人贬义词中介阶段的，这从有的词后不是直接附词缀"货"，而是与"货"构成偏正短语中可以看出来。在文献中，"货"还保留着"词"的身份。如《儒林外史》第十回：他是个不中用的货，又不会种田，又不会作生意。"货"由中性词演变成贬义词可能与人们认为"货"是"物"有关，将人比成"非人"的"物"就是对人格的一种贬低和侮辱。这样，带"货"词缀的词，几乎都是詈词。以忻府方言为例：

二八货〔ər˦ pa˧ xuɛ˦〕傻里傻气、行动鲁莽的人

八成儿货 [paʔ˩ tʂɚ˥ xuɤ˥] 傻里傻气、行动鲁莽的人

子吊货 [tɕiɛ˩ tiɔ˥ xuɛ˥] 性格很别扭的人

爬长货 [pʰa˩ tʂɛ˩ xuɤ˥] 生活穷困潦倒的人

妨祖货 [fɛ˩ tsu˩ xuɤ˥] 损害祖宗德望的人

角调货 [tɕiɛ˩ tiɔ˩ xuɤ˥] 性格古怪别扭的人

坐蜡货 [tsuɛ˥ laʔ˩ xuɤ˥] 说了话又反悔的人

跌皮货 [tiɛʔ˩ pʰi˩ xuɤ˥] 耍赖皮的人

唐朝货 [tʰã˩ tʂɔ˩ xuɤ˥] 陈旧过时的东西

溜沟子货 [liəu˩ kəu˩ •tə xuɤ˥] 喜欢巴结奉迎的人

卖嘴货 [mæ˥ tsuei˩ xuɤ˥] 光说漂亮话而不办实事的人

圪兜货 [kə˩ təu˩ xuɤ˥] 脾气凶暴的人

大同、山阴、原平、阳曲等地方言也有类似的用法。如：

大同方言：

不正色货 [pəʔ˩ tʂɤ˥ saʔ˩ xuo˩] 作风不正派、行为不规矩的人

吊子货 [tiɔ˩ tsaʔ˩ xuo˩] 不通情理、做事无节制的人

屣包货 [suɤ˩ pɒ˩ xuo˩] 胆小怕事、软弱可欺的人

山阴方言：

愣货 [lə̃˥ xuo˩] 愣头愣脑的人

鬼货 [kuei˥ xuo˩] 鬼话连篇、不实在的人

笨货 [pə̃˥ xuo˩] 不聪明的人

讹人货 [nou˩ ʐə̃˩ xuo˩] 借故索取财物的人

原平方言：

舔屁股货 [tʰĩ˩ pʰi˩ ku˩ xuɤ˥] 会巴结奉迎的人

钱迷货 [tɕĩ˩ mi˩ xuɤ˥] 小气鬼

瞎货 [xaʔ˩ xuɤ˥] 脑子不够用的人

阳曲方言：

挨枪子子货 [næ˩ tɕʰi˩ tsʅ˩ tsəʔ˩ xuɤ˥] 坏得该处死的人

别调货 [piəʔ˩ tiɤ˩ xuɤ˥] 性格古怪的人

挨刀货 [næ˩ tɤu˩ xuɤ˥] （妇女骂）不听话的顽童

"货"还可以与指示代词"这、那"构成"这货""那货"，甚至还可与"好"构成"好货"，"这货、那货"指这人、那人，含有明显

的不尊重、轻蔑、戏谑之意。"好货"指美貌女子，虽有夸赞之义，但毕竟包含着对妇女的轻视。如：这货可有意思哩｜老五正娶了个好货。对美貌女子称"好货"，很明显地保留着旧时妇女作为商品买卖的痕迹。

从句法上说，带词缀"货"的词只能作为宾语或独词句出现。如：兀大是那人真是个烧包货｜卖屄货！一般不出现在主语位置，也不做定语等修饰成分。

6.2　佬

"佬"作为詈词后缀，在一些古代白话文献中比较常见，也写作"老、僗、劳"等，如：邦老强盗｜顶老妓女或妻子｜盖老嫖客或丈夫｜孤（姑）老嫖客。《西厢记》一本四折《乔牌儿》：呆僗，觑着法聪只作金罄敲。"佬"作为詈词词缀，在北京话里还可以看到，如"美国佬、乡巴佬、和事佬"等，但用例很少。山西方言的"佬"作为词缀构成的词很多，尤其是尧都、洪洞一带方言。

尧都、洪洞等地方言，带词缀"佬"的词有的是表示客观上不好或主观上厌恶的东西，有的纯粹是骂人，如"卖屄佬、肮脏佬、牺惶佬"。从构词上看，尧都、洪洞方言带"佬"的词主要有两大类，即"AA 佬"和"AB 佬"。

6.2.1　AA 佬

单音节形容词性、动词性、名词性语素重叠加"佬"，简称 AA 佬。如：

蔫蔫佬　[nian˨ nian˨ ·lao]　蔫了的秧苗
锈锈佬　[ɕiou˦˥ ·ɕiou ·lao]　生了锈的金属
死死佬　[sʅ˥˩ sʅ ·lao]　死了的植物
糠糠佬　[kʰaŋ˨ ·kʰaŋ ·lao]　糠了的萝卜
病病佬　[pʰie˥˩ ·pʰie ·lao]　老病号
弯弯佬　[uan˨ ·uan ·lao]　弯的棍状物
苦苦佬　[kʰu˥˩ ·kʰu ·lao]　吃起来苦的东西

捂捂佬［u˧˩ ·u ·lao］轻微霉变的粮食等物

破破佬［pʰou˧˩ ·pʰou ·lao］破了的物品

烂烂佬［lan˧˩ ·lan ·lao］烂了的东西

打打佬［ta˧˩ ·ta ·lao］裂了缝的碗等器物

扯扯佬［tʂʰa˧˩ ·tʂʰa ·lao］扯了缝的布、纸等物

沤沤佬［ŋou˧˩ ·ŋou ·lao］沤了的物品

哭哭佬［kʰu˧˩ ·kʰu ·lao］带哭相的人，又称"哭哭佬"

掀掀佬［ɕian˧˩ ·ɕian ·lao］物体没有放平稳、一头踏空的状态

跛跛佬［po˧˩ ·po ·lao］跛了腿的人，又叫"瘸瘸佬［tɕʰya˧˩ ·tɕʰya ·lao］"

瞎瞎佬［xa˧˩ ·xa ·lao］盲人，有贬义

漏漏佬［lou˧˩ ·lou ·lao］漏了的物品

娃娃佬［ua˧˩ ·ua ·lao］小孩子气的人

掉掉佬［tie˧˩ ·tie ·lao］掉了提梁、把柄等的物品

6.2.2 AB 佬

动宾式、主谓式等复音成分加"佬"，简称 AB 佬。如：

害人佬［xai˧˩ ·ʐen ·lao］老鼠

肮脏佬［ŋao˧˩ ·tsao ·lao］脏东西

虫吃佬［tʂuen˧˩ ·tʂʅ ·lao］虫蛀过的果品

学人佬［ɕio˧˩ ·ʐen ·lao］爱模仿他人言行的人

一筒佬［i˧˩ ·tʰueŋ ·lao］两头尺寸一样的筒状物，多指裤子

讹人佬［ŋo˧˩ ·ʐen ·lao］借故向人强索财物的人

卖屄佬［mai˧˩ ·pie ·lao］作风不正派的女人

淘气佬［tʰao˧˩ ·tɕʰi ·lao］爱插科打诨、逗人发笑的人

恓惶佬［ɕi˧˩ ·xuo ·lao］一副可怜相但不值得怜悯的人

古式佬［ku˧˩ ·ʂʅ ·lao］不入时的人或物

懒势佬［lan˧˩ ·ʂʅ ·lao］懒惰之人

恶水佬［ŋo˧˩ ·fu ·lao］指人身上的汗渍污垢

糊涂佬［xu˧˩ ·tʰu ·lao］糊涂的人

臊气佬［sao˧˩ ·tɕʰi ·lao］尿臊味

寒碜佬（事）［xan˧˩·tsʰen ·lao］羞耻之事
瞎屄佬（眉眼）［xa˥·pie ·lao］很丑的面目
眍斗佬（眉眼）［ŋou˥·tou ·lao］愁眉苦脸的样子
夹人佬（鞋）［tia˥˧·z̻en ·lao］夹脚的鞋
死人佬［sʅ˧˩·z̻en ·lao］死气沉沉的样子
跟厮佬［ken˥·sʅ ·lao］爱跟在别人后面的人
厉害佬［li˧˩·xai ·lao］蛮不讲理的人
斜疤佬［ɕia˧˩·pa ·lao］歪歪斜斜的物体
山气佬（袄）［san˥·tɕʰi ·lao］衣服过时，花样难看，不大方
臭气佬［tʂʰou˧˩·tɕʰi ·lao］发臭的物品
麻烦佬（事）［ma˧˩·fan ·lao］棘手难办的事情
澌气佬［sʅ˥·tɕʰi ·lao］变质的饭菜
捏霉佬（眉眼）［nie˥·mu ·lao］人面色晦暗难看

无论是 AA 佬还是 AB 佬，均可直接修饰名词，在句中做定语，中间可以不要助词"的"。如：打打佬碗、扯扯佬裤子、肮脏佬眉眼、卖屄佬货、牺惶佬相。也可以做宾语。如：兀是圪节坏坏佬，不能吃｜这居舍有害人佬_{老鼠}｜这裤子是圪节一筒佬。"AA 佬"中的 A 多是形容词或不及物动词。这些词都是表消极意义的，不用来表积极意义。没有"活活佬、甜甜佬、好好佬"的说法。

6.3 鬼

用"鬼"构成的语词多表贬义，如鬼头鬼脑、鬼鬼祟祟、心怀鬼胎、鬼哭狼嚎、鬼蜮伎俩、鬼话、鬼点子等。山西方言的"鬼"，除了作为语素构成合成词外，还可以作为词缀大量构成派生词来表示对人的斥骂和厌恶。

"鬼"作为詈词后缀，通行于山西全省。南区的尧都、洪洞、汾西、霍州、万荣、翼城、河津、永济等地方言，中区的汾阳、孝义等地方言，北区的大同、山阴、原平等地方言以及西区、东南区方言都可见到。如：

汾西方言：

挨刀子鬼 ［nai˧˥ tao˨˩ ·tsə kuei˧］做错事该受罚的人

窝囊鬼 ［u˨˩ ·nã ·kuei］性格软弱、易受愚弄的人

怕死鬼 ［pʰa˥ sʅ˧ kuei˧］胆小怕事的人

冒失鬼 ［mao˥˩ ·sʅ kuei˧］贸然行事、不讲策略的人

吊死鬼 ［tiao˧ ·sʅ kuei˧］面目可憎、身材瘦小的人

犯财鬼 ［faŋ˥˩ ·tsʰai kuei˧］成事不足、败事有余的人

小气鬼 ［ɕiao˧ ·tɕʰi kuei˧］爱财如命、为人吝啬的人

邋遢鬼 ［la˨˩˥ ·tʰa kuei˧］衣着不整、办事不讲效率的人

洪洞方言：

大方鬼 ［ta˥˩ ·faŋ kuei˧˩］花钱无度、随意施舍财物的人

洋相鬼 ［iaŋ˧˥ ɕiaŋ˧ kuei˧˩］出洋相、做鬼脸以逗乐的人

漓拉鬼 ［li˨˩ ·la kuei˧˩］做事拖泥带水的人

饿死鬼 ［ŋo˥˩ ·sʅ kuei˧˩］吃得多、饿得快的人

装花鬼 ［tʂuaŋ˨˩ ·xua kuei˧˩］爱故弄玄虚说大话、过分装扮自己的人。俗语：~，四条腿，别的水笔装的本。

遭死鬼 ［tsao˨˩ ·sʅ kuei˧˩］为子女操劳一辈子、到头受穷的人

糊涂鬼 ［xu˥˩ ·tʰu kuei˧˩］不明事理的人

赌博鬼 ［tu˥˩ ·po kuei˧˩］赌博成性的人

捣士鬼 ［tao˥˩ ·ʂʅ kuei˧˩］多指惹是生非的顽童，又说"捣蛋鬼"

讨吃鬼 ［tʰao˧˩ ·tʂʅ kuei˧˩］令人讨厌的人

夜叉鬼 ［ia˥˩ ·tsʰa kuei˧˩］不懂规矩、说话做事随便的人

忻府方言：

日脏鬼 ［zəʔ˥ tsɛ˧ kuei˨˩˧］衣着非常肮脏的人

勾死鬼 ［kəu˨˩ sʅ˥ kuei˨˩˧］勾引别人干坏事的人

扑死鬼 ［pʰəʔ˥ sʅ˥ kuei˨˩˧］到处闲游乱窜的人

挨刀鬼 ［næ˨˩ tɔ˥ kuei˨˩˧］（用于骂）不听话的顽童

一尺鬼 ［iəʔ˥ tʂʰəʔ˥ kuei˨˩］个子矮小的人

迷糊鬼 ［mi˥˩ xu˨˩ kuei˨˩］（神志）模糊不清的人

搅死鬼 ［tɕiɔ˨˩ sʅ˥ kuei˨˩˧］爱打扰别人的人，又说"搅家鬼"

曲头鬼 ［tɕʰyəʔ˥ tʰəu˨˩ kuei˨˩］性格固执、不讲情面的人

没头鬼 ［məʔ˥ tʰəu˨˩ kuei˨˩］没有人样的人

枪崩鬼 [tɕiã˧˩ pəŋ˧˩ kuei˩] 做了坏事该枪毙的人
刮野鬼 [kuaʔ˦ iɛ˩ kuei˩] 不干正事、到处乱窜的人
败兴鬼 [pei˥ ɕiəŋ˥ kuei˩] 不走运的人
谋胡鬼 [mu˥ xu˩ kuei˩] 嘴上不说、心里谋算的人
替死鬼 [tʰi˥ sɿ˧˩ kuei˩] 代人受过、替人受罪的人
原平方言：
日粗鬼 [zɣʔ˧ tsʰu˧˩ kɿ˩] 吹牛皮说大话的人
稀屎鬼 [ɕi˧ suan˧˩ kɿ˩] 软弱无能的人
热闹鬼 [zɤʔ˧ nɔ˥ kuəi˩] 只记吃、不记事的人

6.4 猴

"猴"作为名词后缀，在北区忻府、山阴、大同等地方言广为使用，其他区较少见到。"猴"作为词缀构成的词，一般都是贬义词。如大同方言的"灰猴"指行为不端的人；"抹脱猴"指言行冒失、惹是生非的人；"爬长猴"指好吃懒做、不务正业的人；"不正色猴"指作风轻浮、不正经的人；"日粗猴"指爱吹牛皮、说大话的人。再如：

忻府方言：
把家猴 [pɑ˩ tɕia˩ xəu˩] 守财奴
家窝猴 [tɕia˩ ɤv˧˩ uex˩] 在家里霸道、在外懦弱的人
烙毛猴 [lɔ˥ cm˥ uex˩] 出于某种动机、白为他人做事的人
跳蚤猴 [tʰiɔ˥ tsɔ˩ uex˩] 性格不稳重的人
撂炭猴儿 [liɔ˥ tʰã˥ ɤex˩] 油腔滑调、不务正业的年轻人
翻眼猴 [fã˧ niã˩ uex˩] 翻脸不认账的人
日粗猴 [zɤʔ˧ tsʰu˧˩ uex˩] 喜欢说大话的人

山阴方言：
讨吃猴 [tɔ˥ ·tʂʰəʔ˩ xəu˩] 令人讨厌的人
挨刀猴 [nɛ˧ tɔʔ˩ uex˩] 不听话的人
妨主猴 [fɒ˩ tʂu˥ xəu˩] 缺德、损人的人
溜沟子猴 [liəu˩ kəu˩ ·zəʔ˩ uex˩] 会巴结奉迎的人
枪崩猴 [tɕʰiŋ˩ pã˩ uex˩] 懒惰、惹事的人

刀砍猴 [tɔɔ˩ kʰæ˥ xoɤ˩] 干尽坏事的人
爬长猴 [pʰʌ˩ tʂɑ˥˩ xəɤ˩] 没出息的人
抹脱猴 [mʌʔ˥ ·tʰuʌʔ xəɤ˩] 爱出洋相、没分寸的人

另外"懒猴、灰猴、邋遢猴、窝囊猴"也用于责骂人，词义与词根意义相同。

词缀"猴"多数可以替换成词缀"货"，意义不变。

6.5 㞞

"㞞"本义为"精液"。引申为讥讽人软弱无能，只用来骂男性，不骂女性。南区多用，其他区少见。以尧都、洪洞方言为例：

瓷㞞 [tsʰʅ˩ suəŋ˩] 做事不机灵、干活没眼力的人
软㞞 [vɑn˥ ·suəŋ] 性格软弱、受人欺侮的人
老㞞 [lɑo˥ ·suəŋ] 老气横秋、毫无朝气的人，也说"老㞞架"
狗㞞 [kou˥ ·suəŋ] 缺德的人，也说"马㞞"
稀㞞 [ɕi˩ suəŋ˩] 遇事没注意、临事退却的人
瞎㞞 [xa˩ suəŋ˩] 坏蛋
坏㞞 [xuai˥ suəŋ˩] 坏蛋
硬㞞 [niɛ˥ ·suəŋ] 生性好斗、性格倔犟的人
杂㞞 [tsʰɑ˩ suəŋ˩] 做缺德事的人
懒㞞 [lɑn˥ suəŋ˩] 懒惰的人

"㞞"作为单音节名词指称人时，意思相当于北京话的"家伙"，在当地熟人之间互相指称，并无骂人意味，如：看兀㞞又来了。如果"㞞"作为词缀，包含的贬义成分就明显了。

"㞞"作为词缀多流行于南区，越往南越多，直至陕西关中地区。据关中方言调查，除上述说法外，还有"秃㞞、闷㞞、臭㞞、能㞞、奸屈㞞"等说法。

6.6 其他詈词后缀

除了上文所说的"货、鬼、猴、㞞"，常见的詈词后缀还有"贼、

骨头"等，见于南区尧都、洪洞、北区原平、忻府、平鲁等地的方言，举例如下。

  尧都 要道贼［iau˧˩ tʰɔo˧˩ tsʰei˦］半路抢劫财物的罪犯

      活贼［cuɤ˧˩ tsʰei˦］蛮不讲理、胡作非为的人

      笨贼［pʰen˥ tsʰei˦］偷东西留下痕迹的人

  洪洞 狗骨头［kou˧˩·ku·tʰou］可恶之人

      软骨头［van˧˩·ku·tʰou］意志软弱的人

      老骨头［lɔo˧·ku·tʰou］辱骂年纪大的人

      懒骨头［lan˧˩·ku·tʰou］懒惰的人

  原平 馕粮贼［nõ˥ liɔ̃˥ tsəi˥］只能吃不能干的人

  忻府 吃谷贼［tʂʰeʔ˦ kuəʔ˦ tsei˧˩］只吃饭不干事的人

      贼骨头［tsei˧˩ kuəʔ˦ tʰuə˧˩］大胆固执的小孩

      黑骨头［xəʔ˦ kuəʔ˦ tʰuə˧˩］过分吝啬的人

  平鲁 揉眉贼［ʐou˧ mi˧ tsai˧］厚颜无耻、占便宜的人

有些后缀还可以与"货"连用，多见于南区，常见的有：屄货→狗屄货、瓷屄货｜鬼货→窝囊鬼货、冒失鬼货｜佬货→懒势佬货、上晃佬货等。连用后，骂人意味更浓。

从语用环境看，以上所举詈词后缀"货、鬼、猴"在山西方言北区均为同义，有的可以互换，意义不变。大同方言的"猴"可以换成"鬼"，如"灰猴、抹脱猴"可以说成"灰鬼、抹脱鬼"。山阴方言的"货"可以换成"猴、鬼"，如"讨吃货、挨刀货"可以说成"讨吃猴、挨刀猴"，也可以说"讨吃鬼、挨刀鬼"。尧都、洪洞的"货""佬"虽然也可以互换，意义不变，如"吃嘴货、卖屄货"，也可以说成"吃嘴佬、卖屄佬"，但使用对象有性别差异。有的只是女性使用，男性一般不用，如"挨刀子鬼、抄花头货、不超毛货"等。有的只是男性使用，女性一般不用，如"臊货、卖屄货、卖屄佬、瓷屄、狗屄、稀屄"等。

（本章曾以《山西方言的几个詈词后缀》为题，发表于《方言》1996年第2期，收入本书时作了部分修改。）

第7章 山西方言的代词

本章讨论山西方言的人称代词、指示代词和疑问代词,重点是人称代词。

7.1 人称代词

山西方言人称代词的单数形式和复数形式,表现形式和表述的意义,与北京话不完全一致,具有其自身的显著特色。

7.1.1 人称代词单数的语音特征和语法意义

山西方言多数点的人称代词单数形式都有不止一种表示法,这些不同的表现形式所表述的意义均有细微差别,而且这些不同的表现形式不能简单地加以替换。参看表7-1。

洪洞方言单数A形式"我、你、俺"与北京话用法基本一致,B形式"哪我、哪你、哪俺"与A形式"我、你、俺"比较,语用上受到限制。

使用"哪我"只能在含有后悔或是出乎意料的事情叙述中出现。如:

人哪与了咱钱了,哪我还多余地问了一句。(后悔不该问)

如果将"哪我"换成"我",后悔意顿减。

从语法功能上看,"哪我"与"我"也不同,"哪我"不能做宾语,"我"可以。如"你看着看见我了?"不能说"*你看着哪我了?"

"哪你"只用于羡慕、夸赞对方的句子里,哪怕是反话。如:

(1)看哪你这花儿长得多好哩略。(羡慕)(2)哪你早早倒来了,

也不说吆喝叫下咱。(不满)

这些句子所表达的语气都比较委婉、舒缓。如表 7-1 所示。

表 7-1

		第一人称	第二人称	第三人称
洪洞	A	我 ŋo˧	你 ɲi˧	俹 na˨
	B	哪我 na˦ ŋo˧	哪你 na˦ ɲi˧	哪俹 na˦ na˨
	C	我咱 ŋo˧ tsa˦	你咱 ɲi˧ tsa˦	
晋城	A	我 ua˨	你 niɵ˨	他 tʻʌ˨
	B	俺家 æ˧˩·tɕia˧	你家 ni˧˩·tɕia˧	□zɿʌ˧
山阴	A	我 uɵ˨	你 ɲi˨	他 tʻa˨
	B	伲 ua˨兼表复数	□niɵu˨兼表复数	□tʻeʔ˧兼表复数
	C		您儿 niʌ˨尊称	他儿 tʻʌ˨尊称
	D		阁人 kʌʔ˧ zɤ˨尊称	
孝义	A	我 ŋE˨	你 ni˨	他 tʻa˩
	B		各人 kəʔ˧ zəʔ˩	兀家 uəʔ˧ tɕia˧
沁县	A	我 vo˨	你 ŋu˨	他 tʻa˨
	B	我 eŋ˨	你 ŋ˨	
天镇	A	我 uʌ˨	你 ni˨	他 tʻa˨
	B	我 □uʌ˨·nia	你 □ni˨·nia	他 □tʻa˨·nia

单数 C 形式"我咱、你咱"一般用于请求语气，比用 A 形式"我、你"关系更显得亲近。如：

(1) 我咱骑下车子吧。(2) 我咱进一下城吧。(3) 你咱去街上跑一趟吧，问一下兀事怎么样。

C 形式没有第三人称"俹咱"。

山阴方言的单数 A 形式"我、你、他"，相当于北京话的单数人称代词"我、你、他"。B 形式"伲、□niɵu˨、他 tʻeʔ˧"北京话没有。除了表示单数的意义外，还可在特定场合兼表复数。表示单数时，第一、二人称含有俏皮、亲热、自负等意味。一般多用于青少年女性口语。如：

(1) 伲一个儿不敢去。(俏皮、亲热) (2) □[niɵu˨] 这人咋了？

（亲热）（3）□［niəɯ˩］去哇，佤不去。（自负）

第三人称"他 tʻəʔɨ"，不论表示单数、复数都含有不满、轻蔑等意味。如：

（1）他今儿个才回来？（不满）（2）你管她做啥哩？（轻蔑）

值得一提的是，山阴等方言里人称代词单数，不仅第二人称有尊称：您儿 [niʌr˨]，您儿老儿 [niʌr˨·lʌr]，而且第三人称也有尊称形式：他儿 [tʻʌr˨]、他老儿 [tʻa˨·lʌr]。如：

（1）您儿多会儿来的？（2）您儿老儿有啥事就和我说哇。（3）他儿多会儿走的？（4）他老儿说不叫你去了。

山阴方言第二人称尊称形式，除"您儿"外，还有一个尊称程度较低的形式：阁人 [kʌʔɨzɜɯ]。比如一个老师称呼比自己年龄还大的成年学生，不好意思称"您儿"，又不失礼貌，就往往称"阁人"。如"阁人多会来的？"

平遥、文水、孝义方言的第三人称单数代词说"兀家"。如：

翠芳怎么没来？——兀家不愿意来。

文水等地方言第一、二人称代词单数做定语时，各有两种不同形式。第一人称"ŋəi˨爷爷"意思是"我的爷爷"，另一种是"kəŋ˨爷爷"意思是"我们家中我这一辈人的爷爷"。第二人称单数两种形式做定语时，表达意思也不一样，"ni˨妹妹"，意思是"你们家中你这一辈人的妹妹"，"n˨妹妹"意思是"你的妹妹"。

汾阳方言第一、二人称单数做主语、宾语与做定语（限于亲属称谓）的形式不同，做主宾语时用我₁[ŋi˨]、你₁[n˨]，做亲属称谓的定语用我₂[ŋəŋ˨]、你₂[n̩i˨]，用变韵的手段表示领属范畴。如：

主语宾语　　我₁[ŋi˨] 走了｜给了我₁[ŋi˨] 了。
　　　　　　你₁[n˨] 走吗｜他给了你₁[n˨] 几块钱咧？
亲属称谓的定语　我₂[ŋəŋ˨] 妈｜我₂[ŋəŋ˨] 哥哥
　　　　　　　　你₂[n̩i˨] 妈｜你₂[n̩i˨] 伯伯

7.1.2　人称代词复数的语音特征和语法意义

山西方言人称代词复数大体上有三种构成方式：①附加式，②合音式，③变音式。从地理分布上看，附加式主要集中在中区，其他区也有一些；合音式主要见于南区、西区、东南区和北区部分方言点；变读式主要见于南区个别点，其他区少见。

7.1.2.1 附加式

附加式是指在单数人称代词后面附加词尾来表示复数的方式。附加的词尾，读音不一，但可归纳为两类：一类是附加"们"，另一类是附加"家"。"们"类读音有：[məŋ˩˦]（平遥）、[məŋ˦]（沁县）、[·mɤ]（天镇）、[m̩˧]（太谷）、[m̩˩˦]（祁县）、[mi˩]（临县）等。"家"类读音有：[·tɕia]（晋城）、[·tɕiE]（长治）、[·tɕʐ̩]（汾西）、[·ɕia]（吉县）、[·ti]（永济、万荣）、[tou˦]（襄垣）。参见表7-2。

表 7-2

词尾	代表点	第一人称	第二人称	第三人称
"-们"类	平遥	我们 ŋuʔ˩˦ məŋ˩˦	你们 niE˩˦ məŋ˩˦	兀家们 uʔ˩ tɕia˩˦ məŋ˩˦
	沁县	俺们 ŋan˩˦ məŋ˦	你们 ȵ˩˦ məŋ˦	他们 tʰa˩ məŋ˦
	天镇	我们 uʌ˩ ɤm	你们 ni˩ ɤm	他们 tʰa˥ ɤm
	太谷	我们 ŋɔ˧ m̩˧	你们 nie˦ m̩˧	他们 tʰa˦ m̩˧
	祁县	俺们 ŋã˩˦ m̩˩˦	你们 ȵ˩˦ m̩˩˦	他们 tʰa˩ m̩˩˦
	临县	我们 ŋõ˩˦ mi˩	恁 ni ʌ˩˦	他们 tʰʌ˩˦ mi˩˦
"-家"类	晋城	俺家 æ˩˦ ·tɕia	你家 nia˩˦ ·tɕia	他家 tʰʌ˩˦ ·tɕia
	长治	我家 nɔʔ˥ ·tɕiE	你家 ȵ˥ ·tɕiE	他家 tʰa˩ ·tɕiE
	汾西	我家 ŋɯ˦ ·tɕʐ̩	你家 nz˦ ·tɕʐ̩	他家 tʰa˩ ·tɕʐ̩
	吉县	我家 ŋɔ˨˦ ·ɕia	你家 ni˨˦ ·ɕia	他几位 ta˨˦ tɕi˨˦ ·uei
	永济	我家 ŋuo˩˦ ·ti	你家 ȵi˩˦ ·ti	他家 tʰa˩˦ ·ti
	万荣	我家 ŋ˨˦ ti˨˦	你家 ni˨˦ ti˨˦	伢家 nia˦ tou˥
	襄垣	□家 mei˦ tou˦	□家 ȵie˦ tou˦	□家 xa˦ tou˦

多数方言点第一、二、三人称复数的附加成分的读音是一致的，个别点第一、二人称与第三人称附加成分读音不同，如万荣 [-ti.-təu] 并用，吉县 [-ɕia] 与 [tɕi˨˦ˉ·uei] 共存，这种不整齐现象有可能是受外来方言影响后叠置而成。

7.1.2.2 合音式

合音式是指单数的语音与附加成分的语音结合而成的一种表示复数的语音形式。如山阴方言单数第一人称是"我［uə˧］"，复数是"□［ua˧］"，［ua］是［uə+tɕia］的合音。洪洞方言单数是"我［ŋo˧］"，复数是"□［ŋua˧］"，［ŋua˧］是［ŋo˧+tia］的合音形式。平遥单数是"我［ŋiE˧］"，复数是"□［ŋɑ˧］"，［ŋɑ˧］是［ŋiE+tɕiɑ］的合音形式。如表7-3所示。

表7-3

方言点	第一人称		第二人称		第三人称	
	单数	复数	单数	复数	单数	复数
洪洞	ŋo˧	ŋua˧	n̩i˧	n̩ia˧	na˧	na˧·tia
尧都	ŋo˧	ŋua˧	ni˧	nia˧	na˧	na˧
平遥	ŋiE˧	ŋɑ˧	ŋ̍˧	ŋiE˧	uʌʔ˧tɕia˧	uʌʔ˧tɕiɑ˧mia˧
方山	ŋɔ˧	ŋɔ˧mi˧	n̩i˧	n̩iɛ˧		
朔城	u˧	u˧·əm	n̩i˧	n̩iu˧	tʰa˧	tʰɒ˧
山阴	u˧	ua˧	ni˧	niəu˧	tʰa˧	tʰʔ˧
偏关	ua˧	va˧	ni˧	n̩iou˧	tʰʌ˧	tʰɒ˧

这些合音式代词中，有的方言点三个人称仅有一个人称是合音式，如朔城的第二人称。合音式代词，用法和所表示的意义与北京话不尽一致。比如洪洞方言复数"□ŋua˧、□nia˧"，除表示"我们、你们"的意思外，还可以表示与北京话相当的"我们家里""你们家里"的意思。如：

（1）□［ŋua˧］我们家里买了一挂新车子。（"□［ŋua˧］"是"我们家里"的意思）

（2）□［nia˧］你们家里今马今天是谁来啊呢？（"□［nia˧］"是"你们家里"的意思）

但是，第三人称复数"俺家"不表示"他们家里"的意思，只表示"他们"。

洪洞方言表示"我们的"的"□ŋua˧"与北京话"我们"相比，

意义不对等，"□ŋua˧"只包括说话人一方，绝不包括听话人在内。山阴方言表复数的"□ua˧"也是如此。北京话可以说"我们都走吧"，山阴方言不能说"*□ua˧都走吧"，洪洞方言也不能说"*□ŋua˧都走吧"。

平遥方言表复数有两种表示法，一是合音式，二是附加式。合音式"哑［ŋa˧］"是"我家［ŋiE˧ tɕia˧］"的合音，"年［ɳiE˧］"是"你家［ɳ˧ tɕia˧］"的合音，第三人称"兀家□［mia˧］"的［mia˧］也是［məŋ˧ tɕia˧］的合音。

平遥方言这些合音式复数所指仅限于一个家庭范围，超出家庭范围则用"附加式"。如：

（1）哑房_{我们家}买下二百斤白菜。
（2）哑院儿_{我们院儿}有棵枣树。
（3）我们厂儿夜来黑间演电影来。
（4）我们学校来了个新老师。

"哑""我们"不能相混。

洪洞方言的人称代词复数合音式则没这种限制，不管是不是一个家庭范围，都可以用合音式。

7.1.2.3 变音式

变音式是指在单数的语音形式上，不改变声母、韵母，只改变声调来表示复数人称代词的语音形式。如南区万荣方言见表7-4。

表 7-4

	第一人称	第二人称
单数	ŋ˥ 我	ɳi˥ 你
复数	ŋ˩˥ 我们	ɳi˩˥ 你们

第三人称与第一、二人称不一致，用附加式表示复数："他［tʰa˥］_{单数}、他们［ɳia˩ təu˩］_{复数}。"

山西方言还有一些较为特殊的复数人称代词，如文水方言［ŋɛʔ˩ məʔ˩］，只用于男性少年以下和女性青年以下单数自称，含有娇柔的语气。洪洞话"哪□_{我家}［ŋua˧］_{我们}、哪□_{你家}［ɳia˧］_{你们}"，用于委婉句中。其余如：

山阴　　众人：大家　　□们［ʌrˇ·məʔ］：他们　　人家们：他们

洪洞　　咱：咱们

长治　　咱家：咱们

大同　　您儿们："你们"的尊称　　愬儿们："他们"的尊称

孝义　　兀家们：他们

吉县　　我几位：我们

平遥　　兀家们：他们

7.1.3　人称代词的主要特点

7.1.3.1　人称代词单数形式和表述意义丰富多样

山西方言从南到北，大多数方言点的人称代词单数都有多种形式来表示，少则两三种，多则八九种。不同的表现形式表述的意义均有细微差别。一般说来，第一人称单数的表现形式最多，第二人称次之，第三人称最少。以下择选各区一二点为例。

中区汾阳方言的第一人称单数有 10 种形式与用法、11 种读音。

1. 俺 ŋiˇ；n̠iˇ 用于非领格和一般领格；	2. 我们 ŋəʔ˩ məŋˇ 女孩和小孩常用；
3. 们 məŋˇ 小女孩撒娇用；	4. 恩家 ŋəŋˇ tɕiaˇ 女孩、小孩常用；
5. 恩□ ŋəŋˇ miarˇ 女孩、小孩用；	6. 恩　ŋəŋˇ 不单用，只用表亲属称谓的领格；
7. 咱 tsaˇ/tsʻaˇ 用于不满的口气；	8. 咱家 tsaˇ tɕiaˇ 用于傲慢口气；
9. 俺咱 ŋi ˇtsaˇ 用于商量口气；	10. 我 ŋɤˇ 用于文读。

第二人称有 8 种形式和用法。

1. □n̠ˇ 用于非领格和一般领格；	2. 你家 n̠iˇ tɕiaˇ 女孩和小孩常用；
3. 你□ n̠i miarˇ 女孩和小孩常用；	4. n̠iˇ 不单用，只用于表亲属称谓的领格；
5. 我儿 ŋərˇ 大人对小孩的爱称；	6. □老人家、老 n̠ˇ lau˩ zəŋˇ /n̠ˇ lau˩ 敬称；
7. □咱 n̠ˇ tsaˇ 用于商量口气；	8. 你 nzʅˇ 文读。

第三人称有 6 种形式和用法。

1. 他、她 tʻa˧˨ 文白读通用； 3. 他□tʻa˧ miar˧ 女孩和小孩常用； 5. 人家 zən˧ tɕia˧ 用于文读音；	2. 那家 nəʔ˧ tɕia˧ 用于人名或"他"前表复指； 4. □ȵia˧ "人家"的合音，用于说话音； 6. 儿啦 ar˧ la˨ 多指"他"，有时也指"我""你"。

南区洪洞方言的第一人称单数有 6 种形式与用法。

1. 我 ŋo˧ 用于一般句子，做主语、宾语； 3. 我咱 ŋo˧ tsa˧ 用于请求语气，只做主语； 5. 咱 tsa˧ 傲慢时自称；	2. 哪我 na˧ ŋo˧ 用于有后悔、意外意义的句子，做主语、定语； 4. 这人 tʂə˨ zən˧ 与别人争执自称； 6. 人哪 zən˧ na˧ 不满时自称。

第二人称有 4 种形式和用法。

1. 你 ȵi˧ 用于一般句子，做主语、宾语、定语； 3. 哪你 na˧ ȵi˧ 用于羡慕、夸赞对方的句子，有时也带有埋怨、不满的意味，做主语、定语；	2. 你咱 ȵi˧ tsa˧ 用于请求语气，只做主语； 4. 这人 tʂə˨ zən˧ 单用或前加"你"复指。常做主语。

第三人称有 3 种形式和用法。

1. 俹 na˨ 用于一般句子，做主语、宾语、定语； 3. 人哪 zən˧ ·na 人家，多用于主语、定语，很少用于宾语。	2. 哪俹 na˧ na˨ 意为"人家他"，用于语气委婉的句子；

北区山阴方言第一人称单数有 5 种形式与用法。

1. 我 uə˨ 用于一般句子； 3. 一个儿 iəʔ˧ kʌr˧ 自己； 5. □ʌr˨ 儿语，含俏皮、亲热的意味。	2. 倰 uə˨ 兼表复数、表单数时用于含有俏皮、亲热的句子，多为青少年女性所用； 4. 阁人 kʌʔ˧ zɤ̃˧ 自称；

第二人称有 5 种形式和用法。

1. 你 ni˧˩ 用于一般句子；	2. □ niəu˧˩ 兼表复数，表单数时用于含有俏皮、亲热的句子，多为青少年女性所用；
3. 您儿 niʌr˧˥ 尊称。多用于称长辈；	4. 您儿老儿 niʌr˧˥·lʌr 尊称；
5. 阁人 kA ʔ˦ʅ z̩ ə˦ 用于对同辈尊称。	

第三人称有 6 种形式和用法。

1. 他（她）tʰa˧˩ 用于一般句子；	2. 他（她）tʰəʔ˦ 兼表复数，表单数时有时含有不满、轻蔑等感情色彩；
3. 人家 z̩ ə˧˥ ʨiE˥ 口语中用得较少；	4. □ ʌr˥ 人家，口语中用得较多；
5. 怹儿 tʰʌr˧˥ 尊称；	6. 他老儿 tʰa˧˩·lʌr 尊称。

东南区晋城三个人称各有 2 种用法：我 ua˥˧，俺家 æ˧˩ ʨiɑ˦；你 n̩ iə˥˧，你家 n̩ i˧˩ ʨiɑ˦；他 tʰʌ˥˧，□ z̩ ʌ˥。

西区临县方言第三人称单数有 2 种表达形式：他 tʰʌ˥˧；乃 nɤɯ˥˧，后者比前者常用。第一、二人称没有更多的用法。

人称代词单数为何有如此丰富多彩的表示法，究其原因，可以作如下解释。

1）从结构上看，这些人称代词单数形式，有的是原称，有的是变称。南区洪洞方言的"我"是原称，"我咱、哪我"是变称。中区汾阳方言"俺"是原称，"俺咱"是变称；"俺"与"恩"声母相同，"恩"有可能是"俺"的变读形式。北区山阴方言的"佤"是"我"的变读。东南区"你家"是"你"的变称。这些不同的表现形式不能简单地替换，用法上均有细微差别，或所代指对象迥异，或表语气有别，或感情色彩不同。其表现形式的多样化与表述意义的多样性成为山西方言人称代词的一大特点。

2）从来源上看，复杂多样的用法与下列因素有关：

一是保留古代或近代汉语的用法。如：洪洞方言的"我咱、你咱"，汾阳方言的"俺咱、你咱"是从宋以来口语传承过来的。古今都

是只有"我咱、你咱",没有"他咱"。如:"我咱忾后,神歌鬼舞,任尔万般毁谤(乐府雅词)|惟有俺咱真分浅,往事成空(惜香乐府)。"吕叔湘认为:"咱"是"自家"的切音。"我自家"音合而成"我咱"。这点古今相同。"人家"用作第一人称,《红楼梦》有用例:"人家这里费力,你们紧着混,我就不说了。"(54回)"各人"用作"自个儿",也见于《红楼梦》:"叫他各人去罢。"(45回)

再说中区的"恩家、你家",东南区的"俺家、你家"的"家"。吕先生分析,这里的"家"不表实义,近代汉语用例很多,如"我家道处无可道(灯录)|便做你家年纪老(元曲)"。"这个没有语法作用的'家'字,在明代以后的文献里和现代的北京话以及一般的北方话里都不见应用。"(吕叔湘1985)但在山西方言里却保留下来了。

二是方言间的相互影响,普通话对方言的影响。中区汾阳方言的"我们"没有与第二、三人称形成对应,而且多用于女孩子和小孩子,这就很可能是受了普通话的影响。沁县方言的第一人称"我"读[vo˧、ŋə˧]很可能是吸收了另一种方言的说法,形成叠置的格局。

7.1.3.2 人称代词复数词尾整齐,但语音表现形式复杂

单纯看山西方言人称代词复数词尾的读音,可以说五花八门,如果从音理上推论,大致可以看出,词尾只有两个,一个是"们",一个是"家",现分述如下。

1)附加"们"。"们"由于附在词尾,读音上有鼻韵尾脱落、鼻化等音变。第一人称复数:

太原	我们 ŋʌ˧ məŋ˧	汾阳	我们 ŋəʔ˧ məŋ˧
平遥	我们 ŋʌʔ˧ məŋ˧	天镇	我们 uʌ˧ m·ɤɤ
太谷	我们 ŋə˧ əm˧(鼻化)	山阴	我们 u ʌ˧ mə˧(脱落鼻韵尾)
祁县	我们 ŋã˧ m˧(自成音节)	原平	我们 ŋɤ˧ nəm˧
武乡	俺们 ŋɛ˧ əm˧ ʒŋ˧(脱落鼻韵尾)	大同	我们 vo˧ məʔ˧(改变韵尾)
临县	我们 ŋõ˧ mi˧(脱落鼻韵尾)		

2)附加"家"。"家"的读音,声母有[t、tɕ、ɕ]三个,声调大多读轻声。"家"音在南区永济、万荣、盐湖等地读[tia],做词尾脱

落为 [ti]。如：

汾西	我家 ŋw˧ ·tɕz̩	襄垣	□家 mei˧ tou˧
吉县	我家 ŋw˧ ·ɕia	晋城	俺家 æ˧˩ ·tɕia
永济	我家 ŋuo˩ ·ti	长治	我家 nəʔ˧˥ ·tɕiE
万荣	我家 ŋɤ˩ti˩	临猗	我家 ŋuo˧ ·tei/ti
盐湖	我家 ŋuo˧ ·ti	新绛	我家 ŋɛ˧˩˧ ɕi˧˩

从地理分布上看，大体可以说，北区、中区、西区方言多附加"们"，南区、东南区方言多附加"家"。东南区靠近中区的武乡、沁县方言与中区一致，附加"们"。从历史上看，附加"们"的地区，多属战国时期的赵国领地，今为晋语区。附加"家"的地区，多属古魏国领地，今为非晋语区。山西东南区部分属古韩国领地，（古韩国辖今晋东南和河南中部，今多为晋语区）部分属魏国领地，方言中也是部分附加"们"，部分附加"家"。更有趣的是，东南区的襄垣方言点既可附加"们"，又可附加"家"。襄垣按古说，属魏就附"家"，按今说，属晋语上党片，应附"们"。"们""家"经过历史的沉积在襄垣话中叠置起来。长治今属晋语上党片，但不附"们"，而附"家"。原因是古属魏国。与属古魏国的今其他方言点一致。所以，附"们"附"家"也可以作为晋语与非晋语区划分的参照标准。

有的方言点代词复数不是附加式，而是合音式，但从音色上可辨别出是哪个附加成分。如洪洞、尧都，"我们"读"□ŋuɑ˩"是"我家 ŋo˧ tia˩"合音。"你们"读"□n̩ia˩"是"你家 n̩i˧ tia˩"的合音。尧都的读法与同属中原官话的洛阳话一致。这点与上述非晋语区附"家"不附"们"的规律一致。

方言与地域之间的关系，可以说明山西几个方言点的人称代词复数形式既可附"们"又可附"家"的不整齐现象的形成原因。

7.1.3.3　人称代词的内部屈折

南区的万荣方言，人称代词的单数和复数的区别是靠语音内部屈折显示的。如：

单数	我 ŋɤ˥	你 ȵi˥	他 tʰa˥
复数	我们 ŋɤ:˥˨	你们 ȵi:˥˨	他们 tʰa:˥˨

万荣方言人称代词有两个突出的特点。一是单数的三个人称代词形式的调值相同，第三人称代词的调值与第一、二人称代词一致，这当是受类推作用或感染作用所致，同属南区的盐湖方言亦然。二是单复数的区别是通过由短元音读为长元音，由高平调读为高降低平调来显示的。

洪洞方言人称代词单数和复数的区别是用改变韵母和声调的方式来显示的。如：

单数	我 ŋo˦	你 ȵi˦	俹 na˨
复数	□我家 ŋua˨	□你家 ȵia˨	俹家 na˨ tia˨

第一、二人称代词用的是内部屈折法，第三人称代词用的是附加法，可以看出，这种屈折是源于"我家""你家"的合音，第三人称代词的合音尚未完成。这个特点与湘语湘乡方言基本一致。如湘乡方言：

我 ŋ˨ 我们 ŋa˨ 你ȵ˨ 你们 na˨（曾毓美教授提供）

忻府方言里表示复数的第一、二人称代词有两套表示法，一套用附加法，另一套用简略法。如：

复数₁	俺们 ŋã˨ ·ŋəm	你们 nie˨ ·ŋəm	他们 tʰa˨ ·ŋəm
复数₂	俺 ŋã˨	你 nie˨	

附加法不是在单数形式的基础上直接附"们"，而是在单数语音已经发生变化的基础上附加"们"，这是与别的方言所不同的。至于简略法，究竟是在单数形式的基础上通过内部屈折形成的？还是在附加法的基础上略去词尾形成的？笔者倾向于后者。应是先有附加形式，后有简略形式，复数₂是复数₁的简略形式。这种情况比较特殊。附加形式不直接附在单数形式上，而是在单数形式语音发生屈折后，再附加词尾，是屈折加附加的混合型形式。这种形式在中区的阳曲、文水、孝义、介休

以及东南区的长治方言的第一、二人称代词中均可见到。如表7-5所示。

表7-5

	长治	阳曲	文水	孝义	介休
单数	我 uə˧˥ 你 ni˧˥	你 ni˩	你 ŋ˩	我 ŋE˧˥ 你 ni˩	我 ŋiE˧˥ 你 ɲi˧˥
复数	我家 nə^ʔ˧˥·tɕiE 你家 ŋ̍˧˥·tɕiE	你们 nie˩·em	你们 ɲiə^ʔ˩·em˩˧˥	我们 ŋaŋ˩˧˥ mən˩ 你们 niE˩ mən˩˧˥	我们 ŋæ˧˥ ŋ˧˥ 你们 niE˩ ŋ˧˥

7.2 指示代词

山西方言指示代词有两大特点。一是指示代词三种指称，即用不同的指示代词分别指称事物的近、中、远或近、远、更远。在调查到的70多个方言点中，有将近四分之一的点有三种指称。二是指示代词变读，即在不同的语气或语言环境中用不同的读音形式表示。多数点均有变读语音形式。

7.2.1 指示代词三种指称

北京话指示代词分为近指代词"这"，远指代词"那"两种指称。山西方言有将近四分之一的方言点可以有三种指称，分别为近指代词"这"，中指代词"那"，远指代词"兀"。先看中区阳曲话的用例：

近指代词　这儿 [tsʅ˩·ɚ]：你把碟碟放到~。
中指代词　那儿 [nɔ˩·ɚ]：是这儿不是~。
远指代词　兀儿 [u˩·ɚ]：不是放到那儿，是~。
其他方言点情况见表7-8。

除了南区方言外，其余几区都有指示代词三分形式，而西区、中区为最多。

7.2.2 指示代词的变读

山西方言指示代词不论是二分、三分，每个指示代词都有好几种读音，有的多达六种。不同的读音表达不同的意义，具有不同的语法功能。这种变读是用变韵、变调的方式体现出来的。如表 7-6 所示：

表 7-6

	近指	中指	远指
忻府	这个 tʂɿ˧˩ kuæ˧˩	未个 vei˧ kuæ˧˩	兀uæ˧
和顺	这个 tʂɿː u˩	那个 nɒ˥	兀个 uː u˥
阳曲	这儿 tsɿ˥ ɜ˩	那儿 nɔ˩ ɜ˩	兀儿 u˩ ɜ˩
太原	这 tsəʔ˥	那 nəʔ˥	兀 vəʔ˥
原平	这 tʂai˧	那 nʌ˧	兀 uai˧
寿阳	这 tsɔ˩	那 nɔ˩	兀 uɔ˩
阳城	这屋 tɕi˧ ·u	那屋 nei˧ ·u	兀屋 vei˥ ·u
石楼	这个 tɕi˩ ku˩	那个 nəi˥ ku˩	兀个 uəi˥ ku˩
中阳	这个 tʂəʔ˩ kuo˥	那个 nʌ˥ kuo˩	兀个 uo˥ kuo˩
临县	这个 tʂə˩ ·kuo	那个 ȵiou˥ ku˧	兀个 u˥ ˧·kə
柳林	这个 tsə˩ kə˧	那个 na˥ kə˩	兀个 uai˥ kə˩
榆社	这儿 tsər˧	那儿 nər˧	兀儿 uər˧
孟县	这 taæi˥	那 næi˥	兀 uæi˥
昔阳	这 tʂə˧	那 nɒ˧	兀 v˧
静乐	这 tsə˧	那 nɑ˥	兀 væ˧

山阴方言的"这"有五种读音，"那"有六种读音，分别是：这$_1$ [tʂã˩]、这$_2$ [tʂəʔ˥]、这$_3$ [tʂɿ˥]、这$_4$ [tʂɤu˩]、这$_5$ [tʂɤu˧]，那$_1$ [nã˩]、那$_2$ [nəʔ˥]、那$_3$ [nɛe˥]、那$_4$ [nəu˩]、那$_5$ [nəu˧]、那$_6$ [na˩]，不同的"这、那"构词能力各不相同。

这$_1$ [tʂã˩]、那$_1$ [nã˩] 只能和 [·ləʔ] 结合，构成"这$_1$·lə"、"那$_1$·lə"，表示"这样、那样"的意思，只用在假设复句的偏句中。如："要这$_1$·lə，先去看看"。

这$_2$ [tʂəʔ˥]、那$_2$ [nəʔ˥] 与"么、儿、来"等结合，构成"这$_2$么、那$_2$么"，"这$_2$儿、那$_2$儿"，"这$_2$来、那$_2$来"。"这$_2$么"表示"既然这样为什么"的意思。"这$_2$儿、这$_2$来"都表示"这里"的意思。

这₃[tʂʅ˥]、那₃[nɛe˥]与"头、么儿"结合成"这₃头、那₃头、这₃么儿、那₃么儿","这₃头"表示"这头儿"的意思,"这₃么儿"表示"这面儿、这边儿"的意思。

这₄、那₄与"个"结合成"这₄[tʂou˅]个、那₄[nəu˅]个",分别表示"这样的、那样的"意思。"这₅[tʂou˅]个、那₅[nəu˅]个"与"这₄个"、"那₄个"意思一样,只是在语气上更加肯定。如"我那天说的就是这₅个嘛。"

那₆[na˅]与"么"结合,与"那₁[nã˅]么"意义相同。

洪洞方言的指示代词,近指"这"、远指"兀"各有四个读音,两两相对,共四对。每对出现的场合、表达的功能各不相同。

这₁[tʂɐ˅]、兀₁[uo˅]是最常用的一对,一般不表示什么附加色彩,可单用,也可与"个儿"连用。在句中主要做主语、宾语。如:这₁是谁的呢?｜兀₁是我的｜别荷拿这₁荷兀₁。

这₂[tʂa˅]、兀₂[ua˅]主要用于指人,很少指东西。指人时往往比用"这₁、兀₁"更富有感情色彩。可与"个"连用,在句中主要做定语。如:这₂人本事大哩｜这₂个人什么也能做出来。

这₃[tʂan˧]、兀₃[uan˧]可单独用,也可与"着、里"连用。表示说话者对某一事情的处理意见或向别人提出某种建议。在句中主要做状语。如:你这₃干,别兀₃干。

这₄[tʂaŋ˧]、兀₄[uaŋ˧],很少单用,一般和"个"连用,这种用法往往出现于向别人陈述指称一件新奇东西或对某件物品感到惊奇的句子里,在句中可做定语、宾语。如:今马将一出门,拾了这₄个东西｜你别看这₄个,顶事的多哩。

有时与量词"□[·uɛ]"连用,指人,含不满的意思。如"怎么你这₄·uɛ人略。"

其他山西方言指示代词变读的例子见表7-7。

表 7-7

	近指	中指	远指
尧都	这₁tʂʅ˅这₂tɕei˩ 这₃tʂŋ˅这₄tʂaŋ˩		兀₁uɔ˅兀₂uei˧ 兀₃uaŋ˩兀₄uaŋ˩
孝义	这₁tʂəʔ˧这₂tʂəʅ˧ 这₃tʂE˩这₄tʂai˩˧		兀₁uei˧兀₂uə˩˧ 兀₃uaʔ˧兀₄uai˩˧
寿阳	这₁tsɔ˅这₂ts˩˅ 这₃tʂəʔ˧这₄tsei˩æ˅	那₁nɔ˅那₂nʅ˅ 那₃nə˧那₄nei˩æ˅	兀₁uɔ˅兀₂uʅ˅ 兀₃uaʔ˧兀₄uei˩æ˅
晋城	这₁tiA˅这₂tiɛ˧ 这₃ti˧这₄tiə˧ 这₅tʂɚ˧这₆tɚ˧		那₁niA˅那₂niɛ˧ 那₃ni˧那₄niəʔ˧ 那₅nʐɚ˧那₆nɚ˧
原平	这₁tʂæ˅这₂tʂʅ˅ 这₃tʂɚ˅		兀₁væ˧兀₂u˧ 兀₃vɚ˧
大同	这₁tʂəʔ˅这₂tʂar˧ 这₃tʂəu˧		那₁nəʔ˅那₂nar˧ 那₃nəu˧

值得一提的是，在山西有些方言里，指示代词"这、兀"不能做主语，只有与量词合用（合音）后才能做主语。如平遥方言：喹（这个）是谁的咧？｜咐（兀个）是谁的咧？不能说"*这是谁的咧？｜*兀是谁的咧？"

吕叔湘说："指物的这、那用作主语……早期多带'个'，现代不带个字的较多。"（《近代汉语指代词》，1985，第223页）可见，"这、兀"不用作主语直接保存了近代汉语的特点。

7.3 疑问代词

7.3.1 疑问代词类别及例举

1) 问人：谁 ʂuɛ˅、谁们 ʂuɤŋ˅mə˧˩（大同），谁家们 suei˧tɕie˧məʔ˧˩（平鲁），谁来 suei˩læ˧˩（长治），哪□nai˩iɛ˅（尧都），谁家呢 fv˧˩·tia·nə、谁呢 fv˧˩·nə（汾西），哪个 na˩u˅（万荣）。

2) 问物：啥 sa˧（大同），哪个 na˩˅kuæ˅（忻府），什么 ʂəʔ˅ma˧（天镇），甚 ʂəŋ˅（原平），哪个 la˧˩xuai˧˩（文水），甚咧 ʂəŋ˅liəʔ˧

（孝义），什么 ʂʅ˧ ma˥（和顺），啥呢 so˥ ·nə（尧都），□什么 ʂuo˥（永济）。

3）问处所：哪里 na˥ lə?˧、哪滩儿 na˥ tʰar˧（平鲁），哪忽栏 na˥ xuə?˧ læ˧、哪儿咧 nar˥ ·liə（天镇），哪子哪儿 n A˥ zə?˧（山阴），哪勒哪儿 n A˥ ·lə?˧（山阴），哪儿 nɤr˧（忻府），哪□ la˧ ke˧（文水），呀吖哪里 ia˧ tE˧（孝义），哪吖 na˧ ta˧（尧都），哪哪 na˧ ·na（吉县），啊里哪里 A˥ ·li（方山、临县），呀哪 ia˥（柳林），呀个哪儿 ia˧ ·kə（灵石），哪 n A˥（平定），何地儿哪儿 xə?˧ tər˥（汾阳），哪呀 na˧ ia˧（左权），哪的嘞哪儿 n A˥ ·tə ·lə（繁峙）。

4）问时间：多会儿什么时候 tuo˧ xuor˥（大同），哪会儿 na˥ xuar˧（天镇），几时 tɕi˥ ·ʂʅ、啥时候 s A˥ ʂʅ˧ xɤu˧（山阴），甚会儿 sə̃ŋ˥ ·xuɤr（原平），多嗒什么时候 təɪ˧ tsaŋ˧˧（文水），呀阵何时 ia˧ tʂʅ˧（孝义），几会什么时候 tɕz˧ ·xuei（汾西），多长 tuə˧ tsʰaŋ˥（长治），咋会儿 tsa˥ xuəʌ（尧都），哪阵儿 la˧˧ tʂr˥（介休）多阴会儿多久 tiE˧˧˧ xɤu˧（介休），哪（一）霎霎何时 lɑ˧（iə?˧）sə?˧ sɒ˧（清徐）。

5）问结果、方式：咋底 tsa˥ ti˥（大同），咋底个怎样 ts A˧˧ ti˥ ·kə?˧（山阴），咋个 tsua˧ kuæ˧（忻府），咋底嘞个 tsua˧˧ ·ti˥ ·liə ·kuæ（忻府），咋个 tsuõ˧ ·kɣ（原平）怎底 tsə?˧ tŋ˧（文水），呀底 ia˥ ti˧（柳林），怎么 tsŋ˥ ma˥（和顺），怎呢 tsei˧ niE˥（长治），怎么个 tsə˧ ·mə ·kuə（汾西），咋么着 tsuo˧ ·mo ·tʂuo（永济）。

6）问数量：多少 tuo˥ ɕiao˧（黎城），多少儿 tuo˧ ·ʂər（长子），多□ tuo˥ təi˥（偏关），多儿 tor˥（离石），多□ tɔ˧ tæ˥（临县），多嘞 tɯ˧ ·l（汾阳），底少 ti˥ ʂao˥（介休），能些 nəŋ˧ ·ɕie（五台）。

7）问行为：做甚 tsua˥ ʂɤ˧（天镇），□tsua˥ "做啥"的合音（天镇），做什么哩呢 tsŋ˥ ʂŋ˥ ·mu ·li ·nə（洪洞），咋咧 tsuo˧ ·liE（永济），弄甚干什么 nuŋ˧ ʂɤ̃˧（陵川），干甚 kæ˥ ɕiəŋ˥（黎城），干甚嘞 kæ˧ səŋ˥ ·lə（沁县）。

8）问原因：为甚 ue˧ səŋ˧（文水），因为啥的呢为什么 yŋ˧ ·u ʂɤ˥ ·ti ·nə（洪洞），为什么 uei˧ ɕin˥ ·mə（潞城），为咋 uæ˥ tsa˧（沁源、定襄），怎呢 tsəi˥ ·ɲi（武乡），为啥 uei˥ sa˥（沁水），为甚嘞 vəi˧ səŋ˥ ·lə（沁县），咋的嘞 tsa˥ ·ti ·lə（山阴），咋 ts A˥（浑源），咋家哩 tsua

˦tɕia˦·li（兴县），为几 və˦tɕi˧（榆社），咋哩么 tsua˦lia˦·mə（原平）。

7.3.2 疑问代词的用法

山西有的方言点，一个疑问代词往往不止一个读音，读音不同，表达的意思、语气、功能也有所不同。如洪洞方言疑问代词"谁"有［fu˧］、［fa˦］两读，［fu˧］是本音，［fa˦］是"谁家"的合音。［fa˦］的意思有两个：

1）谁家里：这是谁［fa˦］的猪呢，跑出来也没人管。

2）"谁"的复数：□［ɲia˧］你们走也行，□［ŋua˧］我们走也行，谁［fa˦］走也一样。

"谁"还可与"哪"组成"哪谁"，在句中做主语、定语、宾语。如：

（1）哪谁的钱得你白使无偿使用哩呢？（做定语）

（2）哪谁跟你去哩呢？（做主语）

（3）你看着哪谁俩呢？（做宾语）

"谁"加不加"哪"语气不大一样。请比较：

（1）谁和你去哩呢？（语气较轻，其义为：恐怕没人跟你去！）

（2）哪谁和你去哩呢？（语气较重，其义为：谁也不跟你去！）

"谁"还可前加虚化了的指示代词"兀"，组成"兀谁"的格式，在句中做主语、定语，但一般不做宾语。如：

（1）兀谁和你去的呢？（做主语）

（2）兀谁的车子在兀叮打着哩呢？谁的自行车在那儿放着呢？（做定语）

"怎"有［tsɛ˦］、［tsʅ˦］两读。"怎"［tsɛ˦］可单用，"怎［tsʅ˦］"不能单用，只能和"么"合用，"怎、怎么"在句中做谓语时，意义一样，可以互换，在句中做定语时，只能用"怎么"，不能用"怎"。请比较：

（1）你怎［tsɛ˦］呢？——我怎［tsɛ˦］也不怎［tsɛ˦］。（做谓语）

（2）你怎［tsʅ˦］么呢？——我怎［tsʅ˦］么也不怎［tsʅ˦］么。（做谓语，意思与上句一样）

（3）这是怎［tsɿ˦］么回事呢？（做定语）

*这是怎［tsɿ˦］回事呢？（"怎"不能单独做定语）

"什么"在洪洞话里作为疑问代词和任指成分，读音是不同的。前者读［ʂɿ˦·mu］，在句中做主语、宾语、定语；后者读［ʂɿ˦·ma］，只能做主语、宾语，一般不做定语。请比较：

什么［ʂɿ˦·mu］也行。——什么［ʂɿ˦·ma］行。（做主语）

什么［ʂɿ˦·mu］工作好呢？——*什么［ʂɿ˦·ma］工作好呢？（前者做定语，后者不能）

你要什么［ʂɿ˦·mu］么？——你要什么［ʂɿ˦·ma］呢？（做宾语）

平遥方言疑问代词有单复数之分，复数形式有合音式和附加"们"式两种。合音式读［ɕya˧］，是"谁家"［suei˧ tɕia˧］的合音。疑问代词的合音式也限于一家人的范围使用。而附加"们"式疑问代词"谁们"则超出一个家庭的范围。请比较：

（1）谁［ɕya˧］住在南街上？<small>谁家住在南街？</small>

　　*谁们住在南街上？

（2）谁们去看电影？<small>哪些人去看电影？</small>

　　*谁［ɕya˧］去看电影？

7.3.3 "谁们"的用法

就北京话和汉语方言来说，有"我们""咱们"等，但没有"谁们"，要指几个人时，多数用"些谁"表示。如"叫些谁来帮忙哪？"山西多数方言点有表复数的"谁们"。如山西中区的太原、平遥、文水、清徐。

太原　（1）谁［suei˨］唤门子嘞？<small>谁叫门啊？</small>（单数）

　　　（2）他们班今年考上大学的都有谁们［suei˨·mɤ］嘞？（复数）

有的方言点说"谁家"，如：

洪洞　（1）谁来唡呢？（单数）

　　　（2）谁家来唡呢？（复数）

有的方言"谁们"，既可表单数，也可表复数。如：

山阴　（1）那是谁们？——供销社王会计。（单数）
　　　（2）谁们来了？——小王的同学们。（复数）

7.4　再论山西方言的人称代词"我咱""你咱"

笔者曾在《山西方言人称代词的几个特点》（见《中国语文》1996年第1期）一文中认为山西方言人称代词的"我咱、你咱"中的"咱"源于近代汉语的"自家"，是"自家"的合音。而不认为是"我给咱们、你给咱们"的简略形式。下面，就这个问题再从山西方言用法、元曲中"自家"用例两方面作进一步论证。

关于"我咱、你咱"中的"咱"源于"自家"的合音的观点是吕叔湘最先提出来的。吕先生认为："咱从语音方面说，又恰好是自家的切音。要是能从用例方面证明咱跟自家完全吻合，则咱为自家转变而成，当无疑问。"[①] 然后又明确指出："这个咱字如果作咱们讲是讲不通的。但如假定是我自家、你自家音合而成我咱、你咱，同时自家的意义也减杀而近于无义解，只供词曲中增添音缀之用，类似我家、你家的家，那就很可以理解了。"[②] 今无论从山西方言的使用情况看，还是对近代汉语的进一步考察，均证明吕先生的观点是正确的。

7.4.1　从山西方言考察

从山西方言考察，"我咱、你咱"不是"我给咱""你给咱"的省略。（介词多用"荷/与"，为讨论方便，本节暂用"给"）山西方言中的"我咱、你咱"大多不能转换成"你给咱""我给咱"。当位于句首时，有的虽能转换成"你给咱""我给咱"，但意义已经不同。下面分别从洪洞方言和中阳方言加以考察。

7.4.1.1　从洪洞方言考察

（1）你咱去城里跑一趟。——你给咱去城里跑一趟。
（2）你咱和面，我咱洗菜。——你给咱和面，我咱洗菜。

[①] 吕叔湘：《近代汉语指代词》，学林出版社1985年版。
[②] 吕叔湘：《近代汉语指代词》，学林出版社1985年版。

例（1）、例（2）中的"你咱、我咱"虽能转换成"你给咱""我给咱"，但前后两句的表义是有细微差别的，虽然表示的都是商量语气，但前者其行为本身只波及"我/你"单个人，不波及他人；后者的行为本身不仅波及"我你"单个人，还波及"对方"。即前者的"咱"不表示"咱们"，而后者的"咱"表示"咱们"。这个特点在下面的句子里表现得最清楚。

（3）我给咱看下兀人回来唡没呢。——我咱给咱看下兀人回来唡没呢。

（4）你给咱去城里跑一趟。——你咱给咱去城里跑一趟。

例（3）、例（4）中前后两对句子的表义是相同的。这说明"我/你咱"不是"我给咱、你给咱"的简略形式，如果是的话，"我/你咱"中已经隐含了"我/你给咱"的意义，当然也就没必要再置入介宾短语"给咱"了。否则就成为"我/你给咱给咱"了，一句话中出现两个"给咱给咱"，语义上是重复的，语用上是排斥的。如此看来，例（3）、例（4）前后两句结构相同的表义成分中除去相同的词，剩下的只有"我/你咱"和"我/你"的对应。即"我咱给咱"等于"我给咱"。"我"后面的"咱"表示"自家"义，"给"后面的"咱"才表示"咱们"义。再看下面的句子：

（5）你咱给我出趟差吧。

（6）我咱给你去趟北京吧。

例（5）、例（6）中的介宾短语明确出现"给我、给你"，显然"你咱、我咱"是紧连在一起的。无论如何这里不能将句首的"你咱、我咱"解释为"你/我给咱们"，也不能将"你咱给我/我咱给你"的结构形式转换为"你给咱们再给我、我给咱们再给你"这种具有排斥意义的结构形式。

7.4.1.2　从中阳方言考察

山西西区中阳方言的"代词"与"咱"也是紧连在一起的，也不是"我给咱"的简略形式。下面的句子，句首中的"我咱、你咱"不能转换成"我给咱""你给咱"。

（1）我咱看一阵电视吧么。——*我给咱看一阵电视吧么。

（2）你先坐着，我咱把这两件衣裳洗出。——*你先坐着，我给咱把这两件衣裳洗出。

(3) 我咱喝口儿水吧。——*我给咱喝口儿水吧。

以上三例中的前一句均是用于商量的语气。例（1）表示"我"自己想看一阵电视，而不可能包括他人；例（2）也是表示"我"自己要把两件衣服洗出来，而不是别人的衣服。例（3）是自己请求想喝点儿水，不可能包括别人。故例（1）、例（2）、例（3）后一句也就都不能成立。再看的句子：

(4) 你咱给我捎上个东西吧。

这里的"你咱"也是紧连在一起的，"你咱给我"也不能转换为"你给咱们再给我"有排斥意义的结构形式。

中阳方言的第三人称"□他［uo］"后也可以带"咱"，"□咱（他咱）"只出现在宾语的位置，不出现在主语的位置。全句表示嘱咐的语气。如：

(5) 教□咱上班去，我和你到街些。□咱：他咱，义为他。到街些：到街上去。

(6) 例中的"□咱"也不好解释为是"□给咱们"的意思。

中阳方言的"咱"还可用于表亲属称谓词之后，如：

(7) 婆婆咱给你做饭去。（"咱"若解释为"给咱"的话，显然与"给你"冲突。）

(8) 爸爸咱到机关看一下有甚事嘞。

只要是亲属长辈均可以用此格式，如"叔叔咱、爷爷咱、舅舅咱"等。这种用法中的"咱"肯定不能说成"给咱"的简略形式。恰恰证明表"自家"义的"咱"的意义已经虚化，但尚有一定的语法意义，可使语气委婉、舒缓。用于自称的亲属称谓后面，在使句子语气舒缓的同时还表达出一种亲切和哄劝的意味。而男性使用这种格式又充分证明有使语气舒缓的作用。

"亲属称谓+咱"还可置于宾语的位置，如：

(9) 教你妈咱给你扯裤裤去么，啊？

此例中的"咱"也是虚化了的"自家"意义，而不是"给咱们"的简略形式；否则与后面紧接着的"给你"语义冲突。因此，"你妈咱"就是"你妈"，绝不能解释为"你妈给咱们"的意义。

从以上洪洞、中阳方言用例说明了三个方言事实：

1）"我/你咱"的"咱"是一个虚化了的"自家"的合音，而不是"给咱"的简略形式。因为"我咱、你咱"的后面还可接着出现"给我、给你、给咱"各类介宾短语，形成"你咱给咱……"最常见的格式。

2）这个虚化了的"咱"已经成为紧附于前面代词的一个词尾形式。

3）"咱"不仅可附在第一、二人称单数"我、你"之后，中阳方言还可附于第三人称单数"他"或称谓词之后。

7.4.2 元曲中的"自家"

本节选取元曲为观察对象，证明元曲中"自家"的"切音"正是山西方言中的"咱"，其意义也多相吻合。元曲中的"自家"与山西方言的"咱"一脉相承。有的"自家"还有实义，有的已"近于无义解"。

7.4.2.1 元曲中有关"我自家"的用法

元曲中"我自家"的用法，共分两类，一类有实义，一类无实义。

1）有实义。

（1）（正末唱）这些时典卖了我些南亩田，耗散了中庭麦。我将那少欠钱无心去索，婆婆也，这些时都只是盘缠了我自家的财。（杨文奎《翠红乡儿女两团圆·第二折》，463）

（2）（赵通判云）这事我自家不好问。二夫人，你做状头，拖他见官去。（《争报恩三虎下山·第二折》，164）

（3）（樊哙云）他那里便肯头低？我每如今到他营寨去，军师，你只凭着我，等我一交手，先摔他一个脚稍天。你不要失了我自家的门风。（《汉高皇濯足气英布·第三折》，1291）

（4）（韩辅臣云）还须亲见蕊娘，讨个明白。若他也是虔婆的见识，没有嫁我之心，却不我在此亦无指望了，不如及早上朝取应，干我自家功名去。（关汉卿《杜蕊娘智赏金线池·第二折》，1255）

2）无实义。

（1）（解子云）可不是晦气，原来有廉访使大人在这里，俺休要大

惊小怪的。我脱了这衣服,我自家扭扭干。(杨显之《临江驿潇湘秋夜雨·第四折》,258)

(2)(牢子云)你便这一张匙打甚么不紧?你喂你哥哥饭去。(正末云)哥哥,你吃些儿波。(孙孔目云)我吃不得了也。(正末云)哥哥不吃,我自家吃。(高文秀《黑旋风双献功·第三折》,701)

(3)(孤云)你看么,断事一日,饭也不曾吃。外郎和张千都去了,着一个抬抬这卓子也好。罢、罢、罢,我自家端着这卓子罢。(《神奴儿大闹开封府·第三折》,571)

(4)(正末云)待我自家去。叔叔,你侄儿山寿马自在这里,你开门来。(老旦云)既然元帅亲身到此,须索开门,请他进来者。(李直夫《便宜行事虎头牌·第四折》,419)

(5)(旦云)天色将晚,那厮吃酒去了,甚时回来?梅香,拂了床,我自家睡去罢。(马致远《江州司马青衫泪·第三折》,891)

(6)(郑恩上,云)好个没理会的先生。待我自家过去。(马致远《西华山陈抟高卧·第四折》,730)

(7)(正末云)靠后,我自家取去。(岳伯川《吕洞宾度铁拐李岳·第三折》,505)

(8)(郑府尹做怒科,云)你不敢打,取板子过来,待我自家打。(石君宝《李亚仙花酒曲江池·第二折》,269)

(9)(张千云)不曾叫那地主、房邻,我自家跳过墙去取来了。(孙仲章《河南府张鼎勘头巾·第三折》,679)

(10)(店小二云)哦,你明日不辞我,天明就去。既然如此,你歇息罢。我自家睡去。(《朱砂担滴水浮沤记·第一折》,387)

(11)(孙大云)不须兄弟相送,我今日不当十分醉,我自家去。兄弟少罪,明日来早些。(《杨氏女杀狗劝夫·第三折》,109)

7.4.2.2 元曲中有关"你自家"的用法

元曲中"你自家"的用法,共分两类,一类有实义,一类无实义。

1)有实义。

(1)(道姑云)小姐,这里又无外人,我和你自家闲讲,怕甚的来。(《玉清庵错送鸳鸯被·第一折》,56)

(2)(正旦云)我只笑那周瑜好痴也,你自家没智识索取荆州,却

将我送到这里，你须要做的功劳，我为甚来倒替你守寡一世？（《两军师隔江斗智·第二折》，1309）

（3）（曾云）居士差矣！你家的富贵，不是你祖上遗留的，便是你自家挣起来的，何苦又要逃遁他去，这也太过了。（《庞居士误放来生债·第一折》，298）

（4）（梅香云）这也只凭你自家主意，有甚么天缘在那里？（《孟德耀举案齐眉·第一折》，915）

（5）（刘二公云）料他为休书的缘故，必然不肯认我。如今先与王安道老的说知，着他说个方便才是。这是他家门首，孩儿，我与你自家过去。（《朱太守风雪渔樵记·第四折》，877）

（6）（搽旦云）这也是你自家的悔气，着那厮打了，我好不心疼哩！（李文蔚《同乐院燕青博鱼·第三折》，239）

2）无实义。

（1）（正末云）哥哥遗剩了一纸文书，说在背阁板上。（搽旦云）你自家取去。（杨显之《郑孔目风雪酷寒亭·第二折》，1006）

（2）（张千云）我不敢要银子，你自家告相公去。（张国宝《罗李郎大闹相国寺·第四折》，1581）

（3）（净云）今日是春间天道，我去那曲江池上，安排小酌，请我这姨姨李亚仙同赏春景。大姐，你自家请一请去。（石君宝《李亚仙花酒曲江池·第一折》，263）

（4）（李府尹叹科，云）孩儿，你今年一十八岁，也不小了。终身之计，你自家做个主意，我也顾你不得。（《玉清庵错送鸳鸯被·楔子》，54）

（5）（正末云）引孙，靴幼里有两锭钞，你自家取了去。（武汉臣《散家财天赐老生儿·第二折》，376）

（6）（扬州奴云）大嫂，你说那里话，正是上门儿讨打吃。叔叔见了我，轻呵便骂，重呵便打。你要去你自家去，我是不敢去。（秦简东堂老劝破家子弟·第三折），221）

（7）（正末云）有、有、有。大哥，我与你这一个银子。（净云）你休怪，我不曾强要你的，可是你自家与我来。（《玎玎当当盆儿鬼·第一折》，1394）

（8）（外郎云）张千，看茶来与二哥吃。这桩事都在我身上。二哥，你自家去。(《神奴儿大闹开封府·第四折》，571)

7.4.2.3 元曲中"他自家"的用法

元曲中"他自家"的用例较"我自家""你自家"为少。且多可作无义。

（1）（柳隆卿、胡子转云）孙员外这两日不出门来，不礼俺两个，定是那一夜不肯与他背人的缘故。他自家杀了人倒怪我，今日寻他去。(《杨氏女杀狗劝夫·第四折》，113)

（2）（罗大户云）恰才这三钟酒是肯酒，这块红是红定。秋胡已死了也，如今李大户要娶梅英，他自家牵羊担酒来也，我先回去。(石君宝《鲁大夫秋胡戏妻·第二折》，546)

（3）（旦唱）怕不要情外人，那里取工夫？正农忙百般无事处，因此上教小孩儿莫违阻，您娘亲面嘱咐，送嫂嫂到一半路程，便回来，着他自家去。(王仲文《救孝子贤母不认尸·第三折》，767)

（4）（彭大云）他可先算计了，道是这时候该鬼金羊，昴日鸡巡绰，把些碎草米谷，撒一步行一步，又撒下些五色铜钱，等小孩子们去相争相抢的，他自家把个镜子照了脸，打闹里走进墙院子，如今在堂上立着哩。(《桃花女破法嫁周公·第三折》，1033)

（5）（彭大云）你家那里有草谷、五色铜钱与我带去哩？都是他自家预备的。（周公云）便是他备的，你也不要与他撒才是。(《桃花女破法嫁周公·第三折》，1034)

（6）（苏文顺云）因此二十多年不曾差人回去，讨问我定奴儿消息。我想来，罗李郎是我八拜交的哥哥，料他看承，就似他自家骨血一般，必然不至流落。(张国宝《罗李郎大闹相国寺·第三折》，1576)

说"近于无义解"是因为句中有无"自家"均可。如："都是他自家预备的。（周公云）便是他备的，你也不要与他撒才是。"这说明在元曲中"他自家"是处于萎缩中。今山西方言有的点还保留"他咱"，多数不予保留也说明"他咱"在山西方言中正是元曲萎缩后的残余形式。

以上"我自家""你自家"中无实义的类均可转换成山西方言中的"我咱""你咱"，而意义不变。"他自家"还多有实义，这可能是方言中"他咱"少用的原因之一。有的方言还保留有"他自家"的用法。元曲中由有实义转为无实义，清晰可比，再由虚化的"自家"切合为今方言的"咱"。由于方言发展的不平衡性，在演变为"咱"的同时，有的还依然保留着"我/俺自家"的用法，如汾阳话。① 近代汉语中的用法可能也反映了这个特点，有的已经切合为"咱"，有的还用"自家"。元曲与山西方言之间的关系非常密切，有多种句式与山西方言有一脉相承的关系。根据元曲的用例可知，山西方言由"自家"切合为"咱"应是元以后的事情。

7.4.3 元曲中没有与"我给咱、你给咱"相对应的说法

任何语言现象的产生、发展都有其自身的演变条件和历史背景，都不可能凭空产生，要么是历史的遗留，要么是相互的借用，要么出现新的变化因素。方言语法现象的产生、发展更是如此。上文对元曲的观察说明了山西方言中的"我咱、你咱"与元曲中"我自家、你自家"之间的古今相承的关系。既然它们之间有相承的关系，那么"我/你咱"与"我/你给咱"之间则不可能再有相承的关系。本节同样再拿元曲作为观察对象看一看有没有将山西方言的"我/你咱"转换为"我/你给咱"的历史依据。观察表明，元曲中的"我/你自家"正可切中山西方言中的"我/你咱"，而找不到能证明方言中的"我/你咱"源于"我给咱、你给咱"的例子，也找不到"我/你咱"源于"我给自家、你给自家"的例子。元曲中表示"给咱"义时一律用"与我""与俺""与你""与他"，等等。也没有"与自家"的用例。说明元曲中的"我/你自家"与"与我、与你"之间没有结构和意义上的转换关系。现将元曲《赵氏孤儿》和《汉宫秋》中"与"的各种用例摘录于下，以资比较。

（1）（屠岸贾云）我成则为王，败则为虏。事已至此，惟求早死而已。（正末云）老宰辅与程勃做主咱。（《赵氏孤儿·第五折》，1497）

（2）（程婴云）其时公主腹怀有孕，赵朔遗言，我若死后，你添的个小厮儿呵，可名赵氏孤儿，与俺三百口报仇。（《赵氏孤儿·第四

---

① 宋秀令：《汾阳方言的人称代词》，《语文研究》1992年第1期。

折》，1494）

（3）（程婴云）倘若孩儿问老夫呵，我一桩桩剖说前事，这孩儿必然与父母报仇也！（《赵氏孤儿·第四折》，1490）

（4）（程婴云）我便与你说呵，也与你父亲母亲做不的主，你只吃饭去。（《赵氏孤儿·第四折》，1491）

（5）（正末扮程勃云）这一家儿若与我关系呵，（唱）我可也不杀了贼臣不是丈夫，我可便敢与他做主。（《赵氏孤儿·第四折》，1492）

（6）（屠岸贾云）你不招？令人，与我踩下去着实打者！（《赵氏孤儿·第三折》，1488）

（7）（屠岸贾云）怎么这早晚还不见送到孤儿，使我放心不下。令人，与我门外觑者。（《赵氏孤儿，第二折》，1482）

（8）（正末扮韩厥云）程婴，你抱的这孤儿出去。若屠岸贾问呵，我自与你回话。（《赵氏孤儿·第一折》，1480）

（9）（驾云）小黄门，你看那纱笼内烛光越亮了，你与我挑起来看咱。（《汉宫秋·第一折》，3）

（10）（驾云）左右慢慢唱者，我与明妃钱一杯酒。［唱］（《汉宫秋·第三折》，9）

（本章7.1节至7.3节曾以《山西方言人称代词的几个特点》为题，发表于《中国语文》1996第1期，收入本书时作了部分修改；7.4节曾以《再论洪洞方言的"我咱""你咱"》为题，在首届国际汉语方言语法学术研讨会上宣读，后载于《汉语方言语法研究和探索》，黑龙江人民出版社2003年版。收入本书时作了部分修改。）

第8章 山西方言的量词

山西方言量词与北京话量词相比，有两个突出的特点。一是山西方言量词与北京话量词适用范围不完全一样，二是山西方言有大量量词是北京话没有的。本章主要描述一些特殊个体量词和不定量词的用法。

8.1 个体量词

8.1.1 个体量词"个"

个体量词"个"在山西方言的读音非常特殊，除北区的大同、天镇等地读音还能听出是"个"外，山西多数方言的个体量词虽然用义是"个"，但已听不出"个"的读音了。无论计量人还是物均可用一个通用量词"个"。但"个"已读成 kuai、k'uai、xuai、vai，各地的读音不同，写法也各异，有"乖、块、槐、外"等。文水方言"个"读 k'uai，可以说"一个人"，也可以说"一个（张）桌子、一个（把）椅子、一个（条）板凳、一个（只）鸡、一个（口）猪、一个（盏）灯"。交城方言可以说"一个大炮、一个墙、一个鱼、一个灯"等。个体量词"个"在山西方言用法基本一致。"个"的部分方言读音见表 8-1。

表 8-1

方言点	忻府	原平	太原	清徐	孝义	平遥
读 音	kuæ˧	væ˧	kuai˦	k'uai˦	xuai˨	xuæ˧
方言点	交城	介休	沁县	洪洞	吉县	永济
读 音	kuɛ˦	xuɛi˨	vɤ˥	uɛ˨/k'uai˦	uei˧	vai˨

洪洞方言计量人用"个",读［kʻuai˧］,也读［uɛ↓］,计量物时只有［uɛ↓］一读。如：

指人　　□你家［ŋia↓］几个［kʻuai˧］人都去哩吧?
　　　　□我家［ŋua↓］几个［kʻuai˧］人去城里跑了一圈儿。
　　　　□你家几个［uɛ↓］人来的呢?——三个［uɛ↓］。

指物　　三个［uɛ↓］椅子　　　　三个［uɛ↓］灯盏
　　　　三个［uɛ↓］□［po˧］儿树　三个［uɛ↓］碗

洪洞、尧都、汾阳、和顺等方言表示个体量词"个"时,还可以用"圪节"。这个量词既能计人,如:一圪节人,两圪节人;也能计物,如:一圪节狗、一圪节杌子凳子、两圪节床、这圪节东西、四五圪节篓子等。"圪节"指人无贬义。

8.1.2　个体量词"根"

北京话的个体量词"根"只能计量条状的东西,如:一根木棒、两根冰棍。交城方言的"根"不仅表条状物的范围比北京话广,如:一根裤儿裤子、一根道儿道路,而且兼表圆形的东西,如:一根红枣、一根乒乓球、一根鸡蛋、一根黄豆、一根篮球、一根花生米、一根苹果、一根得老脑袋等。文水方言量词"根"亦然,可以说:一根道儿、一根黄豆、一根麦子、一根米。"根"只用于具体事物,不能用于抽象事物,不说"一根意见",而说"一个意见"。这种用法反映了山西方言中区方言的特色,这无论在北京话还是其他方言都是很少见的。

8.1.3　个体量词"□［pʻaʔ↓］""挂"

文水、平遥、天镇等方言,用"□［pʻaʔ↓］"来计量树、草、菜等物,俗写作"泼",本字不明,相当于北京话的个体量词"棵"。如:一～树,一～草等。

山西方言的山阴、天镇、原平、文水、吉县、洪洞、尧都方言点计量"大车、汽车、自行车"等车时用量词"挂",相当于北京话的"辆",如:一～汽车、两～车子自行车、三～车马车等。

8.1.4　个体量词"圪X"

个体量词"圪X"是指带前缀"圪""不""出"的系列量词,

如：圪瘩、圪截、圪串、不穗、不连、出烂等。

相当于北京话个体量词"块"的，山西方言用"圪瘩"（读音略异，大同方言说"圪蛋"）。凡是平展物体，如纸、布、饼子，块状物体或泥、炭、石头、土、馍等，在不求精确计量时，都可以用"圪瘩"。如：一~纸，一~泥，一~石头，一~馍等。

相当于北京话个体量词"节、段"的，山西方言普遍用"圪截"表示，不论是绳子、木棍、木头还是其他条状物，如"葱、黄瓜、铅笔"等都可用。称"圪截"者，大都不是完整的物体，只是其中一部分。称量具有"少""小"的意义。

计量葡萄等物，山西方言大多不用量词"串"，和顺、洪洞、汾西方言用"圪串"，长治方言用"不穗"，沁县、壶关、潞城方言用"不连"，交城方言用"不抓"，孝义方言用"不理子"，壶关方言用"圪底"，山阴、和顺方言用"嘟噜"，天镇、忻府、平鲁方言用"独累"等。

山西方言各点都有一些以"圪、不、出"为前缀的量词，如山阴、文水、吉县、洪洞、尧都方言的"一圪独"（蒜）、陵川方言的"一不连"（蒜），长治方言的"一不亮"（蒜），山阴、和顺、潞城方言的"一圪绺"（头发）、"一圪撮儿"（米），永济方言的"一不篮"（米），永济、天镇方言的"一圪堆"（粪），永济、长治方言的"一圪枝儿"（花），天镇、壶关方言的"一不溜"（人、树），天镇方言的"一出烂"（钥匙），吉县方言的"一不檩"（蒿）、潞城、洪洞、尧都方言的"一不滩"（水），长治、洪洞、尧都方言的"一圪沓"（纸），大同方言的"一圪蛋"（纸）、"一不溜儿"（人、汽车）。

汾阳方言带前缀"圪"的量词非常丰富，除上述所举外，还有：一圪唡（红薯）、一圪掬（土）、一圪溜（房子）、一圪节（人）、一圪洼（水）、一圪卷（铺盖）等。这些前加词缀"圪、不"的量词，有的有无前缀，意思相同，如"圪堆＝堆"；有的则必须带前缀成分才能使用，如"圪唡、不檩"。"唡、檩"都不能单用。这些带"圪、不"的量词大多能重叠表示"小"。

8.2 不定量词

不定量词主要有"些、点",但读音、用法与北京话迥异。

8.2.1 不定量词"些"

不定量词"些"在中区文水方言读[ɕi˦]。"些"重叠后,可表"多"的意思,如:两角钱就买了这些些。

"些些"可变读为[ɕiaʔ˦ ɕiaʔ˩],所表示的量比[ɕi˦ ɕi˦]更多。

但是"些些"变读为[se˩ se˩˦],却表示"少"的意思,如"两角钱就买了这 se˩ se˩˦",意思是比预料得要少。如果表示更少,则用"圪丝丝、圪牛牛"或"一圪丝丝、一圪牛牛",相当于北京话的"一丁点儿"。

南区洪洞方言的"些"与北京话不同,与文水方言也有差别,读"些[ɕi˦]",表示中性,读"些儿[ɕiər˦]"表示量少,读"些的[ɕi˩˦·tia]""些个[ɕia˩˦·kɔ]"表示量多。如:

三毛钱就买了这些[ɕi˦]。(无所谓量多或量少)

三毛钱就买了这些儿[ɕiər˦]。(表示比预料的量少)

三毛钱就买了这些个[ɕia˩˦·kɔ]。(表示比预料的量多)

另外,"些"[ɕiər˩]可与指示代词"这、兀"合用,再后附"子"尾,如"这些子、兀些子"相当于北京话"这些、那些"。

南区方言片大多数方言点都有类似用法。"些"读[ɕia˦],表示量多,如"这么些、兀么些"。"些"读"[ɕiɛ˦]"表示量较少。如"我给你舀上些来"。"些[ɕiɛ˦]"重叠,表示数量更少。如果拉长第一个"些"的韵母,第二个"些"读轻声,表示量极少。

东南区沁县方言不定量词"些"也有两种读音:一是[ɕiəʔ˦],二是[ɕiɛ˩],前者表示量多,后者表示量少。一般要重叠使用。如:

太多了₁,用不着兀些些[ɕiəʔ˦ ɕiəʔ˦],只要这些些[ɕiɛ˩˦ ɕiɛ˩]就够兰("兰[·lan]",相当于了₂)。

如果三叠则表示极多或极少。如"些些些[ɕiəʔ˦ ɕiəʔ˦ ɕiəʔ˦]"

表示量极多，"些些些 [ɕiɛ˧˩ ɕiɛ˧˩ ɕiɛ˧]"表示量极少。

8.2.2 不定量词"点"

"点"在洪洞方言有两种读音：一是读 [tiɛ˧]，表示数量少。二是读 [tiaŋ˧]，表示质量小。往往要重叠再儿化。如：

三毛钱就买了˩这点点儿 [tiɛ˧˩ ·tiɚ]。（数量少）

三毛钱就买了˩这个点点儿 [tiaŋ˧˩ ·tiɚ]。（质量小）

表示更少、更小时，尧都、洪洞方言用"一□□ [tsəŋ˧˩ ·tsəŋ]"，汾阳方言用"圪丝儿"，天镇方言用"圪□ [niar˧]" "圪□□ [niar˧ niar˧]"。

8.3　量词分析

综括起来看，山西方言量词有如下几个特点：

1）山西方言什么名词用什么样的量词计量完全是某一地区的人们约定俗成的，没有什么规律可循。如条状、颗粒状、块状物品，都可用"个、根、块"等计量。

2）"个"作个体量词在山西方言运用最广泛，由于读音特殊，读成 kuai、kʻuai、xuai、vai，这是"个"的上古音 kai 的语音变体。人们几乎不知道其本字就是"个"。所有的个体名词都能说"个"，不管有没有自己的专用量词。其作用与北京话中的"个"相当。但与"个"相比，有些特殊用法还不完全一致。如北京话可以说"玩了个痛快""说个没完"，山西方言不能说"玩了个痛快""说个没完"。但可以说"等上个两三天"。

3）北京话不定量词"些"，只表示不定，本身不表示量多或量少，"一点儿"的"点"可表示"小、少"。山西方言的不定量词"些"读音的不同、表示多少的不同，反映了不定量词内部屈折的构词语法手段。

4）山西方言的临时量词与北京话一样，大概反映了汉语共同的特点，临时量词是使用最方便、最形象、最直观、最具体的称述形式，它符合人们"近取诸身、远取诸物"的语言文字生成规律及思维特点。

如"一脸汗、一腿泥、一手面、一身土",反映了"近";"一桌子土、一房子的烟",反映了"远"。

5) 山西方言动量词"一回"使用频率很高,北京话中的"洗一下、去一趟、看一次、叫一声、睡一觉、念一遍",山西方言大多数点均可说成"V 一回"。洪洞方言的"一趟"既表次数,又表时间,如"走一趟",意为"走一次";"一趟就吃完哟",义为"一会儿就吃完了",既是动量词,又是时量词。

6) 山西方言的量词大多能重叠成"AA 式、一 AA 式、一 XAA 式"。如"张张、一堆堆、一圪堆堆"。"一堆堆、一圪堆堆"含"小、少"义。(详见第三章 3.3 量词重叠式)稷山等南区方言与中区方言不同,一是可单说"张张",含有"每一"的意思;二是"一本本子"不含"小、少"义,且没"两本本子"之说。"一本本子"虽是"一本子"的叠式,但不含"每一"的意思,而是"满本子"的意思。

第 9 章　山西方言的"V+将+来/去"结构

"V+将+来/去"结构是指动词后带趋向补语"来/去"时,动词与补语之间加"将"(有的方言点加类似于"将"的成分)的结构。如:跑将来│荷(拿)将来│抬将来│拉将去①。北京话的动词与趋向补语"来/去"之间不能加进"将"类成分。如:一群男孩子迎面跑来│包裹拿去了│东西已经取来。

山西方言各区方言片都有类似的结构形式。山西南区除尧都、洪洞、霍州、浮山等方言外,其余大部分县市,以及北区广灵方言没有发现这种结构。可以说,"V+将+来/去"结构是山西方言语法方面比较一致的一种句法结构。

"将"类词在句中做什么成分,起什么作用,似可进一步讨论。若

---

① 龙果夫曾举过甘肃方言的同类结构。如:走的来了│拿的去。龙果夫认为,"的"是体词词尾,"来/去"是动词词尾。(见龙果夫《现代汉语语法研究》,科学出版社 1958 年版,第 109 页。)

胡双宝论述过山西文水方言的同类结构。"送、买"等含有传递、转移事物意味的动词后边连用两个"的",其中前一个"的"类似词尾"了",后一个表示离去的趋向。如"买的的了,端的的了"。(见胡双宝《文水方言志》,《语文研究》增刊 10,1984 年,第 62 页。又见修订本,语文出版社 1990 年版,第 103—104 页。)

侯精一对这类现象也有详论。侯先生将"V将来、V将去"结构与"V过来、V过去"结构作了比较,指出:"与'过来'的'过'比,'将来'的'将'意思要虚得多。尽管如此,'将'字绝不能省略。""将去"的"将"不能省略,否则,整句话的意思就变了,或者,"就不成话了"。如:把这瓶瓶醋提将去。*把这瓶瓶醋提去。(见侯精一《现代晋语的研究》,商务印书馆 1999 年版,第 228—229 页。)

从连接动词和趋向补语的作用看，可以看作一个结构助词。这种结构助词尽管在山西方言各区的语音表现形式不同，但就其所处的位置和作用来看，还是大致相同的。

本章从"将"的音变形式，"将"的词汇、语法意义，"V+将+来/去"结构的语法作用以及该结构与近代汉语同类结构的比较等方面作一探讨。

9.1 "将"的音变形式

"将"的韵母多数方言点读舒声韵，个别方言点读促声韵，声调有的读本调，有的读轻声。声母有以下四种读音。

1）读［t］声母。主要读音有［·tei］（尧都、洪洞、浮山）、［·ti］（闻喜）、［·tɑo］（曲沃、霍州）、［təʔ˩］（临县、清徐）、［tiəʔ˩］（文水）。

2）读［tʂ］声母。主要读音有［tʂɒ˩］（大同、山阴、原平）、［tʂaŋ˩］（平定、左权、昔阳）。

3）读［ts］声母。主要读音有［tsɔ˩］（阳高）、［tso˩］（五台、代县）、［tsɒ˩］（浑源）、［tsaŋ˩］（太谷、榆社、长子、长治、晋城）。

4）读［tɕ］声母。主要读音有［tɕiɔ˩］（怀仁）、［tɕiɒ˩］（右玉）、［tɕia˩］（岢岚）、［tɕie˩］（中阳）、[tɕiaŋ˩]（离石）、[tɕyə˩]（平遥）。

9.2 "将"的词汇、语法意义

"将"在山西方言里有动词"拿"的意义，如南区尧都方言：
(1) 将剪子来。(2) 给我将兀节掀来。(3) 快将来吧。
在"V+将+来/去"结构里，"将"的词义虚化，成为连接动词与趋向补语的结构助词。"将"作为动词与助词读音不同，南区尧都方言做动词读［tɕia˩］，做助词读［tei˩］。

拿"V将来/去"与北京话的"V过来/去"、"V来/去"相比，"V将来/去"相当于"V来/去"，而不等同于"V过来/去"。"过来、过去"是双音节合成趋向动词,而"V将来、V将去"中的"将来、将去"不是一个合成词。

9.3 "V将来/去"结构的语法作用

"V将来/去"结构的"来/去"后没有语气词时表祈使语气,加语气词时表陈述或疑问语气。

为讨论方便,根据"将"类词声母的不同读音分成四种基本类型,即t类型,tʂ类型,ts类型和tɕ类型。行文中把同类结构的方言一并纳入讨论。首先集中描述第一种类型的结构特点和语法作用,其余三种类型以此为标杆,结构相同者从略,不同者加以补充。

9.3.1 t类型:"动+得+来/去"结构

t类型主要分布于南区尧都、浮山、洪洞、襄汾、闻喜、曲沃、霍州等地,西区的临县,中区的清徐、文水等地①。动补间所加成分有[tei](尧都、洪洞、浮山等,中区文水),[ti](闻喜),[tao](曲沃、霍州),[təʔ](临县、清徐)等,文字形式写作"得"。下面以尧都方言为例讨论其结构特点。

9.3.1.1 动+得+来/去

表祈使语气,如:荷[xo]_拿得来/去 | 跑得来/去 | 取得来 | 拉得来/去 | 搬得来/去 | 开得来/去 | 脑扛得来/去 | 送得来/去 | 领得来/去。陈述语气、疑问语气再在句末加语气词"啊"。如:荷得来啊 | 撵得来/去啊 | 下得来啊 | 送得来啊。这两种语气里,趋向补语是"去"时,也可以用"走"。如:荷得走啊。

同类型的中区清徐方言,"去"读如"的[təʔ]",动补之间的助词也是[təʔ]。这样,"送去"即为"送[təʔ təʔ]","唤叫来/去"

---

① 除上述提到的兰银官话的甘肃方言以外,陕北绥德、榆林地区也有这种结构类型。如:荷[xai]得[tei]来了_{拿来了}。

即为"唤［təʔ］来/唤［təʔ］去"。文水方言与此相同①。陈述、疑问语气再在句末加"咧"。如"送［təʔ］来咧｜抬［təʔ］去咧?"临县方言疑问句形式是在陈述句后面加"没啦"。如：荷［təʔ］来哩没啦｜拉［təʔ］去哩没啦。

9.3.1.2 动+得+宾+来/去

"动+得"结合较紧，所以动词所带的宾语只能放在"动+得"之后，"来/去"之前。这种结构后加语气词"唡"是陈述、疑问语气，不加是祈使语气。如：荷得饭来唡｜拉得面来唡｜捎得信来唡｜取得印来｜送得钱来。以上句式中，还可在语气词"唡"后加"么"表疑问语气。如：荷得饭来/去唡么｜拉得面来唡么。

宾语通常是单个的名词，也可以是短语，但不常用。如：赶紧回去荷得兀把掀来!拿来咱那把铁锹!"数量名"短语做宾语，较常用。如：荷得几本本书来（祈使）｜荷得几本本书来咧（陈述）｜抬得几张桌子来（祈使）｜抬得几张桌子来咧（陈述）。

9.3.1.3 动+得+来/去+宾

能够出现于该结构的宾语主要是数量或数量名短语。如：荷得来几个/几颗/几本/一些｜寄得来几本书唡，我还没给哪回信哩｜已经抬得去五张桌子唡。宾语一般不能是单个的名词。如不说：*荷得来掀唡｜*抬得来/去桌子唡。但可以是疑问代词。如：送得来/去什么唡呢｜拉得来/去多少唡呢？这种疑问代词宾语一般不能放在"来/去"之前。如不说：*送得多少来唡呢｜*送得几个来唡呢。

---

① 龙果夫曾举过甘肃方言的同类结构。如：走的来了｜拿的去。龙果夫认为，"的"是体词词尾，"来/去"是动词词尾。（见龙果夫《现代汉语语法研究》，科学出版社1958年版，第109页。）

胡双宝论述过山西文水方言的同类结构。"送、买"等含有传递、转移事物意味的动词后边连用两个"的"，其中前一个"的"类似词尾"了"，后一个表示离去的趋向。如"买的的了，端的的了"。（见胡双宝《文水方言志》，《语文研究》增刊10，1984年，第62页。又见修订本，语文出版社1990年版，第103—104页。）

侯精一对这类现象也有详论。侯先生将"V将来、V将去"结构与"V过来、V过去"结构作了比较，指出："与'过来'的'过'比，'将来'的'将'意思要虚得多。尽管如此，'将'字绝不能省略。""将去"的"将"不能省略，否则，整句话的意思就变了，或者，"就不成话了"。如：把这瓶瓶醋提将去。*把这瓶瓶醋提去。（见侯精一《现代晋语的研究》，商务印书馆1999年版，第228—229页。）

9.3.1.4 宾语在"来/去"之前

西区临县方言宾语的位置与南区尧都方言相同。中区清徐方言只有一种结构，即宾语只能放在"来/去"之前，不能放在"来/去"之后。如不说：*荷得来几个/几颗｜*寄得来几本本书｜*送得的钱儿咧。

宾语位置上的名词也可以出现在主语的位置上。如：面拉得来唡｜掀脑扛得来唡｜信捎得来唡（以上陈述句）｜钱送得来唡么（疑问句）。

宾语位置上的名词也可以用介词"把［pʰai］"① 提到句首。这种句式多表示祈使语气。如：把面拉得来｜把掀脑扛得来｜把钱送得去｜把饭给你爸端得去｜把车赶紧开得来｜把壶提得去。

9.3.1.5 出现于被动句中

"动+得+来/去"结构也可以出现于被动句中。如：挺好的一把刀子不知道得被谁荷得去唡｜你看吧，兀节娃迟早要得被公安局抓得去哩｜佛他将迟来一步，得被人哪拉得走唡。

9.3.1.6 前加不同的否定副词

"动+得+来/去"结构的否定形式是在不同的语气里前加不同的否定副词，形成不同的句式。

1）陈述句、疑问句是在该结构前加"没、没有"表示否定。如：没荷得来/去｜没跑得来/去｜没有送得来/去呀｜没把掀荷得来呀。

2）祈使句是在该结构前加"别、不用、不能"表示否定。如：别给我拉得来/去｜不用荷得去唡｜谁也不能荷得走了。

中区清徐方言、西区临县方言的祈使句是在该结构前加"不要"表示否定。如清徐方言：不要给他送得的。

3）在假设关系的复句里，尧都、临县、清徐方言都用"不"表示否定。如：不荷得去，兀咛马上就挡住手唡若不拿去，那儿马上就得停工｜不拉得来，害怕恐怕没了。

4）尧都方言还有一种否定句是否定词"不"加在动词之后，动词后的助词读［tao］。［tao］仅用于否定句式，不用于肯定句式。如：荷得来唡——荷不［tao］来｜能下下雨得来么｜——下不［tao］来｜这

---

① 介词"把"在山西方言中读音不一，有［pai］、［pə］、［pəʔ］、［po］等。本章一律写作"把"。详论请参阅胡双宝《〈高瞻远瞩，一空依傍〉——读桥本万太郎〈语言地理类型学〉》，《语文研究》1986年第2期，第50页。

个时候啊，高低取不［tao］来这么长时间了，还拿不来。

9.3.1.7　动₁+得+来/去+动₂

"动₁+得+来/去"结构是动₂的方式和条件。如：把俩吆喝叫得来问一下｜你先给咱取得来看看。

清徐、临县方言也有这种结构。如清徐方言：唤得他来问港把他叫来问一下｜抬得桌子来又走咧。

9.3.2　tʂ类型："动+张+来/去"结构

tʂ类型主要分布于北区大同、山阴、原平方言，中区平定、阳泉、左权、昔阳方言。读音有［tʂɒ、tʂaŋ］等。以下所举为北区大同方言①。

9.3.2.1　动十张+来/去

这种结构与尧都方言的不同之处在于既可用于祈使语气，也可用于陈述、疑问语气，后面可以不加语气词。如：买张来｜抬张来/去｜送张来/去｜拉张来/去｜车开张来/去。大同方言可以说：买张来三本书。尧都方言不这么说，只能说：买回来三本书。尧都方言可以在"动+得"后带趋向动词"走"。如：荷得走啊。大同方言则不行。tʂ类型的平定、原平方言也不能带"走"。

9.3.2.2　"来"弱化为"儿"

大同方言的"来"读音有时可弱化为"儿"，句末再加语气词"了"，表示陈述语气。如：买张儿了｜抬张儿了｜送张儿了｜拉张儿了。这个特点不仅在tʂ类型的方言里少见，在其他类型的方言里也很少见。

9.3.2.3　"动+张"三种表示法

大同方言"动+张"所带的宾语可以有三种表示法。除了与尧都方言相同的"动+张+宾+来/去"和"动+张+来/去+宾"两种格式，还有一种"动+张+宾"的格式。如：买张书｜买张三本书｜捎张信｜捎张三封信｜拿张东西｜拿张几样东西。

除了与大同方言同属一类的山阴方言和同属一区的怀仁方言外，这

---

① 大同方言材料部分参考了马文忠《大同方言的动趋式》，《中国语文》1986年第6期。

种结构在其他区均未发现。多数方言是："动+将"后，无论带不带宾语，"来/去"都必须出现。否则，话就说不通。

9.3.2.4 其他表示法

大同方言可用"把"字将宾语提前，也可用"叫、被"字引进施动者。如：把那三本书买张来｜那人叫公安局抓张儿了。其他方面如"动+张+来/去"结构的否定形式与尧都方言大致相同。

大同方言的"动$_1$+张+宾+动$_2$"结构中，"来/去"也可以不出现。如：他送张三本书又走了｜他哥拿张一把铁锹又送张儿了。

tʂ类型的其他点的该类结构，都不及大同方言的格式丰富。如中区平定方言，若宾语是单个名词时，只用"动+张+宾+来"一种结构；若宾语是名词短语或代词时，可以用"动+张+宾+来"，也可以用"动+张+来+宾"结构。

tʂ类型北区原平方言，动词后带趋向补语"来"时，中间须加助词［tʂə］；动词后带趋向补语"去"时，中间可以是［tsə］，也可以是［kʰə］。如：送［tsə］来咧｜送［tsə］去咧/送［kʰə］去咧。

tʂ类型中区昔阳、左权方言，动词后加"来"时，中间的助词"张"可加可不加。动词后加"去"时，昔阳方言可加可不加，左权方言一般不加。如：

昔阳　　　　　　　　左权
送张来啦/送来啦　　　送张来三本书/送来三本书
送张去［kʰə］/送去啦　送去啦

9.3.3 ts类型："动+咋+来/去"结构

ts类型主要分布在北区阳高（读［tsɔ］）、五台、代县（读［tso］）、浑源以及中区清徐（读［tsɒ］）、东南区沁县（读［tso］）。

ts类型比其他几种类型复杂一些。从地域上看，覆盖的面积比较大，山西方言各区都有。从特征上看，趋向补语"来、去"不同。从读音上看，结构助词的读音、有无各异。这里又可分为两种不同的情况。

9.3.3.1 "动"与"来""去"之间的助词不同

北区五台、代县方言以及中区太谷、榆社方言，动词与"来"之间所加的助词跟动词与"去"之间所加的助词读音不同。

五台方言北部、东部、代县方言，动词后带趋向补语"来"时，中间加［tso］。带趋向补语"走/去"时，中间加［so］。如"送［tso］来啦——拿［so］走啦｜拉［tso］来啦——拉［so］去啦｜领［tso］来——领［so］去｜捎［tso］信来啦——捎［so］信去啦"。

中区的太谷、榆社，动词与"来"之间加［tʂaŋ］。动词与"走"之间，太谷加［xaŋ］，榆社加［saŋ］。如：

太谷　　送［tsaŋ］来咧——送［xaŋ］走咧
　　　　行李拉［tsaŋ］来咧——拉［xaŋ］走咧
榆社　　带［tsaŋ］来唻——荷［saŋ］走唻
　　　　拉［tsaŋ］来唻——拉［saŋ］走唻

宾语的种类、位置与尧都方言相同。

9.3.3.1 "动"与"来"之间要加助词

中区的太原，北区的阳高、浑源，东南区的沁县、晋城、屯留等，动词与趋向补语"来"之间加 ts 类型助词，动词与"去/走"之间不加，为"零形式"。如：

	动 +［ts-］+ 来	动 + 去/走
太原	东西送［tsaŋ］来啦	东西送去啦
阳高	书包拿［tsɔ］来啦	送去/走啦
浑源	送［tso］来嘞	送去/走嘞
沁县	送［tso］来嘞	送走嘞

北区、中区、东南区等九个方言点，动词后因趋向补语的不同而用不同的结构助词表示的方式是极富特色的。

阳高方言比较特殊，祈使句和陈述句的结构不同。前者是"动 +［tso］+ 来 + 哇"，后者是"动 +［tso］+ 啦"，"来"不出现。如：拿［tso］啦拿来啦｜拉［tso］啦拉来啦。动词带宾语时与同一方言区的大同方言相同，均有三种不同格式。

北区灵丘话，动词与"来/去"之间加［səʔ］，此处也将其归入 ts 类型。如：拿［səʔ］来｜送［səʔ］来｜送［səʔ］来几本书｜把东西拉［səʔ］来。

9.3.4　tɕ 类型："动+将+来/去"结构

tɕ 类型主要分布在北区怀仁（读［tɕiɒ］）、右玉（读［tɕiɔ］）、岢岚（读［tɕia］）、西区中阳（读［tɕie］）、离石（读［tɕiaŋ/təʔ］），中区平遥（读［tɕyə］）。从结构上看，有以下几点需要说明。

9.3.4.1 宾语在"来/去"的前面

西区岢岚、中阳方言与中区平遥方言有一个共同点，即"动+将+来/去"结构中，动词所带的宾语只能加在"动+将"的后面，"来/去"的前面，不能加在"来/去"的后面。如：

岢岚　　送将来啦｜送将东西来啦｜*送将来东西啦

中阳　　荷将来啦｜荷将书来啦｜*荷将来书啦

平遥　　送将去［tiʌʔ］啦｜送将东西去啦｜*送将去东西啦

平遥方言的动词还可是双音节的。如：不用点灯了，你摸揣_{摸索}将来哇｜动弹_{干体力活}将来｜吃喝将来｜妈甚也给百百般般安排将来｜拾掇将来的车子倒又坏啦[①]。

9.3.4.2 "将"后的"来"不出现

tɕ类型的怀仁方言与同属北区的大同方言结构相近。"来"可以不出现，也可轻化为"儿"。用法如下：

动+将+宾：下将雨了｜拿将东西了

动+将+儿：东西拿将儿了｜你要的书买将儿了

动+将+儿+宾：买将儿三本书｜送将儿三块钱

9.3.4.3 "动+去"之间不出现"将"

北区右玉方言的动词与"来"之间加"将"，动词与"去/走"之间不加。如：东西拿将来啦｜东西送去啦。

9.3.4.4 "动+来/去"之间可加"将"，也可加"得"

西区离石方言动词与"来/去"之间可以加"将"，也可以加"得"，既属 t 类型，又属 tɕ 类型。如：荷将来啦｜荷得来啦｜荷将去［kəʔ］啦｜荷得去啦。

9.3.5 四种类型的特点

综观山西方言动词与趋向补语"来/去"的结合，有以下几个特点。

[①] 见侯精一《现代晋语的研究》，商务印书馆1999年版，第403、404页。

1）动词与趋向补语"来/去"之间一般都有结构助词。如 t 类型的尧都、洪洞方言，tʂ 类型的大同方言，tɕ 类型的平遥方言等。

2）动词与"来"之间加结构助词，动词与"去"之间不加。如：ts 类型的太原、阳高、浑源方言，tɕ 类型的右玉方言等。或者动词与"来"之间加一种结构助词，与"去"之间加另一种结构助词，如代县、太谷、榆社方言。

3）动词与"来"之间结构助词可加可不加，以加为常，动词与"去"之间不加。如屯留、左权方言。

这三种情况的存在，反映了"动＋将＋来/去"结构在山西方言发展的不平衡性和"将"类词消长的轨迹。比如动词后的趋向补语是"来"时，加结构助词，是"去"就不加。同一个方言中，中老年人加结构助词"将"，青年人不加。这在太原、阳泉、长治等一些大中城市都有明显反映。

9.4　与近代汉语同类结构的比较

从历时的角度看，山西方言里的"动＋将＋来/去"结构与近代汉语里的"动＋将＋来/去"结构有关。其中，ts 类型是近代汉语该结构的直接继承和发展，t 类型在结构上也有相似之处。据曹广顺研究，"将"字从晚唐五代到宋，功能逐渐规范为作表示动态或动向的补语的标志，格式逐渐统一为"动＋将＋趋向补语"，宋以后随着助词系统的调整和助词"了"的发展而逐渐消亡①。在现代汉语北京话系统中已经找不到的这种结构，在山西方言里却保存了下来。拿山西方言的"动＋将＋来/去"结构与近代汉语的"动＋将＋趋向补语"结构作比，结构类型大都一致。②

---

①　曹广顺：《魏晋南北朝到宋代的"动＋将"结构》，《中国语文》1990 年第 2 期。本章所举近代汉语材料均取自曹文。

②　《中国语文》1987 年第 4 期，《试论"动—了—趋"式和"动—将—趋"式》，内称黎锦熙于 1932 年说，杭州一带仍有"动—将—趋"式。

最近得知，杭州江干区人，至今仍有"打将起来""走将过来"的说法。可以这样设想，杭州一带有"动—将—趋"式而吴语区其他地方没有，很可能杭州的"动—将—趋"式是宋室南迁时带过去的。见陈刚《杭州话里有"动将趋"式》，《中国语文》1988 年第 3 期。

9.4.1 动+将+趋补

如：凭人寄将去，三月无极书（元稹）｜若也捉得师僧，速领将来见我（庐山远公话）。这种结构句式在山西方言里普遍存在。

9.4.2 动+将+宾+趋补

如：送将欢笑去，收得寂寥回（袁不约）。这种句式从结构上讲，山西方言普遍存在。从宾语上看，有两点与山西方言不同。一是宾语的种类不同。此例的宾语属情态词，山西方言是表具体物体的词。二是宾语的位置不同。山西方言有的宾语还可放在"动+将+宾"之后，近代汉语没发现这种结构。

9.4.3 动+将+宾

如：收将白雪丽，夺尽碧云妍（白居易）｜走却坐禅客，移将不动尊（李涛）。这种句式在山西北区大同、山阴、怀仁等方言还保留着。如：买将三本书。

（本章曾以《山西方言的"V+将+来/去"结构》为题，发表于《中国语文》1990年第2期，收入本书时作了部分修改。）

第 10 章　山西方言表空间位移的"V+X+来/去"结构

拙文《山西方言的"V+将+来/去"结构》①（《中国语文》1990年2期）曾讨论了山西方言"V+将+来/去"结构的分布、"将"的音变形式、该结构的语法特点以及与近代汉语的比较。②"V+将+来/去"结构其实也是一种表空间位移的结构，本章在此基础上再对山西方言表空间位移的同类结构作一考察。

10.1　表空间位移的结构形式

表空间位移的基本结构形式是：空间位移动词+位移趋向动词，位移趋向动词又由两部分构成：非指示路径动词+指示路径动词。如：荷（拿，下同）将来/去、抬过来/去、吃喝进来/去，"荷、抬、吃喝"是空间位移动词，用V表示；"将、过、进"是非指示路径动词，用X表示，"来/去"是指示路径动词。这个结构可以简写为：V+X+来/去。

10.1.1　位移动词 V

山西方言在V的位置上出现的能引起物体移动的动词有四类：第一类是动作动词：荷、抬、拉、搬、摸、挟、爬、领、扔、接、踢、寻等；第二类是使动动词，多为形容词的使动用法：横、顺、竖等；第三

---

①　《山西方言中的"V+将+来/去"结构》，《中国语文》1990年第2期。又见《晋方言语法研究》，商务印书馆2000年版。

②　参阅本书第九章。

类是人发出的指令动词：吆喝、□□［pɛ↓╎·xua］（指示）、训啊、麻扎（抱怨）、吵等；第四类是表心理活动的动词：如：寻思、想等。

10.1.2　非指示路径的动词 X

山西方言在 X 位置上出现的表非指示路径的动词有：进、出、上、下、前、后、回、过、起、将、转 11 个。普通话只有"起来""起去"很少，只有"V 过来/去"，没有"V 将来/去"，早期白话有"V 开去"，但没有"V 转开"的用法，也不能单独说"前去""后去"。山西方言这 11 个词又可以分为两类：一类可以单用：上、下、起——V 上、V 下、V 起；另一类不能单用，必须与后面指示路径的趋向动词连用，如：V 进来/去、V 出来/去、V 前来/去、V 后来/去、V 回来/去、V 将来/去、V 转开。

10.1.3　指示路径的趋向动词

山西方言中表指示路径的趋向动词有：来、去、走、着、开。如：VX 走、VX 着、VX 开。普通话只有"来、去"。如："VX 来、VX 去"，没有"走、着、开"，不能说成"VX 走、VX 着、VX 开"。

10.2　表空间位移结构类型的特点

普通话表空间位移的结构形式可以是：V + X + 来/去，也可以省去非指示路径的动词 X，其语义由指示路径义的"来/去"负载。如：

抬进来——抬来｜拿过来——拿来｜领出去——领去

山西方言一般没有"V + 来/去"的说法。要么说成：抬进来、荷过来、领出去。要么把表非指示路径的动词统统换成"将"，如：V 将来/去。山西方言有"抬去啊"的说法，但不是"将东西抬去"的意思，而是"去抬东西了"的意思（下文详析）。山西方言与普通话在这一结构上分属两种不同的类型。法语中，非指示路径的动词（进类）与指示路径的动词（来/去类）可以利用同一个句法槽，只能出现一个，这是不同于普通话、也不同于山西方言的另一种结构类型。① 法语中只能出现一个，普通话可以出现两个，也可以只出现后一个趋向动词，山西方言多数情况下必须两个同时出现。以下分别从"V、X、来/去"三个位置和角度谈山西方言表空间位移结构类型的特点。

10.2.1 从 V 的位置看

从 V 的位置看，表空间位移的动词，其语义是多样化的。

10.2.1.1 动作动词可以是位移的方式

如：荷将来｜拉出去｜搬回来｜爬出去｜挟将去｜摸过来｜送将去｜撑出去｜跳过来｜跑过去｜拽出去｜搂过来｜揉下去｜提上去｜挽起来｜挖出来｜搬转开｜插下去｜勾回来。

10.2.1.2 动作动词可以是位移的原因

如：扔出去、踢过来、挤出来、打进来、授往上抬起去、啫骂出来、气回来、抽出来、甩出去、搜出来、饿过去太饿、吼转开、打转开。

10.2.1.1 动作动词可以是位移的结果

如：挂出来｜摆过来｜坐起来｜存起来｜立起来｜睡下去｜下将来（雨）｜报上去｜摞起来｜叠起来｜抓起来｜系出去｜赚回来｜吃下去｜扣转开。

10.2.1.1 动作动词可以是位移的伴随现象

如：穿出去｜寻回来｜买回来｜返回来｜端下去｜换回来｜捎回来｜溜出来。

以下是山西方言部分动作动词与"X 来/去"的搭配，如表 10-1 所示。

表 10-1

动作动词	进来/去	出来/去	上来/去	下来/去	回来/去	前来/去	后来/去	过来/去	起来/去	将来/去
荷	+/+	+/+	+/+	+/+	+/+	+/+	+/+	+/+	+/+	+/+
端	+/+	+/+	+/+	+/+	+/+	+/+	+/+	+/+	+/+	+/+

---

① Christine Lamarre，《汉语空间位移事件的语言表达——兼记述趋式的几个问题》《现代中国语研究》2003 年 10 月第 5 期。

续表

动作动词	进来/去	出来/去	上来/去	下来/去	回来/去	前来/去	后来/去	过来/去	起来/去	将来/去
跑	+/+	+/+	+/+	+/+	+/+	+/+	+/+	+/+	—/—	+/+
走	+/+	+/+	+/+	+/+	+/+	+/+	+/+	+/+	—/—	+/+
拉	+/+	+/+	+/+	+/+	+/+	+/+	+/+	+/+	+/+	+/+
搬	+/+	+/+	+/+	+/+	+/+	+/+	+/+	+/+	+/+	+/+
踢	+/+	+/+	+/+	+/+	+/+	+/+	+/+	+/+	+/+	+/+
摞	—/—	—/—	+/+	—/—	+/+	+/+	+/+	+/+	—/—	—/—
穿	—/—	+/+	+/+	+/+	—/—	—/—	—/—	+/+	—/—	+/+
气	—/—	—/—	—/—	—/—	+/+	—/—	—/—	—/—	—/—	—/—
饿	—/—	—/—	—/—	—/—	+/+	—/—	—/—	—/—	—/—	—/—
寻	+/+	+/+	+/+	+/+	+/+	—/—	—/—	+/+	—/—	+/+
坐	+/+	+/+	+/+	+/+	+/+	+/+	+/+	+/+	—/—	—/—
吃	—/—	—/—	—/—	—/—	+/+	—/—	—/—	—/—	—/—	+/+
买	+/+	+/+	—/—	—/—	+/+	—/—	—/—	+/+	—/—	+/+
返	—/—	—/—	—/—	—/—	+/+	—/—	—/—	—/—	—/—	—/—
挂	+/+	+/+	+/+	+/+	+/+	+/+	+/+	+/+	+/+	+/+
抓	+/+	+/+	+/+	+/+	+/+	+/+	+/+	+/+	+/+	+/+
掏	—/—	+/+	—/—	—/—	—/—	—/—	—/—	—/—	—/—	—/—
挖	+/+	+/+	+/+	+/+	+/+	—/—	—/—	+/+	—/—	—/—

由表 10-1 随机选取的 20 个动词可以看出，只有 8 个动词可以分别与 20 种结构搭配，其他 12 个动词只能与其中一部分结构搭配，搭配最少的动词"气、掏"只习惯于与一种结构搭配，而这种结构仅限于"气回来、掏出来"，而不与"回去、出去"搭配。这一方面反映了"VX 来/去"结构搭配的不平衡性，另一方面又反映出"来"与"去"用法的不对称性。"来"与"去"的不对称，使"去"的位置上又滋长出"走"与"着"。

相当于"去"义的"走"与"着"，实际是"去"的一种补充形式。作为指示路径的趋向动词，比"去"受到更大限制。以使用最为广泛的动词"荷"为例，在"VX 走"的结构中，不能说"荷起走"，其他均能说；在"VX 着"的结构中，能说"荷出着、荷回着、荷过着"，其他不能说。一般来说，在用"VX 走"的方言中，不用"VX 着"（如尧都、临猗等），相反，用"VX 着"的方言也不用"VX 走"（如洪洞）。

在"V"与"X 来/去"结构的搭配中，V 并未以其分类不同、语义不同而有不同的表现形式。这时，使用习惯是一个非常重要的因素。

10.2.2 从 X 的位置看

从山西方言 X 出现的位置看，表示非指示路径的 11 个动词，其词汇意义与语法意义是不对等的。

10.2.2.1 进、出、上、下、回、过、起

进、出、上、下、回、过、起 7 个都有独立的词汇意义，既可单独做谓词，也可与"来/去"结合后做谓词。如：赶快进｜马上回｜老人进来/出来/上来/下来/回去/过去/起去了。"前、后"不能单独做谓词，只能与"来/去"结合后做谓词。如：前去/后去。"将"既不能单独做谓词，也不能与"来/去"结合做谓词。不能说：老人将来了。"转"虽有自己独立的词汇意义，但它作为非指示路径的趋向词与指示路径的"开"结合后，却不能充当句子的谓词。

10.2.2.2 与 V 结合后须带宾语

非指示路径的趋向词 X 有少数可以跟在 V 后单独使用，有的与 V 结合后须带宾语。这些句子多为商量祈使语气。如：你今日给那他送上饭，明日就不用了｜你把垫子翻过｜你撂下｜你抬起｜把兀些碗碗扣转。大同方言还可以说"V 将"，买张将书｜买张将三本书。其他片方言没有"V 将"的用法，只能说"V 将来/去"。普通话前 7 个均可单独用在别的动词后面充当趋向补语，如：走进｜溜出｜拿回｜抬起｜送上｜写下｜放过，但不能说：拿将｜拿转。

10.2.2.3 X 与"来/去"的结合与普通话有别

山西方言有：进来/去、出来/去、上来/去、下来/去、前来/去、后来/去、回来/去、过来/去、起来/去、将来/去，普通话不能单说"前来/去、后来/去"。普通话也没有"起去"。"起去"在早期的作家作品中和其他方言中均可见到。山西方言常见，多用于祈使命令语

气。如：

平遥　　你坐起去｜把椅子扶起去

洪洞　　把这节木头抬起去｜把这把锨倚靠起去

"起去"有时单说成"起"，其意义不变。如：坐起、扶起、抬起、倚起。

有时"起"的意义虚化，只表示动作的完结。如：

平遥　　你的呀信那封信写起啦｜兀瓶瓶酒早就喝起啦

洪洞　　房子盖起唡，院墙也垒起唡｜我那条裤子将将刚刚做起，倒没电唡

有时单用"－起"表示动作的结果，这时，"－起"成为结果补语。

洪洞　　这车煤你能拉起拉动么｜这根木头你俩人能抬起抬动么。

以上属于"V起"的多义用法。

X位置上的"转"，用在动词后也可以表示物体的位移。（乔全生2000，164）如：

山阴　　鸡子飞转了｜把桌子搬转哇｜我把他骂转了

平遥　　掉转□［tuoʔ］子屁股走了｜把兀些那些碗碗扣转

X位置上的"将"在山西方言中普遍存在，但语音表现形式大不相同，有的甚至看不出是"将"。"V将来"的"将"可以有：［tɕiaŋ］、［tei］、［ti］、［li］、［lao］、［tsaŋ］、［tʂaŋ］等多种读音，从历史的角度观察，它们都是"将"的语音变体。文水方言有同类结构："送的的"，胡双宝分析，"其中前一个'的'类似词尾'了'，后一个表示离去的趋向。如'买的的了，端的的了'"①。其实，第一个"的"是"将"的变体，并非词尾"了"；第二个"的"是表指示的趋向词"去"的语音变体。南区有"买的去唡、端的来唡"可证。这些都是近代汉语的沿用。如：《朴通事谚解》偶尔用"的"：衙门令史们送的来了。（229）但大多用"将"：稍将来了。（95）你馈我寻见了拿将来。（64）普通话现在已没有"V将来/去"结构。而山西方言从南到北均

---

① 胡双宝：《文水方言志》，语文研究增刊（10），语文出版社1984年版，又见1990年修订本。

有这种结构，其特点大同小异。（乔全生，1990）"将"及其变体作为非指示路径的趋向词的确与其他趋向词不同。柯理思将这种形式叫成"傀儡趋向补语"，① 很有道理。

10.2.3 从"来/去"的位置看

从山西方言"来/去"出现的位置看，"去"的位置还可以出现"走"与"着"。上文已述，"走、着"是对"去"位的有效补充形式，在"V去"结构中，尧都、临猗方言用"去"，也用"走"，用"走"时，含有祈使命令的语气。如：咱到兀呀看走｜咱俩厮赶_{相跟}上到城里看戏走。在"VX去"结构中亦然。如尧都方言：咱把这圪节_只箱子抬回走｜把这根木头脑_扛下走。这些句子中"走"的位置绝对不能换成"去"。尧都方言在陈述句中，一般不能在V后直接跟"去"，"去"不能是光杆动词，多跟有语气助词"哩、唡"，但能直接跟"走"，"走"成为"去"的有效补充形式。洪洞方言用"着"不用"走"，如：跟姨姨去兀呀_{那里}荷着｜咱去城里看戏着/走｜咱把这个儿荷回着。"着"也是"去"的有效补充形式。

"来/去"位置上的"开"与其他词的特点均不同，它不是"去"的补充形式，而是与"转"组合而成的一个趋向动词。如：拖转开｜拉转开｜喊转开｜提转开｜撵转开。这种形式在中区的平遥方言、北区的山阴方言可以见到，其他方言尚未见到。

洪洞、尧都一带方言，"去"在陈述句、疑问句中做动词时读［tɕʰi˦］，在祈使句、命令句中读［tɕʰia˦］，在陈述句、疑问句中只能读［tɕʰi˦］，不能读［tɕʰia˦］，作指示路径的趋向动词时读轻声。且"去"后一般不能是光杆动词。如：老张家把桌子抬出去［·tɕʰi］唡｜□［ŋua］"我们"_{的合音}把桌子抬出去［·tɕʰi］吧｜祈使句中可以在动词后直接跟［tɕʰia］，不能跟［tɕʰi］。如：你给我滚出去［tɕʰia］｜你赶紧回去［tɕʰia］！"来"也是一样，动词"来"可以读［lai˦］，也可以读［lei˳］，作指示路径的趋向动词时读轻声。读［lei］时可以直

---

① Christine Lamarre，《汉语空间位移事件的语言表达——兼记述趋式的几个问题》《现代中国语研究》2003年10月第5期。

接跟在祈使句的动词后面，如：快荷将来。读［·lei］时，只能在陈述句疑问句中出现，且"来"后不能是光杆动词。如：俺他荷将来俩么？①

普通话的"V来/去"结构，相当于山西方言的"V将来/去"，山西方言的"V来/去"相当于普通话的"来/去V"。比较如下：

   普通话   山西方言
我一会儿拿来/去。 我一会儿荷将来［·lei］/去［·tɕʰi］。
我一会儿来/去拿。 我一会儿荷来［·lei］/去［·tɕʰi］。

普通话的"V来/去"结构与山西方言的"V来/去"结构表示的方向正好相反。

在陈述句中，"来/去"一般只能跟在非指示路径的趋向动词后，一起表示动词的位移。如：娃家_{娃娃们}把东西荷将去［·tɕʰi］/来［·lei］啊。必须加"将"。而在祈使句中用改变"来/去"读音的方式跟在非指示路径的趋向动词"将"的后面。如：你跟咱抬将去［·tɕʰia］/来［·lai］！不同的读音表示不同的语气，这是一种很值得探讨的语法分工现象。

上述四个指示路径的趋向动词"来、去、走、开"，其句法功能是不相同的。"来、去、走"既可以独立充当谓词，又可以充当趋向动词，如：你出来/去/走。"出"是谓词，"来/去/走"是趋向动词。还可以充当指示路径的趋向动词，如：V 出来/去/走。这三种功能中，"着"只具备后两种，不具备第一种。而"开"属于另类，只能与前面的"转"结合。

10.3 表空间位移结构的句法功能

考察山西方言表示空间位移结构的句法功能主要看"VX 来/去"结构与宾语（位移体）结合时的特点。

10.3.1 V 所带宾语的位置

普通话谓词后带趋向补语，也带宾语时（用 O 表示），有以下 A、

---

① 乔全生：《洪洞方言研究》，中央文献出版社 1999 年版，第 123—130 页。

B、C 三种结构形式，没有 D 式：

A 式：动词 + 非指示路径趋向词 + 宾语 + 指示路径趋向词。简写为：VXO 来/去。如：汽车开进山里去了（带处所宾语）｜他边笑边拿出一本书来（带物宾语）。

B 式：动词 + 位移趋向动词 + 宾语。简写为：VX 来/去 O。如：笼子里飞出去一只鸟。

C 式：动词 + 非指示路径趋向动词或指示路径趋向动词 + 宾语。简写为 C1 式：VXO。如：他走出汽车。或简写为 C2 式：V 来/去 O。如：远处走来一个人。

D 式：动词 + 宾语 + 位移趋向动词。简写为：VOX 来/去。如：他慢慢地探身下去。

山西方言只有 A、B 两种结构形式，没有 C 式，更没有 D 式结构。D 式结构多见于南方人的作品中①。此处不讨论。

山西方言的 A 式、B 式结构与普通话基本相同，此不赘述。只是在 A 式结构的陈述语气中，若出现带物的宾语，后面必须跟语气助词，不能是光杆动词。如：俺他给我荷出一本书来唡｜俺他荷回茄子来唡。若是商量语气，则可以不带语气词。这也是山西方言常用的格式。如：

我咱荷出一本书来｜你给咱荷回几圪节ㄦ茄子来

山西方言不能直接使用 C 式。单句中山西方言不能说：*他走出汽车。*远处走来一个人。第一句只能说成 A 式：他走出汽车来唡。第二句只能说成 B 式：打远处走过来一圪节ㄦ人。

C1 式中的 VXO 只能在分句中出现：你敢走出这门，我就不要你了。C2 式中的"V 来/去 O"不能说，只能说成 B 式。如：

普通话　　　　　　　　　　山西方言
我要给他送去几本书。　　　　我要给俺他送将去几本书哩。
他又拿来几本书。　　　　　　俺他又荷过来几本书。

普通话如果动词后带动态助词"了"，趋向动词可以放在动态助词"了"之后，也可以放在动态助词"了"之前。如：

第一式　　　　　　　　　　第二式

---

① 钱乃荣：《汉语语言学》，北京语言学院出版社 1995 年版。

小王这时走了过来。　　　　小王这时走过来了。
他说完就站了起来。　　　　他说完就站起来了。

山西方言只有第二式，没有第一式。同样，普通话带宾语时，宾语可以放在 V 去后，也可以在 V 去之间。

妈妈给我带去了一件礼物。　　妈妈给我带了一件礼物去。

第一句山西方言只能用 B 式，不能没有非指示路径的趋向动词。只能说成：我妈给我捎得来一样东西。

第二句山西方言说起来非常别扭，只能用 A 式带物的宾语句式表述：我妈给我捎得东西来啊。

洪洞、尧都一带还有一种用法，如：打上水来得啊。义为：（打井时）水快打出来了。"得"是表示"快要"的一种助词，它的语义指向：打上水来。同类的格式还有：快送得饭来得啊。后一个"得"（快要），语义指向：送得饭来。

10.3.2　表指示路径趋向词的回指照应

山西方言有些带物宾语的句式中，动词后已经出现了指示路径的趋向动词"来/去"，但在句尾还可以再用"来/去"回指照应前面的"VX 来/去"结构。如：

（1）我妈给我捎将来几样东西来啊。（VX 来……来）
（2）夜儿个_{昨天}给俚_他捎将去东西去啊，倻_他不在。（VX 去……去）
（3）你家里给你捎将去钱去啊么？（VX 去……去）

出现回指照应的结构是因为前面的指示路径趋向动词与非指示路径的趋向动词连得很紧，已经固化，无法分开，而说完话时又要表示位移的指向，所以出现了回指照应现象。

回答这类句式可以是：捎将钱来啊。捎将来钱啊。钱捎将来啊。最简单的是：捎将来啊。不再出现回指照应。不再说：*捎将来钱来啊。不能说：*捎钱来啊。*捎钱将来啊。

这种回指照应结构在山西方言中还有。如洪洞方言：快送得饭来得啊｜吃得饭得啊｜开得会得啊｜下得班得啊。太原方言：送去饭去咧。

10.3.3　表位移的趋向动词

山西方言表位移的趋向动词多数不能虚化，普通话"起来、下去、

下来、出来"表位移的趋向动词可以发生虚化,虚化后表"体"的作用。山西方言没有这种用法。比较如下:

      普通话   山西方言

(1) 她哭起来了。大家吃起面包来。   俄他哭唡。
  (吃起来:开始体。)

(2) 说坏没有关系,你尽管说下去。   你尽管说。
  (说下去:继续体。)

(3) 少了两个人,工作还得搞下去。(同上。) 工作还得搞。

(4) 这样艰苦的环境我们都坚持下来了。 坚持住唡。
  (坚持下来:持续体。)

(5) 我差点都认不出你来了。(认出来:实现体。) 认不得你唡。

普通话虚化后表示"体"的句子,在山西方言多不用虚化的趋向动词。这说明山西方言表位移的趋向动词还没有虚化。有个别趋向动词有虚化的迹象。如"起来",有时可以说:这娃哭起来没完没了。这个人走起路来一拐一拐的。这里的"起来"实际上已成了表时的助词。相当于"……时""……的时候"。

10.3.4 表空间位移结构的否定形式

    肯定式   否定式

陈述句 送将饭来唡。 没有送将饭来/没有送将来/没有/没哩/没
    买回书来唡。 没有买回书来/没有买回来/没有/没哩

疑问句 送将饭来唡(么)? 还没送将饭来吧/还没送将来吧/没送将
           来吧——答句:没送将来/没哩/没

祈使句 把饭送将来! 不/就不/不行哩/还不行哩/还不能送哩

在肯定性的答句中可用反问句:怎呢不行的/谁说的不行呢。

陈述、疑问句否定用"没",祈使句用"不"。一般不能混用。但在陈述"下将雨来唡"这句话时,其否定式则可说为:下不到来。这个句子有两点值得注意,一是否定词用"不",不用"没";二是非指路径的趋向词用"到",不用"将"。"到"带有趋向词的性质。这可能与该句不纯粹是陈述,而带有一种推测有关。

在祈使句的答句里用反问表示肯定是洪洞方言的一大特色。本来可

用"行"1个词来回答,却不厌其烦地用了6个词,这种有违语言经济原则的现象值得探讨。①

10.4 余论

从山西方言看汉语表达空间位移结构的特点,有以下几点启示。

10.4.1 表空间位移的动词一般是动作动词

多数动作动词有致动的意义,如:抬、拉等,这是表达空间位移语义的基础,也是其核心。然而有些非动作动词,本无致动义,如:吆喝、寻思等,其后带上趋向动词后,却增加了致动义。如:把兀节个人吆喝叫过来。他的指令使那个人发生位移。俐他寻思过来哂。是他通过思考,使自己从一种思想状态转移到了另一种思想状态。这也是一种空间位移,使其具有空间位移语义的标记是趋向词"过来"。这时,趋向词成了表空间位移语义的核心。

10.4.2 趋向词内部的表义功能不同

在非指示路径的趋向词位置上,对位移的过程,有表方向的作用,在指示路径的趋向词位置上,有定位的作用。如:抬进来。"进"表示方向,是向里,不是向外,是进而不是出;"来"表示的是定位,是说话人所处的位置,而不是相反。"来"与说话人的位置是向心的,是无标记的,"去"是离心的,是有标记的。所以,"去"在山西方言中有几个替代品:走、着、开。因为"去"是离心的,所以人们往往在表达明明是"去"义时,却偏偏说成"来"。如:与受话人不在同一位置时,说:我一会儿就来。不说:我一会儿就去。这恐怕与人的这一认知心理有关。

即使动作动词有位移的基础,但它还不具备位移的方向和定位。只有与趋向动词结合后,才能完成动词位移的全程。

---

① 详见本书第 20 章。

10.4.3　结构形式不如普通话灵活

山西方言表空间位移的结构形式没有普通话灵活，但山西方言趋向动词中表向、表位的形式比普通话丰富，在位移表述上，对表向的环节更加依赖。这点是山西方言与普通话的最大区别。

（本章内容曾在日本东京大学 2006 年 2 月 8 日举办的汉语空间位移专题研讨会上宣读，承蒙柯理思、杨凯荣、刘勋宁、冯良珍等教授提出宝贵意见，后与沈力先生讨论多次，获益良多，谨致谢忱！）

第 11 章　山西方言的补语

山西方言的补语包括可能补语、程度补语、结果补语和趋向补语。本章重点讨论各种补语的构成形式和表义特征。

11.1　可能补语

普通话中可能补语的格式是：V＋得＋补（肯定式），V＋不＋补（否定式）。如：拿得动｜搬得走｜拿不动｜搬不走。

肯定式"V＋得＋补"，在山西方言里几乎不说，要说成以下两种：

1) V＋补＋了：拿动了｜搬走了｜吃完了｜做起了。
2) 能＋V＋补：能荷动｜能搬走｜能吃完｜能做起。

否定式"V＋不＋补"与北京话一致，此不赘述。以下着重谈肯定式的用法。

11.1.1　V＋补＋了

山西方言的这种格式，表面上看类似北京话表完成的陈述句，但所表达的意义截然不同。如：吃饱了，北京话的意思是"满足食量了"，山西方言的意思是"（食物）能够吃饱"。有不少方言点习惯使用这种格式，表示可能。如：

长治　拿动了｜坐下了｜装上了｜放平了｜开开了｜搬走了｜吃饱了｜穿住了

反复问句的可能补语是肯定式在前，否定式在后，组成问句，"了"字可说可不说，如：

这箱子三十斤重，你拿动（了）拿不动？

介休　　这桌子重得多，搬动了搬不动？——我搬动了｜他搬不动。

交城　　这东西可重勒，荷动勒了荷不动勒？——荷动勒。

介休方言还可用第二个格式：能+V+补，如：这桌子重得多，能搬动搬不动？——我能搬动，他搬不动。

11.1.2　能+V+补

山西大部分方言点使用"能+V+补"这种格式。如：

吉县　　能请来｜能收回｜能看懂｜能撵走

　　　　医生能请来吗？——能请来。

　　　　本钱能收回吗？——能收回。

山阴　　能拿动｜能坐下｜能吃｜能走

　　　　真沉哩，沉得我也拿不动了｜我能拿动，他拿不动。

洪洞　　能荷起——荷不起能吃上——吃不上

　　　　能走动——走不动能干完——干不完

反复问句的句中和句尾要加语气词"呀"和"呢"。如：

（1）你能荷起呀荷不起呢？

（2）你能吃完呀吃不完呢？

11.1.3　"V+了"与"能+了"

用"能+V+补"格式的方言，也可用简略形式"V+了"，或"能+了"，其义相同。如：

（1）你能荷起呀荷不起呢？——能了。

（2）医生能请来吗？——能了。

（3）一人两碗面，吃了吃不了吃得了吃不了？

（4）饭量大，吃了吃得了。

11.2　程度补语

北京话的程度补语是在形容词后加"得很""极了"等一些补语成分。山西方言不用这些成分，而是用以下其他成分。

11.2.1 ……得太

副词"太"与结构助词"得"一起构成程度补语。"太"还可以重叠成"太太",表示程度加深。这种表示法主要分布在南区一些方言中。如:

永济　美得太_{好得很}｜美得太太_{好极了}
　　　瞎得太_{坏得很}｜瞎得太太_{坏极了}
万荣　冷得太｜冷得太太｜乖得太｜乖得太太
　　　脏得太｜脏得太太｜多得太｜多得太太

11.2.2 ……了个厉害

天镇方言的一部分形容词可以加上"了个厉害"来表示程度极高。用这种格式的形容词,一般具有消极意义。如:

杏儿酸了个厉害｜这个人灰了个厉害｜山里有些地方还穷了个厉害。

11.2.3 ……得不行;……得了不得

南区尧都周围的方言点,形容词后加"……得不行""……得了不得"来表示程度的加深,多表示人们对状态的不满。如:

洪洞　人多得不行（人极多、嫌人多）｜天热得不行（嫌天热）
　　　｜吃亏得不行（觉得自己太吃亏）｜便宜得不行（觉得
　　　对方太占便宜了）｜兀节那个人多得了不得｜人麻烦得了
　　　不得

11.2.4 A得A哩;A了个A

在重叠形容词中间加"得"或"了个"也可表示程度加深,已到极限。如:

尧都　多得多｜美得美｜大得大｜小得小｜好了个好
　　　坏得坏｜忙得忙｜繁得繁_{果实累累}｜坏了个坏
天镇　灰了个灰｜亮了个亮｜小了个小
　　　长了个长｜圆了个圆｜便宜了个便宜

11.2.5 ……得不能提了；……得要命哩；……得要死哩

这类补语也表示程度极深，如：

洪洞　　坏得不能提啊｜好得不能提啊｜好得要命哩
　　　　多得不能提啊｜喜得不能提啊｜坏得要死哩

11.2.6 ……得哩

形容词后加"得哩"，也可表示程度极深，如：

陵川　　那座楼高得哩（那座楼很高）
　　　　他对人热情得哩（他对人很热情）
　　　　那朵花香得哩（那朵花很香）

11.2.7 煞

多见于中区方言，用于动词和形容词后，表示程度加深，相当于北京话的"……死了""……得很厉害"。如：

平遥　　拖~　　骂~　　挤~　　哭~　　笑~　　打~
　　　　气~　　想~　　痛~　　吃~　　干渴~
文水　　美~　　穷~　　忙~　　高兴~

"煞"作为程度补语，后面往往接人称代词宾语。如：
挤~我了｜想~兀家了｜冷~你了

11.3 结果补语

山西方言常见的结果补语有"见、着、住、转"等，以下分别说明。

11.3.1 见

"见"是"看到、听到、感觉到"的"到"。如：

文水　　觉见_{感觉到}　　探见_{伸手而触到}　　思谋见_{想到}
平遥　　没拉寻见_{没有找到}　兀个事_{那件事}我思忖见_{感觉到}不对啦

11.3.2 着

"着"置于某些动词后面，表示人被某物伤害或遭受某种轻微的损伤。如：

文水　　磕着｜碰着｜咬着｜溅着｜烫着
洪洞　　凉着唡感冒｜吃着唡积食｜风着唡中风｜吓着唡
平遥　　裂着扭伤脖子啦｜狗儿咬住我的裤腿腿，好歹没拉咬着咬伤

山西方言有许多动词可带"着"。如：

吹着｜打着｜饿着｜扎着｜踢着｜跌着｜吓着｜烧着｜冻着

11.3.3 住

"住"做动词的补语，表示"牢固、稳当、停止"。如：

平遥　　不是我喝叫住，兀家倒走啦要不是我叫住他，他就走了｜老婆在闺女家房住住啦

　　　　烧住啦｜说住｜闹住｜寻住｜爬住｜讹住
洪洞　　停住唡｜堵住唡｜咬住唡｜塞住唡
山阴　　捉住绳子往上爬｜拿住不要动了
　　　　他考住大学了｜他逮住便宜了

11.3.4 转

"转"表示物体移动了。如：

山阴　　鸡子飞转了｜把桌子搬转哇｜我把他骂转了

11.4 趋向补语

趋向补语有"来、去、上、下、起、转、开"等，现分述如下。

11.4.1 来、去

山西方言"来、去"做趋向补语与做谓语动词，多数点语音不同，不能互相替换。如南区的尧都、洪洞、汾西等地方言，做趋向补语时，"来"读 [lei˧]／"去"读 [·tɕi] 或 [·tɕʻia]；做谓语动词时，"来"

读［lai˦］，"去"读［tɕ'y˧˩］或［tɕ'i˧˩］。

"来、去"做趋向补语，有两个不同的用法。

1)"来、去"直接附于动词后，表示趋向。如：取来/去｜吃来/去｜拉来/去，意思是：到这儿来取/到那儿去取｜到这儿来吃/到那儿去吃｜到这儿来拉/到那儿去拉，而不是：把东西取来/把东西拿去，等等。

2)"来、去"做趋向补语，一定要在"V 来/去"之间加"将"或类似于"将"的成分。如：取将来/去｜拉将来/去｜开将来/去｜走将来/去｜端将来/去。这种结构保存了近代汉语的用法，其义相当于北京话的"拿来/去""拉来/去"。山西方言这类句子，不加"将"，就不成话或者意义发生了变化。

11.4.2 转、开

平遥方言"转、开"各有两个意思。"转₁、开₁"意思相同，都有表示"（分、离、展）开"的意思，可以互换使用。如：

搬转₁/开₁｜拖转₁/开₁｜拉转₁/开₁

喊转₁/开₁｜提转₁/开₁｜打转₁/开₁｜撑转₁/开₁｜吼转₁/开₁

"转₂"表示"旋转、倒转"。如：

(1) 掉转₂ 屄子屁股走了。

(2) 把兀些那些碗碗扣转₂。

"开₂"表示动作的开始。如：

(1) 看见哞天气退开₂啦乌云开始散了。

(2) 节气到了，树叶叶落开₂啦树叶开始落了。

11.4.3 趋向补语：上来、下来、上去、下去、过来、过去、起来

趋向补语"上来、下来、上去、下去、过来、过去、起来"与北京话用法基本一致，"起去"北京话一般不说，而在山西方言常用。如：

平遥　　你坐起去｜把椅子扶起去

洪洞　　把这节个木头抬起去｜把这把锹倚起去 立起来靠在边上

"起去"也可单说成"起"，不加"去"，其意义不变。如：你坐起/扶

起/抬起/倚起。

有时"起"的意思虚化，只表示动作的完结，如：

平遥　　给你的袄儿夜来_{昨天}赶起｜你的咿信_{那封信}写起啦｜兀瓶瓶酒早就喝起啦

洪洞　　房子盖起啊，院墙也垒起啊｜我那条裤子将将做起，倒没电唡

山西方言动词带双音节复合趋向补语时，指物的宾语往往夹在补语中间。如：你荷_拿下包来｜荷_拿回几圪节_个茄子来。如果动词带处所宾语，那么在复合趋向补语之间一般不能插入宾语。北京话可以说：飞进一只苍蝇来，山西方言只能说成：飞进来一圪节个苍蝇。

第 12 章　山西方言表聊天义的言说动词"告诉"

12.1　山西方言"告诉"的基本义

《现代汉语词典（第 7 版）》（2016）中，"告诉"分列为两个词条。一为法律用语，"诉"读为去声，意思为"在刑事诉讼中，被害人或其法定代理人向法院提起诉讼"。一为言说动词，"诉"读为轻声，意思为"说给人，使人知道"，即表达告知义。后者在我们日常生活中使用得非常多，如：

（1）她率直地告诉我："如果我当权，我要用的是有真才实学的人。"（《中国青年》）

（2）月娟使劲摇着老爹的手，要告诉他真相。（《黄金世代》）

（3）老陈把搬家的事告诉了他们。（《解放军报》）

在汉语方言中，"告诉"也多表告知义。据李荣主编的《现代汉语方言大词典》显示，除忻州方言外，成都、崇明、丹阳、贵阳、哈尔滨、杭州、金华等 12 处方言中的"告诉"也均为告知义。如：

（1）我来告诉夷他。（《崇明方言词典》）

（2）你放心，我不~，莫得没有哪个谁晓得。（《成都方言词典》）

（3）请你告诉我们老婆一声，夜饭我不回去吃得。（《杭州方言词典》）

（4）麻烦你给他告诉一声，让他到村长这儿来一趟。（《乌鲁木齐方言词典》）

但在山西方言中，"告诉"的意义比较特殊。除个别方言点受普通话的影响，偶用"告诉"表达告知义外，"告诉"最基本的意义为"聊天、交谈"，即两人或多人互向用言语进行交流的行为。先看如下用例：

（5）兀两个*那两个*正在兀儿*那里*告诉哩。（《忻州方言词典》）

（6）杜玉贵正在说得上劲，辛有根打断他的话说："你不是还要买菜给敌人闹饭吗？快晌午了，改日再告诉吧！"（马烽、西戎《吕梁英雄传》）

（7）李有红乘机就问起本村人民负担的情形，孙家父子拿出烟袋，坐下便伤心地告诉起来。谈了半天……（马烽、西戎《吕梁英雄传》）

《吕梁英雄传》讲述的是吕梁山中的抗日故事，作者马烽为吕梁孝义人。将方言例（5）—例（7）与上述普通话例（1）—例（3）进行比较，可以看出，山西方言中的"告诉行为"与普通话及其他方言的"告诉行为"虽然同属言说行为的范畴，但二者在言说主体、言说方式、言说内容、言说目的上都存在明显差别。在言说主体上，山西方言"告诉"的主体至少为两人，而普通话和其方言"告诉"的主体一般为一人；在言说方式上，山西方言的"告诉"是言说主体间互向交流话语，且持续一定的时间，而普通话和其他方言的"告诉"则是由主体向客体单向传递消息，且过程较为短暂；在言说内容上，山西方言的"告诉"通常不作限制，多为日常的闲话，而普通话和其他方言的"告诉"则言说的是重要的信息、意图；在言说目的上，山西方言的"告诉"主要是为了消遣和交流情感，而普通话及其他方言的"告诉"则是为了传递信息、使对方知道。如表12-1所示。

表12-1　　山西方言"告诉"与普通话及其他方言"告诉"的语义对比情况一览表

	言说主体	言说方式	言说内容	言说目的
山西方言"告诉"	至少为2人	互向交流 持续一定时间	无限定，多为闲话	消遣、交流感情
普通话及其他方言"告诉"	一般为1人	单向传递 过程短暂	信息、意图	传递信息、使对方知道

由上述比较可知，"告诉"表示聊天、交谈义是存在于山西部分方

言的一个特殊的词汇现象，目前对这一现象的研究尚付阙如。在山西方言词汇研究中，虽然部分方言词典、方言志、方言调查报告中可以找到"告诉"表示聊天义的一些方言用例，但未见有将其作为独立的对象进行详细分析讨论的著述。因此，本章以"山西方言表聊天义的言说动词'告诉'"为研究对象，重点描写其具体分布、总结其语义和句法特点、分析其聊天义的来源，以期能够提供一份较为翔实的专题研究报告，同时抛砖引玉，希望这一议题能够引起更多学者的关注与探讨。

12.2 "告诉"一词在山西方言的分布①

依据《中国语言地图集（第2版）·汉语方言卷》B2-13 显示，山西境内有70多个县（市区）方言今属晋方言，南部20多个县（市区）今属中原官话，北部广灵一县今属冀鲁官话。我们查阅了李荣主编的《现代汉语方言大词典》、许宝华和宫田一郎主编的《汉语方言大词典》、侯精一、温端政主编的《山西方言调查研究报告》、乔全生主编的"山西方言重点研究丛书"以及一系列"山西省方言志丛书""山西省方言志丛刊"，在"语保工程采录展示平台"检索了"聊天儿"词条在各地的说法，参考了山西各方言点的相关学术论文，并自行调查了部分方言，发现表聊天义的"告诉"主要分布在山西方言北区、西区及中区，在地域上连成了一片。

具体地说，北区有10个方言点，包括忻府区、五寨、神池、岢岚、代县、宁武、原平、定襄、五台、阳曲，具体读音及用例如下：

忻府　告诉 kɔ˧ su˥（温端政《忻州方言志》）
　　　——四小子哪儿去来？
　　　——他正和一个相好的告诉嘞。（温端政《忻州方言志》）

---

① "'告诉'一词在山西方言的分布"一节中各点方言材料分别来自：《山西方言调查研究报告》（侯精一、温端政主编，1993）、《汉语方言大词典》（许宝华、宫田一郎主编，1999）、《忻州方言词典》（温端政、张光明编，1995），其余取自《山西方言重点研究丛书》（乔全生主编，2005－2014）中：崔淑慧、李建校、孙小花、史秀菊、李小萍、崔霞、杨萌、白云等老师的调查资料，以及笔者的亲自调查。所引用有关论文和著作随文作了简注，这里不再一一详列。

一时半霎也说不精明，后晌咱几个好好告诉告诉。（张海峰《忻州方言历史词汇研究》）

五寨　告诉 kɔ˨˩ ·su（《山西方言调查研究报告》）

咱们不要坐车来咧，走上回哇么，路上还能告诉告诉。（笔者调查）

我可不爱见她，她还老是要和我告诉咧，撵上走也不走。（笔者调查）

神池　告诉 kɔo˨˩ su˨˩（笔者调查）

还在这儿告诉咧，车也走了，赶紧追去哇。（笔者调查）

你这抽个时间咱俩告诉告诉。（笔者调查）

岢岚　告诉 kɑu˨˩ ·ʂɿŋ（"中国语言资源保护工程专项任务之山西汉语方言调查·岢岚"）

将将两个人还在这里告诉咧，一会儿就不知道哪儿去啦。（笔者调查）

你俩先告诉着，我好给做饭，一会儿饭就熟了。（笔者调查）

代县　告诉 kɑu˨˩ ·suɣŋ（崔淑慧《代县方言研究》）

心里头难活的，想寻个人告诉告诉。（笔者调查）

外且可冷的咧，就在家里告诉告诉。（笔者调查）

宁武　告诉 kɔu˨˩ su˨˩（笔者调查）

有空哩来咱行来哇，咱好好告诉告诉。（温煦霞《宁武方言的代词研究》）

咱俩可长时间没告诉啦。（贾璐《宁武方言词汇研究》）

原平　告诉 kɔo˨˩ su˨˩o˨˩（李小萍《原平方言研究》）

俺俩原来是同学嘞，时常在一搭儿告诉，这可长时间也没唠见面咧。（笔者调查）

她远远地瞭见我，从车上跳下来，和我告诉了俩句，就又着着急急地走咧。（笔者调查）

定襄　告诉 kɔ˨˩ ·su（陈茂山《定襄方言志》）

——老四咧？

——他正和一个朋友告诉咧。（陈茂山《定襄方言志》）

们两个坐在兀搭告诉咧，他进喽门的把东西拿上走啦。（笔者调查）

五台　告诉 kɔ ˧ sueʔ ˧（孙小花《五台方言研究》）
他么恭，得圪截截的，谁也不和谁告诉。（崔丽珍《山西五台方言的重叠式研究》）
你两个在告诉甚了，让我也知道知道□ȵie ˧你们告诉甚东西咧。（笔者调查）

阳曲　告诉 kɛu ˧ su ˧（孟庆海《阳曲方言志》）
我妈上岢年纪咧，有时候告诉的就瓷住咧。（马丽娜《山西阳曲方言参考语法》）
伢她就告诉就把衣裳也洗出咧。（马丽娜《山西阳曲方言参考语法》）

西区有 8 个方言点，包括静乐、兴县、岚县、临县、方山、离石、柳林、中阳，具体读音及用例如下：

静乐　告诉 kao ˧ sao（李建校《静乐方言研究》）
饭也没空吃还有空和你告诉唻？（笔者调查）
他俩在这告诉了一晌午，心烦得人觉也睡不着。（笔者调查）

兴县　告诉 kɯ ˧ ·sou（史秀菊、双建萍、张丽《兴县方言研究》）
坐到咱这搭可要咋告诉了。（贾琼《兴县方言语法中的几个问题》）
那家乃正告诉嘞，这乃正打扑克嘞。（杨瑞萍《山西兴县方言代词研究》）

岚县　告诉 kao ˧ sao ˩（《山西方言调查研究报告》）
你平时没做的，出去游拉下，找个人告诉告诉，不要成天钻到居舍里头。（笔者调查）
我每回去卖肉去，他都要拉的我告诉了，下回可不敢去他那儿哩。（笔者调查）

临县　告诉 kou ˧ sou ˧˩（《山西方言调查研究报告》）
——老四嘞？
——乃正和一个熟人告诉嘞。（《山西方言调查研究报告》）

你们告诉你们的，不用管我，我等下就走了。（笔者调查）

方山　告诉 kou˧˩ ·suəʔ（"中国语言资源保护工程专项任务之山西汉语方言调查·方山"）

你坐下跟兀家告诉告诉。（李萍《山西方山方言代词研究》）

咱都是各人人，在一搭里瞎告诉哩，不敢出去瞎说。（笔者调查）

离石　告诉 kou˧˩ ·sʌu（"中国语言资源保护工程专项任务之山西汉语方言调查·离石"）

咱时不时地联系一下，告诉一会儿。（笔者调查）

你忙吧，我没甚事儿，咱完了再告诉。（笔者调查）

柳林　告诉 kou˧˩ ·sə（"中国语言资源保护工程专项任务之山西汉语方言调查·柳林"）

我妈一天介就是爱串门子，天天介到邻居居舍和人家告诉。（笔者调查）

夜来黑间又和人家告诉了一夜，今早爬不起来咧，害的我连学校也不能去了。（笔者调查）

中阳　告诉 kɔo˧˩ˀ˧ʌ˧˩（笔者调查）

你到兀家居舍和兀告诉去。（笔者调查）

今才把营生做完，饿得不能，咱再告诉。（笔者调查）

中区只有娄烦一点，具体读音及用例如下：

娄烦　告诉 kou˧˩ ·səu（《山西方言调查研究报告》）

——老四啦去哩？

——和一位朋友在外头告诉了。（李会荣《娄烦方言疑问句研究》）

我不太想起来些一直告诉兀件事哩，兀是人家的事，和咱们又没啦甚关系。（韩旭娇《山西娄烦方言程度副词研究》）

事实上，包括上述各方言点，山西方言的"告诉"也很少用来表达告知义。参考"中国语言资源保护工程"中的语法条目"——你告诉他这件事了吗？——是，我告诉他了"在山西方言中的调查结果，山西方言主要采用"说给""告""告给""告予"等来表示告知概念，如：

灵丘　　　——你说给他这回事儿没？
　　　　　——我说给他咧。
太原小店区——你告了他兀个事咧没啦？
　　　　　——告咧。
寿阳　　　——你把这件事告给他唻俺没啦？
　　　　　——告唻。
石楼　　　——你告予他这截事情哩没啦？
　　　　　——我告予哩。

因此，山西方言中"告诉"最基本的含义就是聊天、交谈义。

12.3　山西方言"告诉"的语义特征及其句法表现

动词的语义特征对句法表现具有一定的制约作用，语义特征不同，其句法表现往往不同。山西方言的"告诉"和普通话的"告诉"不仅具有不同的语义特征，在句法表现上也呈现较大差异。这里主要谈两点。

12.3.1　"互向性"语义特征及其句法表现

与"说""骂""夸"等一人就能完成的言说行为不同，"闲谈、聊天"需要两人或多人共同参与言说。袁毓林称这种"所表示的动作、状态是由两个或两个以上的个体协同作用而形成"的动词为"协同动词"。张谊生、陈昌来所指的"相互动词"或是"交互动词""互向动词"的范围也大致与此相同，只不过更加强调参与动作的个体间关系的对称性，以山西方言的"告诉"为例，如果 A 跟 B 在告诉，那么 B 也在跟 A 告诉。此外，互向性在言说行为中还可以指言说内容的传递方向，考虑到这一点，本节将该类语义特征统一称为互向性。

"互向性"这一语义特征要求该类动词至少支配两个语义成分，山西方言的"告诉"多为二价动词，娄烦、岚县等地"告诉"后可带受事，为三价动词。反映到句法上，"二价"就有两个体词性成分与它发生强制性的句法联系，"三价"就有三个体词性成分。山西方言"告诉"的基本句式为：NP1 + 和介/跟介 + NP2 + 告诉及 NP1 + 和介/跟介 +

NP2 + 告诉 + NP3①。如：

临县　小张刚在兀哒那里跟小李告诉了，说得可高兴了，声音也可大了。

娄烦　小张刚刚地和小李在兀那里告诉结婚的事了，说得高兴的，声音可大了。

临县　弭妈我妈夜黑间昨天晚上和我告诉了一黑间，乃精神可大了，我瞌睡的不行。

娄烦　俺妈和俺告诉了一黑夜乱七八糟的事，她可精神了，把俺瞌睡的。

虽然"告诉"这一动作由 NP1 和 NP2 协同完成，但相较而言，NP1 是较为积极的、能动的、占据主导地位的，而 NP2 则是消极的、被动的、处于从属地位的。如果调换二者的位置，NP1 和 NP2 的主从关系也会发生对调，但整个句子的基本意义变化不大。如：

临县　小李刚在兀哒那里跟小张告诉了，说得可高兴了，声音也可大了。

娄烦　小李刚刚地和小张在兀那里告诉结婚的事了，说得高兴的，声音可大了。

临县　我夜黑间昨天晚上和弭妈我妈告诉了一黑间。乃精神可大了，我瞌睡的不行。

娄烦　俺和俺妈告诉了一黑夜乱七八糟的事，她可精神了，把俺瞌睡的。

NP1 和 NP2 还可以发生合体，合体后共同作为"告诉"的主语，我们将该句式记作：NPc + 告诉和 NPc + 告诉 + NP3。张谊生曾指出只有同时可以进入 NP1 + 和介/跟介 + NP2 + V 和 NPc + V 句式的动词才可

---

① "和""跟"是一组兼类词，它们既是连词，也是介词。"NP1 + 和介/跟介 + NP2 + 告诉"和"NP1 + 和连/跟连 + NP2 + 告诉"这两种句式同时存在。当"和""跟"为介词时，NP1 和 NP2 为主从关系；为连词时，NP1 和 NP2 为对等关系（张谊生1996）。句法上，前者的 NP2 为状语，后者的 NP2 与 NP1 一起做主语。正文中"和""跟"作为连词的情况并未单独列出，而是将其作为"NPc + 告诉"句式中下属的一种情况。

以算得上严格意义的交互动词。① NPc 包括表示复数的名词、代词、联合词组、数量词组等多种形式。以下再举数例以资比较。

——老四啦去哩？
——和一位朋友在外头告诉了。
——谁嘞？
——我也不知道。
——他们还在告诉嘞？
——嗯。大约摸还得一气_{一会儿}才能说完了哇。（李会荣《娄烦方言疑问句研究》）

临县　小李、小张/他家两个/两个人刚在兀哒_{那里}告诉了，说得可高兴了，声音也可大了。

娄烦　小李、小张/他两/两人在兀那里告诉结婚的事了，说得高兴的，声音可大了。

我们两个/娘母两个告诉了一黑间。弭妈_{我妈}精神可大了，我瞌睡的不行。

娄烦　俺俩/娘母两告诉了一黑夜乱七八糟的事，俺妈可精神了，把俺瞌睡的。

在这里，虽然有些临县的例句看似在句法层面只出现了一个体词性成分，但在其深层的语义结构中仍然包含两个论元，娄烦的例句看似是两个体词性成分，但实际上包含三个论元。

相对而言，普通话的"告诉"反映的是一种抽象的、特殊的"给予"关系②，即消息、信息从说话者一方转移到听话者一方。参与动作的个体间的关系是单向的：A 告诉 B≠B 告诉 A。如：

（8）小李告诉小张明天不上课。≠小张告诉小李明天不上课。

---

① "和""跟"是一组兼类词，它们既是连词，也是介词。"NP1 + 和_介/跟_介 + NP2 + 告诉"和"NP1 + 和_连/跟_连 + NP2 + 告诉"这两种句式同时存在。当"和""跟"为介词时，NP1 和 NP2 为主从关系；为连词时，NP1 和 NP2 为对等关系（张谊生1996）。句法上，前者的 NP2 为状语，后者的 NP2 与 NP1 一起作主语。正文中"和""跟"作为连词的情况并未单独列出，而是将其作为"NPc + 告诉"句式中下属的一种情况。

② 称"告诉"反映的是一种特殊的给予关系，是因为在真正的给予关系中，动作发生后，给予者就不再拥有给出的物品，但是"告诉"动作完成后，告诉者还依然拥有给出的信息。

同时，这还是一个三价动词，其在语义结构中比大部分山西方言的"告诉"多了受事即言语信息这一必要语义成分。其最典型的句式为双宾语句：NP1 + 告诉 + NP2 + NP3，以及 NP1 + prepNP3 + 告诉 + NP2。如：

（9）下午4时许，李达从麻醉中苏醒过来就急着要看自己的双手，他的父母使劲捂着被子告诉他："手好好的，没事。"（《福建日报》）

（10）记者获悉，今天一大早，他已将康复出院的喜讯告诉了远在台湾的父亲。（《文汇报》）

另据黄维的研究显示①，普通话"告诉"的变位句式非常丰富，但无论如何变换，与事始终不能与施事一起出现在动词的前面。李新良曾指出动词前成分的主动性或是说施为性往往大于动词后的成分②。虽然将山西方言和普通话"告诉"的 NP2 都称为与事，但显然山西方言的与事作为动作的协同者具有很强的主动性，因此出现在动词前，这也是该类动词的一个重要的句法特征；而普通话的与事作为动作的接收者则更具被动性，因此只能出现在动词的后面。

12.3.2 "持续性"语义特征及其句法表现

动词的"持续性"是指所反映的动作可以随着时间的进行而持续。与之相对的是"有界性"，即动作"在时间轴上有一个起始点和终止点"。从连续性到有界性存在一个连续统，山西方言的"告诉"和普通话的"告诉"都位于这个连续统的中间，它们同时具有有界性和持续性。在句法上，一方面都可以跟表示持续状态的副词"正在""在"或者体态助词"着"连用，另一方面可以跟具有标识起讫点作用的趋向补语"起来"（普通话"告诉"不行）、助词"了""过"连用。但相较而言，山西方言的"告诉"更加突出"持续性"，普通话的"告诉"更加突出"有界性"。

说山西方言的"告诉"更加突出持续性是因为该动作本身可以持续很长时间，并且缺乏一个内在的自然终止点，而普通话的"告诉"

---

① 黄维：《动词"告诉"带宾语情况分析》，硕士学位论文，湖南师范大学，2009年。
② 李新良：《协同动词带宾语及其语义后果》，《语言教学与研究》2013年第2期。

由与事宾语承担这个终止点的角色，当消息从施事传递到了与事就意味着动作的结束，并且传递的过程本身不会占用很长的时间。在句法上，二者的差别突出地反映在与时量短语的连用以及重叠式上。

山西方言的"告诉"经常与时量短语连用，如：告诉（了）一会儿，告诉（了）半天，告诉（了）一后晌下午。普通话的"告诉"则很少与时量短语连用。更为关键的是，当二者进入"V+（了）+时量短语+了"的句法格式时，时量短语的语义所指并不相同。山西方言"告诉"后的时量短语表示动作本身持续的时间，如：

临县　你们俩个告诉半天了，怎么还没拉说完呢。

娄烦　我俩估计还得告诉一气哩，你先走哇。

而普通话的"告诉"后跟时量补语很多都不成立，即使勉强跟上时量补语，其表示的是动作结束后状态的持续时间，如：

我都把任务告诉他半天了，他连动都没动一下。

＊他到现在都不清楚任务，我还得告诉他一会儿呢。

这两种情况间的差别如图12-1所示：

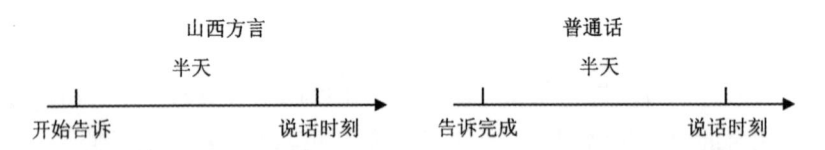

图12-1　山西方言"告诉"和普通话"告诉"后跟时量短语所指

马庆株称时量短语的语义指向与动词的持续性有关[1]，并将像山西方言"告诉"这样，其后的时量短语只能表示动作本身持续时间的动词归为强持续性动词。而像普通话"告诉"那样，其后的时量短语表示动作结束后状态持续时间的动词的持续性要弱得多。税昌锡对动词有界性的研究也反向证明了这一点，即时量补语在有界性弱的动词后表示动作本身持续的时间，在有界性强的动词后表示动作结束后状态的持续时间。[2]

---

[1] 马庆株：《时量宾语和动词的类》，《中国语文》1981年第2期。

[2] 税昌锡：《动词界性分类试说》，《暨南学报》2005年第3期。

此外，山西方言的"告诉"可以重叠为"告诉告诉"，临县、方山、原平等地方言还可以重叠为"告告诉诉"。这里"告告诉诉"具有状态形容词性质，带有"谈得好、谈得来"的意义。如：

临县　咱两个在一搭里告诉告诉，不要着急回去么。

娄烦　好长时间没拉见你，甚时候告诉告诉哇。

临县　人家两个告告诉诉一下午，也不晓得说了些甚。

原平　我看见她俩一下午在那里告告诉诉的，不知道说啥呢，反正挺亲热。

普通话的"告诉"有时可以重叠为"告诉告诉"，但使用频率不高；不能重叠为"告告诉诉"，如：

顶俏梅的笑了一下，她问东阳："你告诉告诉我，怎样作个文学家，好不好？"（老舍《四世同堂》）

重叠式也是在表达动作的量，既包括时量也包括动量，其基底语义是动词地持续和反复。相较而言，ABAB 式作为最典型的双音节重叠形式，其具体表达的通常是较轻的量，即时量短、动量小，而 AABB 式则表达的是动作的频繁绵延态，即较大的量。普通话的"告诉"只能短暂地持续和反复，因此可以进入 ABAB 式，但无法进入 AABB 式。而山西方言的"告诉"既能表短时间的持续，也能表长时间的持续，因此可以进入 ABAB 式，也可以进入 AABB 式。

综上所述，由于"互向性""持续性"等语义特征，山西方言的"告诉"在主要句式、带时量补语情况以及重叠式方面都与普通话的"告诉"有所不同（总结为表 12-2）。因此，二者间的差异不仅体现在语义上的主观判断，而在句法形式中也得到了客观验证。

表 12-2　　　　山西方言的"告诉"与普通话的"告诉"句法对比情况一览表

	山西方言的"告诉"	普通话的"告诉"
主要句式	NP1 + 和介/跟介 + NP2 + 告诉 NP1 + 和介/跟介 + NP2 + 告诉 + NP3 NPc + 告诉 NPc + 告诉 + NP3	NP1 + 告诉 + NP2 + NP3 NP1 + prepNP3 + 告诉 + NP2

续表

	山西方言的"告诉"	普通话的"告诉"
带时量补语	告诉+（了）+时量短语+了 （时量短语指动作本身持续的时间）	告诉+（了）+时量短语+了 （时量短语指动作结束后状态的持续时间）
重叠式	告诉告诉 告告诉诉	告诉告诉

12.4 "告诉"的语义发展及聊天义的来源

在探讨山西方言动词"告诉"聊天义由来之前，先梳理下"告诉"的语义发展脉络。"告诉"为复合词，由语素"告"和"诉"（"诉"或体为"愬"，为行文方便，下文中均记作"诉"）并列构成。"告"本义为"祭告、祷告"，清·陈诗庭《读说文证疑》："按告从口从牛，谓以一牛告神也。"（转引自廖美珍）在先秦文献中，"告"的使用范围不断扩大，上级对下级、下级对上级、平等地位间均可用"告"，"告"也就产生了一般的告知义，如：

（1）公语之故，且告之悔。（《左传·隐公元年》）

（2）其妻归，告其妾，曰："良人者，所仰望而终身也，今若此！"（《孟子·离娄章句下》）

"告"语义的泛化使其成为告知概念域的核心词汇，也为与"诉"并列成词创造了重要条件。

"诉"与"告"为近义词，《说文·言部》："诉，告也。"但事实上，二者间并不完全等同，《王力古汉语字典》指出"用作告诉义时，'告'偏重在告知，'诉'偏重在陈述"。[①] 更为重要的是"诉"的语义范围要比"告"小，在古代汉语中，主要特指"诉说冤屈、痛苦"，即"用言语向值得信赖之人述说自己因某人某事引起的不良情绪"。如：

（3）薄言往诉，逢彼之怒。（《诗经·邶风·柏舟》）

[①] 王力主编：《王力古汉语字典》，中华书局2000年版。

(4) 他日，董祁诉于范献子曰："不吾敬也。"（《国语·晋语九》）

可以看到，由于"诉"本身暗含了言说内容，其后往往不跟受事宾语。此外，"告"和"诉"都发展出了"控告、告发"的意义。

"告诉"在先秦时期就已出现，如：

(5) 贱人以服约卑敬悲色告诉其主，主因离法而听之，所谓贱而事之也。（《管子·任法》）

(6) 治不尽理，则疏远微贱者无所告诉；事不尽应，则功利不尽举。功利不尽举则国贫，疏远微贱者无所告诉则下饶。（《管子·版法解》）

这是《管子》中关于公平法制的两段论述，"告诉"实际上是在"诉"语义基础上的双音节化，其意思为"申诉冤屈"，这最初是一种下对上的行为，即"告诉"的对象为位高权贵者或者政府机关，其目的在于获得平反和帮助。"无所告诉"或"无处告诉"是最常见的用例，意义为"没有可以申诉冤屈的人或地方"，以此来形容百姓凄苦、无助的境遇。除此以外，相关的例子还包括：

(7) 身在患中，莫可告语。王有义德，故来告诉。（《史记·龟策列传》）

(8) 臣欲奉诏奔驰，则刘病日笃；欲苟顺私情，则告诉不许：臣之进退，实为狼狈。（晋·李密《陈情表》）

不晚于汉代，一方面，"告诉"发展出了控告、告发义[①]，即"向政府司法机构、长官或其他有威望的人揭露他人的罪行和错误"，如：

(9) 弃礼仪辞让，而上告诉刑罚。（《汉纪·前汉孝文帝纪上》）

(10) 恐喝者，谓知人有犯，欲相告诉，恐喝以取财务者。（《唐律疏议·卷第十九》）

该义项多用于正式的法律条文中，并在现代汉语里保留了下来。另一方面，"告诉"由一种上对下的行为引申出一般的诉说苦恼、冤屈的意义。如：

(11) 身非木石，独与法吏为伍，深幽囹圄之中，谁可告诉者！

[①] "控告、告发"义的由来有两种可能：一是在该词申诉冤屈义上的引申；一是"告"和"诉"在先秦时期就都已分别产生了控告、告发义，表控告、告发义的"告诉"可能是这两个语素在这一义项上的复合。这里暂采纳第一种可能。

(《汉书·司马迁传》)

(12) 江上被花恼不彻,无处告诉只颠狂。走觅南邻爱酒伴,经旬出饮独空床。(唐·杜甫《江畔独步寻花七绝句》)

例(11)(12)中的"谁可告诉者""无处告诉",并非像上文那样指无人替自己主持正义,而是指身边没有亲朋好友,痛苦和烦恼得不到排解和宣泄。可以看到,不仅"告诉"的对象发生了变化,它的目的也转变为疏解情绪、获得安慰。但到近代汉语①的前期,"告诉"仍然包含说者强烈的主观感受,诉说内容也还是以负面、消极的事情为主。表现在句法上,与"诉"相同,由于"告诉"这一阶段其语义本身对"言说内容"进行了限定,因此不需要通过其他句法成分进行表现,因此"告诉"后仍然不跟受事宾语。

在明清时代,"告诉"的语义有了进一步发展:产生了告知义,聊天义也是在这一阶段初现萌芽。这两者都与诉说义的进一步泛化有关,即诉说的内容不断扩大,不再局限于痛苦、悲伤。一方面,当诉说的内容变为具体的话语、信息,说者的态度也趋向客观,目的在于单纯地传递这些内容、使对方知道,于是就产生了告知义。这一义项带来了语法上的明显改变,"告诉"由二价动词变为三价动词,具体的信息内容需要单独由一个句法成分来表现:在明代主要用介词引介放在动词前面,在清代产生了双宾语结构,信息内容可以作为直接宾语出现。如:

(13) 即时转过本营,请出黄凤仙来,把国师的话告诉他一遍。(明·罗懋登《三宝太监西洋记·第五十九回》)

(14) 见了玉芝,先告诉他先生在监无事,又悄悄告诉他许婚之意:"现有书信在此,说这荣相公人品学问俱是好的,也活该是千里婚姻一线牵。"(清·石玉昆《五侠七义·第五十二回》)

另一方面,"告诉"还可以表示诉说闲话、笑话等,其多少带有情感的表达与交流。如:

(15) 孔明曰:"且无暇告诉别事。前者所约军马战船,皆已办

---

① "近代汉语"的概念采用蒋绍愚的观点,即"指唐代到清代初期这个历史时期的汉语"。

否?"（元·罗贯中《三国演义·四十九回》）

（16）那婆子自把酒来劝宋江，宋江勉意吃了一盏。婆子笑道："押司莫要见责，闲话都打迭起，明日慢慢告诉……"（明·施耐庵《水浒传·第二十一回》）

（17）你们薛爷对我告诉，也说曾有算命的许他五十四上先要开花。（明·西周生《醒世姻缘传·第二十五回》）

（18）那船正与狄希陈的船往来擦过，把狄希陈身上略捏了一把，笑道："你怎么不再去我家溺尿哩?"狄希陈羞得不曾作声。倒是那个闺女对着她那船上的人告诉，大家乱笑。（明·西周生《醒世姻缘传·第三十七回》）

就言说内容而言，此时的"告诉"与山西方言的"告诉"一样变得非常宽泛；就言说目的而言，其主要也是消遣和交流。但多数情况下，"告诉"仍然还是一个单向动词，言说主体往往也是一个人，其最常见的句式为"NP1＋对＋NP2＋告诉"，例句中"你们薛爷对我告诉≠我对你们薛爷告诉""那个闺女对着他那船上的人告诉≠他那船上的人对着那个闺女告诉"。但言说行为本身是一种交际行为，尤其是说闲话、笑话时，听者往往会参与其中、予以反馈，于是产生了交流和互动，因此，"告诉"可以受到"相互""互相"等表示互向义的副词的修饰：

（19）这些念佛的女众。各自寻班逐队，与熟伴儿同坐，你我互相告诉。（明·方汝浩《禅真逸史》）

（20）枝头好鸟，倦梦方回，吱吱喳喳地互相告诉，似说晨光到了，大家醒醒儿，各干各的正经去，莫再沉迷在黑夜之中。（清·无垢道人《八仙得道传》）

周晓军曾指出："在很多语言中，频繁出现在句式相互结构中的动词很容易和表相互义的词缀发生融合，在频繁使用中，变得不可分析。"[①]"告诉"由于频繁出现于产生相互关系的语境中，并且可以受到"相互""互相"等表示互向义的副词的修饰，因此产生了互向化的趋势。只是其互向化的方式并不是通过与显性的词缀发生融合，如产生新

---

① 周晓君：《汉语相互结构研究》，浙江大学出版社2018年版。

词"相诉",而是自身发展出来了一个新的义项。"告诉"也由一个表示单向行为的动词引申出表示互向行为的意义。如:

(21) 黄凤仙即时开了南监,取过郑元帅来。三位将官草率相见,大家告诉一番。(明·罗懋登《三宝太监西洋记·第四十七回》)

(22) 郭总兵使性竟抽身往隔壁舱来合周相公告诉白话。(明·西周生《醒世姻缘传·第八十七回》)

例(21)中的"大家告诉一番",结合上下文可以得出,此处并非指三位将官一起向他人诉说,而是指他们彼此之间进行对话。而例(22)中,"合"用作介词时表示的是连同义,"白话"即"闲话"。"郭总兵合周相公告诉白话"与"周相公合郭总兵告诉白话"只是主从关系不一样,但句子的基本意义并无太大改变。因此上述两例中的"告诉"完全可以解释为"交谈、聊天"。

只是明清小说中这样的实例较少,尤其到了清末,"告诉"基本上表达告知义,聊天义在官话的发展中并没有完全成为一个固定义项。但上述对"告诉"语义的演变脉络的梳理(总结为图12-2)足以看出山西方言"告诉"表聊天义正是在此基础上的发展。民国六年版胡宗虞修、吴命新纂的《临县志》卷十三中就有明确记载:"闲谈曰告诉又曰道惺。"此外,从句法角度来看,表示"诉说"义的告诉仍然是一个二价动词,虽然其言说内容泛化和扩大,但带有受事宾语的情况仍然非常少,从而从形式上与表示告知义的"告诉"产生了区别。而山西方言的"告诉"的不及物表现应当也是对这一特点的继承。

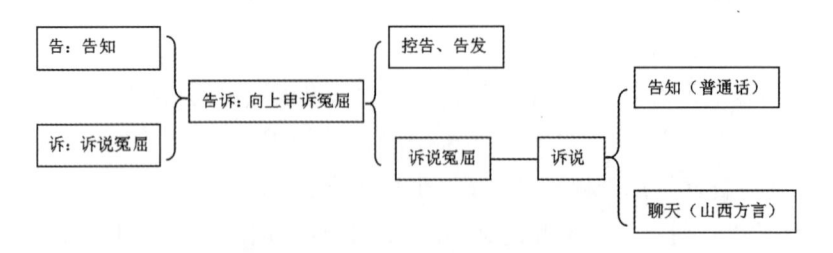

图12-2 "告诉"的语义演变历程

12.5　余论

　　山西方言表聊天义的"告诉"主要分布在南区以外的山西方言区。近年来,晋方言与官话非同步发展的诸多现象得到学界的广泛关注。我们曾就晋方言的"平声不分阴阳""全浊声母清化后的送气不送气类型"等多个语音特征与官话进行了比较,得出"晋语在官话中是比较保守、比较特殊的,有些现象与官话分道扬镳的时间在五六百年以上,有些现象甚至达到千年以上"。从白云分析晋语特征演化与形成的社会因素中,也可以看出,这种非同步发展不仅是语音的,也是词汇和语法的。[①] 本章分析山西方言表聊天义的"告诉",无论是语义还是句法都与现代汉语普通话及周边官话方言有较大差异。这种用法当是近代汉语"告诉"义在山西方言的进一步遗衍。本章通过对表聊天义"告诉"一词的详细分析,或可从词汇侧面说明晋方言与官话非同步发展。

　　(本章是与博士生王鹤合作的论文,曾以《山西方言表聊天义的言说动词"告诉"的语义句法特点及其由来》为题,发表于《语文研究》2023年第X期,收入本书时作了部分修改。王鹤第一作者,著者第二作者。)

[①] 白云、郭艳花:《区域社会史视角下的晋方言特征演化与形成》,《山西大学学报》2021年第3期。

第 13 章　山西南区方言的独立词"可"

本章讨论山西南区方言的独立词"可"的用法。"可"的用法在山西其他区尚未见到，只见于南区。南区方言大致包括今临汾市、运城市所辖地的方言。

"可"是一个出现在句尾或句首表示强调、确信、原因等附加意义的独立词。说它独立是因为出现于句尾，不同于一般的语气助词"呢、么、呀、哩"；出现于句首，与一般的叹词"呵、哎、嘿、哼"所表示的语义也不相同。以尧都、洪洞方言为例：

（1）没走哪？——没哩可。（句尾，表示肯定、确信的语气）

（2）你怎么现在才来？——可，将出门呀，车子坏哪，修了半天才修好。（句首，表示对所解释的原因毋庸置疑）

例（1）"可"出现于简单句的句尾，例（2）"可"出现于复句的句首。无论句尾句首，多为问句的答句。其他场合也可用"可"，但在答句中最为常见。北京话没有与之相应的词，例（1）若译成"没有哇""没呢"似乎不能完全表达原句的意义。

"可"是记音形式，不同的方言点有不同的读音。尧都、襄汾、浮山、翼城、曲沃读 [kʰo]，洪洞、霍州读 [ko]、[ke]，河津、永济、芮城等读 [kɛ]，但语法功能基本一致。

下面讨论尧都、洪洞方言中"可"的语法功能及其性质。

13.1　"可"的语法功能

从出现的场合看，"可"主要用于问句的答句、复句、比较句三种类型的句子中。第一种类型用得最多，本节将重点讨论。

13.1.1 用于问句的答句中

"可"主要用于问句的答句中。带"可"的答句与不带"可"的答句相比，有明显的申述、辩解、确信、强调等意味。

13.1.1.1 特指问的答句

在回答特指问的答句中，可以用于名（代）词、述宾结构、主谓结构之后。

1）"可"可用于问事物问对象的答句里，"可"附于名（代）词之后。如：

（1）这是些什么呢？——南瓜可/南瓜么可。

（2）兀是谁呢？——我可/我么可。

在回答特指问的答句中，必须是正面回答方能用"可"，反问作答则不能用"可"。如前两个问句若答成：你还看不见呀？｜你猜我是谁呢？就不能用"可"。

2）"可"还可用于问原因的答句中，"可"附于述宾结构之后。如：

（1）怎么搁到这咑俩？——再没地方可。

（2）你怎么不走呢？——等你着哩可。

（3）你走这早的做什么哩呢？——要送人哩可。

这种答句的"可"若换成语气助词"么、呢"，表示"申述、理应如此"的附加意义就会大大削弱。

"主谓结构 + 可"的句式，主谓结构为形容词或动词谓语句。如：

（1）你怎么这干哩呢？——这个办法好可。

（2）你怎么光吃这一样呢？——兀个吃着好可。

（3）你怎么把这件衣裳穿上咑呢？——这件干净可。

（4）兀怎么就俫他一人在兀咑哩呢？——俫他老实么可。（以上是形容词谓语句）

（5）你多会儿来的呢？——我早来的可。

（6）你走哪里去哩呢？——我走城里去哩可。

（7）俫俩他们两个结了婚后行么？——天每每天打架可。（以上是动词

谓语句）

这些句子后用"可",明显有肯定、毫无疑问等附加意义。

13.1.1.2 是非问的答句

在回答是非问的答句中,可以用于形容词、动词之后。如：

（1）人哪说的都是真的吧？——真的可。

（2）俩人谈对象正热着哩吧？——热着哩可。

形容词后加"可"相当于形容程度加深的用法"真的多哩,热的热哩。"如：

（1）都还没吃饭唡？——都还没吃哩可。

（2）都还没走唡？——没哩可。

（3）栽的苗都活唡么？——活唡可。

（4）你到过北京么？——去过可/没可。

（5）兀就是小虎的爸呀？——是可/不是可。

上例中"活唡可、去过可"相当于"肯定活了、肯定去过"等用法。还有其他结构,如：

（6）就咱俩人去？——就咱俩可/再没人去可。

13.1.1.3 选择问、反复问的答句

"可"还可用于回答选择问句、反复问句的答句中。如：

这俩堆菜你要哪一堆呀呢？——哪一堆也行可。

选择问句、反复问句洪洞方言基本一致。答句可为：

名（代）+ 可　　兀是鸡儿呀鹅呢？——鹅可。

　　　　　　　　你去呀我去呀呢？——我可。

动 + 可　　　　你去呀不去呢？——去可/不去可。

　　　　　　　　还有呀没呢？——没可/有哩可。

你做饭行呀不行呢？——行可/不行可。

　　　　　　　　你认得俹他呀不认得呢？——认得可。

名词后加"可","可"前不能再加语助词"吧、么"等。动词后加"可","可"前可以有语助词"哩、唡"。

从以上例句可以看出,"可"均出现于答句比较短的单句的句尾,若答句是复句、长句时,"可"则要放置句首。如：

（1）这怎么不吃饭呢？——可,什么菜也没有唡,得我吃什么呀？

（2）这水怎么半天唡上不到来呢？——可，这地面这高，一下还能上来呀？

（3）兀怎么将_刚吃喽饭倒要瞌睡哩呢？——可，俄_他整整地戏嬉_玩喽一天能不瞌睡呀。

有时答句的两头都可以出现"可"。如：

（4）这话得我怎么跟俄_他说呀呢？——可，你就跟俄_他直说可。

（5）这娃长得到底随了谁唡呢？——可，随了我唡么可。

"可"置于句首，可以轻读，也可以重读，重读时句子含有"不满、埋怨、本该如此或无可奈何"等附加意义，语气也因此而加重。根据"可"出现的位置，语气的轻重顺序依次为：后置—前后置—前置。前置的语气最重，后置的语气最为舒缓。

因答句本身就是问答内容整体的一部分，其语义多不能自足。带"可"的答句也不例外。如：

（6）兀是谁呢？——我可。

"我可"是不能单独说的黏着句。"可"只能用于答句里，却不能用于问句里，如不能问：*兀是谁可？／*兀是谁呢可？

13.1.2 用于叙述性复句分句中

"可"还可用于叙述性复句分句中。如：

（1）今马_{今天}我家_{我们}来的早可，平时怎么也来不早。

（2）你别看人不大，心眼多哩可。

放在分句的末尾，陈述性较强，而辩解性较弱。放在复句之前，辩解性较强。如：

（3）可，你一兀一兀地都走啊，我怎么能走呢？

（4）可，我说别去别去，你不听。

（5）可，一路净是泥，能不泥么？

急谈时，"可"可以重叠成"可可"，表示更加强调的意思。一般地说，"可"无论在前、在后，句子都不能以独立的单句形式出现。单句一经加"可"，其语义便不能自足。如"今马_{今天}俄_他又没来"可以单说，"今马俄又没来可"则带有黏着的性质。也就是说，这种句子形式上不存在前续句、后续句，但实际上可以补出意思相关的句子。这也正是"可"不同于其他语助词的特点之一。

13.1.3 用于比较句或有比较义的句子中

"可"还可用于比较句或有比较义的句子中。如：

(1) 这一兀比兀一兀好可。这个比那个好。
(2) 这堆比兀堆大可。
(3) 这人不敌_{不如}兀人好说话可。
(4) 俹_他去人更熟可。
(5) 俹_他还是到了兀吋好可。
(6) 这也是好东西可。（与另一个物体比）
(7) 这你行，我也行可。（二人比较）

比较句里，"可"往往在句尾，不能出现在句首。"可"在句尾有强调、确认等附加意义，不同于一般比较句。加了"可"的比较句也多少带有黏着的性质，只是这种黏着句也无须出现前续句、后续句，只是在特定语境中可以补出相关句子。如：这捆比兀捆多可。可以单说，但是在语境中可以补出前续句：这捆少吧/这捆不比兀捆多吧。也可以补出后续句：你还说这捆不多。

因为是两项相比，所以否定句后带"可"的句子也不少见。如：不好可｜不美可｜不干净可｜没事可｜不行可｜不要可｜不是可。

"可"不能直接附在疑问句、祈使句、感叹句的句末，如不能说：*你怎么现在才来可｜你立马来可｜这个娃娃真好看可，也不能放在这类句子的句首。

13.2 "可"的语法性质

13.2.1 句尾"可"不同于语助词"呢、么、哩"

"可"出现于句尾，很像句尾语气词，但从"可"与句子的黏附性和所表示的语法意义上看，又不同于一般的语气助词。一般语气助词与所附的句子连得很紧，如：谁呀？——可，我么！｜去么？——可，去么。"么"与"我、去"连得很紧，不能有间歇。而"可"与"我、去"则可以有明显的语音间歇。再从所表示的语法意义看，"么"只表示一般陈述,有无"么"语义变化不明显。而"可"则明显增加了"肯定、本该如此"等附加意义。另外,"可"只能附着在其他语助词后面,不能出现于别的语助词前面,其他语助词绝不能放在"可"的后边。可以有:没哩可丨没哩么可丨没哩呢可丨没么可等,但不能说:＊没可哩丨没可呢丨没可么。从出现的位置也可看出"可"不同于一般的语助词。一般语助词除出现于句尾外,也可出现于主语后面,表示列举和动作延长。如:

(1) 书呢,一本也没带。

(2) 我呀,真糊涂。

(3) 人么,总得有点志气。

(4) 我在兀咑_{那里}寻啊寻啊,寻了半天没寻着。

"可"绝不能放在一句话的主语后。如不能说:

＊书可,一本也没带。丨＊我可,真糊涂。

由此说明,"可"与其他语助词是不同的,不宜将"可"归入语气助词。

13.2.2 句尾"可"不同于副词"可"

在尧都、浮山、襄汾、翼城、曲沃等方言点,句尾"可"与用于句中的副词"可"同音。如:

(1) 你怎么这_{这样}干哩呢？——这干好可。[kʰo↓](句尾)

——这干可 [kʰo↓] 好哩。(副词)

(2) 你怎么光吃这一样儿呢？——这个吃着美可。[kʰo↓](句尾)

——这个吃着可 [kʰo↓] 美哩。(副词)

这两种句式表示的意义基本相同,但附加意义不同。句尾的"可"具有肯定、确信无疑等附加意义,句中的副词"可"只表示加深程度。因此,句尾"可"与句中的副词"可"除了出现的位置不同外,表义也不同。因此也不宜将"可"归入副词。

13.2.3 句首"可"不是感叹词

句首的"可",从独立性上看,像是感叹词,具备叹词的功能,即不受别的词修饰,也不与别的词发生语法上的关系。但从表达的感情色彩上看，又不如叹词"啊"、"哼"等语气重。"可"不同于感叹词，还有两个方面的原因：①感叹词有时可以活用为动词、形容词。如：他嗯呦了一声就走了｜听见屋子里哦哦的。而"可"不能这样活用。②感叹词不读轻声，且多是重读或拖长调。"可"在句首是轻读，而且不能拖长调。因此句首"可"也不宜归入感叹词。

13.2.4 句首"可"不是转折词

表示转折意义的"可"有时也放在句首，但与前后句子的意思连得很紧，不能有语音上的停顿。如：我想早点儿回去吧，可又没带钥匙怎么回呀。"可"后面若没有语音上的停顿则为转折词，若有语音上的停顿则为独立词"可"。

综上所述，句尾"可"不同于语助词，句首"可"不同于感叹词，句中的"可"不具备副词的功能，句中的"可"没有停顿，也不是转折词。可见，"可"是一个独立于句子之外的表示强调、辩解、肯定、确信、原因等附加意义的特殊词，暂且叫作"独立词"。

（本章曾以《河东方言片的独立词"可"》为题，发表于《方言》1995年第3期，收入本书时作了部分修改。）

第14章 唐以来助词"着"与北京话、山西南区方言的比较

本章将对唐以来助词"着"的用法与北京话、山西南区方言作一比较。这里所说的助词"着"仅指动态助词,其他类型的"着"不在讨论之列。

14.1 唐以来助词"着"的用法

研究近代汉语的学者总是将唐五代以来的助词"着"作两种不同质的处理:①动词后的"着"是动态助词。②动词短语(动宾、动补)后的"着"(多数在句末)是语气助词或句末语气词。如果孤立地看近代汉语,这种区分未尝不可。但是,若将唐以来助词"着"的用法与今方言用法联系起来看,似乎并不能一以贯之。倘若换一个角度,将处于不同位置的"着"按同一种性质处理,都当动态助词看待,至于其位置的不同,是与语气有关的。在陈述语气的句子中,"着"往往紧附于 V 后;在祈使语气的句子中,"着"则多附于 V 所带的宾语、补语之后。陈述语气"着"表示正在进行、持续的语法意义;祈使语气的"着"表示即将进行、持续的语法意义。这种现象一直延续到清末。

14.1.1 陈述语气里助词"着"的用法

陈述语气里的助词"着"表示正在进行、持续的意义,"着"多附

于 V 后。如：

(1) 皇帝忽然赐匹马，交臣骑着满京诗。（敦 423①）

(2) 净能都不忙惧，收毡盖着死女子尸。（敦 219）

(3) 济曰我从来疑着这汉。虽然如是，你还识德山么？（五 373）

(4) 师曰不得眛著招庆。（五 457）

(5) 东风两岸绿杨摇，马头西接着长安道。（董 4）

(6) 一个个合着掌，瞑着目。（西 1033）

(7) 杨志回头看时，那人大脱着膊，拖着杆棒，抢奔将来。（水 195）

(8) 凤姐正数着钱，听了这话，忙又把钱穿上了。（红 47 回）

(9) 公子，你不能，小心着烫了手，你去等着吃去罢。（儿 126）

(10) 吴举人便跟着车子走着。（老残 38）

14.1.2 祈使语气里助词"着"的用法

祈使语气里的助词"着"表示即将进行、持续的意义，"着"多附于 V 宾、V 补之后：

(1) 大众虔心合掌着，要问名字唱将来。（敦 456）

(2) 君畏去时，你急捉我著，还我天衣，共君相随。（敦 883）

(3) 师曰："退后著。"（五 1004）

(4) 您如今却离了我，在罕处您好生作伴著。（元秘·卷七）

(5) 盔甲一副，环刀一口，都一打里将到直房里等我着。（朴 186）

(6) 分开着写。（老 317）

(7) 且莫吃他着。（西 259）

(8) 就是这样，我保姐姐着。（儿 30 回）

(9) 就是那汤，我也告诉雪雁和柳嫂儿说了，要弄干净着。

---

① 本章引用例句的书目，"敦"指《敦煌变文集》。"五"指《五灯会元》。"董"指《董解元西厢记》。"西"指《西游记》。"水"指《水浒传》。"红"指《红楼梦》。"儿"指《儿女英雄传》。"老残"指《老残游记》。"元秘"指《元朝秘史》。"元"指《元杂剧》。"朴"指《朴通事谚》。"老"指《老乞大谚解》。"朱"指《朱子语类辑略》。"骆"指（老舍）《骆驼祥子》。"班"指（刘心武）《班主任》。"短"指（浩然）《短篇小说选》。"三"指（赵树理）《三里湾》。"八百词"指《现代汉语八百词》。

(红87回)

（10）姑娘，你坐稳着……（儿18回）

上述陈述语气、描写性的句子中，"着"都附着于V后。附着于"V宾/补"后的句子也有，但不多见。如：他也委曲作个道理著行他底。（朱·卷八）｜那长老挽不住缰口，只板紧着鞍轿，让他放了一路辔头。（西238）｜双手扶定着膝盖头，匹马单枪，只等张金凤过来说话（儿25回）。含有命令、请求、嘱托、商量等语气的句子，"着"都附着于"宾/补"之后，这种情形在唐宋时代尤为明朗，到明清时，由于"着"位前移而逐渐变少以至消失。

那么，唐五代以来的助词"着"发展到今北京话、山西南区方言到底是什么情况呢？历时地、共时地考察可以发现一种十分有趣的现象，即它们各自选择一种结构分别朝着不同的道路发展：北京话为"V着X"结构，山西南区为"VX着"结构（X为宾语、补语）。

14.2 唐宋时期"着"的用法与北京话比较

从俗文学的书面语和对话体等文献资料看，是"V着X"对"VX着"的类化。这种类化似乎从元以后就已开始。类化的过程大致是：①"着"位前移。前移过程有两种情况，一种情况是，前移后，"着"还保留虚位，成了"V着X着"暂行式结构。说它暂行，是因为这种结构的历史不过一百来年，只在元代至元末明初可以见到。如元杂剧：大嫂，你看着家者！（合汗衫）｜你则与我带着这驴儿者！（陈州粜米）我共通十一个马，量着六斗料与十一束草着（老273）｜做着五个人的饭着（老274）｜打着三斤面的饼着（老274）。这两个"着"不是动态助词和句尾语气词的合用，而是"着"位前移过程中的一种过渡现象。因为这种句子与出现一个"着"时，并没有语义上的差别。如：做着五个人的饭着＝做着五个人的饭着＝做着五个人的饭。另一种情况是，"着"前移后，不留虚位，成为"V着X"。如：记着数目（老276）｜只见空地上一个后生脱膊着（水2）｜那人大脱着膊，……（水17）这种类化过程历时数百年，到清末才算最后完成。②"着"字脱落。唐五代后的"VX着"发展到北京话，有一部分"着"字脱落。如：退后著→退后/退后去！｜你站稳着（西）→你站稳｜要弄干净着→要弄干净｜且说一说着→且说一说。③动词单化。有些"VV着"格式，发展到北京话成"V着"。如：姐姐听听着罢→姐姐听着吧｜师曰"钉钉著"。悬挂著→钉著，……老舍作品里有一些"VV着"格式，但与近代汉语貌合神离。如：祥子的心还是揪揪着，不知上哪里去好（骆135）｜在小屋里转转着，他感到整个生命是一部委屈（骆137）。这里的"VV着"都是出现于陈述句，描写一种状态，不是出现于祈使句，且不能扩展成"V—V着"。

这样一来，唐宋至清的"V着X"结构所占的比重就越来越大，到清末的《儒林外史》以后已全部成了"V着X"结构了。所以，《现代汉语八百词》解释"着"：表示动态的助词，紧接动词、形容词之后。动词、形容词和"着"的中间不能加入任何成分。换句话说，V所带的宾语、补语都得放在"V着"之后。如：

妈妈读着信，脸上露出高兴的神色｜路旁长椅子上坐着一对老年夫妇｜过马路看着点儿｜慢着点儿，别摔了｜快着点儿｜光圈小着点儿（《现代汉语八百词》）

无论是陈述描写句，还是祈使命令句，都是"V着X"结构形式。

现代汉语中可以见到"V着"之间插入补语的例子。如：谢惠敏突然发现有个男生手里转动着麦穗。（班）｜他一面放下手里的手柄皮鞭，抖落着身上的雪，一面走到水气沸腾的炉子跟前。（短）｜有三件事扰乱着她（三）。但未发现"V宾着"例句。而且，这些句子都是陈述句，不是祈使句。对这类句子我们可以做出两种解释：一是在"VX着"结构向"V着X"结构靠拢的过程中出现的遗迹；二是这些"着"前的"动补式"可以解释为词而不解释为短语。

14.3 唐宋时期"着"的用法与山西南区方言比较

拿山西南区洪洞方言来看，"VX着"占了绝对优势。在祈使语气、陈述语气、疑问语气的句子中都可出现。

14.3.1 祈使语气

你吃了饭在家里等我着，我一会儿就去｜你离远些儿，招呼 小心这条狗咬你着｜看娃着，哪吁也不能去｜小心跌下去着｜离的远着｜走的快着｜早些儿着

这些"着"都是动态助词。这是因为：①这些"着"在句中都有表动作持续的语法意义。②这些句式绝大多数对应于今北京话带"着"的句式，如：在家里等我着→在家里等着我｜看娃着→看着娃｜慢些儿着→慢着点儿

这些祈使句与唐五代以来的祈使句比较，结构、语义也非常接近。如：

         近代汉语   洪洞方言

（1）好好修事著。（五294）   好好干活着。

（2）你用心着。（元·玉镜台）   你给咱好好看家着。

（3）你操心着！好生用心看家着。（朴187）

（4）到直房里等我着。（朴186）   你到了兀吁 那儿等我着。

14.3.2 陈述语气

我将从他家里出来，人哪还正吃饭着哩｜你快去吧，你爸还在兀吁死死地等你着哩｜快下雨呀，绳儿上还挂我的裤子着哩。

14.3.3 疑问语气

你在哪吁等我着哩呢 你在哪儿一直等着我呢

洪洞方言的这种现象，在南区其他方言都得到不同程度的体现。南区大多数方言如尧都、襄汾、霍州、汾西、翼城、新绛、稷山、侯马、乡宁、河津、万荣、永济、芮城方言如同洪洞方言一样，无论是祈使语气，还是陈述语气，都是"VX着"结构。闻喜、垣曲、夏县方言，陈述语气可以是"VX着"，也可以是"V着X"，以前者为多。由此可以推论，"VX着"结构在山西南区方言的强大优势，是唐以来"VX着"结构对"V着X"结构类化的结果。

山西方言中区、北区处于北京话和山西南区方言的过渡地带，其中

有很多县在动态助词"着"（各地读音不一）的结构类型上也呈中间过渡状态。无论祈使语气、陈述语气，两种结构形式均可。北京话的"你等着我！"在山西中区、北区可以说成"你等我的！"也可说成"他等你嘞"。

（本章曾以《试论北京话、晋南话对唐以来助词"着"的类化作用》为题，发表于《语文研究》1996年第2期，收入本书时作了部分修改。）

第15章 山西北区方言的体貌系统

本章讨论山西北区方言的体貌系统,内容共分为两个部分:①关于体貌。参考、借鉴前人研究成果,在此基础上,对体貌重新界定,并对体貌的层次类型及其语法意义提出自己的看法。②北区方言体貌系统。在进一步认识体貌理论的基础上,详细描写北区方言的体貌系统,以揭示北区方言体貌系统的全貌,并反映其特点。

15.1 关于体貌

15.1.1 关于体貌的名称

学术界对体貌的叫法多种多样,有"情貌""动相""时态""动态""体貌/体"等。由于"时态"易和"时制"相混,"体貌"比"动态""动相"的内涵大,故不妨统一称为"体貌/体"。

15.1.2 关于体貌的定义

关于"体貌/体"的定义大致有三种说法:①将"体"界定为动作、变化或情状的存在方式、状态。这在一定程度上揭示出"体"的本质。因"体"是观察者对事件的动作、行为在时间进程中的发展阶段或发展状态的主观反映,在一定意义上反映了事物的存在方式及状态。但事物的存在方式、状态是多种多样的,并不特指动作、行为发展进程中的各个阶段或各种状态。这样界定"体",易和事物的客观存在方式纠缠不清。②"体"与"时"有一定的联系,"体"是在时间的进程中观察事物的动态而产生的。③认为体是用语言手段传达的事物某状况的保持或变化以及保持或变化的方式。这种界定,一方面承袭方式之说，另一方面又大大扩展了"体"的范围。语言手段包括语法手段和词汇手段，这样，"体"概念远远超出了语法范畴，而扩大到语义、语用范畴，是一个意义更为宽泛的上位概念。

综上可知，"体"是观察事件的动作、行为在时间进程中所处的不同发展阶段或状态而概括出的语法类别。在这里，"体"的定义涵盖两个方面的内容。

1）这里的"体"是狭义的，不是语义体，也不是语用体。作为语法范畴，是语法形式和语法意义的有机结合，既有形式，又有意义。

2）"体"和"时"密切相关。"体"是在时间的进程中观察事件的动作、行为而得出的，"体"离不开"时"，但又和"时"属不同的范畴。二者的关系，正如龚千炎（1991）所说："以某一时刻为准从外部观察整个事件发生的时间，则可以得出'过去''现在''将来'等时间概念；若深入过程内部观察其各个阶段的情况，则可以得出动作行为的起始态、进行态、完成态等。前者一般称为'时制'（tense），它指示事件的发生时间，后者一般称为'时态'（aspect），它表明事件处于某一阶段的特定状态。"

15.1.3　关于体貌的层次及分类

以往学者在研究分析汉语的体貌类型时，仅据语法意义和语法表现形式将汉语的体貌分出几种类型。其实，汉语的体貌是有层次的，应在分层的基础上分出类型。而且可以据说话人观察、表现事件的视野、角度的不同而分出不同的体貌层次。首先是完全体（perfective）和非完全体（imperfective）。完全体是指对事件的观察，着眼于整体，侧重于表现一个完整的动作，也就是说，指一个包括开始、中间过程和结尾的完整的动作；非完全体则不是着眼于整体，而是侧重于整体的某一部分，即事件的动作、行为是处于开始阶段，还是持续阶段，抑或是结束阶段。其次是在完全体和非完全体的内部根据语言事实再分出更细的体貌类型。现列汉语的体貌层次及类型如图15-1所示。

一般认为，持续和进行是同一层次上的，属同一体貌类型。这从体貌类型的分类及命名上可以看出。其实，持续和进行是两个不同的概念，持续是上位概念，进行是下位概念，进行包含于持续之中。这

第15章 山西北区方言的体貌系统

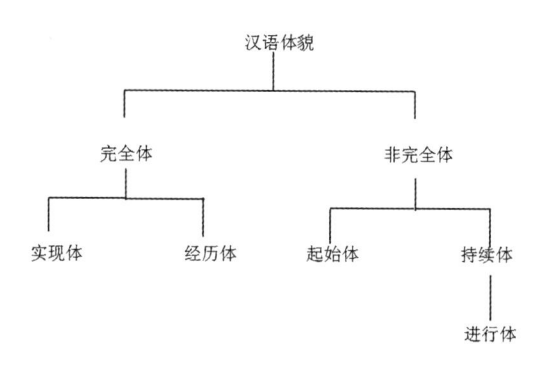

```
                        汉语体貌
                   ┌───────┴───────┐
                 完全体            非完全体
              ┌────┴────┐      ┌────┴────┐
            实现体    经历体   起始体    持续体
                                          │
                                         进行体
```

图 15-1

是因为，一个完整事件的动作、行为包括开始阶段、持续阶段和结束阶段。当然，一次性动作除外。一次性动作在瞬间完成，开始、持续、结束融于一体。持续体指示的是一个时段内即持续时段内动作、行为所处的状态，而进行体指示的是持续阶段内某个时点上动作、行为所处的特定状态，即说话的时点上或相对于某一时点动作、行为正处于进行中。北区方言中，持续和进行区分得很清楚，各用不同的体标记，前者主要用"着"，后者主要用"正 + V + 呢"。人们之所以易将持续和进行混在一起，和北京话的"着"既是持续体标记又是进行体标记不无关系。

15.2 北区方言体貌系统

山西方言北区包括 19 个市县：忻府、定襄、五台、原平、岢岚、神池、五寨、宁武、代县、繁峙、灵丘、保德、河曲、偏关、平鲁、朔城、应县、浑源、阳曲。本节讨论北区方言的体貌系统特点，选取代县、忻府、原平、五台、神池、河曲、朔城方言为代表点。文中例句除注明出处外，均取自代县方言。

北区方言的体貌系统可分为非完全体和完全体。这两种体之下，又可分为起始体、持续体、进行体、经历体和实现体五类，下面分别讨论。

15.2.1 非完全体（imperfective）

非完全体包括三种下位体貌类型：起始体、持续体、进行体。

15.2.1.1 起始体

其语法意义为指示事件的动作、行为处于开始阶段。北区方言常用"V+开/起/起来/将"表示。如：

（1）下开雨啦。
（2）下起雨啦。
（3）下将［tsəʔ˧˩］雨啦。
（4）他家这［tsʅʕ］会儿倒吃开饭啦。
（5）娃娃一见他妈就哭开啦。
（6）永红和小华说开话啦。
（7）看，他俩告诉起来啦哇。

"开/起/起来/将"这四个词均是表示动作、行为开始的体标记，但使用范围、使用频率大不相同。最常用的是"开"，几乎一切动作、行为都可用"开"标志开始，"起"次之。有时候，"开"和"起"可以互换使用，有时候一些用"开"的场合，不能换成"起"，否则不成话。不能说：*他家这［tsʅʕ］会儿倒吃起饭啦｜*永红和小华说起话啦。"起来""将"的使用范围更小，"起来"常用于双音节动词后，后面一般不能带宾语。"将"作为起始体标记，一般只用于表示"开始下雨了"的句子中，如"下将［tsəʔ˧˩］雨啦｜下将［tsəʔ˧˩］来啦"。后一句虽无"雨"字，但仍表示"开始下雨了"。

北区方言用于起始体的句子，句末一般都出现语气词"啦"。

北区各方言点内部使用起始体标记的范围有所不同。如代县方言"开/起/起来/将"四个都用，忻府方言用"V+开/起来/将［tsæʔ˧˩］"，原平方言用"V+开/起/将［tsɔ̃˧˩］"，五台方言用"V+起/起来/将［tsæ˧˩］"，神池、河曲方言用"V+开/起/将［tɕiõ˧˩］"，朔城区方言用"V+起/起来/将［tʂɒ˧˩］"。如：

忻府　从第三溜溜写开从第三行写起。
忻府　他一进门子什也没说就做开营生啦。
原平　下起雨来咧。

原平　说得说得就打起/开咧。

五台　一回家什也没说就动弹起来啦。

五台　下将［tsæ˦］雨来啦。

神池　下将［tɕi ð˦］雨来啦。

河曲　吃开饭啦。

朔城　娃娃哭闹起来啦。

15.2.1.2　持续体

持续体表示事件在发展进程中某种动作、状态的持续。北区方言用"V+的"表示，"的"相当于北京话的"着"。如：

（1）他哭的哭的就笑啦。

（2）看的，甭叫雀儿把花儿鸹了。

以上表示动作的持续。

（3）教室的灯亮的咪。

（4）墙上挂的张画。

（5）墙上挂画的咪。

以上表示状态的持续。

北区方言持续体可出现在以下句法结构中：

V+的	等的，我一会儿就出来。
	门开的咪。
V+的+宾	小玲穿的件碎花花儿裙子。
	他低的头一声也不出。
N处+V+的+N施/受	门口坐的恁些些人，不知道咋啦。
	桌上放的本书。
A+的+数补	他比我高的两头。
	裤子长的一贴翘一裤边。
V+的+些	看的些
V+宾/补+的	先回去写作业的，我等等就回去了。

北区方言持续体表现出以下特点：

1）在结构上，没有"V₁+着+V₂"的用法。表示北京话"坐着吃｜躺着看书"等意思用"V₁+上/下+V₂"结构，如"坐上/下吃""躺上/下看书"等。

2）北京话的动词与表持续的"着"连得很紧，中间不能插入任何成分，北区方言的动词与"的"之间可以插入宾语、补语等。

3）在语音上，北区方言将北京话表持续的"着"多读成［t］组声母。如代县读［tsæ˧/təʔ˨］，忻府读［təʔ˦］，原平读［tiɣ˦］，五台读［liʔ˧］，神池读［tiəʔ˦］，河曲读［tiə˦］，朔城读［tiəʔ˦］文或［li］白。字形通常写作"的"。"的"在代县方言中有［tæ˦］和［təʔ˨］两读，如"他比我高的两头"中的"的"只能读［təʔ˨］，"他比我高的两头唻"这句话中可以读［tæ˦］或［təʔ˨］。两种读音不是自由变体，其分化条件尚不清楚，有待进一步考察。

北区方言持续体标记除读［t］组声母外，还有个别读作［tʂ］母。如忻府方言除读［tiəʔ˦］外，还有个别读"住［tʂou˥］"，原平方言除读［tiɣ˦］外，还有读"着"［tʂɤʔ˦］和"住"［tʂɯ˦］的。如：

原平　红着［tʂɤ˦］脸。

原平　看住［tʂɯ˦］些。

忻府　他指住［tʂou˥］黑板上的字叫学生念。

忻府　他按住［tʂou˥］不松手。

15.2.1.3　进行体

进行体表示动作正在进行或正处于某种状态。北区方言用"正 + V/A"或句末"唻"或二者的结合体表示此种体意义，不用"在、正在"。其中，最常见的是"正 + V/A + …… + 唻"句法格式。如：

正 + V/A +（宾）+唻　　　正浇地唻，下将［tsəʔ˨］雨啦。
　　　　　　　　　　　　　正忙嘞，没工夫环山玩。（五台）
正 + V/A +宾 + 的 +唻　　正走的唻，听见背后有人叫我唻。
　　　　　　　　　　　　　正洗衣裳的唻，没水啦。
　　　　　　　　　　　　　甭叫啦，我正忙的唻
正 + V + 的 +唻　　　　　正吃的饭唻，有人叫开会去唻。

在代县方言中，"正"、"唻"也可单独表示进行体，但均有一定的限制。"唻"在一定的语境中才能单独表示进行体。它一般不能独立成句，多用于对话中的答句。如问"你妈做啥唻"，答"切菜（的）唻"，其实是将"正"隐去了。用"正"单独表进行的句子极其少见，使用规律也不明显。如"你叫我时候，肚正疼得不能答应"。忻府、原平、五台、神池、河曲、朔城方言中"呢"也可单独表示进行体，但"正"不行。

需要讨论的是，北区方言的"的"不表进行，不是进行体助词。理由有三点。

1）有些句子，带不带"的"，均表进行。请比较：

A：小丰正看书咪。｜喃_{人家}正商量咪，命令来啦。

B：小丰正看书的咪。｜喃_{人家}正商量的咪，命令来啦。

A组不带"的"，B组带"的"，两组句子意义相同，均表示动作正在进行。

2）含有"的"的句子，并不表示进行。请比较：

A：穿的，要脱了。｜唱的咪，不影响我。

B：我进去时候，他正穿大衣准备走咪。｜去哇，小王正在家唱歌咪。

A组含持续体标记"的"，B组含进行体标记"正"，它们各自所表示的体意义在具体语境中表现得非常明显。"的"并不表示进行的体意义，因此不是进行体标记。

3）北京话一些"V＋着"表示动作正在进行的句子，北区方言或不能说，或必须用进行体，而不用持续体表示。请比较：

A：人们唱着、跳着。｜妈妈切着菜。

B：*人们唱的、跳的。｜妈切菜咪。

A组是北京话例句，B组是代县方言例句。

15.2.2 完全体（perfective）

完全体包括两种下位体貌类型：经历体、实现体。

15.2.2.1 经历体

经历体表示过去曾经发生的事情，曾经有的经历或已有的经验。北区方言用"V＋过"结构或句尾加"来/来来"表示。

1）"V＋过"。如：

（1）他去过上海。

（2）我还和他嚷过一架咪。

（3）那［nɔ˩］人也好活过几年。

否定过去曾经发生某事、曾经有的经历或已有的经验，五台片方言用"没+V+过"。如：

（1）我没去过五台山。

（2）我没和他嚷过架。

（3）那人些一点儿也没好活过。

（4）娃娃从来没这个这样听说过。

疑问句一般在句末加"没"，但具体形式又多种多样。代县、原平、神池、河曲、朔城一般直接在句末加"没"，忻府、五台分别在"没"的前后加语气词。如：

（5）你去过上海没？（代县、原平、神池）

（6）你和他吵过架呀没□[lɛ˩]？（忻府）

（7）他当过班长呀没□[lɔ˩]？（五台）

2)"来""来来"。北区方言还可用句末的"来"或"来来"表示经历体。代县、忻府、原平方言都既可用"来"又可用"来来"，五台、神池、河曲、朔城则只用"来来"。如：

（1）夜来昨晚下雨来。

（2）我去太原去来。

（3）有人寻我来？

（4）谁打了花瓶来？

五台、神池、河曲、朔城方言以上例句都要在句末再加一个"来"，变成"来来"。代县、忻府、原平虽然用"来"或"来来"都可以，但以用"来"为常，且用"来"和用"来来"意义稍有差异。代县用"来来"起加强语气的作用，在肯定句中加强肯定语气，有强调作用，在疑问句中加强疑问语气。原平较少用"来来"。忻府方言肯定句中，用"来"似乎言犹未尽，用"来来"才表示话已说完；在疑问句中，用"来"表示对话双方对所问问题的共同回忆，用"来来"则只表示单纯提问。

15.2.2.2 实现体

实现体是指动作、行为已经实现。北区方言用"V+了"或句末"啦"表示。"了"相当于北京话的"了$_1$"，"啦"相当于北京话的"了$_2$"。"了"出现的句法结构如下：

V+了+（定）+宾	我买了三斤桃。
V+了+时量补语	我等了半个钟头，门才开了。
V+了+数量补语	他叫尔_人家打了一顿。
V+了+补+宾	他教了十八年书。
V+了+宾+补	我寻了他几回也没寻见。
V+了+双宾	矿上奖了他台电视。
V_1+了+V_2	他吃了饭出去啦。

"啦"多表示出现了某种变化，用在句末，有成句作用。它出现的句法环境如下：

V/A+（补）+啦	太阳阴回去啦。
	这道题他会做啦。
	果子红啦。
N/数量+啦	春天啦，树该绿啦。
	倒半个月啦，还没音讯。
V+（补）+宾	下雨啦。吃完饭啦。
V+了+数+啦	我在这住了五年啦。
V+了+（数）+宾+啦	我教了二十年书啦。
	我吃了饭啦。

北区方言实现体有如下特点：

1）北区方言的"了"分为实现体助词和补语性词尾。实现体助词如前所述，用在动词和形容词后表示动作、行为的实现。补语性词尾相当于用在动词后做补语的"掉"。如：

(1) 吃了，不要剩饭。

(2) 脱了哇，热熏熏的也不嫌热。

这种补语性词尾多用于祈使句中，表达一种祈使、请求语气。

2）实现体助词又分为两个，用在句中的"了"和用在句末的"啦"。这样，普通话中的"了$_1$"和"了$_2$"在北区方言中分化为两个，即"了"和"啦"，分别读成两个不同的音节。

3）实现体疑问句是在句末加相应的后续成分。代县、原平、神池、河曲、朔城方言加"没"，忻府方言加"没□[lɤ˧]"，五台方言加"没□[lɔ˧]"。实现体助词的读音有所改变，在动词后读"啦"，在形容词后读"了"。

（本章是与崔淑慧合作，曾以《五台片方言体貌系统概说》为题，在 1999 年桂林"全国汉语方言学会"第十届年会上宣读，收入本书时作了部分修改。）

第16章 山西洪洞、汾西方言的"去""来"

山西南区洪洞方言的"去""来"两个词，使用频率高，读音比较特殊，用法也比较复杂。本章只讨论"去、来"作为动词、趋向动词和表目的的语气助词的语法功能，其他方面的用法暂不涉及。本章最后只讨论与洪洞毗邻的汾西方言"去"的用法。

洪洞言方言的"去"有5种读音：去$_1$读 tɕʰia˧, 去$_2$读 tɕʰi˧, 去$_3$读 tɕʰi˧˩, 去$_4$读 ·tɕʰia, 去$_5$读 ·tɕʰi。"来"有4种读音：来$_1$读 lei˧, 来$_2$读 lɑi˧, 来$_3$读 ·lei, 来$_4$读 ·lɑi。"去""来"的不同读音表达不同的语法功能。

洪洞方言有5个调类，调值分别是：阴平˧˩，阳平˧，上声˧˩，阴去˧，阳去˧˩。轻声在音节前加圆点"·"。

洪洞方言内部也不一致，本章记录的是洪洞县城关话。

本章使用符号作如下说明：①采用国际音标标音。有两种形式：讨论的词语直接标音、不加方括号；给前面词语注音则加方括号。②无字可写的尽量用同音字代替。

16.1 洪洞方言"去"的语法功能

"去"在洪洞方言里可做谓语、趋向补语和表目的的语气助词，与北京话无明显差别。不同的是，洪洞方言里不同的语法功能要用不同的读音来表示，不同的读音决定不同的语气和时态。下面分别讨论去$_1$去$_2$去$_3$去$_4$去$_5$的语法功能。

16.1.1　去₁ [tɕʰia˧]

16.1.1.1　做谓语，可用于祈使语气

去₁ [tɕʰia˧] 可做谓语，用于祈使语气。如：

(1) 去₁ [tɕʰia˧]，把兀一本书荷过来。去，把那一本书拿过来。

(2) 去₁ [tɕʰia˧] 吧，路上人咳哩，别害怕。去吧，路上人很多，甭怕。

(3) 夜黑了商量了下，还是得佴去₁ [tɕʰia˧]，旁人不合适。昨天晚上商量了一下，还是让他去，其他人不合适。

去₁ 主要用于祈使语气，例（1）、（2）纯表示命令。例（3）语气比较委婉，含商量语气。

16.1.1.2　作谓语，可用于请求语气

去₁ 做谓语，还可用于请求语气，只用于为别人请求（为自己请求用去₂，见下）。如：

(1) 饶了佴，得佴去₁ [tɕʰia˧] 吧！饶了他，叫他去吧！

(2) 赶快得佴去₁ [tɕʰia˧]，迟了就误了车俩。赶快让他去，迟了就误了车了。

16.1.2　去₂ [tɕʰi˧]

16.1.2.1　做谓语，可用于陈述语气

去₂ [tɕʰi˧] 做谓语，可用于陈述语气。如：

(1) 我不想去₂ [tɕʰi˧] 唡，晒的不行。我不想去了，晒的不行。

(2) 你去₂ [tɕʰi˧] 了，事就能办了。你去了，事就好办。

16.1.2.2　做谓语，可用于疑问语气

去₂ [tɕʰi˧] 做谓语带宾语，还可用于疑问语气。如：

(1) 你去₂ [tɕʰi˧] 市场里看去里么？你去市场里看了看吗？

(2) 今马开会你去₂ [tɕʰi˧] 哪里去里呢？今天开会你上哪儿去哩？

16.1.2.3　做谓语，可用于请求语气

去₂ [tɕʰi˧] 做谓语，可用于请求语气，只用于为自己请求（为别人请求用去₁，见前）。如：

(1) 兀事不好办，还是得我去₂ [tɕʰi˧] 吧！那件事情不好办，还是让我

去吧!

（2）路不好走，得我和俑去₂［tɕʰi˧］吧! 路不好走，叫我和他去吧!

洪洞方言为人请求用去₁，为己请求用去₂，"去"不带宾语时区别非常明显，绝不混同。但带宾语时一律要用去₂。如：得我去₂学里去吧。叫我去学校去吧，得俑去₂学里去吧。叫他去学校去吧。

16.1.3　去₃［tɕʰi˨˩］

去₃［tɕʰi˨˩］做谓语，可用于疑问语气，绝不能带宾语。如：

（1）明儿个街上有热闹儿，你去₃［tɕʰi˨˩］么? 明天街上热闹，你去吗?

（2）早晨里开会你去₃［tɕʰi˨˩］哩么? 上午开会你去了没有?

去₁去₂去₃的特点是：①都可做谓语，用不同的语音形式表示不同的语气。这种语法功能是通过元音及声调的变化体现的。②去₂去₃的读音不是连读变调，而是受语气和语法关系影响的结果。

16.1.4　去₄［·tɕʰia］

16.1.4.1　做动词的趋向补语或做表目的的语气助词

去₄［·tɕʰia］做动词的趋向补语或做表目的的语气助词，皆可出现于祈使句中。如：

快过去₄［·tɕʰia］! 这吖太操心。快过去! 这儿太危险。

去₄做趋向补语或语气助词，除表示祈使外，还多用于疑问句、陈述句表示不同时态。

16.1.4.2　做趋向补语

去₄［·tɕʰia］做趋向补语，在陈述、疑问句里，表示即将进行的行为。如：

（1）我家［ŋua˨˩］过去₄［·tɕʰia］。我们准备过那边去呀。

（2）我和俑家一始回去₄·[tɕʰia］。我和他们将一起回去。

16.1.4.3　做表目的的语气助词——正在进行

去₄做表目的的语气助词，在疑问语气中可表示正在进行的行为。

1）可出现于特指问句"动+疑问代词+去₄呢"的结构里，表示正在进行。如：

(1) 你走哪里去₄〔·tɕʰia〕呢？你上哪儿去？——正在去。

(2) 你做啥去₄〔·tɕʰia〕呢？你干什么去？——正在去。

2) 如果动词后的宾语是定指的，还可出现于是非问句"动+定指宾语+去₄〔·tɕʰia〕"的格式里，表示正在进行的行为。如：

(1) 你去自由市场去₄〔·tɕʰia〕？你往自由市场去吗？——正在去。

(2) 你家〔n̠ia˨˩〕去地里去₄〔·tɕʰia〕？你们往地里去吗？——正在去。

16.1.4.4 表目的的语气助词——表示即将或正在进行

去₄做表目的的语气助词，在陈述句中单独用于句尾，表示即将或正在进行的行为。如：

(1) 你做啥去呢？——我看戏去₄〔·tɕʰia〕。——看者准备去或正在去的路上。

(2) 过了年我到太原去₄〔·tɕʰia〕。明年我到太原去。——打算去

16.1.5 去₅〔·tɕʰi〕

16.1.5.1 做趋向补语

去₅〔·tɕʰi〕做趋向补语，在陈述语气里，往往表示动作已经过去。如：

(1) 我见俩人才从这吋出去₅〔·tɕʰi〕。我看见他们两人刚从这儿出去。

(2) 俩家已经下去₅〔·tɕʰi〕唡，别等唡。他们已经下去了，别等了。

16.1.5.2 做表目的的语气助词

去₅做表目的的语气助词，在疑问语气中可表示行为已经完成。

1) 出现于特指问句"动+疑问代词+去₅〔·tɕʰi〕呢"的结构里，表示行为已经完成。如：

(1) 你走哪里去₅〔·tɕʰi〕呢？你上哪儿去了？——被问者已经回来。

(2) 你荷谁家〔fa˨˩〕去₅〔·tɕʰi〕呢？你去谁家去了？——被问者已经回来。

2) 如果动词后宾语是定指的，还可出现于是非问句"动+定指宾语+去₅〔·tɕʰi〕唡"的格式里，表示行为已经完成。如：

(1) 你走城里去₅〔·tɕʰi〕唡？你去城里去了？——被问者已回来。

(2) 你家[ȵiaˇ]去地里去₅[·tɕʰi]哪? 你们去了趟地里吗？——被问者已从地里回来。

去₅表完成时和去₄表进行时，除用不同读音表示外，句末语助词"哪""呢"也起辅助语气的作用。

16.1.5.3 与"里"连用

去₅和"里"连用，在陈述语气里也表示行为已经完成。如：

(1) 哥哥走我舅舅舍去₅[·tɕʰi]里。哥哥去了趟舅舅家。

(2) 今马今天我走河滩里去₅[·tɕʰi]里。今天我去了趟河滩。

16.1.5.4 用于陈述性复句的第一分句末

去₅还可用于陈述性复句的第一分句末尾。如：

(1) 赶我走兀咑去₅[·tɕʰi]，人哪倒走哪。当我走到那儿时，人家已走了。

(2) 要坐车去₅[·tɕʰi]，就快些儿着。要去坐车，就快点儿。

另外，去₄去₅作语气助词，都可表示请求语气，比去₁去₂使用更加广泛：为己请求用去₅，为人请求用去₄。如：

(1) 得佣回吃饭去₄[·tɕʰia]吧！得佣：叫他。

(2) 得我回吃饭去₅[·tɕʰi]吧！

现将去₁—去₅的主要用法列表于下（去₁去₂去₃见表16-1，去₄去₅见表16-2）。

表16-1

语气	陈述语气		疑问语气		祈使语气		请求语气	
功能	非答语	特殊答语	不带宾语	带宾语	不带宾语	带宾语	为己	为人
去₁	-	-	-	-	+	-	-	+
去₂	+	-	-	+	-	+①	+	-
去₃	-	+②	+	-	-	+	-	-

---

① 去₂一般不表示祈使语气，但在带宾语时可表祈使语气，如："你快 tɕʰi 拏里走"。

② 去₃一般不用于陈述句，只有少数例外：如"你和谁 tɕʰi 扑呀呢？——我和佣 tɕʰi 扑呀"。

表 16 - 2

语气	疑问语气		陈述语气			祈使语气	请求语气	
功能	趋向补语	语气助词	趋向补语	语气助词		语气助词 趋向补语	为己	为人
	进行时	完成时	将来式或进行时	完成时	复句中			
去₄	+	-	+	-	-	+	-	+
去₅	-	+	-	+	+	-	+	-

由表 16 - 2 可以看出：去₁—去₅各有自己的功用，且形成互补关系。

16.2 洪洞方言"来"的语法功能

16.2.1 来₁ [lei˧]

来₁ [lei˧] 做谓语，可用于陈述语气和疑问语气。如：

(1) 夜儿个我来₁ [lei˧] 的时候还下雨哩。昨天我来的时候还下着雨。

(2) 明儿个你要不来₁ [lei˧]，咱可不行。明天你要不来可不行。

(3) 你将来₁ [lei˧] 呀，我来₁ [lei˧] 了有会子啊。你才来呀，我来了一会儿了。

16.2.2 来₂ [lɑi˧]

来₂ [lɑi˧] 做谓语，可用于祈使语气和商量语气。如：

(1) 来₂ [lei˧]！这吖暖和。来！这儿暖和。

(2) 快来₂ [lei˧]！要不我走哇。快来！要不来我就走了。

(3) 你还是来₂ [lei˧] 吧，旁人怕靠不着。你还是来吧，别人靠不住。

(4) 你跟俩说下，得俩来₂ [lei˧] 吧！你和他说一说，让他来吧！

16.2.3 来₃ [·lei]

来₃ [lei˧] 做趋向补语，可用于陈述语气和疑问语气。如：

(1) 我一吆喝，俩就出来₃ [·lei] 咧。我叫一下，他就出来了。

（2）我家［ŋuaˇ］仨人一块儿上来₃［·lei］的。我们三个人一块儿上来的。

（3）你到得过来₃［·lei］呀不过来₃［·lei］呢? 你到底过来不过来?

（4）你堂今马个能下得来₃［·lei］么? 你猜今天会不会下雨?

来₃作语气助词时也是表示陈述语气、疑问语气。如：

（1）佛一有空儿就来我这吖来₃［·lei］啊。他一有时间就来我这儿了。

（2）兀几人常去□你家［ȵiaˇ］干活来₃［·lei］么? 那几个人常去你家干活么?

16.2.4　来₄［·lɑi］

16.2.4.1　用作趋向补语

来₄［·lɑi］用作趋向补语，可用于祈使语气。如：

（1）过来₄·［lɑi］! 别立到兀吖。过来，别站在那儿。

（2）快下来₄［·lɑi］! 上头太操心。快下来! 上面太危险。

16.2.4.2　用作语气助词

来₄还可做语气助词，可用于商量语气。如：

凑空儿跟咱修下车子来₄［·lɑi］吧! 有时间给我修理一下车子吧!

来₁—来₄的语法功能如表 16-3 所示。

表 16-3

功能	谓语		趋向补语		语气助词	
语气	陈述疑问	祈使商量	陈述疑问	祈使商量	陈述疑问	祈使商量
来₁	+	-	-	-	-	-
来₂	-	+	-	-	-	-
来₃	-	-	+	-	+	-
来₄	-	-	-	+	-	+

来₁和来₂互补，来₃和来₄互补，来₁+来₂与来₃+来₄也形成互补。四者均不可互相替代。

最后，要说一下"去"的读音："去"读［tɕʰi˧］是本音，读［tɕʰiɑ˧］可能是"去呀"的合音：tɕʰi+iɑ→tɕʰiɑ。这种合音现象在洪洞方言为数不少。它们的结构已成定型，是不能随便拆开的。［·tɕʰiɑ］

出现的位置，大多是不能用[·tɕʰi ·iɑ]替换的。

16.3 汾西方言"去"的用法

汾西方言"去"的读音比洪洞方言更特殊，兹记于此，以资比较。

汾西方言的"去"作为动词与趋向补语，读音不同，表达的语法意义也不同。"去"的读音是通过声母或韵母的变换来显示其不同的语法意义的。汾西话"去"的声母有三个：[tɕʰ-][tɕ-][t-]，每个读音所表示的语法意义是不同的。以下分别来谈。

16.3.1 去₁ [tɕʰz̩˧]

[tɕʰz̩˧]是去₁的本音，出现于陈述、疑问语气的句子里。如：
(1) 你去₁ [tɕʰz̩˧] 呀不去₁ [tɕʰz̩˧] 呢？（疑问语气）
(2) 我去₁ [tɕʰz̩˧] 城里跑了一圈。（陈述语气）

16.3.2 去₂ [tɕʰiɑ˧]

去₂读[tɕʰiɑ˧]，出现于祈使、命令语气的句子里。[tɕʰiɑ˧]是[tɕʰi˧]的变读，以增加元音[a]的形式表示祈使、命令意义。如：
(1) 不早啦，快去₂ [tɕʰiɑ˧] 吧！（祈使语气）
(2) 去₂ [tɕʰiɑ˧]，把你爸吆喝叫出来！（命令语气）

16.3.3 去₃ [·tɕz̩]

去₃读[·tɕz̩]，轻声，声母不送气。表示趋向意义，出现于陈述、疑问语气的句子里。如：
(1) 你去₁ [tɕʰz̩˧] 哪里去₃ [·tɕz̩]哩呢？——我和我弟弟看戏去₃ [·tɕz̩]哩。（陈述语气）
(2) 你今马个今天去₁ [tɕʰz̩˧] 霍州去₃ [·tɕz̩]么？（疑问语气）

16.3.4 去₄ [·tɕiɑ]

去₄ [·tɕiɑ]做趋向动词，用于祈使语气，通过增加元音[a]的形式与陈述、疑问语气的［·tɕʑ］形成对立，体现了不同的语气；通过声母的送气不送气与［·tɕʰia］形成对立，体现了动词与趋向动词的不同。如：

（1）你跟我出去₄［·tɕia］！（祈使语气）

（2）你快进居舍屋里去₄［·tɕia］，外头太冷。（同上）

去₄读［·tɕia］也可表示疑问语气。如：你到学堂里去₄［·tɕia］？但不常用。

16.3.5　去₅［·ta］

去₅读［·ta］，用于祈使语气。这个读音比较特殊，未见于与汾西邻近的洪洞、霍州等方言。如：你跟我出去₅［·ta］｜你进去₅［·ta］｜回去₅［·ta］｜要不相信你看去₅［·ta］。这个读音可能是因为常常处于轻读的位置，从而使得塞擦音变成了塞音。

（本章曾以《洪洞话的"去""来"》为题，发表于《语文研究》1983年第3期，收入本书时作了部分修改。16.3汾西方言"去"的用法是新加的内容。）

第 17 章　山西洪洞方言的代词

洪洞方言属山西南区中原官话汾河片方言,洪洞方言的代词包括人称代词、指示代词、疑问代词。不论就哪一方面讲,都有许多与普通话不同的特点。本章就洪洞方言的人称代词、疑问代词、指示代词作一探讨。

17.1　人称代词

洪洞方言人称代词的单数形式分两种:

原称:我［ŋo˧］、你［n̠i˧］、俺［na˩］①。

变称:哪我［na˥ŋo˧］、哪你［na˥n̠i˧］、哪俺［na˥na˩］(这里的"哪",相当于普通话的"人家")、我咱［ŋo˧˥tsa˥］、你咱［n̠i˧˥tsa˥］。

洪洞方言人称代词的复数形式有:

原称:□［ŋua˩］("我家"的合音,我们)、□［n̠ia˩］("你家"的合音,你们)、俺家［na˩·tia］(他们)。

变称:哪□［na˥ŋua˩］、哪□［na˥n̠ia˩］、哪俺家［na˥na˩·tia］分别表示"我们""你们""他们"。

咱［tsa˥］(既表单数又表复数,还兼有别的意义)、这人［tʂɚ˩ʐən˥］(既表单数又表复数)、独自［tʰu˧˥·tsɿ］、独自个［tʰu˧˥·tsɿko］、人哪［ʐən˧˥·na］、哪［na˥］。

---

① 洪洞方言有五个调类,调值是阴平˧,阳平˥,上声˩,阴去˧,阳去˥,另有轻声·。原调写在音标右上角,变调写在右下角。

17.1.1 人称代词的单数形式

原称我、你、佣单独运用与普通话我、你、他基本相同。如：这是我的地，兀是你的地，兀里是佣的地。

变称"哪我、哪你、哪佣"，从形式上看，是在原称"我、你、佣"之前加"哪"而成。"哪"在洪洞话里是个多义代词。第一，可以作人称代词，相当于"人家"；第二，可以作疑问代词，与普通话义同。但在"我、你、佣"之前的"哪"，既不合人称代词"人家"之意，更不是疑问代词。因此，从意义上看，并不能将"哪"与"我、你、佣"的意义简单相加，"哪"在此是已虚化了的人称代词，本身并没有什么词汇意义，而是组合在"我、你、佣"之前，共同表示第一、第二、第三人称，组合形式的运用比单用"我、你、佣"，增加了附加意义。这种表达方式是比较特殊的。

另外，"哪"不仅可与表单数的人称代词组合在一起，也可与表复数的人称代词组合在一起，还可与疑问代词"谁"组合在一起。下面逐一论述。

"哪我"在语义上一般用于向别人陈述自己所说的不该说的话或所做的不该做的事。如：

（1）人哪与了咱钱哟，哪我多余地还问了下哪。人家给了咱们钱了，我还问了人家一句。——不该说的话

（2）呀！人哪吆喝我哩么，哪我就没答理。哎！人家叫我，我就没答理。——不该做的事

（3）哪我今马_{今天}一出门，就碰了一倒尿盆子的，真扫兴。——意料之外的事。

（4）哪我这节_个桌子好好地就"邦邦"响了几声，不知道是怎么回事。——同上

从语法功能上看，"哪我"主要作主语，如例（1）、例（2）、例（3）；其次是在句中作定语，如例（4）；不能作宾语。这些句子在谈论中，节奏往往比较慢。

"哪你"在语义上一般只用于羡慕、夸赞对方的句子里，有时是反话，带有埋怨、不满的意味。如：

（1）看哪你这花长得真好。——夸赞
（2）哪你这个袄做得真合适。——同上
（3）哪你真会教育娃娃，哪个儿都上了大学唡。——羡慕
（4）我就佩服哪你这脑子，算起什么，快得多哩。——同上
（5）哪你早早倒来唡，也不说吃喝下叫一下咱。——埋怨意味
（6）谁还敢说哪你呀，你是什么人呢？——不满

从语法功能上看，主要作主语，如例（1）、例（3）、例（5）；其次作定语，如例（2）、例（4），还可作宾语，如例（6）。

"哪佩"所处的语义环境是在成对的句子里，尤以偏正复句为多。如：

（1）我说咱今马今天看戏走么，哪佩就不去。
（2）兀人怎么，哪佩怎么。那些人干什么，他就干什么。
（3）哪兀人的东西什么也不好，就哪佩的东西好。
（4）这是谁的东西呢？——哪佩的东西。
（5）兀人眼窝头儿可高哩，谁也不敌不如哪佩。
（6）过来慢慢碰了下哪佩，却哭唡。

以上除例（4）外，各例语气都比较委婉。从语法功能上看，哪佩可做主语，如例（1）（2）；可做定语，如例（3）（4）；还可做宾语，如例（5）（6）。"哪我、哪你、哪佩"均可成为独词句，单独回答问题。

变称"我咱""你咱"是在"我、你"后加"咱"而成。这里的"咱"没有什么词汇意义，是一个虚化了的人称代词，与"我、你"组合成"我咱、你咱"，在表达第一、二人称单数的同时还可表示附加意义。"咱"与人称代词组合的能力没有"哪"强，它不能与"佩"组合成"佩咱"的格式，也很少附着在复数人称代词之后。

"我咱"从语气上看，一般可用于请求语气，比用"我"显得关系亲近。如：

（1）我咱骑下车子吧！出去跑一圈去。
（2）我咱回去，没什么事唡吧！

从语法功能上看，只能作主语，不作定语、宾语，也不能单独回答问题。

"你咱"常常用于命令语气，但比单独用"你"表命令程度较轻。如：

(1) 你咱去街上跑一趟吧！问下兀事怎么样。

(2) 今马_{今天}你咱主持这会，我有个事。

"你咱"在语法功能上与"我咱"相同。

"我咱""你咱"不是"我荷咱（我给咱）""你荷咱（你给咱）"的省略形式，试比较：

甲	乙
我出去跑一圈儿。	我荷咱出去跑一圈儿。
我咱出去跑一圈儿。	我咱荷咱出去跑一圈儿。

17.1.2 人称代词的复数形式

复数□[ŋua˧]、□[n̠ia˧] 可以表示"我们""你们"的意思。如：

(1) □[ŋua˧]_{我们}不想去啊，天气太热。

(2) □[n̠ia˧]_{你们}做什么去呢？就□[n̠ia˧] 俩人呀？

还可以表示与普通话相当的"我们家里""你们家里"的意思。如：

(1) □[ŋua˧]_{我们家里}买了一挂新车子。

(2) □[n̠ia˧]_{你们家里}今马_{今天}是谁来啊呢？我见院里有俩人么。

但是，"倻家"却不表示"他们家里"，只表示"他们"的意思。若要表示"他们家里"只能说"倻居舍"。

还需要说明的是，洪洞方言表示"我们"的□[ŋua˧]与普通话的"我们"在意义上不尽相同。"□[ŋua˧]"只包括说话人一方，绝不包括听话人在内。"□[ŋua˧]、□[n̠ia˧]、倻家"在语法功能上与普通话相同，可作主语、定语、宾语。可单独回答问题。

变称"哪□[na˧ ŋua˧]、哪□[na˧ n̠ia˧]、哪倻家"是虚化了的人称代词与复数形式组合起来的形式，运用变称复数比原称复数，在语气上显得委婉一些。如：

(1) 哪□[ŋua˧] 兀圪瘩_块地么，多会儿也不好好长。

(2) 哪□[ŋua˧] 什么不好，就□[n̠ia˧] 的好。

"哪□[ŋua˧]"主要充当句子的定语，如例（1），作主语时多用于对举，如例（2）。

（1）哪口[ȵia˩] 什么看着都是好的。

（2）哟！看哪口[ȵia˩] 这节↑娃好么！

"哪口[ȵia˩]" 可充当句子主语，如例（1），也可作定语，见例（2）。"哪佣家"既可作主语，也可作定语：如：咱在这咑干活，哪佣家倒美的歇着（主语）。咱的人不好，哪佣家的人都是好的（定语）。

17.1.3 人称代词"咱"的用法

咱[tsɑ˩] 可表示单数"我"，也可表示复数"咱们"。还可表示"咱们家里""你们家里"。

"咱"表示"我"与普通话不尽一致。它只限于指称同辈熟人、朋友，不能用于指称生人、长辈或晚辈。用"咱"自指，或者向对方表现扬扬自得的神气，或者委婉表示自己不乐意做某事。如：

（1）这是谁做的这把椅子呢？——咱。（扬扬自得）

（2）呀！写写画画，咱哪里行呢？（不乐意去做）

"咱"表示"咱们""我们"，与普通话基本一致。如：今马今天天气不好，咱还去么？

"咱"表示"咱们家里"。如：

（1）兀咑卖柿子哩，咱不知道要呀不要。那儿卖西红柿，咱们家里不知道要不要。

（2）咱车子在呀不在呢？咱们家的自行车在不在?

有时，某人出于对对方友好或亲近，用"咱"还可表示"你们家"的意思。如：老王，咱的车子在么？老王，你们家的自行车在家吗？

"这人"[tʂɿ˩ʐen˩] 在洪洞方言里不是"这个人"的意思。它除作指示代词外，还作人称代词，相当于普通话的第一人称单数"我"，或第一人称复数"我们"。当与别人争执或反驳对方时，用"这人"比用当地话"我"或"口[ŋua˩]"更有力、更坚决。如：这人[tʂɿ˩ʐen˩] 什么都不行，就你一人能行。

这里的"这人"可以是单数，也可以是复数。若说话的一方指称的是自己，就相当于"我"，若说话的一方指称的是在坐的人，就相当于"我们"。

"独自""独自个"相当于普通话的"自己""自个儿"。如：你独自个写，别靠旁人。有时相当于"孤零零一个人"的意思。如：独自个来的啊，哟，胆子挺大的。

"人哪""哪"相应于普通话的"人家"。"哪"没有"人哪"用得多，"人哪"与"哪"有时可互用，意义不变，有时却不能互用。如：

（1）人哪都排队哩么，就你特殊。

哪都排队哩么，就你不排。

（2）这是谁的东西呢？人哪的。

这是谁的东西呢？*哪的。

17.2 疑问代词

洪洞方言疑问代词有"谁""怎""怎么""什么""啥""哪"等。除后两个与普通话基本相同外，其他与普通话差别都很大。一个疑问代词往往有两个读音，这两个读音在句子中所表达的意义、语气、功能是迥然不同的。

17.2.1 "谁"的用法

"谁"有［fu˧］、［fɑ˧］两读，［fu˧］是本音，［fɑ˧］可能是"谁家"的合音，其意思可理解为"谁家里"。亦可理解为"谁"的复数"谁们"。如：

（1）谁［fu˧］来啊呢？这是谁［fu˧］的车子呢？

（2）谁［fɑ˧］没了人啊呢？谁家里死了人呢？

（3）□［n̪ia˧］走也行，□［ŋua˧］走也行，谁［fɑ˧］走也一样。——意为"谁们"。

"谁［fu˧］"，"谁［fɑ˧］"都可前加虚化了的人称代词"哪"，组成"哪谁［fu˧］"。

"哪谁［fu˧］"在句中只可做主语、定语，不能做宾语。如：

（1）哪谁［fu˧］是你唠骂的呢？——做主语。

（2）你知道兀是哪谁［fɑ˧］的地呢？你知道那是谁家的地呢？——做

定语。

"谁〔fu˧〕"前加不加"哪",语气是不大一样的。试比较,

(1)谁和你去哩呢?(语气较轻,相当于普通话的,"恐怕谁也不跟你去"!)

(2)哪谁和你去哩呢!(语气较重。相当于普通话的"谁也不跟你去!")

17.2.2 "怎"的用法

"怎"有〔tsɛ˧〕、〔tsʅ˧〕两读。怎〔tsɛ˧〕可以单用。如,你怎呢?你是怎么了?表示有疑而问。"怎〔tsʅ˧〕"不能单用,只能和"么"合用。如:你怎么哩呢?并不一定表示有疑而问。除此以外,"怎"和"怎么"出现的场合也不尽同。"怎"不如"怎么"出现频率大,"怎"出现的场合一般能用"怎么"替换,而"怎么"出现的环境是不能用"怎"替换的。看下面句子:

(1)你怎呢?我怎也不怎。

你怎么呢?我怎么也不怎么。

(2)你是怎么回事呢?怎么老半天俩不来呢?

*你是怎回事呢?*怎半天俩不来呢?

从上例看出,"怎、怎么"在句中做谓语时,意思一样,可以互换,在句中做定语时,只能用"怎么",不能用"怎"。

17.2.3 "什么"的用法

"什么"在普通话里作为疑问代词与作为任指成分读音一样。在洪洞方言里是有严格区别的:疑问代词读〔ʂʅ˥·mu〕,任指成分读〔ʂʅ˥·ma〕。如:

(1)你做什么〔ʂʅ˥·mu〕去呢?("什么"为疑问代词)

(2)你这大俩,什么〔ʂʅ˥·ma〕不会。("什么"为任指成分)

(3)你爱吃什么〔ʂʅ˥·mu〕呢?我吃什么〔ʂʅ˥·ma〕行。(前一个"什么"为疑问代词,后一个是任指成分)

"什么〔ʂʅ˥·mu〕"在句中可做宾语,如例(1)、例(3)(前一个句子),还可做主语、定语。

"什么［ʂɤˇ·ma］"在句中可作主语，如例（2），还可做宾语，如例（3）（后一个句子），但不能做宾语。

"什么"的两个读音，在洪洞话里，区别非常清楚，决不能互换。如果说，你做什么［ʂɤˇ·mu］呢？意思是，你正在干什么呀？语气是疑问。要说成，你做什么［ʂɤˇ·ma］呢？意思是，你能干点什么呢？语气是商量。

"啥［ʂɤˇ］"相当于普通话的"什么"。在洪洞方言里，与"什么"是同义词。

17.2.4　"哪"的用法

哪［nɑˊ］的用法与普通话相近。以单用为多，有时可与"里"连用，很少与"个"连用，只说"哪一"，不说"哪一个"。如，你到底要哪一呀呢？哪也行。

"哪"可重叠成"哪哪"，后字读轻声，表示"哪儿""哪里"。

17.3　指示代词

洪洞方言表近指用"这"，表远指用"兀"。"这"与"兀"各有四个读音，两两相对，共四对。每对出现的场合、表达的功能各不相同。这₁读［tʂɤˇ］，兀₁读［uoˇ］；这₂读［tʂɿˇ］，兀₂读［uaˇ］；这₃读［tʂɿnˊ］，兀₃读［uanˊ］；这₄读［tʂɿŋˇ］，兀₄读［uɑŋˇ］。

17.3.1　这₁兀₁的用法

这₁兀₁在四对里是最常见的一对，一般不表附加色彩，可单用，也可与某些量词连用。如：

（1）这₁是谁的地呢？兀₁是我的地。
（2）这₁间房子漏哪，兀₁间房子才翻瓦翻修房顶了。

17.3.2　这₂兀₂的用法

这₂兀₂主要用于指人，很少指东西。指人时往往比用这₁兀₁更富有感情。如：

（1）这₂人能行，又能说又能干。

（2）兀₂人犟的犟哩，说不得去，就要去。

例（1）若用这₁则是正面称赞意；用这₂，就含有讽刺人的意味了。例（2）若用兀₁，只是一般叙述，用兀₂，则有明显的责备人的色彩。

这₂兀₂还可用于对眼前一群人的指称。如：

（1）这₂个人是什么去里呢？——到地里去哩。

（2）兀₂个人是做什么的呢？——检查的。

17.3.3　这₃兀₃的用法

这₃兀₃单独运用，相当于普通话的"这么""那么"。除可用于对举外，如：你要这₃，俺他要兀₃。这种式也可用这₁兀₁，但没有这₃、兀₃语气坚决。还可修饰形容词，如：这₃大，兀₃点（那么少）。也可和"着""里"连用，表示说话者对某一事情的处理意见或向别人提出某种建议。如：

（1）咱这事应当这₃着办，不能兀₃着。——提出某种意见

（2）应该这₃里先走，兀₃里靠后些也行。——提出某种建议

17.3.4　这₄兀₄的用法

这₄兀₄很少单用，一般和"个"连用，常出现于向别人陈述、指称一件新奇东西或对某件物品感到惊奇的句子里。如：

（1）今马今天将一出门，拾略这₄个东西。

（2）兀₄个东西，就顶这₃大的用。

有时和量词"兀 [uɛ] 个"连用指人，含不满义，如：这₄兀人、兀₄兀人。

附：洪洞方言代词表：

		第一人称		第二人称		第三人称		其他
		单	复	单	复	单	复	独自 tʰu˧˩ tsɿ˧˩
人称代词	原称	我 ŋo˧˩	□ ŋuaɣ	你 ni˧˩	□ niaɣ	佴 na˧˩	佴家 na˧˩ ʣa˧˩	独自个 tʰu˧˩ tsɿ˧˩ ·ko
	变称	哪我 na˧˩ ŋo˧˩ 我咱 ŋo˧˩ tsa˧˩	哪□ na˧˩ ŋuaɣ	哪你 na˧˩ ni˧˩ 你咱 ni˧˩ tsa˧˩	哪□ na˧˩ niaɣ	哪佴 na˧˩ na˧˩	哪佴家 na˧˩ na˧˩ ʣa˧˩	这人 tsaɣ zen˧˩（指自己，也可指别人）
	tsa˧˩咱（表单复数；指第一人称，可包括第二人称）					人哪 zen˧˩ na˧˩ 哪 na˧˩		
指示代词	近指	这 ₁tsɿɣ（单用，与别的量词连用）		这 ₂yaɣ（指人为主，与"个"连用）		这 ₃tsan˧˩（这么，与"着里"连用，表方式）		这 ₄tsan˧˩（与"个"连用，与量词"uɛ"连用）
	远指	兀 ₁You˧˩（那）		兀 ₂yau˧˩（那个）		兀 ₃nuan˧˩（那么着、那里）		兀 ₄uan˧˩（那么个）
疑问代词	指人		单	复		哪一 na˧˩ iɛ˧˩ 哪一个 谁哈 fu˧˩ ·xa 谁家里的人		
		原称	谁 fu˧˩	谁家 fu˧˩ ·tia（谁们）□ fa˧˩（谁家里）				
		变称	哪谁 na˧˩ fu˧˩ 兀谁 uo˧˩ fu˧˩	哪□ na˧˩ fa˧˩				
	指方式	怎 ₁tsɛ˧˩ 怎里略 ₁tsɿ˧˩ ·li ·lio 怎么 ₁tsʅ˧˩ ·mu 怎么哩略 ₁tsʅ˧˩ ·mu ·li ·lio						
	指物	疑问代词 什么 ʂʅ˧˩ ·mu 啥 ʂaɣ						
		任指成分 什么 ʂʅ˧˩ ·ɑm						
	指处所	哪哪 na˧˩ ·na（哪儿、哪里）哪咑 na˧˩ ·ta						

（本章曾以《洪洞话的代词》为题，发表于《山西大学学报》1986年第 2 期，收入本书时作了部分修改。）

第 18 章 山西洪洞方言的助词"着"

山西南区洪洞方言的"着"包含多个语素。按词性可以分为动词类（读 [tʂoˀ]）、助词类（读 [·tʂʅ]）。本章联系历史文献及现代方言，着重对助词类"着"加以讨论。

助词类"着"按语法意义可以分成表示动态、时点、假设、趋向、方式五种类型。文中依次标作"着₁、着₂、着₃、着₄、着₅"。

洪洞方言例句均取自洪洞城关话。

18.1 "着"的共时分析

洪洞方言助词"着"分别表示动态、时点、假设、趋向、方式。表动态的"着₁"，和动词发生关系，表示动作持续或进行，与北京话的动态助词类似。表时点的"着₂"，附着于词（动、名、形）或短语、分句后，表示某个时点。表假设的"着₃"，附着在一个词或短语后，常与前面的"要"呼应，成为假设分句的标志。表趋向的"着₄"附着于 V 后，表示趋向。表方式的"着₅"，附着于指示代词后，表示某种方式，以下分别论述。

18.1.1 "着₁"的用法

洪洞方言"着₁"的语法功能与北京话近似。表示动作正在进行或者即将进行，表示状态已在持续或即将持续。与北京话比较，洪洞方言的"着₁"有以下四种不同情况。

1) 北京话用"着"的句子，洪洞方言也用。如"人们唱着、跳着

| 他们走着说着 | 门开着呢/着哩"。

2）北京话可用可不用"着"的句子，洪洞方言表现为：

（1）用"的［·ti］"。如：挑着担子飞快地跑（北京）→担的担子飞快地跑（洪洞）| 他写着写着笑起来了（北京）→㑇他写的写的笑起来咧（洪洞）| 厂里催着要统计表（北京）→厂里催的要统计表（洪洞）。

（2）用补语"住、上"等。如"闭着眼睛想（北京）→合住眼窝想（洪洞）| 走着去也行（北京）→走上去也行（洪洞）| 跟着我来（北京）→跟上我来（洪洞）"。

3）洪洞方言用"着"的句子，北京话习惯上不用。如：你先送着 | 你先通知人着 | 这吖透着哩 | 得㑇先知道着 | 供㑇着哩 | 你先回着 | 慢慢进着 | 将才我出去着哩 | 你可约摸着 | 巴不得着哩 | 包括着哩］开始着 | 是着哩 | 在着哩 | 还姓哪的姓着哩 | 先评着，看谁好呢。

4）语序不同。北京话的动态助词"着"毫无例外地附着在谓词上，若有宾语，为"V+着+宾"式。洪洞方言不一定附着在谓词上，若有宾语、补语时，则附着在宾/补（简称X）之后，为"V+宾/补+着"式，即"VX着"式。

18.1.1.1 "VX着"结构出现的语气

"VX着"结构多用于祈使语气，也用于陈述、疑问语气。在祈使语气里，X可以是宾语或补语。在陈述语气里，X只能是宾语，不能是补语。

祈使语气的"着"，北京话里有。如：听着 | 你歇着吧 | 过马路看着点儿 | 快着点儿!① "着"紧跟谓词，中间不能插入任何成分。洪洞方言里"V"与"着"之间可以插入很多成分。可以是宾语，也可以是补语；可以是单个的词，也可是各类短语。

1）V+宾+着

（1）体词性宾语。宾语可以是单个名词、代词，也可以是偏正短语、联合短语。如：慢些儿，看路儿着 | 你等我着，我一下儿就来 | 你家你们先开预备会着，我出去一会儿 | 我在这吖可等你和老王着，你家

---

① 对于这种"着"的语法意义，《现代汉语八百词》解释为"用于命令、提醒等"。

快些来。

（2）谓词性宾语。宾语可以是单个动词，也可以是动宾短语、主谓短语。如：离远点，小心踢着｜你招呼咬你一口着｜你听我说着。

显然，"V""着"间插入体词性宾语时，"着"还是V的动态助词。插入谓词性宾语时，成了"$V_1 + V_2 +$着（如：小心踢着）"。"着"紧跟V_2，容易看成是V_2的动态助词。实际上，"着"仍属于V_1，和V_2无关。"V""着"之间嵌入主谓短语时，其结构是"……$V_1 + V_2 +$着（如：你听我说着）"。这时，"着"与$V_1 V_2$同时发生关系，V_1、V_2都有即将持续意义。其深层结构应为"你听（我说着）着→你听我说着"。

2）V+补+着

这种结构在祈使语气里有两种语义表现。第一种用于提醒、嘱托，语义比较单纯。如：离的远着｜走的快着｜慢些儿着｜早些儿着。补语可以表结果、表数量，不表趋向。第二种用于命令、告诫，这种表达，在表层意义之下有隐含义。如：别慌，吃饱了着｜看完了着｜走过来着｜荷回去着｜等一会儿着。补语可以表结果、表数量，也可表趋向。这些句子除表达字面上的祈使意义外，还隐含着完成某一动作后再进行某事的意思。如：别慌，吃饱了着，隐含吃饱了再出去玩／再走／再谈事情……；走过来着，隐含走过来再帮你／再抱你／再告诉你……；等一下儿着，隐含等一会儿再说你的事／再帮你的忙……。每句话的隐含义在具体语境中是明确的。对"V+补+着"不论做哪种语义解释，"着"都含有"即将持续"的意义，都和谓词有关，其语义关系为"非线性组合"。如：慢些儿着，相当于慢着、慢些儿。上述两种语义表现形式与北京话相比，仅第一种与北京话在结构上有对应关系，如：慢些儿着→慢着点儿｜早些儿着→早着点儿。

3）V+V儿+着

吃吃儿着｜走走儿着｜等等儿着｜看看儿着｜停停儿着。这种句子意思相当于"吃一下儿着｜走一会儿着｜等一下着"，只是为时更短。"VV儿着"可以看成"V+补+着"的变式结构。这种结构的语义与第二种用于命令的语义表现形式等同。

4）V+补+宾+着

"写完了字着｜吃饱了饭着｜荷得来钱着｜背回去面着"。北京话没有这类格式。其语义表现也隐含着"干完某事再干某事"的意思。它的深层结构可以解释为"写字→写着→写完"。和动词发生直接语义关系的成分离动词最远，发生间接关系的离动词最近，是一种"逆向层递结构模式"。

"着"也可用在陈述语气里。动词带宾语时，北京话是"V+着+宾+呢"，如：你哥哥得了好东西，等着你呢。宾语只能在"V着"之后，"着""呢"之间。洪洞方言语序和祈使句一样。宾语可为单个词，也可为各类短语。如：人哪还吃饭着哩｜老大在兀叨可等你着哩｜桌子上还搁一碗水着哩｜绳儿上还挂我的裤子着哩｜倻家在兀叨看吵嘴着哩｜我这会子这么长时间就听你说着哩

V与"着哩"之间一般不能插入补语，要嵌入补语必须在V后加"了"，即"V+了+补+着哩"。如：老张在兀叨可等了一会子着哩｜我和兀节那个人可搞了有会子着哩讨价还价。

此外，"VX着"结构还可用于以下几种疑问语气。

特指问：等你着的兀是谁呢？

是非问：你等倻着么？

选择问：你等倻着啊，还是我等倻着呢？

反复问：他等倻啊不等呢？

反诘问：兀着难道得我等你着？没门儿。

在答话里，"着"不与其他语气词连用，而是直接用"着"。如：等我着么？——等你着。

18.1.1.2 "VX着"结构的表达形式

从表达形式上看，"VX着"结构可以是自由式，单独回答问题，也可以是黏着式，以短语的形式充当句子成分。在祈使句里，命令、嘱托语气全是自由式，以示语气坚决。如：等我着｜操心着。商量、请求语气一般是黏着式，语气和缓些。如：等一会儿着吧｜再停停儿着吧。陈述句全是黏着式，充当句子成分。做谓语中心，如：倻在兀叨可等我着哩。充当定语，如：等你着的兀是谁呢？

18.1.2 "着$_2$"的用法

"着$_2$"附着于动词、形容词、名词后，或可记为"V着$_2$、A着$_2$、

N着₂"。表示某个时点，相当于北京话"……的时候"。北京口语里的"V着₂"，"V"只限于有感觉义的动词，如：这东西摸着有点儿扎手｜你炒的这菜，我尝着有点儿咸。

18.1.2.1　V着₂

"V着₂"后面通常是短语，如：来着都八点啊｜吃着还可以｜走着你对我有传言，如今不见你回还。"V"前面还可以加状语，如：打家里走着，就不早啊｜年时一冬里穿着还好好的。

"V着₂"之间也可嵌入词和短语。如：夜儿个我来这圪里着，还没事哩｜今马吃饭着，还见俄哩｜老五吆喝_叫我着，你在哪圪里呢｜以前吃三顿饭着，我还不觉撒_觉得紧张，这吃两顿饭我还偏忙哩。这种格式还可扩展为"VNVN着"或"V₁V₁V₂V₂着"，如：这人可有意思哩。吃烟喝茶着没事，一得俄干活就有了事啊｜兀人得俄吃吃喝喝着能行｜吹吹打打着一顶仨人。

"V着₂"及扩展式除表明事情所发生的时点外，还往往伴随某种起了变化的情况。前后出现的不同结果总有一定的可比性。有时新情况尽管不说出来，听者已能觉察到。如：将才咡_看着还好好的，意谓现在不好了。

18.1.2.2　A着₂

"A着₂"一般不单用，通常前后都有其他成分，是完整的句子。如：小着多会儿也哭哩_{小时候，什么时候都哭}｜这桃儿红着可好吃哩｜这柿子等不到黄着就全摘啊｜黄瓜嫩着比老了着好吃。"AA儿的着"表示程度加深，含有感情色彩，如：绿绿儿的着好看｜嫩嫩儿的着好吃。"AA儿的着"格式可以还原为"A着"，如：绿绿儿的着→绿着。但"A着"扩展为"AA儿的着"则是不完全自由的，如：嫩着、嫩嫩儿的着，但是"青着、中着_{熟着}"不能扩展成"青青儿的着、中中儿的着"。

18.1.2.3　N着₂

"N"可以是名词、代词、数词。

1）N是时间名词。如：夜儿着还好好地吃哩，今马_{今天}倒不会吃啊｜老早以前着，兀属于咱的，这不是啊｜兀下儿着，天气还晴的挺亮，这下儿倒下起来啊。凡可往前追溯的时间都可附"着₂"。如：将才/才将着｜兀会儿着｜前响里着｜后晌里着｜早晨哩着｜晌午里着｜夜黑里着｜半夜里着｜起起里着_{黎明时分}｜夜儿个着｜前儿个着｜年时（个）着｜兀几年着等。往后推的时间名词带"着"不属此类。"明儿个着｜后儿个着｜过略年着"里的"着"不是"……的时候"的意思，而是隐含着"等到明天再……"的意思。"着"有持续义。"明儿个着"可以独立成句，不需后续成分；"夜儿个着"则不能独立，必须有后续成分。

2）N 是代词。指示代词，如：兀着我天每跑步，这不行啊。人称代词，如：我和你着就没事，一换上佭_他么就不行啊。疑问代词，如：多会儿着，我来过一回，记不得啊。

3. N 是数量词。如：我十二着，去过太原一回｜你一个生儿着_{一周岁}得过一场病｜你七十着，给你闹一下。数量词仅限于表示人的年龄。

18.1.2.4　"着₂"的特殊用法

1）重叠式：两个"着"重叠，用于拉家常或悠闲的谈话。有"V 着着"、"N 着着"。如：咱先准备下，一时人哪要来着着，不发慌｜以前着着，我家多会儿在兀里跑路哩。

2）同义式：同义式指两种同义形式的并用。"着"已经有了"……的时候"之意，其后还可再带"……的时候"，形成叠床架屋的格局。如"我来着的时候，还下雨哩"。直译则成了"我来的时候的时候……"这种格式的出现很可能是受北京话影响的结果。乡下有一定文化程度的中青年人多说，老年人和文盲不说或基本上不说。在外工作或文化程度较高的干脆说"我来的时候"。因此，在现阶段洪洞方言里并存"我来着……｜我来着的时候……｜我来的时候……"三种说法，表达意思相同。

3）连用式：同一句话里"V 着₂""N 着₂""A 着₂"可以连用，表示列举事实，语气舒缓。如：我小着、上学着连书都买不起｜这桃儿红着、吃着可好哩｜我夜儿个着、吃饭着肚子疼的就不能吃｜你以前着，做什么着都要问我。

洪洞方言的"着₂"相当于北京话"……的时候"，反过来也成立。北京话凡有"……的时候"的句子，洪洞方言大都能用"着₂"替代。如：

我在困难的时候，他总是帮我（北京）→佭恓惶着，人哪_{人家}多会

儿也帮我（洪洞）

　　人总会有上当的时候（北京）→人多会儿也有上当着（洪洞）

　　他的粮食，没的时候多，有的时候少（北京）→俺的粮食，没着多，有着少（洪洞）

　　他来的时候，已经晚了（北京）→按俺来着，就迟下一胡唡（洪洞）

　　据初步了解，使用"着₂"的地理范围包括山西南区的大部分地区。有的方言点是"V 了着₂"，中间加"了"。如尧都、万荣、芮城、新降、永济方言等。青海西宁话里也有类似的成分。如：上去高山者望平川，平川里有一朵牡丹｜太阳上来者饭罢了，花儿的气色儿俊了｜上山打了个香子麝鹿了，下山着吃了肉了。（张成材《西宁方言志》）

18.1.3 "着₃"的用法

　　"着₃"有时与前面的假设连词"要"搭配。多数情况下"要"不出现，"着"直接附着在词或短语上，组成"（要）……着"结构，相当于北京话的"要……的话"。其黏着性很强，一般不独立使用。"（要）……着"结构插入成分后，总以分句的形式出现，后一分句有"就、也"等副词呼应。有的以句子的形式出现。如"俺要来着……"其实是省去了"就好了"。省去的成分是说话人和听话人共知的。有时是说话人不愿或不便说，让听话人去猜想的东西。使用这种句式，语气都比较婉转。

　　从"（要）……着"的构成成分看，能进入这一框架的成分有体词成分 N，谓词成分 V，小句 S，简称"（要）N 着""（要）V 着""（要）S 着"，"要"也可说成"要是"。

18.1.3.1 （要）N 着

　　N 可以是名词、数量词和代词。

　　1）N 是名词。如：要老三着，就没一点问题｜要是玻璃着，不全打唡｜俺的娃着，你看俺管么？抽象名词，如"道德、恩情、礼节、情面"等不能用于这种句式。N 还可以是方位词、处所词。如：要是里头着，我就停住宿｜前头着，我就去｜要是沟里着，早泥的不行唡。还可是区别词（非谓形容词）。如：要是慢性着，可麻烦唡｜要彩色着……｜

西式着……

2）N 是数量词。基数词，如：要是二着，就好啊。序数词，如：第一着，就更好啊。分数词，如：要是三股两股着_{三分之二}的话，看怎么说呢？数量词，如：四五个着，还好说｜要是七块_元多家着，我就买啊。

3）N 是代词。人称代词，如：要我着，先不行｜要我和俺着，就按_做完啊。指示代词，如：要这［tʂʅ˧］个着，……｜要这［tʂn˥］着……｜要这［tʂn˥］个着这么个……｜要这［tʂʅ˥］个这些个着……疑问代词，如：要哪谁着，跟俺也不行。其他代词，如：要别的着，还可以｜要旁个处着，怎么也行。

18.1.3.2 （要）V 着

V 可以是动词、助动词、形容词和代词。

1）V 是动词或动词性词组。动词，如：要是走着还不冷，一坐下就受不住啊。动宾结构如：有事着，吃喝我。动补结构，如：你当天买下着，就好啊。兼语式如：有人问着，就说我不在｜你能得俺来着，就得来。连动式如：你要能到俺家里吃喝一下着，不快些儿呵。

"V 了再说 V 了着"是一种常用的句式，多用于消极方面，含有"车到山前必有路"的意思。如：用了再说用了着｜吃了再说吃了着｜没有了再说没有了着｜用坏再说用坏着。上述"着"也可说成"的话"。这个"的话"尽管还受"说"的支配，但意义已完全虚化。

2）V 是助动词。如：我要会着，还求你啊？"（要）……着"可以加进"能、会、可以、可能、敢、应该、愿意、情愿、肯、值估_{值得}"等，不能加"能够、应当"等书面语词。

3）V 是形容词。如：隔壁老二勤体_{勤谨}着，早过的富啊｜俺要老实着，还好说｜这瓜要中_熟透了着，就不是兀样子｜你好好儿的着……｜干干净净的着……｜和这一样着，我就买下啊｜你再称一下，比俺的少着，你撂下。

4）V 是代词。如"要怎着，吃喝我｜怎怎着，跟前身边有人。

具有谓词作用的拟声词，也能用于"V 着"句式。如：俺再叮叮光光着，你也不能打俺啊。

18.1.3.3 （要）S 着

S 是小句，"要"可有可无，若有，只能放在主语前。如：你停到兀咡住在那儿着，能行么｜要小三来着，就更热闹啊｜你不插手着也不会有这事儿。

18.1.3.4　（要）……着

"（要）……着"结构中还可加入否定副词"不"，构成"（要）不着"。"（要）不着"是熟语，不能扩展。其意相当于：①转折连词"不然""否则"。如：你快些子去，不着就迟啊｜就是你耽搁的，不着早到啊｜佛肯定有事，要不着早来啊。②选择连词"要么"。如：不着你走，不着我走，总不能俩人都在这咡｜要不着走，要不着回，你快定。

18.1.3.5　"着₃"的特殊用法

1）重叠式："着₃"重叠使用。如：你要等我着着，我就去｜就是你耽搁的，不着着早到啊。

2）同义式："……着₃"与"……的话"同义，两种形式可同时并用。如：你要等我着的话，我就去。这样，洪洞方言并存"你要等我着……｜你要等我着的话……｜你要等我的话……"三种形式，用第一种形式较多。这些不同的形式很可能反映了不同的时代层次。

"着₃"的地理范围与"着₂"相近，在南区的大部分方言点都有。有的是"（要）……着"，有的是"（要）……了着"。

18.1.4　"着₄"的用法

"着₄"附着于 V 后，表示趋向，相当于北京话的"V 去"。"V 着₄"一般不能单独使用，前面总有介宾短语出现，介词是"跟、和"，宾语是"我"或代表"我"的亲属称谓，组成"介＋我＋V＋着₄"的结构，表示请求、商量、命令等语气。

18.1.4.1　介＋我＋V＋着₄

这种结构的肯定式是：走，和我荷着跟我拿去｜跟姨姨看着。否定式是在介宾短语前（没有介宾时是在动词前）加否定词"别"。加了否定词后，"着"必须变为"去"。如：V 着→别 V 去｜介宾 V 着→别介宾 V 去。在这种语境中，不能说成"别 V 着"。即，趋向助词"着"只能用在肯定句里，不能用在否定句里。这种结构的 V 还可带宾语。如：和我荷盆能着跟我拿盆子去｜跟我看戏着｜和姑姑到地里着。还可带补语，如：跟我到地里看一下儿着。

18.1.4.2 第一人称和第二、三人称在表示动作趋向上的区别

有时,"介+我"尽管不出现,但句中隐含着说话人与听话人一块去的意思。如:快到街上看热闹着｜到地里割草着一块儿到地里割草去。

值得注意的是,当介宾短语的"宾"是"你(他)"或不隐含"我"义时,V 的趋向词就不是用"着",而是用"去"。请比较:

跟我荷着→跟你荷去→跟俹他荷去

跟姨姨到立炉厨房上吃着→跟你到立炉上吃去→跟你姨姨到城里看戏去

如果将上例中的"着"与"去"的位置互换,要么句义不同,要么句子不能成立:*跟我荷去｜*跟你荷着｜*跟俹荷着。

这种第一人称和第二、三人称在表示动作趋向上的区别,可以说是人称的语法范畴在洪洞方言里的反映。

18.1.5 "着₅"的用法

"着₅"附着在指示代词"这 [tsan˦]、兀 [uan˦]、这 [tsaŋ˦]个、兀 [uaŋ˦]个"上,表示某种方式,相当于北京话的"这么着、那么着"。附着在疑问代词"怎 [tsʅ˦]、怎 [tsʅ˦]么"上,表示任何方式或询问原因,相当于北京话的"无论如何、怎么样"。

18.1.5.1 这着₅/兀着₅

"这着/兀着"语气较坚决、果断。①做主语、宾语。如:这着行呀不行略｜兀着也行｜我就愿意这着。②做状语。如:你这着按做｜你兀着荷前走｜你这着一下一下地打。③做谓语。如:你这着,我兀着｜我早得你这着,你不听。④做定语。如:这着的时候,不慌。⑤做小句,引出下文。如:咳,这着,你坐到前头,东西搁到后头。⑥主语、谓语同形,表示依从。如:这着就这着,全依你。

"这/兀"附"着"还可以两两并用,以加强语气,如:我说这着这着,你就不听。还可以前加否定词"别、不"等,如:你说不这着……｜别兀着。

"兀着"在洪洞方言里除表示"那样"外,还表示:①轻度转折。如:你有事,兀着谁跟我去呀了。②时间名词。如:这还是兀着从前的事。

"这个着、兀个着"，语气较婉转、俏皮，用法与"这着、兀着"大致相同。

18.1.5.2 怎么着₅

①做主语、宾语。如：怎么着也不行｜你说怎么着吧，就等你一句话。②做谓语。如：你怎么着哩呢？有时用于对举，前后呼应，表示条件。如：人哪ₓ家怎么着，你怎么着，该怎么着，就怎么着。③做状语。如：这事儿你说怎么着说着，好了｜怎么着走，近呢？④做补语。如：兀事办的怎么着哩呢？⑤做小句。如：怎么着哩呢，一句话也不说呀。

18.1.5.3 怎着₅

"怎着"总是成对出现。①做谓语。如：人哪怎着，你怎着｜想下怎着就怎着。②做宾语。如：这娃在家里要怎着，就怎着。

方式助词"着"在洪洞方言里仅仅附着在"这/兀、这个/兀个、怎、怎么"这些为数不多的代词后面表示方式、询问原因。没有"这样着/兀样着｜什么着｜怎样着"的说法。"着₅"也不能附着在其他词性后面表示方式。北京话如：躺着睡｜坐着吃｜倒着拿这类格式里的"着"，严格地讲，应该是方式助词，而洪洞方言表述时，一律不用"着"，而用"的"。如：坐下的吃｜颠倒的荷。

洪洞方言代词附"着"，从形式上看比北京话更自由，除了"这着/兀着"做宾语，"着"必须出现外，其他情况下，"着"与代词离合都很自由，全凭个人习惯，不会影响意思。如：你这着按做→你这按"。似乎可以这样说，做主语、宾语时，"着₅"是一种构形成分，不可缺少，否则便站不住。如：这着行呀不行呢→*这行呀不行呢。做状语、定语时，可有可无，不影响意义，似乎成了一种衬音成分。如：你这着按做→你这按。

18.1.6 "去着"的用法

北京话口语有"来着"，用于句末，表示曾经发生过什么事情。如：刚才老何找你来着。洪洞方言没有这种用法，多数"来着"要说成"去着"。

18.1.6.1 "去着"表示追悔的语气

"去着"用于句末表示一种对事态追悔的语气。"着"读得很轻，肯定、否定表义相同。如：得我寻下去着｜没有得我看一下去着｜还不敌_{不如}我咱取一下去着。

18.1.6.2　"去着"表示一种假设

"去着"可表示一种假设。如：亏了骑车子，你要走去着，还不知道多会儿哩。

18.1.6.3　"V下去着"结构的歧义

1）"下去"是趋向动词，"着"是动态助词。如：别等哪，先走下去着，俺家一会儿就来啊。

2）"下"是数量词"一下"的省略，"去着"是助词。如：没有得我走下去着，看到底有多远。"走下"之间可以加"一"。这两种结构层次是不同的。

18.2　"着"的历时探讨

从历时看，广泛使用于洪洞方言的"着$_1$、着$_2$、着$_3$"，当与唐宋以来近代汉语的用法有关。反映中晚唐五代作品的敦煌变文里，就可见到"着$_1$"及其结构。但这是否最早源头，未敢断言。早一些的《世说新语》见不到该类结构。自唐历经数朝，千余年的俗文学里都不乏其例。"着$_2$"在唐五代，限于资料，只查得"V着"，没有"A着、N着"。明清俗文学中"V着"渐多。V的使用远没有洪洞方言广泛。"着$_3$"用例较多，其源头可能更早（最先为"者"），但仅限于"（要）V着"。另有少量"要S着""要N着"。似可认为，洪洞方言的"着$_1$、着$_2$、着$_3$"及其结构是唐五代甚至更早时期该类结构的孳乳和类化。

18.2.1　唐代用例

盛行于唐代寺庙里的"俗讲"，由于是口耳相传，必然更多地使用口语成分。敦煌变文或许保留着唐西北方言口语的痕迹。洪洞方言处于西北方言的东北部边缘。因此，与变文多有暗合之处。成书于五代的禅宗语录《祖堂集》中，该类结构就不在少。

18.2.1.1　"着$_1$"及"VX着"

1）V+宾+着/著：大众虔心合掌着，要问名字唱将来。（敦456）｜

各请敛心合手掌着，断除法相唱将来。（敦441）｜烂捣椒薑满椀著，更兼好酒唱三台。（敦470）｜君畏去时，你急捉我着，还我天衣，共君相随。（敦883）｜暂借天衣著看。（敦883）｜亦听君脱衫，将来盖我著出池，共君为夫妻。（敦883）｜师便索三个鈔罗盛水著。（祖1·129）｜向背后为僮仆著。（祖2·131）｜保福云与摩则㭊布袋造浴裩著。（祖4·136）

2）V+双宾+著：你头手已入镬中煮损，无由可得，且借你别头手著。（敦879）

3）V+宾（主谓）+著：汝缘不会，听我说著，羼提众生，缘自造恶业。（敦189）

4）V+宾+补+著：且与我拈三千大千世界向眼睫上著。（祖3·095）

5）V+兼+V+著：井中水满钱尽，遣我出着。（敦132）

6）V+补+著：为什么却言放下著。（祖2·038）｜师唤维那安排向明灯下著。（祖2·082）｜推向屎坑里著。（祖2·106）｜师云："拽出著。"（祖4·019）。

7）V+V+著：师曰："钉钉著，悬挂著。"（祖1·116）。

8）V+补+宾+著：师曰："倒却门前刹竿著。"（祖1·031）｜师唤沙弥："拽出这个死尸著。"（祖4·140）

"VX着"结构在唐《因话录》《本事诗》等笔记文学中也有。如：诸舍人戏之曰："如此短，何得向上立？"裴对曰："若怪即曳向下著。"（因·卷五）｜试留青黛著，回日画眉看。（本·卷三）

18.2.1.2 "着$_2$"的用例

"着$_2$"用例较少。如：亲情劝着何曾听，父母教招似不闻。（敦674）｜夫子使人把锹钁，壔着地下有石堂。（敦234）｜由是诤起，无能决者，议立一人。（祖1·011）

18.2.1.3 "着$_3$"的用例

"着$_3$"用例较多（多写作"者"）。如：若不是□死王押头着，准拟千年余万年。（敦827）｜或见不是处，有人读者，即与政著。（敦389）｜新妇既去者，父王亦不敢留连。（敦296）｜乞此鼓，切不可打者，若打者心有不详之事。（敦161）｜若有众生闻者，惣愿离苦解脱。

（敦168）｜娘子若索天衣者，终不可得矣。（敦883）｜若有心入定者。即一切有情悉皆有心，亦合得定。（祖1·131）｜若不然者，即堕自然矣。（祖1·140）｜若然者何责我乎？（祖1·160）｜若有一人似于师者，弟子今日终不来此。（祖2·002）｜若不趁着，丧身失命。（祖3·088）

以上"若……者"与洪洞方言"要……着"结构、语义完全相同。

18.2.2　宋代用例

宋代的禅宗语录里，"着₁"及"VX 着"结构更为普遍，仅《五灯会元》就见近四十处，多与五代时《祖堂集》格式相同。"着₂、着₃"用例也渐多。二程、朱熹等宋儒语录极少见到。这说明口耳传习问答式的禅宗语录更接近口语。以下从宋代文本中摘取的一些"着₁"的用例。

18.2.2.1　"着₁"及"VX 着"

1）V+宾+着：师曰："打钟着。"（五灯·5·258）｜师曰："抖擞精神着。"（五灯·10·612）｜行住坐卧思量着，只好把与穷汉做襖着。（宋人小说·卷二）｜沩曰，"好好修事着。"（五灯·5·294）｜师曰："却安旧处着。"（五灯·3·143）｜济谓直岁曰："细抹草料着！"（五灯·4·223）｜师曰："土地前烧二陌纸着。"（五灯·12·763）｜师曰："那边师僧过这边着。"（五灯·7·428）｜他也委曲作箇道理着行他底。（朱子·卷八）｜则请别寻一箇好底性来，换了此不好底性着。（二程·卷一）

2）V+双宾+着：仰曰："寒时与他襪着。"（五灯·9·525）

3）V+补+着：师曰："撲破着。"（五灯·6·337）｜师曰："退后着。"（五灯·15·1004）｜师曰："无人处放下着。"（五灯·8·471）｜师曰："坐却着。"（五灯·7·378）｜师曰："葛巾纱帽，已抬向这边着也。"（五灯·8·440）｜师曰："抛向金刚地上着。"（五灯·8·440）｜师拈一块土，度与僧曰："抛向门前着。"（五灯·7·407）｜师曰："破草鞋，与抛向湖里着。"（五灯·7·378）｜师曰："趁向水牯牛欄里着。"（五灯·15·941）

4）V+了+着：王统制，你后面粗重物事转换了着。（王俊首岳侯状，读本·117）

5) V+补+宾+著：师曰："拖出死屍著。"（五灯·4·208）| 师曰："维那拽出此僧著！"（五灯·7·415）| 师曰："眨上眉毛著。"（五灯·8·449）师曰："剔开耳孔著。"（五灯·8·451）| 师曰："拽出癫汉著。"（五灯·10·603）| 师唤侍者曰："扶出这病僧著。"（五灯·11·660）| 师曰："拈却拒阳著。"（五灯·15·949）| 迦叶曰："倒却门前刹竿著！"（五灯·1·12）

18.2.2.2 "着2"的用例

若是见色便见心，人来问著方难答。（五灯·10·618）| 桃红李白蔷薇紫，问著春风摠不知。（五灯·16·1103）| 若不得这一喝，几乎道著依旧。（五灯·16·1103）| 水中得火世还稀，看著令人特地疑。（五灯·17·1140）| 一即一、二即二，覷著直是无香气。（五灯·16·1078）| 和尚一片骨，敲着似铜鸣。（五灯·5·272）| 被人把诘问著没去处。（五灯·7·394）| 一颗明珠，在我这里，拨著动著，放光动地。（五灯·20·1389）| 闻着喷鼻香。（董西厢106）| 认著则空花缭乱。（五灯·14·904）

18.2.2.3 "着3"的用例

物挂著则不倒地。（筠州洞山悟本禅师语录511）| 譬之一物悬在空中，苟无所倚著，则不之东，则之西。（二程·卷二）| 若擎其腰间者，此其所以不死也耶。（老学庵·卷四）| 又一切诸法若无常心者，即物物皆有自性。（五灯·2·89）| 若不捏着，一点也无。（五灯·15·1009）| 有人问著，但教合取狗口。（五灯·4·200）| 若不明得，便虽万般安排著，亦不济事。（二程·卷十一）| 此理若不肯信者，从他退席。（五灯·2·86）

"著"有时写成"者"，与前面的"若"合用，形成"若V著/者"式。

18.2.2.4 "若N者、若S者"用例

若然者，但得解义，不劳诵经邪。（五灯·2·86）| 若不然者，则守死善道之谓也。（五灯·20·1325）| 若不尔者，则未相应也。（五灯·2·93）| 若是毛羽相似者，某甲终不敢造次。（五灯·13·840）| 人心平铺著，便好。……（朱子·卷一）| 人不怕虎者，虎不奈得其人何。（朱子·卷八）| 谁曾问著，从头说一段希奇事。（董西

厢 160）

　　宋元时期的话本、讲史，"VX 着"极少，与之相当的"VX 则个"（"子个、这个、之个、只个"均为"则个"变体）渐多。尤以南方官话写成的作品最盛。① 宋金北方官话作品也有，《董西厢》"则个"及其变体加起来也近十见，可见北方也用，为时可能不长。关于"则个"与"著"的关系，学界意见不一。笔者认为，"则个"是由"着"直接衍化来的，其性质当同。从语例看，使用"则个"的句子，多可将"则个"换成"著"，而语义语气不变。如：待我放下歇则个（鸡肋编）=待我放下歇着 | 你看我消遣他则个（京本）=你看我消遣他着。杂剧、小说里"则个"与"著"互文的例子也有。如：不免在此伺候著。（赤松记二十出）| 不免在此伺候则个。（拜月亭十折）"著"是含持续义的动态助词，"则个"也当有此性质。有人承认"著"跟动词关系密切，而不承认"则个"跟动词关系同样密切，② 恐怕是站不住脚的。《董西厢》校注对"则个"解释与笔者的看法一致。"'则个'表示动作在进行着或将要开始进行时的时态助词，和'咱''者''着'相近。"侯会考察了"则个"一词在话本小说的使用情况，认为"绝大多数例句都是表示动作将要开始进行。其意义和作用，几乎尽在于此。"③ 张相《诗词曲语辞汇释》卷三，释"则个"为：表示动作进行时之语助词，近于"着"或"者"。看来，透过文字形体不难发现"著"及其变体的共通之处。关于"则个"的用例，宋元讲史、话本，后来的明小说、戏曲都极多。④

---

　　① 有人作过统计：《京本通俗小说》（8 种）"则个"出现 15 次；《清平山堂话本》（27 种）出现 27 次；《水浒传》（70 回）出现 68 次。请参阅徐德奄《近代汉语中句末语气词"则个""者""著""咱""罢""波"》（《语法论集》第三集第 118 页）。

　　② 龚千炎：《论近代汉语句末语气词"者""咱""则""则箇"及其历史发展》，《合肥师范学院学报》1963 年 1 期。

　　③ 侯会：《从"则个"一词的隐现看部分话本小说的创作年代》，《语文研究》1988 年第 3 期。

　　④ 侯会：《从"则个"一词的隐现看部分话本小说的创作年代》，《语文研究》1988 年第 3 期。

18.2.3 元代用例

到了元代,"着、者、咱、则个"等大会合,情况比较复杂。不过,从杂剧看,使用已趋分工。"着"多附于 V 后,附于 V 的"者、咱"远低于"着";"VX 着"结构少见,"VX 者/咱"极多;"者、咱"用于句末,"着"多用于句中。"则个"已极罕用。开尾韵的"者、咱"大量出现于句末,似与祈使、请求语气要求清晰、洪亮,即所谓"语用"有关。至于"者、咱"出现于同一作家、同一句式,如:谢了父亲母亲者|拜了父亲母亲咱(张国宾·合汗衫)|试说一遍与寡人听者|试说一遍与我听咱(李寿卿·伍员吹箫)。除了传刻讹变,当是方言融合不同层次的反映。今西宁方言并存"V 着[·tʂɤ]""V 者[·tʂɛ]"用例,其语义、语气看不出什么差异,这种现象似与西宁方言早期与不同方言接触融合有很大关系。

元代杂剧和其他文本里,"着(者、咱)"的用例也不在少,但情形已有所变化。

18.2.3.1 "着₁"用例

1) V+宾+着:你老人家放精神着。(元杂·窦娥冤)|张驴儿,蔡婆婆都取保状着。(同上)|你用心着。(元杂·玉镜台)|休道不寻思你祖上,依着你祖上行奸勾当着。(孝经直解)|交管民官从长规划,依时节收买鸡鸭猪羊牲著。(元典章·十六)|您如今却离了我,在罕处您好生作伴著。(元秘·卷七)|将这等人并他子孙尽典刑了著。(元秘·卷九)|如今你二人骑马著。(元秘·卷十)|将来责赤里爱你小名的人著。(元典章·四)|夜间看星枕土著睡。(元秘·卷七)

2) V+补+着:听小官明明的说破着。(元杂·王粲登楼)|大嫂,这米将去舂得熟着。(元刊·看钱奴)|欲教他走得远著。(元秘·卷七)|你那三河源头守得好著。(元秘·卷七)|孛罗忽勒说:"敌人的塵土高起著。"(元秘·卷七)

3) V+补+宾+着:姊姊,你说下个誓着。(元杂·救风尘)

18.2.3.2 "VX 者"与"VX 咱"

元代的"VX 着"已呈东鳞西爪,而"VX 者"却撷之皆是。杂剧又多了个"VX咱"。

1）V+宾+者：学士，请吟诗者。（元杂·玉镜台）｜孩儿把盏者。（元杂·秋胡戏妻）｜只愿你着志者。（元杂·曲江地）｜如今叫我死呵，便死；恩赐教活呵，出气力者。（元秘·卷七）｜教那畜生每种田者。（元典章·十六）｜断了气后头交穿衣服者。（元典章·三十一）｜休煖墓儿者。（同上）｜张千准备大棒子者。（元杂·金钱记）｜你依着我画一个字者。（元杂·鸳鸯被）｜交肩甲上挂白财帛者（元典章·三十一）｜一日不来休与一两者。（元典章·十五）｜岳父、岳母好看觑我母亲和妻子梅英者。（元杂·秋胡戏妻）｜杀马杀牛羊者。（元典章·三十一）｜于多人处散茶饭者。（元秘·卷十）

2）V+补+者：令人与我挡住者。（元杂·赚蒯通）｜将这厮打死者。（元杂·陈州粜米）｜我记下者。（元杂·杀狗劝夫）｜都飞在白练上者。（元杂·窦娥冤）｜罪比常人加重者。（元典章·二）｜交说将来者。（元典章·九）

3）V+了+者：强占百姓田宅产业都回了者。（元典章·十九）｜都交收拾了者。（同上二十二）｜交他每商量自改了者。（同上）｜教你看守金门，若离了时，便将性命断了者。（元秘·卷四）

4）V+补+宾+者：与我拏下小敝古者。（元杂·陈州粜米）接下马者。（同上）｜拏住那驴儿者。（同上）｜快与我点齐军马者。（元杂·伍员吹箫）

5）V+宾+咱：请父亲母亲赏雪咱。（元杂·合汗衫）｜望大人与小人做主咱。（元杂·窦娥冤）｜哥哥救你兄弟咱。（元杂·金钱记）｜待我嘱咐他几句咱。（元杂·窦娥冤）｜你看我折底骂一场出些怨气咱。（元刊·看钱奴）｜大嫂，你学二十四孝咱。（元刊·小张屠）｜去那长安市上，开个卦肆指迷咱。（元刊·泰华山）

6）V+补+咱：官人不嫌絮烦，听妾身再说一遍咱。（元杂·鸳鸯被）｜恐怕天明，我须急急的背出去咱。（元杂·杀狗劝夫）｜听我说与你咱。（元杂·陈州粜米）

7）V+补+宾+咱：我是识破此人咱。（元杂·赚蒯通）｜我与他铺下这床铺咱。（元杂·鸳鸯被）

8）V+（一V）+咱：我试晾一晾咱。（元杂·秋胡戏妻）｜待你

媳妇看一看咱。（同上）

18.2.3.3 "着₂"的用例

在这种结构里没有发现"者、咱"的例子。如：

你问当家中有息妇，问着不言语。（元散曲·干荷叶）｜想着容易情忒献勤……（元杂·救风尘）｜那后来来的人都立住著，落后了。（元秘·卷二）

18.2.3.4 "着₃"的用例

在这种结构里有"者"的用例，没有发现"咱"的例子。如：

则除是亲近着他便喜欢。（元杂·救风尘）｜你放得欢喜着，母亲也欢喜。（元刊·小张屠）｜他与咱厮杀败著，走出去了。（元秘·卷九）｜若违令者，必当斩首。（元杂·李逵负荆）｜被老相公亲向园中撞见者，唬的我死临侵地难分说。（元杂·墙头马上）

18.2.4 明代用例

到了明代，戏曲还多用"者、咱、则个"等词。如：奠两盏酒儿，化了纸者｜你守着我睡一睡咱｜不免做些生活则个。（明杂·团圆梦）小说多用"者、则个"，罕用"咱"。这样，"着"的使用势必大大减少。明初的会话作品《老乞大》《朴通事》二书却是另一种情况，一律"着""VX着"用例随处可见，据统计，二书均不下四十处。

18.2.4.1 "着₁"及"VX着/者"

1）V+宾+着：歇头口着。（老乞大272）｜你离路儿着。（285）｜着吃草着。（287）｜放血着。（朴通事81）｜盛汤着。（349）｜盔甲一副，环刀一口，都一打里将到直房里等我着。（186）｜好生用心看家着。（187）｜且莫吃他着。（西游记259）｜暗保我师父者。（270）｜三禾用心者。（660）｜等我与师父报仇者。（600）｜剜心摘胆着。（663）｜只见空地上一个后生脱膊着。（水浒传21）｜你两个且宽心着。（618）｜老娘先打两个耳刮子着。（246）｜大人如何不教盖得气象著。（李善长狱词）｜我每都要小心若恼著。（牧斋·一百四卷）｜买一斤肉着。（老乞大274）｜咱们做汉儿茶饭着。（332）｜煮一脚羊肉着。（朴通事348）｜商量染钱着。（145）

2）V+补+着：拴的牢着。（老乞大286）｜有帐子疾忙打起着。

（337）｜分开着写。（317）｜打一对马脚匙来钉上着。（朴通事196）｜茶饭都准备下着。（154）｜护膝上但使的都说与我着。（89）｜把那艾来揉的细着。（74）｜你剃的干净着。（82）｜上前来站稳着，我说与你听。（西游记238）｜那长老挽不住缰口，只板紧着鞍鞯，让他放了一路辔头。（719）

3）V＋了＋着：且将那水线来都引了着。（朴通事246）｜将笔来抹了着。（50）

4）V＋（—V）＋着：且说一说着。（朴通事122）｜你都站开，等我再叫他变一变着。（西游记35）｜待与你抱紧了睡一睡着。（冯梦龙·挂枝儿）

5）V＋补＋宾＋着：歇住头口着。（老乞大302）｜再着上些盐着。（275）｜刷了锅着。（275）｜东北上又一个好汉，高声大叫："留下人着！"（水浒传610）

18.2.4.2 "着$_2$"的用例

我当时问着，乡人说："这山扇息火，只收得一年五谷，便又火发。"（西游记790）｜问着说不知，说着推不省。（民歌·锁南枝）｜那些个捏着疼，爬着痒，头上敲，脚下响。（风情戏嘲）｜说着不听，骂着不采，山不移，性不改。（同上）

18.2.4.3 "着$_3$"的用例

天王道："套不去者，惟水火最利，……"（西游记658）｜伺候扶持，通不打紧，就是不离身驮着，也还容易。（441）｜邓、张二公笑道："若要行偷礼，除大圣再无能者，想当年大闹天宫时，……那是何等手段。"（665）｜有人问着，一句话也说不得时，别人将咱们做什么人看。（老乞大264）｜你赶过马来，在一处着，容易照管。（299）

18.2.5 清代用例

清代白话小说《儒林外史》和《红楼梦》，"VX着"使用情况有很大不同，前者没发现一例，后者有一些，但不如较晚的《儿女英雄传》多。更晚些的《三侠五义》也找不到该类结构。"着"的使用已同今北京话无别。总地看，清代"VX着"结构寥若疏星，"着$_1$"已逐步向V靠拢，成了"V着X"。

18.2.5.1 "着₁"及"VX着"结构

1) V+宾+着：凤姐悄悄道："放尊重着，别叫丫头们看了笑话。"（红楼梦12）｜就是这样，我保姐姐着。（儿女英雄传30）｜大姑娘，你要和她处长了，解闷儿着的呢！（22）｜安老爷道："九兄，你莫先赞好着……"（16）｜那怕夜间脑后有人暗算，……转身就招架个着。（6）

2) V+补+着：就是那汤，我也告诉雪雁和柳嫂儿说了，要弄干净着。（红楼梦87）｜姑娘，你坐稳着……（儿女英雄传18）｜及至看见着了她，还愁交代弹弓之后，我只管问长问短……（16）｜舅太太先拉说："使不得，先把你们家这点礼儿完了着。"（40）｜双手扶定着膝盖头，匹马单枪，只等张金凤过来说话。（25）

3) V+V+着：姐姐听听着罢，我还有话呢。（儿女英雄传26）｜说着，梗梗着个两把头如飞而去。（34）

18.2.5.2 "着₂"的用例

明儿二爷再别说这些话，叫人听着怪不好意思的。（红楼梦90）｜好也罢，歹也罢，带了去，你们街坊邻居看着也热闹些。（42）别人看着还是不错的。（13）｜从小儿大妹妹玩笑着就有杀伐决断……（13）｜再歇着，不要把老脸丢了。（14）｜我说着你不听。（47）｜我尝着也没什么趣儿。（25）｜我吃着好。（25）｜我吆喝着都不听。（9）｜莫不是我们在青云堡住着，九公把他找来演锤给我们看看，他一锤子打碎了一块大石头的那人。（儿女英雄传18）｜那树枝儿连身子乱晃。众人下面瞧着，个个担惊。（三侠546）｜慌的我翻身滚落下牙床，走着我好不心焦。（民歌）

18.2.5.3 "着₃"的用例

我若死守着，又叫人笑话。（红楼梦120）｜便是活着，人事不知，叫来也无用。（46）｜我如果要杀你，……现成的那把牛耳尖刀杀着，岂不省事些？（儿女英雄传6）｜便是伯母和你张家妹子来着也近便。（44）

18.2.6 "着"的演变

以上将"着"及其结构从唐五代到晚清的使用情况勾勒了一个大

概的轮廓，从中可以窥见"着"的演变情况。"着₁"及"VX着"结构自唐发现，用例就已不少，到元明用例增多，达到最高峰，清时变作零星小雨，时有时无，而晚清以后的文献里，再也找不到"VX着"的结构了。"着₁"从宋代就开始走向了另一条道路，顺着"V着X"的方向演变，逐步定型为今北京话的"着₁"。"着₂"不同，它随着"着₁"动态范畴义的出现而逐渐转移语义，并未随着"着₁"的丰富而丰富。"着₂"在唐宋以来俗文学里用例就不多，① 且大部分附着在与"感觉义"有关的动词上，发展到今天北京话和洪洞方言，也完全是两种不同的路子。在北京话，动词限于狭窄范围。在洪洞方言，动词更为宽泛，只要能加"……的时候"的就能附加"着₂"，这可以说是由唐宋以来只能附着感觉义的动词类推到一般动词的结果。

洪洞方言后附于时间名词的"着₂"，如"以前着、年时着、今马个着"，很可能是由古汉语"昔者、古者、今者"而来。如：昔者齐晏子使于梁国为使（敦·卷三）｜儿闻古者有司马相如，……（敦·卷三）。其例还可推寻到先秦，如：昔者，诸侯事吾先君（左传·宣公十七年）｜今者臣来过易水，蚌方出曝，……（燕策·苏代止赵伐燕）

假设助词"着₃"在唐宋以来的材料中用例比"着₂"要多而全，特别是"若（要）V着"式较多。"若N着、若S着"式也与洪洞方言相合。"着₃"很多情况下作"者"，这种表假设的"者"源头更早。如：乐民之乐者，民亦乐其乐；忧民之忧者，民亦忧其忧。（孟子·梁惠王下）｜如复见文者，必唾其面而大辱之。（史记·孟尝君列传）｜卿能办之者，诚快。（资治通鉴·卷65）吕叔湘认为"者"与现代汉语表假设的"的话"相近。推论之，与洪洞方言"着₃"也正相合。

至于洪洞方言"着₂、着₃"重叠式、同义式等用法，找不到其历史渊源，很可能是洪洞方言的发展创新。

---

① 唐宋以来"着B"并不多见，与"时"的使用频率很高有关。从以下数据可以看出。《敦煌变文》用"之时""时"达180余见。《老乞大》在211句主从句中174句用"时"，占82.46%。（胡明扬：《老乞大复句句式》，《语文研究》1984年3期。）《儿女英雄传》中"的时候""时""时节"加起来也有150余处。

18.3 "着₂、着₃"的性质

关于"着₁"的性质，将在第十九章"从山西洪洞方言看唐宋以来助词'着'的性质"中探讨，这里只讨论"着₂、着₃"的性质。

18.3.1 "着₂"的性质

从洪洞方言看，"着₂"不是表示动作的持续、进行等语义，而是表示动作或事件所处的时间，由此可称为"时点助词"。严格地说，"着₂"有的表示"时点"，有的表示"时段"。如：我来着，就已经八点唡｜我走着，忘了戴手套唡。"着"表时点。你吃着挺慢的｜说着容易，做着难。"着"表时段。表时点与表时段的区别在于，表时点的"着"不能用虚化了的"起来"替换，表时段的"着"可用"起来"替换。如：说起来容易，做起来难。唐以来"着₂"也有时点、时段之分。如：亲情劝着何曾听。（敦 674）｜那后来的人都立住著，落后了。（元秘·卷二）｜我当时问着，乡人说……（西 790）｜走着我好不心焦。（清民歌）"着"表时点，相当于"……的时候"，不能用"起来"替换。人来问著方难答。（五灯·10·618）｜闻着喷鼻香。（董西厢 106）｜那些个捏着疼、爬着痒…（明·风情戏嘲）｜我尝着也没什么趣儿。（红楼梦 25）。"着"也相当于"……的时候"，表时段，但能用"起来"替换。这些"着"并无持续意味，其语法意义已有别于"着₁"。实际上，"着₂"已纯粹成了一种表时点、时段的形式标志。

表时点的"着₂"在北京话系统中业已消失，表时段的"着₂"还有遗存。如：臭豆腐，闻着臭，吃着香｜这山看着近，走着可远呢。

18.3.2 "着₃"的性质

"着₂"与"着₃"相同的是，都不表动作的进行、持续；不同的是，"着₂"表时，与现实中描述人的亲身感受的句子相联系，"着₃"所处的句子却是虚拟的、假定的。如：你要去城里着，言语一声｜要走着，把雨伞带上。不管有无假设连词"要"，都表示假定。唐五代以来"着₃"并不多。如：若不是□死王押头着，……（敦 827）｜若不趁着，丧身失命。（祖3·088）｜有人问着，……（五灯·4·200）｜人心平铺著，便好。（朱子·卷一）｜在一处着，容易照管。（老乞大299）。更多的是用"者"。这种"着"在北京话已经消失了，在洪洞方言却有所继承和发展。"着$_3$"已经成了假设分句的形式标志，其语法意义相当于"……的话"。

18.4 余论

18.4.1 动态范畴与时点范畴

多年来，对汉语助词"着"的研究，偏重于状态持续、动作进行等动态范畴，忽略了"着"的时点范畴。动态范畴也涉及时间上的持续，但与时点范畴毕竟不是一回事。时点范畴不表示时间上的持续，而只表示时间上的某一点。从语法上严格区分这两个范畴是必要的。"着"的动态范畴和时点范畴是同一层次上的划分。尽管时点助词"着"在北京话系统中使用很少，但它毕竟是一种客观存在的语言事实，是动态范畴所无法包容的。

即使在动态助词"着"的研究方面，也存在尚待完善之处。只提出动态助词"着"的正在进行义或持续义是不够的。这只是动态助词"着"的部分功能，还应该看到动态助词"着"的即将进行义和持续义。前者，吕叔湘已称为"方事项"；后者，可仿称为"将事项"。"方事项"明显地表现在陈述性或带有描述性的句子里。如：正开着会呢｜她头上插着一朵花等。"将事项"则表现在祈使（命令、请求、商量）性的句子里。如：你等着！｜你们先开着会等。无论"方事项"，还是"将事项"，只有在"时间起止点"上的不同，而没有表动态的本质差异。因此，应该把"方事项""将事项"作为动态范畴的两个次范畴。这无论是对北京话，还是对汉语方言的研究都是有积极意义的。

18.4.2 空间差别与时间序列

V与动态助词"着"的结合，可以分为三种类型。一是"VX着"型，如山西南区（中原官话汾河片）、关中片、秦陇片的大部分方言。二是混合型，既有"VX着"，又有"V着X"，如山西中区、东南区、西区、北区的部分方言。三是"V着X"型，如北京话。

18.4.3 文白异型与方言干扰

本章对洪洞方言的描写语料全部采自口语，没有书面语。因为口语才有"着$_1$、着$_2$、着$_3$"及其结构"VX着""要……着"等，书面语里没有。洪洞出版的刊物《古槐》，已刊载小说、诗歌、故事、民间传说、歌谣等近百万字，但很难找到这些结构和用法。其有关"着"的用法和现代汉语书面语基本一致。尤其是口语里的"VX着"结构，书面语一律变成"V着X"结构。笔者曾有意将书面语里的"V着X"结构说给本地人听，但发音人要么换成别的读法，要么还原为"VX着"结构。因此，长期以来，"V着X"和"VX着"已经成为洪洞方言典型的"文白异型"结构。显然，"白型"是本地方言固有的早期的结构形式，"文型"则是白话作品流入所致。

由于洪洞方言"VX着"结构形式根深蒂固，往往对外来影响表现出很强的抗干扰性。一方面，尽管洪洞青年学生在书本上经常接触到"V着X"的结构形式，但在口语中并未流露出向北京话靠拢的迹象。另一方面，当洪洞人有意识地学说普通话时，往往受到"VX着"的干扰。如"等着我!"要说成"等我着!""慢着点儿!"要说成"慢点儿着!"这种干扰在别地也有，如中区太原方言有"VX的勒"的说法，将北京话的"等着你呢!"往往说成"等你的勒"。

（本章曾以《洪洞方言助词"着"的共时研究》为题，发表于《语言研究》1989年第1期；以《洪洞话的"VX着"结构》为题，发表于《语文研究》1989年第2期；以《洪洞方言"着DE"及其他用法》为题，发表于《语言学论文集》。山西人民出版社1990年版；以《再论洪洞方言的助词"着"》为题，发表于《中国语言学报》1999年5月，总第10期。收入本书时作了较大改动。）

第19章 从山西洪洞方言看唐宋以来助词"着"的性质

唐宋以来的"着"(时常写作"著"),按词性可以分为动词类和助词类。助词类按语法意义又可分为表动态、表时点、表假设等类型。本章联系山西南区洪洞方言及其他语言材料着重对唐宋以来助词类"着"的动态性质加以讨论。

19.1 唐宋以来助词"着"的性质

唐宋以来的俗文学作品中不难见到动词与助词"着"之间插入宾语或补语的结构形式,即"VX着"结构。如:

(1) 大众虔心合掌着,要问名字唱起来。(《敦煌变文集》)
(2) 师便索三个铱罗盛水著。(《祖堂集》)
(3) 师曰:"土地前烧二陌纸著。"(《五灯会元》)
(4) 您如今却离了我,在罕处您好生作伴著。(《元朝秘史》)
(5) 你老人家放精神着。(《窦娥冤》)
(6) 盔甲一副,环刀一口,都一打里将到直房里等我着。(《朴通事谚解》)
(7) 就是这样,我保姐姐着。(《儿女英雄传》)

长期以来,多数学者认为"着"及其变体"者、咱、则个"等是一种句末语气词或祈使语气词,助全句语气。吕叔湘早在50多年前就论及"著",他说:"今所论者为殿句之著,其用在助全句之语气者。"[①]

---

① 吕叔湘《汉语语法论文集》,商务印书馆1984年版。

龚千炎认为,"在近代汉语里,有一组比较特殊的句末语气词'者''咱''则''则个'。"① 胡竹安认为,"'者''咱''则个'是同一语气助词的异式"。② 萧斧也认为,"'则个''者''著''咱'这几个近代口语中的语气词,是属于一个系统。是宋元以来口语中的一个句末语气词。"③ 我们认为,这种"着"不是句末语气词,不是助全句语气,而是相当于现代汉语中的动态助词,是和动词发生关系的。

19.1.1 从表态功能看"着"

综观唐以来动态助词"着"的使用,可以发现,"着"的结构类型与语气有一定的关系,陈述语气多为"V着X"结构,如:以手即着玉鞭,指其耶输腹有胤(孕)。(《敦煌变文集·卷四》)祈使语气多为"VX着"结构。不论哪种结构,"着"在表达"体"的范畴上并无根本对立,位于陈述语气里的"着"表示动作已经、正在进行、持续,位于祈使语气的"着"表示动作马上、将要进行、持续。"着"都表示动作的状态。

就结构形式看,"V着X"里的"着"紧附于V后,作为动态助词的资格已得到承认。至于"VX着"的"着",由于其间隔了X,所以,很容易从形式出发,将"着"与动词的关系割裂而看成句末语气词。实际上,当X都处于零形式时,这两种结构形式将趋于一致。如:

A. VX着——VO着——V着∣等我着——等O着——等着

B. V着X——V着O——V着∣等着我——等着O——等着

现在一般把B式的"着"看作动态助词,将A式的"着"看作句末语气词。其实,A式是B式的同义句式,两式的"着"都宜看作动态助词。同样,唐宋以来很多"VX着"结构的"着"也是动态助词。

进一步考察北京话、洪洞方言使用"着"的句式,其内部大都隐含时间起止点,无论哪种句式,在表达动词的时间起止点上都有自己的一段,很难说,某一段属动态助词,某一段不是。如:

---

① 龚千炎:《论近代汉语句末语气词"者""咱""则""则个"及其历史发展》,《合肥师范学院学报》1963年第1期。

② 胡竹安:《宋元白话作品中的语气助词》,《中国语文》1958年第6期。

③ 萧斧:《早期白话中的"V着哩"》,《中国语文》1964年第4期。

人们唱着跳着｜正开着会呢（北京话）｜正开会着哩（洪洞方言）——无起点，无止点

你快来，我等着你（北京话）｜我等你着（洪洞方言）——有起点，无止点

你走吧，我等着他来（北京话）｜我等佴来了着（洪洞方言）——有起点，有止点

慢慢吃，吃饱了着（洪洞方言）——无起点，有止点

这说明，带"着"字的结构各以自己不同的语言形式来表达客观存在的"时段整体"，在不同的方言里满足不同的交际需要。

从"VX着"消失的历史背景看，并非两结构绝然无涉。明清时期的俗文学里，"V着X"结构已占绝对优势，拿《儿女英雄传》来说，动词后附"着"的结构据统计达三千多见，不计相同动词，也有五百多见。而"VX着"结构已极罕见，只十二见。《红楼梦》里也只二见。这样的悬殊比例，与唐宋相比，只能以"V着X"结构对"VX着"结构的强大类化力来解释。明代还可偶尔见到"V着X"对"VX着"结构类化的痕迹，《水浒传》第二回："当日因来后槽看马，只见空地上一个后生脱膊着……"第十七回："杨志回头看时，那人大脱着膊，拖着杆棒，抢奔将来。"这说明，"着"的前移导致了"VX着"结构的转化，这种转化是建立在两种结构同义、"着"字同质的基础上的。

19.1.2 从句中位置看"着"

多数学者之所以将"VX着"里的"着"看成句末语气词，是因为这种"着"及其变体经常位于句末。的确，很多情况下，"着"是位于句末的。但位于句末的不一定就是句末语气词。值得注意的是，这种"着"也可以位于句中。如：

（1）暂借天衣著看。（《敦煌变文集》）

（2）盖我著出池。（同上）

（3）夜间看星枕土著睡。（《元朝秘史》）

（4）如今放了铁索，垂涎着喜欢来也。（《老乞大谚解》）

（5）分开着写。（同上）

有的句末、句中互现。如例（1）与例（2）：

（1）自云："诺，惺惺著。"（《五灯会元》）

（2）惺惺著他后，莫受人谩。（同上）

（3）只板紧着鞍鞯，让他放了一路绺头。（《西游记》）

（4）快着！快着！莫要调嘴，害了大事。（同上）

这就很难体会出句末和句中的"着"在表示语义、句法功能上有什么差异。在洪洞方言里，同一种结构在句末、句中也是互见的。如：

（1）这个时候了，还不快些着。

（2）得让倻在兀吖等我着。

（3）你跟倻说一下，得让倻快些儿着来。

（4）你得让等我着的兀是谁呢？

显然，如果将句末的"着"看作句末语气词，那么对句中具有同样意义、作用的"着"就无法解释。

将唐宋以来的"着"及其变体看成句末语气词，还有一个致命的弱点就是无法确切地用现代汉语的一个或几个句末语气词替换。只好用"约略、大约"说明，有些尽管可以用某个句末语气词替换，但未免在语义、语气上存在差异，句法结构上也缺乏相应的平行格式。这本身就说明用"句末语气词"来解释"着"的性质是有困难的。

日本的太田辰夫先生也不认为"着"是句末语气词，说"着"是北方话中表命令的场合用的助词，多用在以持续动词做述语的句子中，如：别急，等我把这本书看完了着｜当心摔了碗着。

在近代汉语，特别是元杂剧里，有的"着、者、咱"与动词的关系非常密切，毋庸置疑，有的与动词的关系则不那么显豁。如：

（1）待我下楼看去咱。（《合汗衫》）

（2）嫂嫂，你救我命咱。（《杀狗劝夫》）

但它并没彻底摆脱动词的引力，其性质并未完全发生变化。

19.1.3 从语言系统看"着"

语言的系统性表明，同一语言系统的某一成员具有的特点，另一成员一般也具有。但由于语言发展不平衡性的制约，语言发展的某一环节，总会出现不整齐的现象。现代汉语北京话里，与"着"同系统的动态助词是"了、过"。在 V 后是成系统对应的，如：V 了｜V 过｜V

着。在"VX"后,出现了不整齐性,有"VX了""VX过",没有"VX着"。从共时比较看,洪洞方言不存在这个缺项,有整齐的对应。从历史材料看,"了"和"着"也有过系统对应。变文里有"V+宾+着",同样有"V+宾+了"。如例(1)(2):

(1) 子胥解梦了,见吴王嗔之,遂从殿上褰衣而下。(《敦煌变文集》卷一)

(2) 有一处士名医,急令人召到。便令侯脉,侯脉了,其人云……(《敦煌变文集》卷五)

梅祖麟指出:"唯一不同的是词序。现代汉语完成貌出现于动词和宾语之间。唐代的'了'出现于动宾短语之后。"这和"V宾着"发展到现代汉语"V着宾"的情况是完全一致的。

由此看来,"VX着"结构与"V着X"结构一样,"着"是动态助词,不是句末语气词;"着"和动词发生关系,不是助全句语气。

19.2 从洪洞等方言看助词"着"的动态性质

下面再从洪洞以及其他方言、其他民族语言中考察一下动态助词"着"(或相当于动态助词"着")的使用情况。

19.2.1 从洪洞方言看"着"

洪洞方言有大量"VX着"结构,从用例看,似可认为,洪洞方言的"着"及其结构是唐五代甚至更早时期该类结构的孳乳和类化。

洪洞方言"VX着"结构多用于祈使语气,也用于陈述、疑问语气,其结构形式如下。

1) V+宾+着。如:慢些儿走,看路儿着 | 你在前头等我着 | 你好好地看门儿着 | 你听我说着 | 你招呼咬你一口着(以上祈使) | 你快去,老王在兀呀等你着哩(陈述)。

"V着"之间加入体词性宾语时,"着"还是V的动态助词,因为有的例句与北京话的"V着宾"对应。如:你等着我 | 你们先开着会。插入谓词性宾语时,如:小心踢着! 容易将"着"看成V_2"踢"的动态助词,其实这里的"着"仍然属于V_1"小心"。"V着"之间如果是

主谓短语，如：你听我说着！这时，"着"与V_1、V_2同时发生关系，V_1、V_2都有即将持续意义，其深层结构应为："你听［我说着］着——你听我说着。"与唐时变文里的"汝缘不会，听我说著。羼提众生，缘自造恶业"中的结构、语义相同。

2）V+补+着。这种结构有两类，如：

A. 离的远着｜走的快着｜慢些儿着｜早些儿着｜扫刷的干净些着

与元明时期的"拴的牢着｜剃的干净着"结构相同。

B. 别慌，吃饱了着｜看完了着｜走过来着｜荷回去着｜等一会儿着

与唐宋时"拽出着｜退后着"结构相同。

以上例句，A类用于提醒、嘱托，语义比较单纯。B类用于命令、告诫，有隐含义，还兼有完成某一动作后再进行某事的意思。但无论作何种语义解释，"着"都含有"即将持续"的意思，都与谓词有关。如"慢些儿着"，深层语义当为："慢着、慢些儿。"

"V+补+着"还有一种变式结构为：VV着。如：吃吃儿着｜走走儿着｜等等儿着。与上述B类用于命令的语义表现形式相同。

3）V+补+宾+着。如：写完了字着｜吃饱了饭着｜荷得来钱着。这种结构与唐以来"拽出这个死尸著｜你说下个誓着｜歇住头口着"结构相同。其语义表现也隐含有"干完某事再干某事"的意思，其深层结构可以解释为："写字、写着、写完。"和动词发生直接语义关系的成分离动词最远，发生间接关系的离动词最近。现代汉语北京话已没有此类格式。

陈述语气里的"V着"，V带宾语时，北京话是：V+着+宾+呢。如：你哥哥得了好东西，等着你呢。洪洞方言语序与祈使语气一样，与北京话不同。如：你哥荷的拿着东西，等你着哩｜人哪还正吃饭着哩｜绳儿上还挂我的裤子着哩。这种陈述性的"VX着"结构唐以来少见。可见，洪洞方言的"着"对应的就是北京话的动态助词"着"。

19.2.2　从山西南区等方言看"着"

洪洞方言属山西南区方言片，即中原官话汾河片，洪洞方言中的"VX着"结构在该方言片的20多个方言点中均可见到。凡口语表达北京

话"V着X"结构时，不论祈使语气、陈述语气，大多使用"VX着"结构，其中盐湖、临猗等方言，祈使句使用"VX着"，陈述句多使用"V着X"，与唐宋时期一致，"着"都是表持续、进行义的动态助词。

"VX着"的使用范围还可以再扩大到中原官话的关中片、秦陇片，且在某些地区"着"的使用频率还相当高，如青海西宁方言，陕西西安、宝鸡、安康等方言也有。目前青海省可见到的材料较多，就《西宁方言志》看，"着"有两个语音变体，一个是［·tʂɛ］，写作"者"，另一个是［·tʂɔ］，写作"着"。如：你说谁者？我没说你着｜利害者！｜路上小心着！这两个变体无明显规律可循，似乎只凭习惯而已，这对我们认识元杂剧"着"及其变体的性质是很有帮助的。从西宁方言看，有"V着"，也有"VX着"。如V+宾+着（者）：阿爷正圈圈垫粪者｜我把家叫姨娘者｜说话着啊（说着话呢）｜家干啥者佛｜家在（呆）家里正吃饭者佛。V+补+着：这个尕娃长得心疼（可爱、讨人喜欢）着｜解放前嗬，我们的日子过得孽障着。V+补+宾+着：夜来个（昨天）下过雨儿着。这些结构同洪洞方言一样，不单纯用于祈使语气，更多地用于陈述语气。

19.2.3 从山西其他方言区看"着"

位于山西境内的其他区方言，都有类似"VX着"的结构形式。相当于北京话动态助词"着"。各区读音很不一致，大致是"中区、东南区、北区"等方言多读［təʔ］或［tiʌʔ］，东南区少数方言读［nəʔ］，北区有的读［ləi、liəʔ、ləʔ］，西区方言多读［tsəʔ］。通常人们写作"的"。表19-1是南区各方言点，表19-2是中区各方言点，相当于北京话动态助词"着"的结构分布情况。

表 19-1

	祈使语气				陈述语气		
	V+着	V+宾+着	V+补+着	V+补+宾+着	V+着哩	V+宾+着哩	V+着+宾+哩
尧都	+	+	+	+	+	+	—
襄汾	+	+	+	+	+	+	—

续表

	祈使语气				陈述语气		
	V+着	V+宾+着	V+补+着	V+补+宾+着	V+着哩	V+宾+着哩	V+着+宾+哩
霍州	+	+	+	+	+	+	—
汾西	+	+	+	+	+	+	—
闻喜	+	+	+	+	+	+	+
翼城	+	+	+	+	+	+	—
新绛	+	+	+	+	+	+	—
垣曲	+	+	+	+	+	+	+
绛县	+	+	+	○	+	+	+
稷山	+	+	+	○	+	+	+
侯马	+	+	+	+	+	+	—
盐湖	+	+	+	+	+	—	+
乡宁	+	+	+	+	+	○	—
夏县	+	+	+	+	+	+	+
河津	+	+	+	+	+	+	—
万荣	+	+	+	○	+	+	+
临猗	+	+	+	○	+	—	+
永济	+	+	+	+	+	+	+
芮城	+	+	+	○	+	+	—
平陆	+	+	+	+	+	—	+

注：表中"+"表示说，"—"表示不说，"○"表示说得少。

表 19-2

	祈使语气			陈述语气		
	V+的	V+宾+的	V+的+宾	V+的勒	V+宾+的勒	V+的+宾+勒
太原	+	+	+	+	+	+
清徐	+	+	+	+	+	+
阳曲	+	+	+	+	+	+
太谷	+	+	+	+	+	+
祁县	+	+	+	+	+	+

续表

	祈使语气			陈述语气		
	V+的	V+宾+的	V+的+宾	V+的勒	V+宾+的勒	V+的+宾+勒
平遥	+	+	—	+	+	+
介休	+	+	—	+	+	—
交城	+	+	—	+	+	+
孝义	+	+	—	+	+	+

注：表中"+"表示说，"—"表示不说，"○"表示说得少。

北京话的祈使句"你等着我！"在山西中区方言里有两种表达形式：

第一式：VX的：你等我的！

第二式：V的X：你等的我。

第一式：与北京话对应，第一式则与洪洞方言对应，且以第一式为常见。

北京话陈述句"他等着你呢"，山西中区方言也有两种表达形式：

第一式："VX的勒"式：他等你的勒。

第二式："V的X勒"式：他等的你勒。

也以第一式为常见。有些句子只能有第一式，不能有第二式。关于这些结构形式，侯精一在20世纪50年代就已做过考察。他认为，"的"[tiʌʔ˧]用在动词后头表示动作（行为，变化）的持续，相当于北京话的动词后缀"着"。① "V+的"带宾语，有的放在动词的后头，后缀"的"的前头，构成"V+宾语+的"的格式。如：喥布儿可是好，就是钱儿挡手的｜看风的使船，看人的下菜地｜院儿住雀儿的咧｜你可听些门子的喥｜个人就不掂量快轻重的｜快走哇，等甚的咧。"挡手的"是说"挡着手"，"看风的、看人的"是说"看着风、看着人"，"住雀儿的"是说住着麻雀，"听些门子的"是说"听着点门"，"掂量轻重的"是说"掂量着点轻重"，"等甚的"是问"等着什么"。以上各例

---

① 侯精一、温端政、田希诚：《山西方言的分区》，《方言》1985年第2期。

宾语都不能挪到后缀"的"的后头。这些分析对洪洞方言来说，同样适用。其他四片除少数县市（如天镇、阳泉、壶关、长治）只有一种"V 的 X"结构外，大多数县市是"VX 的"与"V 的 X"并存。其中一部分县（忻府、平鲁、石楼、山阴等）只有一种"VX 的"结构。

如果抛开语音形式来看结构类型，山西大多数方言在 V 与动态助词的结合上有共同之处。即山西中区绝大多数方言点的动态助词可以离开 V 居于宾补以后。特别是两种结构并存的形式，反映了北京话与山西南区（中原官话汾河片）、关中片、秦陇片在地理上的过渡现象，可谓之混合型结构。这种混合型结构在汉语其他方言中也可找到。上海方言里相当于助词"着"的"勒勒、拉"一般放在动宾、动补后头，很少跟在动词后头。[①] 如：伊勒门口头等我勒勒｜伊写勒勒格信，侬看看｜爹爹，我勿吃了，相公在屋里等我拉｜隔壁头住拉个铜匠。这些放在句末、句中的"勒勒""拉"和山西中区方言的"的"、南区洪洞方言的"着"不无相通之处。

（本章曾以《从洪洞等方言看唐宋以来助词"着"的性质》为题，发表于《方言》1998 年第 2 期；以《Un emploi particulier de la particule ZHE dans le parler de hongtong》为题，发表于《法国东亚语言学杂志》1988 年冬季号。收入本书时作了部分修改。）

[①] 于根元:《上海话的"勒勒"和普通话的"在、着"》，《语文研究》1981 年第 1 期。

第20章　山西洪洞方言用于答语的反诘问句"咋呢不行的"

　　山西洪洞方言的反诘问句"咋呢不行的"做答语，一般是长辈对晚辈、上级对下级用反意疑问句所提请求的允诺。这种选择基于语言内环境和语言外环境的互动。语言内环境主要指交际双方对使用语言的理解，如反意问句由"陈述"和"问句"组成，其中"问句"期待听话人对命题内容进行或是或否的验证。语言外环境主要指交际双方的社会地位、相对权势及完成所请求事件的难度等。在中国特定的文化语境中，请求提出人无论是社会地位还是相对权势都处于相对劣势，且调查显示，完成所提请求难度不大也不会犯原则性错误。"咋呢不行的"这种主观化表达不仅提高了允诺的信度、放大和强化了诚意，积极地维护了对方的面子，保护了他们的积极性，也为自己赢得了热情、善解人意的形象。

　　"反诘问句是从语用角度划分的疑问句类型，属于无疑而问的修辞性假性疑问句"，"在结构上，与普通话相似，粤、客、赣、湘等方言无论是非问、特指问、选择问还是正反问，都可以构成反问用法，在形式和语用上各自有一些自己的特色"[1]。值得一提的是，该文虽提到了方言反问句，与普通话相比，在形式和语用上各自具有一些特色，但并未对语用上的特色做进一步讨论。由此我们大胆推论，所谓特色是指形式上的，而语用特色与普通话相同。邵敬敏认为，反问句在语用上具有三大特点、表达六种意义。[2] 其特点是：①显示说话人内心的"不满情

---

[1] 邵敬敏：《汉语方言疑问范畴比较研究》，暨南大学出版社2010年版。
[2] 邵敬敏：《现代汉语疑问句研究》，华东师范大学出版社1996年版。

绪",②表现说话人主观的"独到"见解,③传递说话人对听话人的一种约束力量,一种"不容置疑、不容辩驳"的看法;所表达的 6 种语用意义为:①困惑义,②申辩义,③责怪义,④反驳义,⑤催促义,⑥提醒义。

事实上,早在 20 世纪 40 年代,吕叔湘即指出:"反诘实在是一种否定方式,反诘句里没有否定词,这句话的用意就在否定;反诘句里有否定词,这句话的用意就在肯定。"① 换言之,"反问句"存在着语言形式和语言意义不对称的现象,这已成为学界共识。而就反问句所处的位置,学界基本认为它应处于"一问一答"式对答序列中"问"的起始位置上,如朱德熙认为反问句"不要求回答"②,于根元认为"要对方不做反对的回答",③ 邵敬敏等认为"无疑而问"。④

洪洞方言的疑问系统中,有一类特指问句"咋呢不 + V 的"可用于询问原因,如:

(1) 咋呢不来的?(为什么不来呢?)

(2) 咋呢不吃的?(为什么不吃呢?)

(3) 咋呢不走的?(为什么不走呢?)

但这种特指问句作为反问句用于答语时,其疑问功能消失,仅仅表示肯定回答。如:

甲:咱跟我进城买件衣服走吧?(跟我进城买衣服去,好不好?)

乙:咋呢不行的?(为什么不行?)

"咋呢不行的"在这里只表示"行、可以、好的"等肯定语气。

也就是说,洪洞方言在语言形式"咋呢不 + V 的"和语言功能之间存在着明显的扭曲关系(skewed relations)⑤,即同一形式表达两种功能:其一是询问原因,即为什么不去做某事;其二表示肯定回答,很愿意做某事。

就洪洞方言的反问句"咋呢不 + V 的"来说,它有与其他方言或

---

① 吕叔湘:《吕叔湘文集(第一卷)·中国文法要略》,商务印书馆 1993 年版。
② 朱德熙:《语法讲义》,商务印书馆 1982 年版。
③ 于根元:《反问句的性质和作用》,《中国语文》1984 年第 6 期。
④ 邵敬敏:《汉语方言疑问范畴比较研究》,暨南大学出版社 2010 年版。
⑤ 赵元任:《北京口语语法》,吕叔湘译,商务印书馆 2001 年版。

普通话共性的地方,如它是特指疑问句在特定的语境中形成的,也就是说,在形式和意义之间存在着不对称关系。但更有其特殊之处,其一是它所处的位置不同于目前研究文献所报导的反问句,即它处于对答序列中"答"的位置上;其二是它所具有的语用特点和语用意义,即它的语用功能主要用于肯定,表示说话人十分愿意答应对方的请求的主观态度。鉴于此,本章以"咋呢不行的"为例,试从语用学角度分析隐藏其后的动因。

20.1 "咋呢不行的"出现的语言环境

反问句是语用分类,或者说,离开具体语境,就无法判断一个句子究竟是不是反问句。邵敬敏(1996)曾引用来自《北京人——一百个普通人的自述》一句话:"三寸金莲",小得"不盈一握",能跳华尔兹吗?[①]

单纯地看,我们很难将"能跳华尔兹吗"归为反问句。从形式上看,它是一个典型的一般疑问句。从功能上看,它既可以询问一个人跳华尔兹的能力,即会不会跳华尔兹,也可以是对一个人发出跳华尔兹的邀请。而唯有在"三寸金莲",小得"不盈一握"这一前提下,根据语言使用者共有的背景知识,才能做出"不能跳华尔兹"的推论,才会把它看作一个反问句。

观察或研究反问句必须注意语境。但对语境的理解往往存有差异,如通常所谓的"六何"说将语言知识撇在了一边,或者说,它把语言使用者过分地理想化。因此,我们要特意区别语言内环境和语言外环境,前者包括语言知识即交际双方所具有的使用语言的知识和语言交际的上文;后者包括语言外知识,如背景知识、情况知识、交际双方的相互了解等。

20.1.1 "咋呢不行的"的语言内环境

洪洞方言的反问句"咋呢不行的"主要出现在"一问一答"式对

---

① 邵敬敏:《现代汉语疑问句研究》,华东师范大学出版社1996年版。

话的答语位置上。如：

(1) 甲：咱跟我进城买件衣服走吧？

乙：咋呢不行的？

(2) 甲：李老师你说这道题这样做行么？

乙：咋呢不行的？

在这种问答中，提问者所使用的反意疑问句（tag questions），可简化为"（S＋VP）＋问句"。其中的（S＋VP）相当于一个陈述，问句相当于一种期待，即邀请听话人做出反应。洪洞方言中，"咋呢不行的"是对说话人所述命题的一种反应。

20.1.2 "咋呢不行的"使用的语言外环境

调查结果显示，"咋呢不行的"主要是长辈对晚辈或上级对下级所做出的一种反应，偶尔也使用于平辈之间，但如果是晚辈对长辈或下级对上级时，这一答语绝对不能使用。如：

(1) 甲：咱坐这辆车行么？

乙：咋呢不行的？

(2) 甲：你说我穿这件衣服行么？

乙：咋呢不行的？

虽然我们说语言外环境包括背景知识、情况知识、交际双方的相互了解等，但在这种对话中，主要涉及的是交际双方的相互了解，其中社会地位和相对权势起决定性作用。

20.1.3 "咋呢不行的"所实施的言语行为：允许

上文谈到，"咋呢不行的"是位于"一问一答"式对话中答语位置。根据共有语言知识的理解，它是对说话人所言命题做出的反应。这是从听话人的角度所做的描写。现在换取说话人视角，我们完全有理由说，说话人的话语产生了效果。根据 J. Austin，人类通过语言所实施的行为可分三类，即说话行为（locutionary act），意向行为（illocutionary act）和取效行为（perlocutionary act）。这里，说话行为即是说话人所使用的反意疑问句，意向行为即是在说话行为的基础之上所产生的言语行为（speech act），取效行为即是得到听话人的肯定性反馈。

当然，要搞清"咋呢不行的"所实施的言语行为，必须从"（S+VP）+问句"所实施的言语行为开始，因为失去听话人通过"S+VP+问句"所实施的言语行为，反问句"咋呢不行的"也就失去了存在的条件。反问句必须在一定的语境下存在，如果没有语境，"咋呢不行的"完全可以表示疑问，用于询问原因。

那么"S+VP+问句"究竟有什么"用意"呢？调查显示，说话人之所以会使用这种形式，除了迫于自己相对劣势的社会地位和权势之外，他在提出一种请求，请求别人答应做某事或请求别人同意或允许自己做某事，希望得到听话人的首肯。

而说话人之所以通过意向行为，是因为他期望收到言后之果，"咋呢不行的"正是"S+VP+问句"所收到的言后之果，一种肯定的许诺。这是从说话人的角度得出的结论，如果从听话人的角度看，那就是他通过"咋呢不行的"实施了言外行为允诺，或答应自己去做某事，或允许别人去做某事。

20.2 "咋呢不行的"的用意

毋庸赘言，反问句"咋呢不行的"是言语间接性的一种表现，也就是说，它用疑问句的形式实施了肯定的功能，其实质就是"通过实施另一种言语行为来间接地实施某一种言语行为"[①]，即用询问原因这一言语行为实现另一言语行为"允诺"。也就是说，它的使用是具有言外之意的，用吕叔湘的话来说，就是有"用意"的。但其"用意"究竟是什么，却并不是用语言间接性或用另一行为间接地实施某一行为能解释清楚的。

根据会话结构，"对答"由一前一后两个话段（turn）组成，一个话段是一句话或一段话，分别由甲乙两人说出；两个话段有一定的语义搭配模式，如提问与回答配对，抱怨与道歉配对。我们把前一段话统称为"引发语"，把后一段话统称为"应答语"（Schegloff & Sacks 1973,

---

① Searle, J. 1975 Indirect speech acts. In Cole, P & Morgan, J. (eds.). Syntax and Semantics, Vol. 3: Speech acts, New York: Academic Press.

转引自沈家煊，1989)。① 也就说，当甲方提出请求时，乙方要做出回答，当然这种回答要么是肯定的，即答应请求，要么是否定的，即拒绝请求。如：

甲：请把盐递给我好吧？

乙₁：好的。

乙₂：我也搆不着。

虽然接受请求如乙₁是期待的、正常的也是无标记的回答，而乙₂却是不期待的、不正常的也是有标记的答案，但为什么洪洞方言会使用反问句这种符合期待的，但却是超常的、有标记的形式呢？

20.2.1 "面子"及"面子维护"

20.2.1.1 "面子"

按照 Brown & Levinson (1978) 的定义②，"面子"（face）是指"每一个社会成员意欲为自己挣得的那种在从公中的'个人形象'（the public self - image)"，包括"消极面子"和"积极面子"两类。消极面子指不希望别人把意志强加给自己，希望自己的行为不受别人的干涉或阻碍；而积极面子指希望得到别人的赞同或喜爱③。

但许多言语行为本质上是威胁面子的，如命令、请求。当听话人命令说话人去做某事时，就存在着强加于人的可能性，既威胁到听话人的消极面子即可能干涉了听话人的行动自由，也可能威胁到自己的积极面子，如听话人拒绝执行说话人的命令。请求虽然略弱于命令，但同样存在着面子威胁的可能。但参加交际活动的人都是典型人，是一个"具有面子需求的理性人"④，也就是说，交际双方不仅具有能运用一定的模式进行实际推理的能力，还能从交际目标出发，确定达到这些目标所应

---

① 沈家煊：《不加帮助的话题》，《中国语文》1989 年第 5 期。

② Brown, P & S 1978 Levinson. Universals in Language Usage：Politeness Phenomena. In Goody, E. (ed.) Questions and Politeness：Strategies in Social Interaction, Cambridge：Cambridge University Press.

③ 何兆熊等：《新编语用学概要》，上海外语教育出版社 2000 年版。

④ Brown, P & S 1978 Levinson. Universals in Language Usage：Politeness Phenomena. In Goody, E. (ed.) Questions and Politeness：Strategies in Social Interaction, Cambridge：Cambridge University Press.

运用的最佳手段的能力，从而尽可能地减轻自己的言语行为可能给面子带来的威胁，比如说，使用疑问句的形式提出请求以给予听话人面子也保全说话人自己的面子。

20.2.1.2　面子的双重性

无论是面子理论的首倡者 Goffman 关注说话人如何赢取自己的面子，还是面子理论的发展者 Brown & Levinson 关注说话者如何避免冒犯别人面子[1]，但具体到言语使用上，他们关注更多的是引发语，而不是应答语。这种研究路子也是大多数研究者所奉行的，如 Searle（1975）提出的间接言语行为，[2] Leech（1983）提出的礼貌原则，[3] 最为明显的要数 Ervin‐Tripp，S. 所分析的支配说话人抉择的社会因素。[4]

但交际是双方的，如果说引发语是开放性的，那么应答语也不是唯一的。因此，在提出请求时，说话人在众多的具有同样功能诉求的语言形式中选择最为合适的形式，从表面上说，他是在避免冒犯听话人的面子，但从实质上却是为自己赢得面子。如当甲对乙说"这里真热"，从表面上他仅仅是在陈述一个事实，但根据现场语境，乙推测出甲的用意并非仅仅如此，而是希望乙采取某种行动以改善这种状况时，乙站起来去开窗或打开空调，说不定还顺便递给甲一杯凉茶冰镇饮料。在这里，甲没有直接表达自己的诉求，而是让乙从"这里真热"中选择一种适合自己的理解方式，从而避免冒犯乙的面子。这只是表面现象，实际上他也是为自己赢得面子，假设甲直接命令乙"打开空调"，乙极有可能找出各种理由拒绝他。

另外，乙的这一连串举动（包括言语的和物理运动），虽然从表面上看是给了甲面子，因为他为甲解决了问题，但也同时为自己赢得了面子，给人以善解人意的印象，而不是木头疙瘩一块。

故此，对于面子威胁行为来说，需要区分由引发语而引起的面子威

---

[1]　何兆熊等：《新编语用学概要》，上海外语教育出版社2000年版。

[2]　Searle, J. 1975 Indirect speech acts. In Cole, P & Morgan, J. (eds.). Syntax and Semantics, Vol. 3: Speech acts, New York: Academic Press.

[3]　Leech, G. 1983 Principles of Pragmatics, London: Longman.

[4]　Ervin‐Tripp, S. Strategies, A. Lampert. M. & Bell, N. 1987 Understanding Requests, Linguistics 25.

胁行为和由应答语而引起的面子威胁行为。从引发语来看，其实质是说话人为自己争取面子，从应答语来看，其实质是维护听话人的面子。

20.2.1.3　维护面子行为的等级性

从应答语来看，对于请求的回答无非是接受和拒绝，但却存在着程度高低的差异。如：

甲：咱跟我进城买件衣服走吧。

乙$_1$：绝对不行/凭什么跟你去。

乙$_2$：不去。

乙$_3$：哪有那工夫/谁有那闲心/寻别人去/谁爱去谁去。

乙$_4$：对不起，我不去。

乙$_5$：对不起，我去不啊。

乙$_6$：对不起，今天我还得做功课。

乙$_7$：好/行/没问题。

乙$_8$：十分愿意。

乙$_9$：什么时候动身/我也正想进城呢。

……

乙$_{10}$：这还用问/咋呢不行的

从答语来看，乙的回答既可以是断然拒绝如乙$_1$，也可以是满口答应如乙$_{10}$，而在乙$_1$和乙$_{10}$之间还存在着多种的表达可能性。这里需要提出的是从乙$_1$到乙$_{10}$并不表示完全规整的程度高低，而仅仅是表示一种倾向性。

从语言形式上看，有用肯定形式表达接受如乙$_8$，用否定形式表示拒绝如乙$_2$；也有用肯定表示拒绝如乙$_6$，却用否定形式表示接受的如乙$_7$；而更强烈的是用疑问形式尤其是特殊疑问形式表示拒绝，如"凭什么""哪有那工夫""谁有那闲心"等，或表示接受，如"什么时候动身""这还用问""咋呢不行的"。

值得注意的是，当用疑问形式表示接受或拒绝时，说话人是针对命题的某一部分而进行的，如"执行主体""动作进行的时间"或执行或不执行该动作的"原因"，而没有对整个命题进行否定，从而留有一定的余地，给对方留有一定的面子，如"谁爱去谁去"，说话人只是否定自己不去，而不是对整个命题"某人进城买衣服"进行否定。

总体来说，拒绝程度越高，面子威胁程度越高，反之亦然。如果我们用"-5, +5"来表示从拒绝到接受所代表的分值，那么，断然拒绝为-5，而满口答应是+5，而"拒绝"中的"去不了｜还得做功课呢"大致相当于0，因为应答人通过有意地违背合作原则来表达自己的交际意图。分值越靠近-5越说明说话人不给请求人面子或根本置请求人的面子于不顾；分值越接近+5越表示说话人照顾请求人的面子甚至是积极维护请求人的面子。

20.2.2 "咋呢不行的"是积极的面子维护行为

面子是双重性的，面子维护行为具有等级性，因此，如果勉强给"咋呢不行的"打分，当是+5分，它的使用不仅仅是为请求发出者保留面子，更是一种维护面子的积极行为，用中国人的话说就是要给足请求人面子。虽然说肯定的答复是期待的、正常的回答，但为什么要做出如此强烈的回答呢？

20.2.2.1 语言内环境的考虑

反问句"咋呢不行的"所肯定的是用反意疑问句提出的请求。毫无疑问，这不是唯一具有请求功能诉求的语言形式，如说话人想请听话人跟他进城买衣服，他可以说：

甲$_1$：跟我进城买衣服去。

甲$_2$：跟我进城买衣服去吧。

甲$_3$：请跟我进城买衣服去。

甲$_4$：请跟我进城买衣服去吧。

甲$_5$：跟我进城买衣服去，好吗/好不好？

甲$_6$：跟我进城买衣服去，行吗/行不行？

甲$_7$：我想进城买衣服，你/您能跟我一起去吗？

甲$_8$：我想进城买衣服，你/您愿意跟我一起去吗？

甲$_9$：我想进城买衣服，（麻烦）您跟我一起去好吗？

甲$_{10}$：我想进城买衣服，你能不能跟我一起去呢？

就语言形式与面子威胁的关系来看，形式越短、请求越直接，面子威胁的可能性越大，而形式越长，请求越委婉，如甲$_{10}$形式最大，其面子威胁程度也最低，因为它既可以理解为请你跟我一起去，也可以理解为你有没有能力跟我一起去,这样就给了听话人充分选择的自由,保全了别人的面子,也为自己赢得了面子。

由"陈述+问句"构成的反意疑问句,其问句是一种期待,希望得到听话人对命题内容进行或肯定或否定的验证①。换言之,它本身即是一个为听话人留有很大选择余地的语言形式,也可以说对听话人面子的威胁是很小的。

20.2.2.2 语言外环境的考虑

"咋呢不行的"主要是长辈对晚辈、上级对下级的允诺,那么请求发出人必然是晚辈或下级。就中国特定的文化环境来说,晚辈或下级无论是社会地位还是相对权势都处于劣势。因此就反意疑问句的使用者看,他在尽力为对方保留面子、避免冒犯对方的面子,因为社会地位或权势是关键的,而他使用这种表达方式无非是期望尽量保住自己的消极面子,即自己的行为不受干涉。

但对听话人来说,地位和权势不在他考虑之列,他考虑最多的应该是完成承诺所需付出的代价。如果所请之事较难,承诺极难兑现,那么接受请求表面上是给了对方面子,但却会给自己的面子造成威胁。相反,如果所请之事较易,承诺极易兑现,那么接受请求既不会影响到自己的面子,也给了对方面子。

就"咋呢不行的"所允诺的事情来看,未涉及原则性问题,允诺人虽然会小有付出,但也大都是举手之劳。因此,使用这种强势的肯定回答,既给足了请求者的面子,甚至是积极面子,使他们感到自己得到了认可或赏识,从而保护了请求人的积极性和主动性,也为允诺者自己赢得了热情、具有亲和力的形象。

20.3 "咋呢不行的"用意的识别

吕叔湘对反诘问句进行论述时曾说:"反诘句里没有否定词,这句话的用意就在否定;反诘句里有否定词,这句话的用意就在肯定。"②

---

① Quirk et al. 1985 A Comprehensive Grammar of the English Language, Longman: Longman World Publishing Corporation.

② 吕叔湘:《吕叔湘文集(第一卷)·中国文法要略》,商务印书馆 1993 年版。

上面我们对反诘问句"咋呢不行的"的用意、制约因素进行了讨论，也就是说，我们对反诘问句"咋呢不行的"的用意具体是什么进行了讨论。但交际是双方面的，说话人即使抛出橄榄枝，但听话人不接也是无法发挥作用，间接性语言的使用更是如此。比如：晚上十点，女主人对住在城郊的客人说：

主人：小张，你看起来很累了。让小李送你回去吧。

客人：噢，我不累。我很好。

事实上主人的真实意图是在下逐客令，但客人却做了另外的理解。因此，这里存在着一个说话人的用意是如何识别的问题。就"咋呢不行的"来说，它的识别包含两层意思：使用者如何用反问句传达允诺的意图；另外使用者如何使听话人识别出自己使用主观化的表达方式旨在积极地维护听话人的面子。

20.3.1 会话的合作原则

会话中的合作原则（cooperative principle）是指，在所有的语言交际活动中，语言交流的参与者根据交流的意图和交流的环境采取互相合作的态度。合作的方式是多种多样的，具体要遵循四条准则：真实准则，即要说真话，不说假话和无根据的话；适量准则，即提供的信息要适量，不多也不少；相关准则，即说跟话题有关的话，不说无关的话；方式准则，即说话要清楚明了，简洁而有条理，要避免歧义。

一般情况下，不仅说话人总是遵循"合作原则"，听话人也总是相信说话人不会违背"合作原则"，而且说话人也知道听话人相信自己总是遵循"合作原则"的。有些话表面上看似乎说话人违背了"合作原则"，实际上是说话人在"利用"这一原则来传递某种言外之意[1]。

20.3.2 "咋呢不行的"对方式准则的违反

根据方式准则，"避免晦涩的词语，避免歧义，说话要简要，说话要有条理"，但单从语言形式看，"咋呢不行的"正常的功能配对是询问原因，但却实施了肯定回答，因此说，它违反了方式准则中"避免歧

---

[1] 沈家煊：《不加帮助的话题》，《中国语文》1989 年第 5 期。

义"一条。

从会话的优先对答来说，作为对引发语请求的反馈，肯定的应答语是期待的、正常的。对于反意疑问句来说，问句所期待的是对前半部分命题内容或肯定或否定的验证，常态回答即是"行"表示肯定"不行"表示否定。但"咋呢不行的"在形式上是疑问句，在语义上不是回答行或不行，而是询问不行的原因。因此，虽然说它没使用晦涩的词语，但却使用了晦涩的格式。从形式上看，它远大于"行"或"不行"，从语义上看，对它的理解绕了弯子，很难谈得上简要。

20.3.3 "咋呢不行的"用意的识别

根据会话的合作原则，在通常情况下，不仅说话人遵循"合作原则"，听话人也总是相信说话人不会违背"合作原则"，而且说话人也知道听话人相信自己总是遵循"合作原则"。因此，对于这种故意违反会话准则的用法，听话人相信说话人是故意为之，旨在传递言外之意。

20.3.3.1 "咋呢不行的"的实施规则：接受请求意图的传达

常钟玉（1992）指出反问句的语用特点之一是"行为性"，[1] 也即前文提到的以言行事。"咋呢不行的"就是一例。而这种以言行事是有恰当条件（happiness conditions）的，如：说话者必须是具备实施某一行为的条件的人；说话人对自己要实施的行为必须抱有诚意；说话人对自己所说的话不能反悔。Searle 更进一步指出，这些条件是一些构成性规则（constitutive rules），即如果没有这些条件，以言行事将不复存在。[2] 我们说"咋呢不行的"所实施的言语行为是允诺，而要实现允诺，说话人应遵守四个原则：①命题内容条件（propositional content condition），说话人言及一个他自己将要去做的动作；②准备条件（preparatory condition），说话人相信他所要做的事情是符合听话人的利益的，但这件事并非是他经常所做的；③诚意条件（sincerity condition），说话人意欲做这一动作；④根本条件（essential condition），说话人承担

---

[1] 常钟玉：《试析反问句的语用含义》，《汉语学习》1992 年第 5 期。
[2] Searle, J. 1975 Indirect speech acts. In Cole, P. & Morgan, J. (eds.). Syntax and Semantics, Vol. 3: Speech acts, New York: Academic Press.

做某一件事的义务①。

"咋呢不行的"虽未言及自己将要去做的事情，但却反问了不能做该事的原因。而对于提出请求的人来说，他相信听话人有能力做某事，并且也真心诚意希望听话人去做该事，也就是说做此事是应该的、可行的，没有不做的理由，由此，他可以做出推论，说话人答应了他的请求。

20.3.3.2 "咋呢不行的"的主观性：接受请求意图的夸大

"主观性"（subjectivity）是指在话语中多多少少总是含有说话人"自我"的表现成分。也就是说，说话人在说出一段话的同时表明自己对这段话的立场、态度和感情，从而在话语中留下自我的印记。

"主观化"（subjectivisation）则是指"语言为表现这种主观性而采用相应的结构形式或经历相应的演变过程"。②。就共时而言，主观化则是指"为了表现上述这些主观性成分而使用相应的结构形式，如韵律变化、语气词、词缀、代词、副词、时体标记、情态动词、词序等。当这些现成的语法手段不足以表现一些强烈的或者特殊的主观性成分时，我们就会寻求用修辞手段来满足它们"。③

前文提到，反意疑问句由陈述和问句两部分构成，其中问句是说话人期待听话人对陈述所表达的命题内容做出反馈。就本节所讨论的问题来说，在这对答序列中，说话人使用反意疑问句提出请求，而对于听话人来说，他显然觉得常规的回答如"行"或"好"不足以表达自己，于是使用了"咋呢不行的"这种被西方语言学文献称为"修辞性问句"进行了反馈，从而清楚地表达了自己对说话人提出的命题所持的立场、态度或感情。就"咋呢不行的"的使用者来说，这种表达方式的选择一方面是符合允诺实施规则的"诚意条件"即他意欲做这一动作和"准备条件"，即他相信自己做某事是符合听话人的利益的；另一方面，这种主观化手段既提高了自己做出允诺的可信度，放大自己的诚意，也凸显了自己所做符合听话人的利益。这也正是修辞疑问主观化动因"提

---

① 何兆熊等：《新编语用学概要》，上海外语教育出版社2000年版。
② 沈家煊：《语言的"主观性"与"主观化"》，《外语教学与研究》2001年第4期。
③ 刘大为：《修辞性疑问：动因与类型——修辞性疑问的分析框架之二》，《修辞研究》2009年第1期。

高信度、放大和表现情感"① 的体现。

　　这种特殊手段的使用，在特定的文化语境中，具有了特殊的功效，成了维护对方面子的积极举措。

　　无论是通过疑问句来提出请求还是接受请求，都是语言间接性的一种体现。而间接性语言的使用往往是有特定意图的，如出于礼貌，因为礼貌是人类文明的标志，是人类社会活动的一条重要准绳。语言不仅仅可用于"指"，很多时候还用于"行"，即以言行事，因此语言活动也是一种人类社会活动，毫不例外地也会受到礼貌原则尤其是面子的约束。虽然说绝大多数的言语行为都可能威胁到面子，且面子是双重的，即同一句话既可能威胁到听话人的面子，也可能威胁到说话人的面子。幸运的是，作为人类最重要的交际工具的语言，往往对同一功能诉求具有众多的表达形式，并且不同的语言表达形式对面子的威胁具有程度高低的差异，从而为人类交际提供了选择的可能性。洪洞方言"咋呢不行的"作答语时，一般是对说话人用反意疑问句提出请求时的回答，表示肯定。这种选择建立在对语言内环境和语言外环境互动的基础之上。语言内环境主要指交际双方对所使用语言及语言知识的理解，如说话人所使用的反意疑问句由"陈述"和"问句"组成，通常情况下，"陈述"是一个命题，而"问句"是一种期待，期待听话人对命题内容进行或是或否的验证。语言外环境主要指交际双方的社会地位、相对权势及完成所请求事件的难度等。"咋呢不行的"的使用者往往是长辈或上级，也就是说，请求的发出者往往是晚辈或下级。不言而喻，在中国特定的文化语境中，请求提出人无论是在社会地位还是相对权势上都处于劣势，并且就我们的调查显示，完成说话人所提出的请求难度不大，并且不会犯原则性错误。听话人使用"咋呢不行的"这种主观化表达不仅提高了自己对命题肯定的信度、放大和强化了自己的诚意，积极地维护了晚辈或下级的面子，保护了他们的积极性，也为自己赢得了热情、善解人意的形象。

　　当然"咋呢不行的"为什么会具有实施允诺功能的可能性，为什

---

① 刘大为：《修辞性疑问：动因与类型——修辞性疑问的分析框架之二》，《修辞研究》2009年第1期。

么会成为一种主观化表达的特殊手段都是我们所关心的问题。另外，据文献报导，英语中存在着 why not（为什么不或用洪洞方言说"咋呢不"）表示祈使即命令的用法，但似乎还没谈到 why not 表示允诺的用法，如果从类型学角度看，这二者在演变过程中有没有相似性，有没有程度高低之别呢？这也将是我们进一步研究的问题。我们在此抛砖引玉，希望得到方家的指正。

（本章曾以《山西洪洞方言反诘问句"咋呢不行的"研究》为题，曾在 2015 年上海交通大学举办的"疑问范畴 & 句法篇章"学术专题研讨会上宣读，后载于《语言之旅——竺家宁先生七秩寿庆论文集》，台湾五南图书出版公司 2015 年版。该文是与延俊荣教授合作而成，谨致谢意。收入本书时作了部分修改。）

第 21 章　山西洪洞方言的几种语法结构

21.1　形容词、副词、象声词的四重叠结构

形容词"AA"重叠式，不论在北京话，还是在其他方言区都极为普遍。"AAA"三重叠结构可在部分方言区，如厦门、阳江、徐州方言见到，如"红红红（极红），饱饱饱（极饱）"。三重叠起到了进一步增强形容程度的作用，当然有时也包含夸张的意味。"AAAA"四重叠结构，除闽南方言外，比较少见。南区部分县市如洪洞等地方言有四重叠结构，尽管为数不多，但很值得关注。现将四重叠结构按词性和音节分为四类分别叙述。

21.1.1　单音节形容词四重叠结构

1）老——老老老老（形容极远）。如：

（1）我在老老老老兀头停着哩。我在很远的那边住着呢。

（2）还在老老老老兀里哩，我嫌远，我不去啊。还在很远的那边哩，我怕远，不去了。

"老老老老"四重叠结构修饰指代词"兀里、兀头"。

2）紧——紧紧紧紧（形容紧靠着某一方位）。如：

（1）紧紧紧紧边上兀一是我的。最靠着边儿上的那个是我的。

（2）你荷紧紧紧紧里头走。你往最靠里边的地方走。

（3）我已经到了紧紧紧紧边儿上哪，还得我去哪里走哩呢？我已经靠了最边儿上了，还让我往哪里走？

这里的四重叠结构多修饰方位词"里头、边上"等，形容已到了

极限。

21.1.2 双音节形容词第一语素四重叠结构

该结构目前只发现有一例。表示靠后义的"末了儿"的第一个语素"末"可以四次重叠为：末末末末了儿（形容极靠后）。如：

（1）今马排队的人真多，我一下排到末末末末了儿啊。今天排队的人真多，我排在最后面了。

有时说成"末末末末尾儿"，也是形容位置极其靠后。

21.1.3 副词四重叠结构

最最最最（形容到达了极点）。如：

（1）最最最最鲜亮的兀一是我的。最鲜亮的那一个是我的。

（2）你再荷前走，在最最最最头儿上哩。你再往前走，还在最前边哩。

北京话里"最"已是到了极点，但用一个"最"翻译四个"最"，程度上不免弱了些。

21.1.4 象声词四重叠结构

1）啦啦啦啦。如：

天还没明哩，就听得有人啦啦啦啦跑过去啊。

2）哗哗哗哗。如：

夜黑喽昨天晚上，兀那雨就哗哗哗哗下了一夜。

其他象声词也多可四重叠。如"咚咚咚咚、叭叭叭叭、呼呼呼呼"等。

形容词、副词四重叠后，都带有夸张的色彩。象声词四重叠后，均具有形容词的性质。

四重叠结构从使用上看，说话平稳，语气舒缓时用得多；说话紧张，语气急促时不用。从年龄结构上看，年轻人或少儿用得多，中老年人用得少。

21.2 "形补同词"结构

洪洞一带方言表示形容词程度加深时，不像北京话那样在形容词后面直接加"得很""极了"等补语，如"好得很、美极了"。而是在形容词后面衬"得、了个"助词后，再加上该形容词，加上去的形容词成为前一个形容词的补语。如：好得好，美得美，好了个好，美了个美。形成一种特殊的"形补同词"结构。

这种结构里的形容词大多数是单音节的。如：

热得热、热了个热——热得很

冷得冷、冷了个冷——冷极了

酸得酸、酸了个酸——酸得很

也有部分双音节形容词可以形补同词。如：规矩、小气、利撒利索可以说成：规矩得规矩｜小气了个小气｜利撒了个利撒利索。

凡口语能说的形容词均可套入该结构，书面语词如"辉煌、壮观"等不能形补同词。用这种句式可以表示出说话人口气的干脆、态度的坚决和对事物的确信不疑。

如果表示程度的再加深，还可以在形补后面再加同一个形容词，如：好得好得好｜坏得坏得坏。一般不再衬"了个"。双音节词也可说：规矩得规矩得规矩｜小气得小气得小气。这种形式多用于感叹句。陈述句中表示程度最深时，还可说成"美得美得美着哩"。句尾必须加语气词"着哩"。最多时可以有四重叠结构"美得美得美得美着哩"。

这些格式，二重叠时是形补同词，三重叠时是形补同词做补语，以此类推，从而形成层层套合、逐层加深的表达格局。

21.3 比较句

洪洞方言的比较句，除了与北京话相同的常见说法（如：你比我高）外，还有几种表示法较为特殊。一种是没有"比"字的比较句；一种是用"不敌、不胜"表示"不如"的比较句。

21.3.1 没有介词的比较句

北京话的"一天比一天热"，洪洞方言要说成"一天热一天"。表性状的词不在两项比较词的后面，而是在中间，拿"一天"与"一天"相比。其他性状词还有"冷、短、长、大、少、好"等。被比较的对象可以是"一年、一月、一回、一个"等。如：

一年老一年_{一年比一年老}

一回少一回_{一回比一回少}

用于此结构的形容词，均是单音节的，不能是双音节的。比如：这姊妹几块↑一个比一个聪明，不能套用"一个聪明一个"的格式。另外，用于比较的对象限于"一天、一年、一月、一回、一个"等数量关系，非数量关系即使是单音节形容词也不能用这种格式。如：他比你强，不能说成：*他强你。

从前后所比对象的性质看，泛指的词可以，表确指的不行。如：一天比一天热，可以说成：一天热一天。今天比昨天热，不能说成：*今天热昨天。可说：一回少一回，不说：*这回少兀那回。

从历时看，唐诗中有此结构，如：雨滴草芽出，一日长一日。（孟郊）｜容貌一日减一日。（白居易）用词及所比对象与洪洞方言相同。

考察南区方言，不用介词的方言很少见到，大多要用介词"赶、跟"等。

南区闻喜、芮城等地用"赶"做介词，引进比较的对象。如：

闻喜　　妹子赶姐姐长得高｜王小波赶他哥哥心肠好

芮城　　西安赶太原近｜伢_{人家}身体赶以前好多啦

"赶"做介词表示"比"，使用范围很广，新疆汉语也用。如：

他赶我跑得快｜他的学习赶我的好。

芮城方言还可用"跟"作介词表示"比"。往往是比较的对象程度深、差别大时用"赶"，反之用"跟"。如：

他跟我高｜他赶我高得多咧

芮城、闻喜方言若表示"一年比一年好"，不能说"*一年好一年"，而要说"一年赶一年好"。

再将范围扩大，可以发现，在山西方言的中区、西区、东南区、北区大多要用"比"做介词表示"比较"。但是表否定时，没有一个方言点像北京话那样说"不比"，而是说"不如""没啦"。

可以看出，洪洞方言中的这种不用介词的比较句还是比较特殊的。

21.3.2　表否定的"不敌、不胜"比较句

洪洞方言比较句的否定形式用"不敌、不胜"表示，其义相当于

北京话的"不如"。如：

这本书不敌兀本书厚，可价钱比兀本书大多哪｜这张画儿不敌兀张画儿好｜你在这吖等着，还不敌去一趟哩｜立着不敌坐着美｜今年的庄稼不胜年时_{去年}｜他的口才不胜你｜你去还不胜不去｜这车闲着还不胜租出去｜家有万贯不敌日进一文｜我不敌你跑得快。

"不敌""不胜"其义相同，多数可以互换。"不敌""不胜"已成固定形式，没有与之相应的"敌、胜"等肯定形式。这种形式前后比较的项没有什么限制。

山西方言其他区用"不如""没啦"。如：

太原　嗐房子没啦咻房子好。
大同　这些房子不如那些房子好。
长治　嗐些儿房子没啦兀些儿房子好。
盐湖　这几座房不如兀几座房好。

可以看出，洪洞方言表否定的这种句式是比较特殊的。

21.4　"V得"结构

"V得"的"得"在洪洞方言读［tei↓］，在句中常位于动词之后，有表示动作时间的语法意义。如：

吃得饭哪——快吃饭了/到吃饭的时候了

这种结构与普通话表可能的"V得"意义不同。表示可能时，洪洞方言用"能V"，而不是"V得"。说"能吃完"，不说"*吃得完"。

"V得"在句中的结构形式有以下几种。

21.4.1　V得哪

"得"置于动词之后，一般都跟有语气助词"哪"。如：

吃得哪｜完得哪｜没得哪｜来得哪｜死得哪｜坏得哪｜睡得哪｜（花儿）开得哪

21.4.2　V得O哪

"得"置于动宾结构之间，如：

吃得饭哪 | 开得会哪 | 锄得地哪 | 割得麦哪 | 下得班哪

推得的脑头哪该理发了

不能说：*吃饭得哪　*下班得哪

但是，"V 得 O"后可再加助词"得哪"。如：

吃得饭得哪 | 开得会得哪 | 锄得地得哪 | 下得班得哪 | 上得课得哪

这种句式中，第一个"得"一般不能去掉，第二个"得"可以出现，也可以不出现，意思不变。

"V 得 O 哪"表示"快到某个动作的时间了"，"V 得 O 得哪"除表示上述意思外，还有恍然大悟或本该如此的意思。

21.4.3　VC 得哪

C 是补语，"得"置于动补结构的词组后面。如：

吃完得哪 | 打开得哪 | （会）开完得哪

动词 V 后也可同时带补语和宾语。如：

打上水来得哪哪快开完会得哪

"VC 得哪"句式，"得"不能插入 VC 之间。如"*打得开得哪"。"吃完哪"与"吃完得哪"意义不同，前者是已然状，后者是未然状。

"V 得哪"的否定式是：

1）V 后加"不"。如：来得哪——来不了 | 死得哪——死不了。

2）"得"前加"不"。如：吃得饭哪——吃不得哩 | 下得雨哪——下不得来。

3）其他句式。如：开得会哪——还早着哩。

北京话表示可能时用"V 得了"，表示不可能时，把"得"改为"不"，如"V 不了"。洪洞方言的"V 得哪"形式上很像北京话表可能的句式，但实际上不是。如：

完得了——完不了。快完了——还完不了呢

吃得饭得哪——吃不得饭哩。快吃饭了——还不到吃饭的时候呢

可用于"V 得……"格式中的 V，多是单音节的，双音节动词很少使用。

21.5 "V+动+哩"结构

洪洞方言的"V+动+哩〔·lei〕"结构可以位于句首，作全句的时间状语，其意义相当于北京话的"V+……的时候"。如：

（1）你走动哩，脚步轻些儿着。
（2）你吃动哩，慢些儿着。

"V+动+哩〔·lei〕"结构中的V，还可以是：跑、跳、骑、舀、搅、上、下等动词。

这种结构在山西方言比较常见，山西方言的北区、中区、东南区、西区、南区均普遍存在"V+动（儿）/动（了）"结构，所构成的句首时间状语，与洪洞方言大体相同，动词的使用范围比洪洞方言更大，还可以是：说、唱、写，也可以是双音节动词。如北区大同方言"V+动+儿"可以说：

走动儿——走的时候　　吃动儿——吃的时候
来动儿——来的时候　　唱动儿——唱的时候
说动儿——说的时候　　坐动儿——坐的时候
写动儿——写的时候　　买动儿——买的时候
讨论动儿——讨论的时候　学习动儿——学习的时候

有的方言点可以在"V+动+儿"后面跟宾语O，有的点还可以在"V+动"之间加入宾语O。这两个结构相当于北京话的"V+O……的时候"。如：

大同　来动儿大同——来大同的时候　写动儿字——写字的时候
　　　走动儿路——走路的时候　　　吃动儿饭——吃饭的时候
　　　唱动儿歌——唱歌的时候　　　坐动儿汽车——坐汽车的时候
　　　买动儿东西——买东西的时候　讨论动儿问题——讨论问题的时候

平鲁　下动太原了——去太原的时候　上动呼市了——去呼市的时候
万荣　你走动哩，慢些儿着。　　　　你来动哩，把他一块儿吃喝上。

多数方言点是在动词或动宾结构所带的V后带动态助词"了"，即"了$_1$"，如：

忻府　兀那人眼圪对对的，看东西动了，可难活哩。
　　　　他骂你动了，你到俺行圪躲上会儿。
榆次　你出得动了出去的时候，留下钥匙。
　　　　你去太原动了去太原的时候，给我捎些东西。
沁县　你走动了，别忘了带伞。
　　　　你吃动了，慢慢嘞吃，不要急。

有时"了"可以重叠音成"了了"，"了了了"，"了了了了"。如：

洪洞　你走动了了（了了了/了了了了），别忘了带伞。
　　　　你说动了了（了了了/了了了了），慢点儿着。
屯留　看动电影了了（了了了/了了了了），不要说话。
　　　　在油路公路上走动了了（了了了/了了了了），要招呼小心汽车。

山西其他方言，"V+动+了"结构还可以出现于假设复句的第一个分句末尾。如：

屯留　　要坐动汽车了如果要乘汽车的话（了了，了了了，了了了了），就要去汽车站。

洪洞方言没有这种结构。要表达这个意义，要用"V+着"结构。如：

（1）你爸小着小时候就没念下书。
（2）你来着来的时候记的把俺他吆喝叫上！

从用例看，洪洞方言"V+动+哩[·lei]"结构中可出现于V位置上的动词不如北区、中区、东南区方言多，北区的动词不受限制，南区的动词有限。可以看出，这种结构从北到南已呈萎缩状。

21.6　"把"字句

21.6.1　"把+名"结构

北京话的"把"字句一般是"把+N+V了"。如：他把杯子打了｜把他的书扯了。口语里，表示责怪或无奈时，名词后面没有动词，形成"我把你这个……"句式，如：我把你这个小淘气鬼！｜我把你这个糊涂虫啊！（见《现代汉语八百词》）但用例较少。在洪洞方言里，这种

"把＋N"结构却很常见。句中的动词不出现,听起来好像言犹未尽,但语义却是自足的。如:

我把你个狗日的｜我把你个贼坯子｜我把你个挨刀子的｜把你个贼东西｜把你个倒灶货。

有时,后面还可再带小句。如:

(1) 我把你个贼东西,你死到哪里去哩呢?

(2) 把你个倒灶货,寻的哪里也寻不着。

这种句式不仅限于南区洪洞,南区的盐湖方言也有。如:

我把你个贼羔｜把你个死挨刀的｜我把你个老糊涂｜把你个没良心的｜把你个挨砍刀的｜把你个没头鬼。

后面带小句:我把你个聋耳朵,连我的声音都听不出来了!

把这伙混账东西,竟然欺负到我的头上来了。

这种结构北区也偶可见到,如:把你个没良心的｜把你个挨砍刀的｜把你个没头鬼。

这些句子多用在责骂、怪罪人的场合。近代汉语多有用例。如《西游记》:

(1) 如来骂道:"我把你这个尿精猴子!你正好不曾离了我掌哩!"(第七回)

(2) 我把你这个带角的蚯蚓,有鳞的泥鳅!你怎么助道士冷龙护住锅底,使他显圣赢我!(第四十六回)

(3) 我把你这馕糟的!老孙保师父,不知受了多少苦难,你到攒下私房!(第七十六回)

可以看出,洪洞方言以及山西方言普遍存在的"把＋N"结构是近代汉语同类结构的遗衍。

21.6.2 "把＋名＋动/形"结构

洪洞方言有一种"把＋N＋V"结构。V的位置上也可以是形容词。如:把你美的｜把人晒的｜把倻他高兴的。这类句子也可以扩展成:你看把你美的不知道该怎么｜今马今天这天气把人晒的｜这两天把人熬煎的。

这类句子不是处置句,只是用介词"把"引进名词或代词。"晒"

虽是动词，但并非处置的结果，而是描述情状。这类句子的表义功能主要是描述。

这种结构在山西方言中使用范围还比较大。

21.7 "的"字结构以及"的"的另一种作用

21.7.1 "的"字结构

洪洞方言有一些专名或类名，习惯直接用"的"字结构表示。其构成形式是"动词+的""名词+的""形容词+的""述宾短语+的"，分别用"V+的""N+的""A+的""VN+的"表示。分述如下。

21.7.1.1 V+的

"V+的"中的V大多是单音节动词，个别是双音节。如：

吃的：馍（馒头）。如：得我吃块～。

调的：煮好加菜调好得面条。如：今马咱吃～。

献的儿：为供奉祖宗而做的各种面食。

铺的：铺的东西，多指褥子。

盖的：盖的东西，多指被子。如：给取圪节个～。

喝的：能喝的水。如：得我喝口～，有～呀没呢？

戏嬉的儿：玩的东西，玩具。有时也说"戏嬉头儿"。老年人说"做去的儿"。

穿的：衣服。

荷的儿：一般指手里现拿的礼品。如：手里都没个～，怎么去人哪家里去呢？

21.7.1.2 N+的

汤的：汤面条。洪洞赵城镇说"寡水的"。

米煞的：小米粥里面条的一种饭，通行于赵城镇一带。

21.7.1.3 A+的

好的儿：好吃的东西。多数情况下是跟小孩子说的，有时说：好吃的儿。

大的：大孩子。如：这是我兀节那个～。

小的：最小的孩子。

21.7.1.4　VN+的

挖耳朵的：耳挖子。

剃头的：理发师。

念书的：学生。

"VN+的"结构能产性极强，有一定的约定俗成性。如：

喂头口的：饲养员。　　挺活的：（旧指）长工。

做庄稼的：农民。　　　干事的：在外工作的。

说书的：说书艺人。　　唱戏的：演员。

打鼓的：鼓手。　　　　做买卖的：小商小贩。

赶车的：车夫。　　　　开车的：司机。

锢漏锅的：修钉锅的铁匠。　要饭的：乞丐。

抬轿的：（旧指）轿夫。　　当兵的：军人。

池碾的：凿石磨的工匠。　　做媒的：媒人。

教学的：教师。　　　　　　念书的：学生。

杀猪的：屠夫。　　　　　　放羊的：牧羊人。

其他如：盖房子的（泥瓦工）、担茅的（又叫掏茅粪的）、赶路的、跑路的、贩菜的等，均属专指。

"VN+的"结构在洪洞方言里已经凝固化，有时更换成本词都不太习惯。

与一般泛指的"的"字结构不同，专指的能单用，泛指的不能单用。如：这是借的，兀是发的。这里的"借的、发的"也是"的"字结构，但它是泛指，不是专指。不能说：得我看一下借的/给我发的。单说"借的、发的"，人们不知何义，单说"吃的、喝的"，一听便晓。可见，洪洞方言上述"的"字结构已经成为人人皆知的固化了的名词性结构。

21.7.2　"的"的另一种作用

汉语普通话的"知觉动词"做谓语时，后面的宾语往往是一个主谓结构，形成主谓宾语句。如：

我爸说他今天不来了｜我听见你进来了｜我估计他应该来了

这种类型的句子在洪洞方言里，一律要在谓语和主谓结构的宾语之间加上助词"的"，读［ti］。如：

我爸说的俚他今天不来了｜我听得的你进来了｜我估计的你该来了，看是呀不是呢

助词"的"的介入，使得原来主谓结构做宾语的句子发生了结构上的变化，动词"说、估计"等加上"的"以后，就不是纯粹的动词了，而带有名词化的性质。"的"字的作用在使知觉动词名词化，从而成为全句的主语。意思是：我爸说的话＝俚他今天不来了｜我听见的一个事实＝你进来了｜我估计的情况＝你该来了。

这样的话，原来句子中的动词谓语加"的"后成了名词性短语，作了全句的主语；原来的主谓结构做宾语成为与前面所述情况的同位结构。结构变了，但意义未变。这种名词化的知觉动词在复句中，有时还可重叠表示强调。如：

我爸说的说的俚不回来了么，怎么又回来了｜我听得的听得的你进来了么，怎么一转身又走了呢｜我估计的估计的你该来了，你看是么

这些句式存在的范围可能不小。苏联汉学家龙果夫先生在其《现代汉语语法研究》（1958 年）中针对甘肃方言的"他说的，他明儿来"的句式，指出"在动词'说'之后加上有取消谓语性的作用的体词语尾'的'，使它变成名词，因而成为句子的主语"。[1] 其用例及分析与洪洞方言相同。但龙果夫书里未见有重叠强调的用法。现将龙氏书中甘肃方言用例附录于下，便于比较。

我大（＝爹）说的，狗各家（＝自个儿）连一火子草，看长虫咬下的各家的伤呢｜哈尔基说的，我爱吃葡萄的很｜我思量的他明儿来呢｜哈尔基听的他哥给莫斯科回来的呢

（本章曾以《洪洞、汾西方言语法札记》为题，发表于《语文研究》1995 年第 4 期，以《山西洪洞、临汾方言中助词"的"的一种作用》为题，发表于《语文研究》1996 年第 2 期。收入本书时作了部分修改。）

---

[1] 龙果夫：《现代汉语语法研究》，科学出版社 1958 年版。

第 22 章　山西中阳方言的人称代词

本章对中阳方言的人称代词作了全面描写。共分四节：一是人称代词的表现形式；二是人称代词的语法功能；三是人称代词的语用功能；四是余论。

中阳县地处山西省西部，吕梁地区中部。中阳方言属山西方言西区，又称晋语吕梁片。中阳方言内部也不一致，全县五镇六乡，城关及附近乡镇基本说城关话，县北金罗镇、张子山乡与离石话相仿，东南刘家坪乡、枝柯镇的少数村庄与汾阳/孝义方言相近，西南暖泉镇、张家庄乡与石楼方言接近。本章描写的是中阳方言城关话的人称代词。有的方言例句用普通话作了简要注释。无字可写的用"□"代替。

22.1　人称代词的表现形式

中阳方言的人称代词包括三身人称代词和其他人称代词，三身人称代词分单数、复数两种形式。

22.1.1　人称代词单数的表现形式

第一人称：

我［ŋɤ˧˩］指说话人自己，一般用法。

我咱［ŋɤ˧˩ tsʰʌ˥］指说话人自己，多用于表商量、嘱咐的句子中。

第二人称：

你［ni˧˩］指听话人一个人，一般用法。

你咱［ni˧˩ tsʰʌ˥］指听话人一个人，多用于表请求、委婉命令等句子中。

第三人称：

□［uɔ˧］指第三者，一般用法。

□［nɜ˨］指第三者，多用于表不满、埋怨、轻蔑的句子中。

他［tʰʌ˦］指第三者，用于"随他去"等表无奈的句子中。

□［uɔ˧˩tsʰʌ˦］表示第三者，不常用，多用于表嘱咐的句子中。

22.1.2 人称代词复数的表现形式

第一人称：

□［mie˦］表示说话人一方，一般用法。

我□［ŋɤ˧˩mie˦］表示说话人一方，具有强调意味。

□们家［mie˦·mi·tɕiʌ］表示说话人一方，具有自谦、自我贬低的附加意义，这种自谦、自我贬低往往不是心甘情愿的。

□咱［mie˦˩tsʰʌ˦］表示说话人一方，具有商量的意味。

咱［tsʰʌ˦］表示说话人和听话人，相当于普通话中的"咱们"。

咱们［tsʰʌ˦·mi］表示说话人和听话人，具有亲昵的附加意义。

咱们家［tsʰʌ˦·mi·tɕiʌ］表示说话人和听话人，具有开导、自谦的附加意义。

第二人称：

□［niʌ˦］表示听话人一方，一般用法。为"你家"的合音，相当于普通话中的"你们"。

□们［niʌ˦·mi］表示听话人一方，具有羡慕、尊重、轻微讽刺等多种附加意义。

□们家［niʌ˦·mi·tɕiʌ］表示听话人一方，所含附加意义与"□们［niʌ˦·mi］"相同，但语气更重一些。

□咱［niʌ˦˩tsʰʌ˦］表示听话人一方，具有请求、命令的意味。

第三人称：

□家［uəʔ˧tɕiʌ˦］表示自己和听话人以外的第三方，一般用法。

□家们［uəʔ˧tɕiʌ˦·mi］表示自己和听话人以外的第三方，具有不满、埋怨的附加意义。

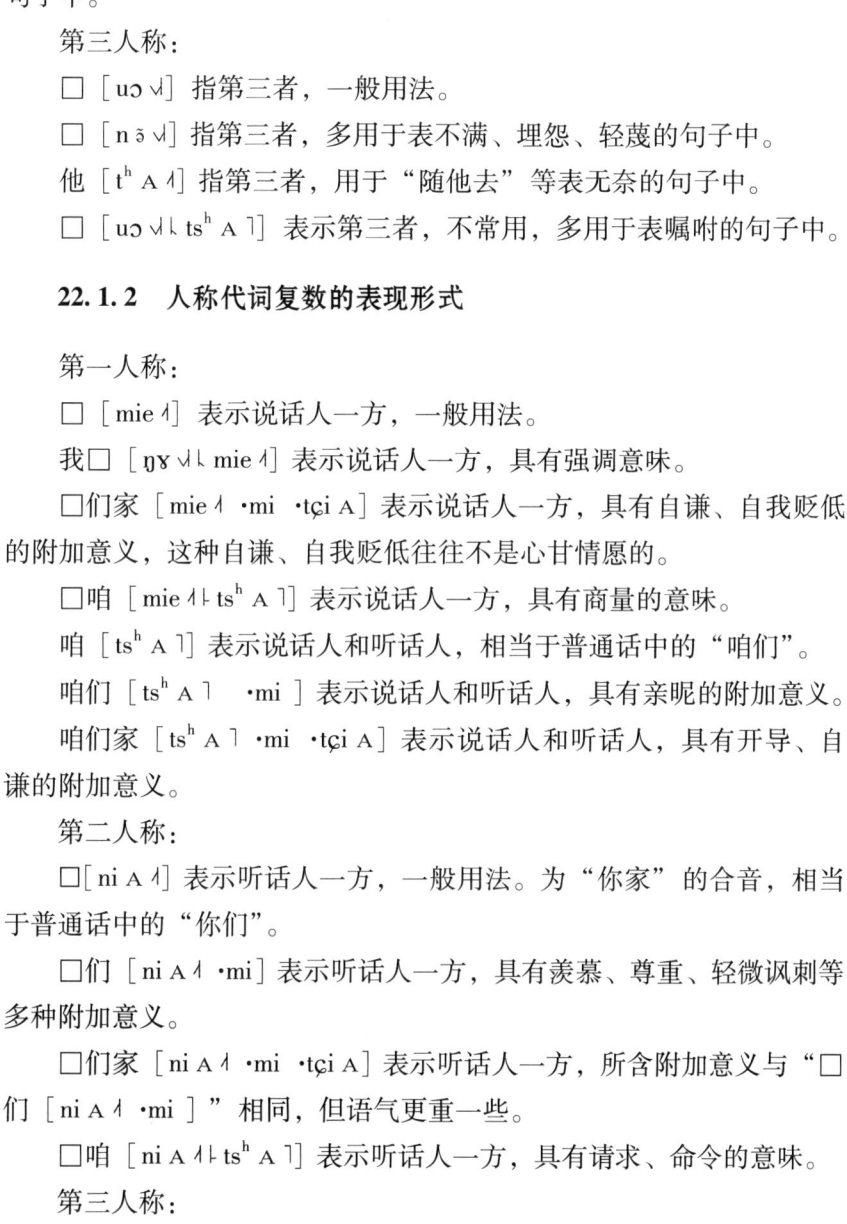

他们［tʰʌ˦·mi］表示自己和听话人的以外的第三方，具有无奈

的意味。

22.1.3 人称代词的其他表现形式

人家 [ə˧ ·tɕiA] 称代某个人、某些人以外的人，一般用法。

人家们家 [ə˧ ·tɕiA ·mi ·tɕiA] 称代某个人、某些人以外的人，具有羡慕别人、对自己不满的意味。

别各人 [pʰiaʔ˦kəʔ˦ẓə˧] 称代某个人、某些人以外的所有的人，一般用法。

各人 [kəʔ˦ẓə˧] 指自己，一般用法。

□ [kə˧] "各人"的合音，比"各人"更为常用，无附加意义。

22.2 人称代词的语法功能

22.2.1 人称代词单数基本形式的语法功能

人称代词单数的形式分为基本形式和变体形式。第一、第二、第三人称的单数基本形式我、你、□ [uɔ˨]，与普通话中我、你、他的语法功能基本相同，在句中可以做主语、宾语、定语，也可以单独成句。不同之处在于中阳话中我、你、□ [uɔ˨] 做定语时，无论带不带定语标记"的"，都不能修饰亲属称谓词。不能说"我妈""你爷爷""□ [uɔ˨] 爸"，口语中也不说"我的妈妈""你的爷爷"。修饰亲属称谓的三身代词只能用复数形式，此时无须加定语标记"的"。如："□ [mie˦] 妈（我妈）""□ [niA˦] 爷爷（你爷爷）""□ [uəʔ˦] 家爸爸（他爸）"。从语义来看，它们有时指复数，有时指单数，表示什么要取决于语境。如：

(1) 怎么光□ [niA˦] 姊妹们嘞，□ [niA˦] 妈嘞？——表复数

(2) 就你一个，□ [niA˦] 妈怎么没来嘞？——表单数

22.2.2 人称代词单数变体形式的语法功能

22.2.2.1 我咱、你咱、□ [uɔ˨] 咱

我咱、你咱、□ [uɔ˨] 咱是"我、你、□ [uɔ˨]"后面分别加上"咱"构成的变体形式。"咱"在这里没有实在意义，是虚化了的人

称代词，它与"我、你、□［uɔ˧˥］"组合在一起，共同表示第一、第二、第三人称单数，同时也可以使句子的语气舒缓、委婉。

从语法功能来看，"我咱"在句子中只能做主语，不能做宾语、定语，也不能单独回答问题。如：

（1）我咱看一阵电视吧么。——商量

（2）你先坐着，我咱把这两件衣裳洗出。——嘱咐

"你咱"语法功能与"我咱"同。如：

（1）你咱给我捎个东西吧。——请求

（2）小张，你咱把文件送的县委去。——委婉的命令

"□［uɔ˧˥］咱"从语法功能看，只做宾语。这个代词很少使用。如：

（1）教□［uɔ˧˥］咱上班去，我和你到街些。（到街些：到街上去。）——嘱咐

22.2.2.2　□［nã˧˥］ 他［tʰA˧］

这两个词都表示第三人称单数，与"□［uɔ˧˥］"相比，都不经常使用，都有一定的附加意义。不过，二者还是有差别的。首先，"□［nã˧˥］"的使用频率高，"他"的使用频率低；其次"□［nã˧˥］"可做主语、宾语、定语，做定语时不修饰亲属称谓词，"他"通常只在"［tɕʰy˧］他去"这个句子及其扩展句中充任宾语。如：

（1）□［nã˧˥］□［kã˧］不操心么，能怨谁嘞。

（2）就凭□［nã˧˥］呀哪里能做得这的好嘞。

（3）看□［nã˧˥］的那副样子吧。

（4）□［tɕʰy˧］随他去吧。

22.2.3　人称代词复数的语法功能

22.2.3.1　第一人称复数

lɔ□［mie˧］、我□［ŋɤ˧˥mie˧］、□们家［mie˧·mi·tɕiA］

三者都是第一人称复数的排除式，均可在句中做主语、宾语、定语，做定语修饰具体事物的名词时，须加定语标记"的"。"我［ŋɤ˧˥mie˧］"含有强调意味，而"□们家［mie˧·mi·tɕiA］"则表示谦虚、对自己一方的贬低，这种谦虚与贬低往往不是心甘情愿的，这种形式用

得较少。如：

(1) 老李还等我口［ŋɤ˩˩˨mie˦］着嘞。——强调

(2) 口们家［mie˦·mi·tɕiA］呀哪里敢说人家嘞。——贬低己方

2) 咱［tsʰA˦］、咱们［tsʰA˦·mi］、咱们家［tsʰA˦·mi·tɕiA］

它们都是第一人称复数的包括式，指代说话人与听话人双方，与第一人称复数的排除式对立，这种对立非常严格。"咱"用得最为普遍、经常，可以充当主语、宾语、定语。如：

(1) 出寻咱的盆去。

(2) 姐姐，咱回些吧，迟了妈妈又训咱呀。

"咱们"有亲昵的附加意义，"咱们家"有开导、自谦的附加意义，二者都不常使用。二者做主语时，都不能用"咱"来替换。

22.2.3.2 第二人称复数

第二人称复数有［niA˦］、口们［niA˦·mi］、口们家［niA˦·mi·tɕiA］三种形式。三者在句子中均可充当主语、宾语、定语，但不可随意替换，因为"口们［niA˦·mi］"具有羡慕、尊重、不满、轻微讽刺等附加意义，"口们家［niA˦·mi·tɕiA］"所含附加意义与"口们［niA˦·mi］"相同，但语气更重。如：

(1) 口［niA˦］做甚去嘞？——一般用法

(2) 口们［niA˦·mi］的帘子还和普通人家的不一样嘞。——羡慕

(3) 口们家［niA˦·mi·tɕiA］好么，我口［ŋɤ˩˩˨mie˦］甚会吧么能和口们家［niA˦·mi·tɕiA］比啦？——不满

22.2.3.3 第三人称复数

第三人称复数包括"口家［uəʔ˧tɕiA˦］、口家们［uəʔ˧tɕiA˦·mi］、他们［tʰA˦·mi］"三种形式。"口家［uəʔ˧tɕiA˦］"从语法功能上看，可在句中做主语、宾语和定语。从语义上看，有时明显作"他们家"讲。如：

(1) 口家［uəʔ˧tɕiA˦］的人心都可好嘞吧。

"口家们"的语法功能与"口家"相同，语义则含有不满、埋怨的附加意义。如：

(2) 偏□家们［uəʔ˧tɕiA˦·mi］，难说成兀的且难说成那样，还不教人说。——埋怨

"他们"是"他"的复数形式，用法与"他"相同，只在"□［tɕʰy˦］随他们去"这个句子中作宾语。

22.2.3.4 □[mie˧] 咱、□[niA˧] 咱

这两个代词是与"我咱""你咱"相对应的复数形式，它们的构成方式、附加意义、语法功能与"我咱、你咱"相同。值得注意的是，没有与第三人称单数的变体形式"□［uɔ˧］咱"相对应的第三人称复数形式。

22.2.4 其他人称代词

22.2.4.1 人家、人家们家、别各人

它们都是称代某个、某些人以外的人，相当于普通话的"别人、旁人"。从语法功能来看，可在句中做主语、宾语、定语。"人家"与"别各人"是一般用法，可以互相替换。"人家"后可带上名词性同位语，"别各人"不能。如：

(1) 人家佳佳一顿饭要吃五圪且ㄦ馍馍嘞。

"人家们家"有羡慕别人、对自己不满的意味。如：

(2) 人家们家天天吃的是玉溪烟，我□［ŋɤ˧ mie˦］一辈子吃的就是嗒黄公主。——羡慕别人，对自己不满。

还可以表示"别人家里"的意义。如：

(3) □［niA˧］到人家们家看去，看人家谁家和咱呀的，就晓得摊到处乱扔东西，晓不得收拾。

22.2.4.2 各人、□[kə˧]

各人、□[kə˧]都是指代某些人、某个人自身，相当于北京话的"自己""自个儿"。"□[kə˧]"是"各人"的合音，合音式更为常用。在指代某些人自身时，"□[kə˧]"可与复数形式"□们[kə˧·mi]"互换。它们在句中可做主语、宾语、定语、状语、同位语。如：

(1) 你□[kə˧]甚也做不了，还不好好家学习。

(2) □[kə˧]寻死嘞么，不要命啦。

22.3 人称代词的语用功能

22.3.1 虚指

人称代词在句子里有时不确指哪一个，而用于泛指。如：

（1）这些孩们，你揎我一把，我揪你一下，甚会也安然不了。

（2）管他着嘞，买上一本再说。

22.3.2 人称代词单复数的变换

复数形式指称单数是极为普遍的现象。人称代词变换是指将其他人称代词"人家"和"人家们家"用作别的人称。

22.3.2.1 第一、二人称的复数形式用作单数

1）第一人称复数的各种形式都可用来代替第一人称单数，此时表达谦虚、含蓄的不满等语气。如：

（1）我□[ŋɤ˧˩ mie˧]本来就不好，你这会才晓得啊？

（2）咱们算老几嘞。

"咱"用来代替"我"有时还表示直率的请求，此时有套近乎、以示彼此关系亲密的附加意义。如：

（3）□[ni˨˩˧]看甚书嘞，来咱也看一下吧么。

"咱"及其他第一人称复数包括式指代第一人称单数的用法可能是近代汉语的遗留。吕叔湘说过："在宋、金、元的文献里咱字有单数（=我）跟复数（=咱们）两种用法。"[①]

另外，"咱"在教诲、责备的场合中，还常用来代替第二人称单数"你"。如：

（4）咱不过是嗒个兵么，人家领导训一下就不能咧？

2）第二人称复数的各种形式都可用来代替单数人称"你"，以"□们家 [ni˧ ·mi ·tɕi˨˩]"最为常见。用复数形式指称"你"，表现出对听话人的尊敬，有时尊敬背后含有不满、讽刺的意味，表达的是赌气、气愤的感情。如：

[①] 吕叔湘：《近代汉语指代词》，学林出版社 1985 年版。

(1) 甚么风把□们家［niʌ˦ ·mi ·tɕiʌ］吹将来咧？——尊敬

(2) 咱这些穷人能看上□们［niʌ˦ ·mi］啦。——讽刺

22.3.2.2　人称代词"人家"和"人家们家"的变换

"人家"和"人家们家"本是称代某个人、某些人以外的人，但可用来指称第三方，代替"□［uɔ˩］（他）"和"□家［uə˧˦tɕiʌ］（他们）"，这是对第三方的客气称呼。这种人称变换发生在前文已提及第三方的情况下，所以此时"人家"是定指，不能用"别各人"来代替。如：

(1) □［niʌ˦˩］同学寻你来，你不在，人家甚也没说。

(2) 你能和琴琴比啦？人家们家是富人家子弟，咱是穷人家，呀能比上人家嘞。

"人家"还可用来代替"我"，用于说话人因委屈、不满而辩解的时候，有时用于孩子向大人发出请求，含有撒娇的附加意义。如：

(3) 人家不做饭你要怨人家，做了饭你又嫌人家做。

(4) 人家不好，你也太难伺候咧吧。——委屈、辩解

(5) 婆婆，你给人家探一下手巾吧么。——撒娇

22.4　余论

22.4.1　常用人称代词单数间的声调感染作用

李荣在《语音演变规律的例外》指出："语法上属于同一小类的用法相近的字，有时在读音上互相吸引，引起字音的改变。这种现象我们姑且叫做'感染作用'。"① 代词间的语音相互吸引影响，常会引起三身人称代词读同调，这是他所说的感染作用的一种表现，汉语的不少方言有这种现象，如山西南区方言。中阳方言城关话单数人称代词的基本形式也是同调，都读上声，"我"读［ŋɤ˩］，"你"读［ni˩］，第三人称代词"□"读［uɔ˩］。显然，这是第三人称单数受到了"我"与"你"感染的结果。

---

① 李荣：《语音演变规律的例外》，《中国语文》1965 年第 2 期。

22.4.2 复数词尾"们""家"的叠合

山西方言的人称代词复数一般是在单数后加"们"或"家"表示，但中阳方言人称代词有一种特殊的用法：人称代词复数词尾可以加"们"加"家"叠合使用。其结构形式可分三种：①"们"+"家"。如：□们家［mie˦·mi·tɕi A］（我们）、咱们家（咱）。②"家"+"们"。如：□家们［uəʔ˧tɕi A˦·mi］（他们）。③"家"+"们"+"家"。如：人家们家（人家）。□们［ni A˦·mi］（你们）、□们家［ni A˦·mi·tɕi A］（你们）因为"□[ni A˦]（你们）"是"你家"的合音，所以分别属于第二、第三种叠合形式。这些带有叠合复数词尾的人称代词从语义上来说，有时指复数，有时指单数。复数词尾叠合现象的形成原因单纯从中阳方言看不出来，如果从全省方言看，山西南区表复数用词尾"家"，如：汾西方言第一、第二、第三人称复数分别是我家［ŋu˧·tɕ ʐ］、你家［n̩ z˧·tɕ ʐ］、他家［tʰa˧·tɕ ʐ］，吉县方言第一、第二人称复数分别是我家［ɤŋ˥˩·ɕia］、你家［ni˥˩·ɕia］；山西中区、北区表复数用词尾"们"［ŋə˧˩ mə˧］、你们［nie˧ mə˧］、他们［tʰa˧ mə˧］。中阳兼具二者特点，显然是融合使用了两区方言的词尾特征。这种用法在山西方言中比较罕见。

22.4.3 关于"我咱""你咱"中的"咱"

山西方言人称代词多有保留古代或近代汉语用法的特点。"我咱""你咱"这种宋金词曲里常见的说法在山西不少方言如汾阳方言、洪洞方言中保留着，中阳方言也有这种用法，而且还出现了"□咱［uʌ˩ tsʰ A˥］（他咱）""□咱［mie˧˩ tsʰ A˥］（我们咱）""□咱［ni A˧˩ tsʰ A˥］（你们咱）"说法。对"我咱、你咱"中的"咱"，吕叔湘认为是"自家"的切音，但其"自家的意义也减杀而近于无义解"。① 吕先生的解释是合理的，从山西不同地区发现的这些用法看，"咱"解释为"自家"是可信的。若解释为"我给咱""你给咱"，似不妥。因为在表述"我给咱""你给咱"，"你给我""我给你"的语义时、还可以说成

---

① 吕叔湘：《近代汉语指代词》，学林出版社1985年版。

"我咱给咱""你咱给咱""你咱给我""我咱给你",如果将"我咱""你咱"中的"咱"解释为"给咱"的省略,句子就成了"我给咱给咱""你给咱给咱","你给咱们再给我""我给咱们再给你"了,这里显然是说不通的。中阳方言人称代词后的"咱"的语义和用法与吕先生对"咱"的解释一致。

中阳方言中"咱"不仅用于人称代词后,还用于亲属称谓后,这些用法证明"咱"虽无实际词汇意义,已经虚化,但有一定的语法意义,可使语气委婉、舒缓。这些用法更不能解释为"咱"是"给咱"的省略。下面论述"咱"在亲属称谓词后的用法。

22.4.3.1 用于自称的亲属称谓后面

这种用法多见于妇女跟晚辈,尤其是对小孩子说话时,在使句子语气舒缓的同时还表达出一种亲切和哄劝的语气。对孩子极为疼爱的成年男子有时也在自称后加"咱",如"爸爸咱""叔叔咱""爷爷咱""舅舅咱"。"爸爸咱"较为普遍,即使孩子长大了,也可以使用。别的词语在孩子长到十五六岁时就很少用了,用多了,就会给人以说话人女里女气的感觉。男性使用这种用法的变化充分证明"咱"有使语气舒缓的作用,"咱"的这种作用与男性应该干练、不轻易流露感情这种社会要求相抵触,故而成年男性会随着孩子的长大不再使用自称加"咱"这种用法。如:

(1) 婆婆咱给你做饭去。
(2) 爸爸咱到机关看一下有甚事嘞。

22.4.3.2 □[ni ʌ˧] +亲属称谓+咱

□[ni ʌ˧]是第二人称复数,用于亲属称谓前,兼指单数。如"□[ni ʌ˧]爸爸"相当于北京话的"你爸"。这里的亲属称谓可以是爸爸、妈妈、姐姐、哥哥、爷爷、娘娘、婆婆、姐爷、叔叔、伯伯、姑姑、舅舅、姨姨,等等。"[ni ʌ˧] +亲属称谓+咱"结构常用于长辈劝小孩子听话,让他的亲属去做什么事时。如:教□[ni ʌ˧]妈咱给你扯裤裤去么,啊。

句中的"咱"使哄劝的语气更为明显,使说话人语气更为舒缓。

(本章是与王晓燕合作,曾以《中阳方言的人称代词》为题,发表于《山西大学学报》2003年第1期,收入本书时作了部分修改。)

第 23 章 山西长治方言的"将"

长治市位于山西省东南部,东邻平顺县、壶关县,西接长子、屯留,南连高平、陵川,北近襄垣、黎城。长治方言属于山西方言东南区,又称晋方言上党片。

"将"在长治方言中用法丰富,如:将拿玉茭换了小麦淀粉啦丨将用/拿个锁子锁住门丨拿将东西来丨送将孩子再去上班去。关于"将"的功能和性质,学界的主要观点有:①结构助词,如:乔全生(2000);②音节助词,如王国栓(2004);③体貌助词,如:邢向东(2006);④助动词,如:崔容(2008)⑤结构助词和动态助词,如范慧琴(2007);⑥表趋向和作体标记,如郭校珍(2008)。以上多数学者认为,"将"的携带义已逐渐消失,虚化为一个助词,但该助词的作用究竟是什么,却是"见仁见智"。乔全生讨论了长治方言"将"的读音,但并未对其用法进行过多探讨。① 因此,本章在前人研究的基础上,尽可能穷尽地对长治方言"将"的共时用法及历时演变进行探讨。

23.1 "将"的共时用法

长治方言的"将"在简单句中不能单独做谓语动词。从"将"与主要动词的搭配看,主要出现在两种句法位置:位于主要动词之前时读变调 [tsaŋ˨]˦,可做次要动词、动介两用和介词,构成"将 NP1 + V + NP2"结构;位于主要动词之后时读本调 [tsaŋ˦],根据 V 的声调不同

---

① 乔全生:《晋方言语法研究》,商务印书馆 2000 年版。

发生变调，可作动态助词，构成"V+将+来/去"和"V+将+O"结构。

23.1.1 "将"作次要动词、动介两用和介词

23.1.1.1 "将"作次要动词

次要动词指一个句子中除主要动词以外的动词。"将"作次要动词时，出现在连动句中，相当于普通话的"拿"，后一动词为主要动词。如：

（1）肚饥了，将几个馍馍垫垫。

（2）我将些儿东西瞧瞧他。

（3）我甚也没呢，将甚给他？

以上用例中，"将"作为连动句的前一成分，还保留一定的本义，但已处于虚化过程中，对后一动作起辅助作用。

23.1.1.2 "将"介于次要动词和介词之间

该用法中的"将"也用于连动句中，既可理解为次要动词，也可理解为介词，两者之间没有清晰的界限，相当于普通话的"用/拿"，如：

（1）将钩子往上挑。

（2）将这个料子_{布料}做裤子。

（3）将手巾擦擦手。

（4）将搓板子_{搓板}洗衣裳。

（5）他将院哩砖垒了墙子_{墙壁}了。

（6）将冷水洗脸。

以上用例中，"将"后的名词所指有的可随意拿放，"拿"的意味较明显，如例（4）—例（8）中的"钩子""料子""手巾""搓板子""砖"；有的不能随意拿放，如例（9）中的"冷水"。由此看出，"将"的词义在进一步发生虚化，这种中间状态就是最好的证明。

23.1.1.3 "将"作介词，相当于普通话的"用"

（1）将三轮儿车蹬菜。

（2）将牙咬断绳子。

（3）到期还不上钱，将房子抵了就行了。

(4) 将眼瞪他。

(5) 那个门儿将脚一蹬就开啦。

(6) 还不上钱，将孩子顶。

以上例句中，有的"将"可当"拿"讲，如例(12)、例(15)，但已经没有"拿"的意味。"将"后有的引出工具，如例(10)中的"三轮儿车"、例(11)中的"牙"、例(13)中的"眼"、例(14)中的"脚"；有的引出受事，如例(12)中的"房子"、例(15)中的"孩子"。"将"所构成的介宾短语成为谓语的修饰成分，"将"虚化为介词。

23.1.2 "将"作动态助词

23.1.2.1 "V+将+来/去"

根据"将"语法意义的不同，分为三类：一类表完成，一类表持续，一类表开始。

1）表完成。"V+将+来/去"结构带宾语时，根据宾语位置的不同，分为两类，即"V+将+来/去+O"和"V+将+O+来/去"。

A. "V+将+来/去"，如：

(1) 东西买将来了。

(2) 人带将来了。

(3) 孩子领将来了。

B. "V+将+来/去+O"，如：

(1) 他爹推将来/去两车子土。

(2) 提将来/去二斤江米。

(3) 你担将来/去两桶水？

C. "V+将+O+来/去"，如：

(1) 大舅从菜市场趸将一车白菜来。

(2) 学校雇将俩老师来。

(3) 弄将两箱子果子_{苹果}来/去。

以上例句中的动词有位移动词，如上例中的"推""提""担"等。也有非位移动词，如上例中的"买""带""领""趸""雇""弄"等。"将"的携带义已逐渐消失，对前面动词是否位移的限制逐渐减弱，发展为表完成的动态助词。

进入上述结构的动词还有，单音节动词：传邮搭盖堵端堆翻滚裹揣塞捆拉挪提骑唱答叫劝□［tɕʰia˩］抱□［pʰiE˧］掰戬下摘：～黄瓜、西红柿等砍［kʰəʔ˩］量制称□［tsɔ˩］盛伐～笤帚□［tʰiɑŋ˧］追，双音节动词：圪揣塞、揣塞塞、腾倒、安插、拾掇、鼓捣等。

B、C结构中的例句可变成"把"字句。数量名宾语变成光杆普通名词宾语，且在句末加语气词"了"。如：

（1）小明把土推将来/去了。*小明把两车子土推将来/去。

（2）大舅把白菜从菜市场戬将来了。*大舅把一车白菜从菜市场戬将来。

（3）学校把老师雇将来了。*学校把几个老师雇将来。

"V+将+来/去"结构带宾语的语序与普通话基本一致。[①] B、C结构中的宾语多采用不定指，变"把"字句时宾语变为定指，句末加语气词"了"。反之，当宾语为定指成分进入B、C结构时，句末也需加语气词"了"。如：

（1）送将来甚了？送将甚来了？

（2）领将来/去他了。领将他来/去了。

（3）他调将来张三了。

他调将张三来/去了。

（4）小李寄将来/去那个资料了。小李寄将那个资料来/去了。

由上文可知，"把"字句宾语有很强的定指倾向。B、C结构的宾语以不定指宾语为常，带定指宾语时，句末加语气词"了"。

2）表持续。如：

（1）我是跑将来哩。

（2）车子怎样弄将来哩？骑将来哩。

（3）碾子是滚将来哩。

以上例句中的动词多是持续性位移动词，与"将"构成后一动词的伴随状态，表示在前一动作持续下进行后一动作，"将"相当于普通话的"着"，类似动词还有：飞蹦跳抱穿扶赶。

[①] 张伯江：《关于动趋式带宾语的几种语序》，《中国语文》1991年第3期。

3）表开始。如：

（1）孩的烧发烧将来了。

（2）小女儿笑将来了。

（3）响将雷来了。

（4）腿胖肿将来了。

（5）病好将来了。

（6）柿子西红柿红将来了。

以上例句中的谓词包括感受义动词和非自主形容词。随着谓词范围的扩大，"将"的虚化程度越来越高，与谓词结合的更紧密。谓词举例如下：

A. 动词

单音节动词：熬愁冻刮咳哭晒淋浇笑疼吹晃咬磨阳平闹掐捂吸扇摇摆吵醒皴皲

双音节动词：迷信｜明白｜日能逞能｜圪搅心焦｜板唪喊叫｜板叫喊叫｜歇霍喊叫｜捣蛋｜吵闹｜闹腾｜唠叨｜张急着急｜痒臊痒｜薄拉碍事

B. 形容词

阴晴干冷热好坏胖瘦软硬明黑甜苦斜□[fei˧]小孩儿调皮,不听话暴鼓胖肿歪瘸瞎聋醉晕满粘弯直穷富麻潮咸臭辣

23.1.2.2 "V+将+O"

与"V+将+来/去"结构相比，该结构受到成句限制，必须在句末加语气词、动词或后续成分。

1）句末加语气词，表示动作完成。如：

（1）关将窗子了。

（2）我抬将东西了啊！

（3）买将面了啊！

2）句末加动词构成"V₁+将+O+V₂"的连动结构，表示前后相续的两个动作。如：

（1）你调将档案再办手续。

（2）骑将车子再去要去。

（3）他□[pʰiɛ˥]掰将玉茭走了。

3）句末加后续成分，表示前一分句动作完成，后一动作接着进行。如：

（1）你定将蒸食_{过生日时蒸的各种形状的馒头}，咱俩人厮跟上去。
（2）你拿将玻璃，我给你安去。
（3）你搬将桌子，再去上工去。

以上用法中，"将"的基本义表完成，有的表示某一动作或事件的完成，有的表示前后相续的两个动作，前一个完成后一个接着进行。

23.2 "将"的历时演变

23.2.1 从历时演变上看

历时地看，"将"由表"携带、挟持"义的动词，发展到表"动向"或"动态"的助词，经历了一个复杂的过程。很多学者对其历时演变进行了探讨。如：刘坚、曹广顺、吴福祥（1995），曹广顺（1995），武振玉（1991），张燕来（2004），翟燕（2007），岳立静（2008）等。其中，刘坚、曹广顺等指出由于句法位置的变化而进入特定的语法结构，是词变化的诱因和基础，只有在特定的语法位置上，在语境等因素的相互作用下，这些词才可能产生新的用法，词义才会不断虚化。……和助词"将"一样，"将"由动词到介词的语法化过程导源于其句法位置的改变[①]。可见，句法位置的变化是"将"虚化的诱因。

关于"将"由动词虚化为介词的过程，祝敏彻（1957）结合文献进行了探讨，[②] 现引用几例：

（1）先秦：吏谨将之。（《荀子·成相篇》，"将"，持也。）
（2）南北朝：犹将两牌自随。（《续齐谐记》，"将"位于连动句中，后一动词表动向）
（3）唐：佳人当窗弄白日，弦将手语弹鸣筝。（李白《春日行》，"将"后引出工具）

用例显示，南北朝时"将"进入连动式发展为次要动词是"将"虚化的关键，直到唐时，"将"的词汇意义才逐渐消失成为介词。长治方言介词"将"的虚化路径与近代汉语基本一致。首先是由进入连动

---

① 刘坚、曹广顺、吴福祥：《论诱发汉语词汇语法化的若干因素》，《中国语文》1995年第3期。

② 祝敏彻：《论初期处置式》，《语言学论丛：第一辑》，新知识出版社1957年版。

句中充当辅助作用的次要动词开始,"将"还保留着一定的本义,但已逐渐虚化,成为后一主要动词的辅助。随着虚化路径的逐步延伸,经历动介两用的中间状态直至发展为介词。正如刘坚等指出的"当一个动词经常在句子中充当次要动词,它的这种语法位置被固定下来之后,其词义就会慢慢地抽象化、虚化,再发展下去,其语法功能就会变化,不再作为谓语的构成部分,而变成了谓语动词的修饰成分或补充成分,词义进一步虚化的结果便导致该动词的语法化"。[1]

与介词"将"虚化时间一致的是,魏晋南北朝也是动态助词"将"虚化的开始。曹广顺指出魏晋南北朝的前期,发现了用于动词之后的"将"字,即"动+将"结构,"将"的"携带、持拿义"明显。[2] 这一连动结构为"将"的虚化准备了条件。

23.2.2 从结构形式上看

从结构形式上看,唐代,"将"所在结构出现了4种:①动+将(+宾)+趋向补语;②动+将+宾;③动₁+将(+宾)+动₂;④动+将。与此相对应,长治方言"将"的所在的结构有5种:①V+将+来/去;②V+将+O+来/去;③V+将+来/去+O;④V+将+O;⑤V₁+将+O+V₂。长治方言"将"字结构与近代汉语的对应关系如表23-1所示。

表 23-1

近代汉语 长治方言	动+将(+宾) +趋向补语	动+将+宾	动₁+将 (+宾)+动₂	动+将
V+ 将+来/去				
V+将+O+来/去	+		-	
V+将+来/去+O				
V+将+O		+		-
V₁+ 将+O+V₂			+	-

---

[1] 刘坚、曹广顺、吴福祥:《论诱发汉语词汇语法化的若干因素》,《中国语文》1995年第3期。

[2] 曹广顺:《近代汉语助词》,语文出版社1995年版。

长治方言"将"字结构与近代汉语的对应关系("＋"表示完全对应,"－"表示无对应关系)。

如表 23－1 所示,长治方言除了没有"动＋将"(在近代汉语中用例也很少)结构,其他结构形式与近代汉语呈现一一对应关系,可以得到相互印证。并以"V＋将＋来/去"结构运用为常,可以说是唐宋以来用法的保留。从读音上看,乔全生指出"将"声母 ts 类型是近代汉语"V＋将＋来/去"结构的直接继承和发展,① 长治方言"将"声母的读音正好反映了近代汉语尚未腭化的特点。

23.2.1　从语法意义上看

从语法意义上看,近代汉语"将"表示趋向等动向义和表完成、持续等状态义。宋元沿着唐的用法继续发展,直至消亡。长治方言的"将"随着主要动词范围的扩大,趋向性渐趋消失,动态性凸显,逐渐发展为表完成、持续和开始等语法意义,与近代汉语"将"的语法意义基本一致。

在继承近代汉语用法的同时,长治方言的"将"也受到方言自身发展的制约,尤其是使用环境的限制。"将"表开始时,包括动作的开始和状态的开始。范慧琴曹指出定襄方言中"将来"表示起始只用于"下"(雨/雪/冷弹子)这类自然现象,不能用于其他动词之后,② 长治方言的适用范围有所扩大,还可用于表示人的生理或心理等其他活动,主要动词包括生理感受动词和心理感受动词,还有一些非自主形容词。

同一句法结构中,"将"前搭配的主要动词相同,但语境不同,"将"的意义或整个结构意义就有别。如:

(1) a. 兀家子那家典礼说将来了。(完成)

　　　b. 说将来,我比你吃哩苦少。(评价估量)

(2) a. 那道题算将来了。(完成)

　　　b. 算将来,兀些儿钱也够花。(评价估量)

以上用例中,涉及两个动词"说"和"算",都用于"V＋将＋

---

① 乔全生:《晋方言语法研究》,商务印书馆 2000 年版。
② 范慧琴:《定襄方言语法研究》,语文出版社 2007 年版。

来"结构中，语境不同，"将"的意义有别：一个表完成，表动态；一个表评价估量，在整个结构中起凝固句子形式的作用，是方言内部使用差异的表现。

综上所述，句法位置的变化是长治方言"将"虚化的动因，从共时平面看，位于主要动词之前的"将"形成了"次要动词→动介两用→介词"的虚化链；位于主要动词之后的"将"随着谓词范围的扩大，逐渐形成表完成、持续和开始的动态助词。从历时演变看，长治方言"将"的虚化轨迹与近代汉语基本一致，共时用法反映了历时演变，为近代汉语提供了方言佐证。与此同时，"将"受到使用环境等因素的制约，也是方言自身发展的结果。从整个山西方言看，长治方言的"将"保留了主要动词之前不同阶段的用法，并形成了有序的虚化链，这在以往研究"将"的论述中很少见到。可以说，考察长治方言"将"的用法对山西方言"将"的研究具有重要的参考价值。

（本章是与刘芳合作，曾以《长治方言"将"的共时用法及历时演变》为题，发表于《山西大学学报》2013年第4期，收入本书时作了部分修改。）

第 24 章 山西方言语法研究的回顾与展望

朱德熙（1980）指出："研究汉语方言语法不仅可以开阔我们的视野，而且可以加深我们对于汉语语法结构的认识。"山西方言语法研究对加深认识汉语语法结构的特殊价值已为越来越多的人所关注并重视。

从山西方言语法研究史看，对山西方言语法的研究最早可追溯至1907 年景耀月发表在《晋乘》杂志的《晋语》（一名三晋方言）一文，文中首次提出助形容词、辞类、双音等语法学的概念。其后的 20 世纪 30 年代，山西学者刘文炳在其著作《徐沟县语言志》中专设一章，从词法、词类两个方面描写、分析了徐沟方言构词前缀、后缀及名词、代词和形容词，可以看作山西方言语法研究的肇始。随后，在一代代中外学者的努力下，山西方言语法研究成果逐渐增多、研究内容渐趋丰富、研究方法科学实用。及时、全面地回顾山西方言语法研究所取得的成就，总结其不足，探寻并规划今后的发展走向，必将有利于山西方言语法研究向更高层次、更高水平、更高质量迈进。

本章共分五节：山西方言语法研究的肇始期（1949 年之前）；山西方言语法研究的探索期（1949 年至 1965 年），山西方言语法研究的萧条期（1967 年至 1976 年），山西方言语法研究的提升期（1977 年至 1998 年），山西方言语法研究的辉煌期（1999 年至 2021 年）。各个时期按研究内容从词类、词法、句法等方面进行分析。最后是对山西方言语法研究的几点展望。

24.1 山西方言语法研究的肇始期（1949年之前）

从目前所发现的材料看，最早研究山西方言语法的文献，可以追溯到1907年景耀月发表在《晋乘》杂志的《晋语》（一名三晋方言）一文，该杂志是景耀月与景定成、谷思慎等在东京创办，署名大招。该文为景耀月在山西大学堂读书期间和留日后写就，是首篇研究晋方言的论文。文中不仅提出了合音、略音、转音、讹音、殊音、天籁音、感叹音等语音学的概念，还首次提出助形容词、辞类、双音等语法学概念。其中的助形容词指的是辅助性形容词，双音（即语首语尾音）指的是在单音节名词的基础上加前、后缀，构成双音节形式的构词法内容。这是我们目前所见最早的论及山西方言语法事实的材料。

其后是山西学者刘文炳的《徐沟县语言志》，该书记录了20世纪初期山西方言中区徐沟县（今清徐县）方言的语音、词汇语言面貌，除卷首引言、凡例、目录之外，全文共分四章，第一章导言，包括音性、文字与语言趋异中所有读字音与别读音、音演化之所以同异、县音之今日4节。第二章音素，包括子音（声母）、元音（韵母）、子母外之各音3节。第三章读字音与别读音，包括读字音和别读音2节。第四章词，包括词首、词尾、常词3节，书后附"徐沟县语言学志之副产"《入声研究与太原盆地人之读入声》和《音素元音ʌ说明》二文。《徐沟县语言志》第四章从词法、词类的角度描写分析徐沟方言前缀、后缀及名词、代词和形容词，是研究20世纪初期中区单点方言语法不可多得的重要内容，成为山西方言单点语法研究的先导。

"词首"一节记录了徐沟方言的4个常用词首：巜首、ㄆ首、ㄉ首、ㄏ首。每个词首下各列举词语若干条，"巜首"词较多，40余条，"ㄉ首"较少，4条，每个词条用注音符号标注读音并释义，如"巜首：巜ʌㄆㄨ，拳头也。古舌端音之椎，又以手足全身作缩状之卧也"。从词的注音及注释来看，4个常用词首相当于徐沟方言前缀"kʌʔ"（圪）"pʌʔ"（不）"tuʌʔ"（揬）"xuʌʔ"（忽），值得注意的是，该书在列举前缀"kʌʔ"的词语后，还指出这类词缀的语法功能及所含的语法意义。指出，"若用最小时间而小动者，凡动词皆可用之"。这类词还可以重叠使用，"且为叠词，《ㄍㄚ睡《ㄍㄚ睡"。"词尾"部分描写了徐沟方言的两个常用后缀"儿尾、ㄗㄚ尾"，如"羊儿""马儿""狗儿""李子""棍子""虱子"，如果在某一词或语素后既可加"子尾"，又可加"儿尾"，还可独立使用，那么一定要注意三者的区别，否则"闻者必笑"。最后指出这两个后缀使用的规则"在物为固有习惯，在人为专有习惯"。"常词"部分记录了徐沟方言"习用名词""习用代词"及形容词三种词类。常用名词记录了徐沟常用的自然现象、身体部位等。常用代词部分将徐沟方言代词分为"个人所有者""家所有者""地方所在""指示方向与方法""物量之多少""指时""问物用法""非问词用法"，这种分类方法已有"人称代词""指示代词""疑问代词"代词分类雏形。"形容词"一节重点描述了两类状态形容词：一是有后缀"ㄚㄉㄧ"（啊地）的形容词，"ㄚㄉㄧ"前加成分、加"的"后可做定语，如"驴ㄚㄉㄧ的狗"，二是"上用重叠字者"+"ㄉㄧ"的形容词，如"湿彳ㄠ彳ㄠㄉㄧ"（湿潮潮的），即状态形容词的后缀可以重叠。

此外，在第四章的行文中，作者还描述了两种值得关注的语法现象。

第一，助词"的"的两种用法"形其状也"（站ㄉㄚ、坐ㄉㄚ、睡ㄉㄚ）"所有也"（你ㄉㄚ、我ㄉㄚ），即动态助词与结构助词。

第二，两字组重叠变调，重叠式构词是汉语中最重要的构词法之一，重叠连读变调也是非常值得注意的语言现象，总结出徐沟方言两字组重叠式构词五种连调形式：平声+平声→不变调，阴入+阴入→不变调，去声+去声→去声（高）+上声，上声+上声→上声（高）+平声，阳入+阳入→阳入+阴入。

《徐沟县语言志》作为早期涉猎方言语法的研究成果，无论是研究内容，还是研究深度，均无法与当今方言语法研究成果相比，但筚路蓝缕，开创之功不可没。该文首次从词法、词类入手，分析了徐沟方言附加式构词与重叠式构词，展示了徐沟方言部分词类的特点，为单点方言语法研究提供了范例。此外，作者还注意记录徐沟方言特色语法现象，如形容词后缀"啊地"等，凸显了山西方言语法的独特性，同时作为早期语料也为观察今徐沟方言语法的历时变化提供了参照。

24.2 山西方言语法研究的探索期（1949—1965）

新中国成立后，山西方言语法研究开始起步并逐步升温。该时期的研究成果主要关注点是普通话与山西方言的比较，在比较中呈现山西方言特殊的词类及词法现象，本时期的山西方言语法研究仅有 2 篇论文：王立达《太原方言词汇的几个特点和若干虚词的用法》（1961）、田希诚《运城话的人称代词》（1962）、汾阳人赵骏程（1896—1976）完成著作《汾阳话与普通话》。

王立达《太原方言词汇的几个特点和若干虚词的用法》（1961）描写了山西方言并州片太原方言的构词法与词类（虚词）的几个特点，并与普通话作比较。

1）描写了太原方言的"儿尾和子尾、合音、重叠、嵌 L 词"四类特色词汇。将太原方言的"儿尾和子尾"词分为以下两种情况：一是有一些词太原方言口语中必须带有"儿尾"，在普通话中一般不"儿化"，如"庙儿—庙"；二是太原话是"儿尾"，普通话一般是"子尾"，如"镜儿—镜子"。

2）指出太原方言的重叠一般表"小"，并比较了重叠与非重叠在词义上的不同。

3）列举了太原方言 11 个"嵌 L 词"："不来、不烂、圪懒、圪老、骨拉、骨搂、骨拢、窟联、黑浪、忽拉、测拉"分别是"摆、拌、杆、搅、刮、裹、滚、圈、巷、划、擦"的分音形式，每个"嵌 L 词"都举出例句，并提出太原方言"嵌 L 词"的语音形式是不是古代复辅音，需要进一步研究。

4）收录了太原方言中常用而普通话不用的 18 个虚词。每个虚词都指明与普通话对应的词语，简单描写了用法并举出例句。如：嘞 1ə?，相当于普通话中表示疑问的语气词"呢"，它的用法特点是专用于疑问代词"甚"的后面，表示正在进行某种动作。如"你作甚~"就是"你在作什么呢"的意思。相当于普通话中用于陈述句中表示赞叹口吻的语气词"呢"。如"他唱的歌子克好听~"就是"他唱的歌儿可好听呢"的意思。相当于普通话中用于陈述句中表示动作正在持续的语气词

"呢"。"他还没啦吃完～"就是"他还没有吃完呢"亦即"他还在吃着呢"的意思。如"你看，他还在哭～"就是"你看，他还在哭呢"的意思。

该论文今天看来稍嫌浅显，但与此前刘文炳《徐沟县语言志》所记录的词法、词类相比，内容更加丰富，描写更加详细，特点更为突出。

田希诚《运城话的人称代词》（1962）重点描写了山西方言南区运城方言的人称代词与普通话人称代词的差异。该文将运城话的人称代词分为两组，一组是"我、你、他，我的、你的、他的、咱的"，另一组是"自己、人家、别人、大家"，因第二组与普通话相同，故未讨论。论文从语音形式、语法意义、语法功能三方面对运城方言的第一组人称代词做了描写与分析。

1）从读音形式上看，"我、你、他"读为 ŋuo˅、n̪i˅、tʰa˩，但"我的、你的、他的、咱的"有两种读音形式：(1) ŋuo˅·ti、n̪i˅·ti、tʰa˅·ti、tɕʰia˩，(2) ŋuo˧·ti、n̪i˧·ti、tʰa˧·ti、tɕʰia˧·ti，作者注意到了人称代词变调这种细微差异，在当时是十分难能可贵的。

2）从语法意义上看，该文将不同语音形式的"我的、你的、他的、咱的"与普通话进行比较，分析得出：当读第一种读音时，"我的、你的、他的"表示人称代词的单数，相当于普通话的"我、你、他"；当读第二种读音时，"我的、你的、他的、咱的"表示人称代词的复数形式，相当于普通话的"我们、你们、他们、咱们"。

3）从语法功能上看，该文细致分析了不同读音的"我的、你的、他的、咱的"语法功能，当读第一种读音时，"我的、你的、他的"表示单数的人称代词"我、你、他"和结构助词"的"的组合体，相当于普通话的"我的、你的、他的"；当读第二种读音时，"我的、你的、他的、咱的"相当于普通话的"我们、你们、他们、咱们"，在做表领属关系的定语时，要再加上结构助词"的"，这个"的"读最轻音·ti，构成"我的的"（ŋuo˧·ti·ti）、"你的的"（n̪i˧·ti·ti）、"他的的"（tʰa˧·ti·ti）、"咱的的"（tɕʰia˧·ti·ti）。它们相当于普通话的"我们的、你们的、他们的、咱们的"。

此文很短，不足两千字，但作者对运城方言人称代词变调以及由变调产生不同的语法意义、语法功能进行了细致观察，凸显了山西方言语法的独特性，为其他方言点、区域方言语法研究提供了新鲜的方言语料；细致入微的描写与分析，奠定了山西方言语法共时平面研究的扎实基础。但作为山西方言语法研究的早期成果，再加之作者不是本地人，该文不可避免地存在瑕疵，如"咱"读作［tɕʰia］，应是"咱"与"家"的合音形式，"咱的的"［tɕʰia˨ ·ti ·ti］是"咱"的不同复数形式的叠加，作者惜未指出。

1964年，汾阳人赵骏程（1896—1976）完成著作《汾阳话与普通话》。赵骏程曾是清华学堂的早期学生，民国时期在汾阳做过修志工作，很早就开始记录和总结汾阳方言的词汇、语音、语法、俗语、歌谣。新中国成立后，开始着手整理相关资料。1964年，40万字的《汾阳话与普通话》终于成书，惜未出版。1989年《汾阳话与普通话·简编》在赵擎寰（赵骏程之子，北师大教授）夫妇、汾阳县志编纂委员会、太原山西日报青年印刷厂的协力合作下得以付梓印刷成册。这是一部民间学者自发研究母语方言而形成的著作。书中第二编为"语法"。涉及的内容包括儿化，子尾，名词重叠，结构助词"的、地、得"，动态助词"了、着"，语气词"唡、吧"，特殊结构助词"动、敢"，程度副词"待、可"，构词要素"咯"，语法例句等。作为民间学者的著作，书中内容表述得比较通俗，部分术语还有待修正，但汾阳方言语法的基本面貌还是得到了有效呈现。书中语料亦有效反映出20世纪中叶汾阳方言口语语法的面貌，具有十分珍贵的语料价值。

24.3　山西方言语法研究的萧条期（1966—1977）

从1966年开始，受政治因素影响，山西方言语法研究陷入萧条期，研究工作基本处于停滞状态。本时期在国内未见山西方言语法研究的论著。国外有日本桥本万太郎的《晋语诸方言的比较研究》，该文发表于日本东京外国语大学亚非语言文化研究所主办的《亚非语言文化研究》1976年第12期和1977年第13、14期上，是关于山西北区朔县、五台、中区汾阳、南区安邑（今属运城市盐湖区）四个方言点的调查研究报告。全文除序论外，共分三部分内容，前两部分为语音和词汇，第三部分为语法结构的比较考察。桥本在回顾近代汉语的研究成果时，认为历来学者对汉语诸方言的研究主要集中在语音方面，而对词汇及语法的关注较少。因此，桥本在文中有意识地对山西方言语法进行调查研究，围绕动词、形容词的时制问题将朔县、五台、汾阳、安邑和北京方言语法进行了系统的共时比较，比较部分列举出大量例句，充分展现其具体的语言使用环境，为此后山西方言的语法比较研究和专题研究奠定了良好基础，是对山西方言研究"重语音，轻词汇、语法"局面的一次突破。

首先，桥本指出了"比较"（文中只涉及共时比较）的重要性。他在第四部分"语法结构的比较考察"的引言部分就提出：在考察语法结构时，通常是对语言对象的语法构造进行系统的比较，如果忽视了这一点，对个别现象的叙述就无法做出决定性论断。只有通过"比较"才能进行更深入的考察，找出所考察方言的特色，只有在比较中才能找出之所以不同的原因。桥本将山西五台、朔县、汾阳、安邑方言与北京方言进行比较，如：零形态动词在表示语法范畴的"持续态"时，五台、朔县、汾阳方言要在句末使用语气词，而安邑方言则不使用。（G、S、F、A 分别表示五台、朔县、汾阳、安邑四个地名。以下四句译文分别是：G. 他正在做什么呢？S. 他正在看报呢。F. 正在做馒头呢。A. 正在看书。）

G. [tʼa dʐŭ dʐuă² sən diæ?]
{ta¹ zi³ zuə⁶ sən¹ dia?}
（彼は何をしているところですか？）

S. [txa dʐoɤ̌ kxæ b̥ʰo lɪ.]
{ta¹ ʐən⁴ kxe⁴ bau⁴ li.}
（彼はちょうど新聞読んでいるところです。）

A. [tsʼæ° n̥ɪæ fɯ.]
{cai⁴ nian⁴ fu¹.}
（本を読んでいるところです。）

F. [dʐaɪ djzjŭ⁺ muʒ̊² lɪɛ.]
{zai⁴ zui⁴ muə⁶ liə.}
（お饅頭をつくっているところよ。）

语法结构的比较考察举例

其次，桥本特别注意句法结构的"同一语境"，保证了结论的准确性与严谨性。他强调文中的例句要采用同样的叙述方式，相互之间的差异仅止于词语之间的差异，在语法结构上没有区别，这样得出的结论才更够说服力。如在讨论"完结状态"时，桥本列举了五个句子，每个句子下均列出朔县、五台、汾阳、安邑与北京方言的说法，最后得出五种方言"完结状态"的语法功能。(表24-1是朔县、五台、汾阳、安邑方言"你盖印章了吗？我的印章丢了。"的说法以及表"完结状态"的语法功能)

表 24-1

方言	形式	结合关系
北京方言	[lə]	直接和动词结合
朔州方言	[lo]	直接和动词结合
五台方言	[liau]	直接和动词结合
汾阳方言	[lo]	直接和动词结合
安邑方言	[liau]	句末、动词后，两者皆可

S. [ɲi ɣɛɪb tʂuə⁵ʔðə lə mə⁵ʔ? uo liəᵇlo tʂxuə⁵ʔðələ.]
{niⁱ kai⁴lo čxuə⁵·zə lə mə⁴? uəⁱ liauᵇlo čxuə⁶·zə lə.}

G. [ɲie gæʊlio tʼudʐə lia mə⁵? ŋo djeulio tʼudʐə lia.]
{nieⁱ gaiⁱliau tuˡzo lia mə⁴? ŋəⁱ diauˡliao tuˡ·zo lia.}

F. [ʂŋg aɪb tʂʼuə⁵ʔðə lə ɡə⁵? ŋgi djɑəlb tʂʼuə⁵ʔðə lə.]
{əⁿⁱ gai⁴lo čuə⁵·zə lə? ɲiⁱ diau³lo čuə⁵·zə lə.}

A. [ɲi gæⁿguo dʑaʃ ljo ma? uo ɕiau dʑaʃ lio.]
{niⁱ gai⁴guə žaŋ¹ liau ma? uəⁱ diau¹ žaŋ¹ liau.}

桥本认为，汉语动词、形容词根据其本身所表达的意思的差异，可以表现各种"态"，但这种"态"是词汇范畴的，并不是"语法范畴"的"持续态"，虽二者在意义上有一定的交叉，但一定要严格区分"态"与"持续态"。在表示语法范畴的"持续态"时，要借助其他成分，如语气词、助词等。

桥本在文中充分展现其具体的语言使用环境，共列举了220余个例句来对山西方言语法进行比较研究，例句数量十分可观，这些丰富的例句展示了其具体的语言使用环境，体现出了语法的细微差别。如在分析动词的"持续态"时，桥本先将动词分为两大类：本身具有进行态的动词和具有瞬间状态的动词，又将本身具有进行态的动词分为带宾语与不带宾语两种情况，细致地分析了其具体的语言环境，从这些不同中找出了语法的细微差别。

桥本在20世纪50年代对山西朔县、五台、汾阳、安邑方言语法的记录为我们进一步研究山西方言语法起到了一定的借鉴作用，有些分析很富有启发意义。可惜的是，该书仅涉及了山西方言语法的四个代表点，共时分析的同时未能对形成差异的原因作进一步分析，且原著为日文，也影响了该书在方言语法学界的传播。

24.4 山西方言语法研究的提升期（1978—1998）

在经历了萧条与沉寂后，山西方言语法研究在本时期逐渐复苏并很快大规模展开，本时期研究的论著多以详尽的共时研究为主，注重单点方言的语法专题研究，揭示山西方言语法的重要特点。从论著研究的范围上看，可以分为综合研究与专题研究，专题研究成果颇丰；从研究对象上看，大部分成果仍集中在词类及词法上，如代词、形容词、助词、重叠等，值得注意的是，本时期的语法研究也开始关注区域方言语法、句法及语法现象的历时研究。

综合研究的成果有：潘家懿《交城方言的语法特点》（1981）、郭正彦《晋中方言的特殊语法现象》（1981）、胡双宝《文水方言的若干语法现象》（1981）、田希诚《临汾方言的语法的几个特点》（1981）、《和顺方言语法的几个特点》（1985）、侯精一《现代晋语的研究》中关于《平遥方言语法研究》（1989）、李小平《临县方言的语法特点》（1990）、吴建生《万荣方言语法的两个特点》（1991）等。这些论文在研究内容上，以词法、词类研究为主，词法又以"圪"的构词功能和重叠式构词法为主。研究方法主要是例举与共时描写。行文以揭示事实为主，注重与普通话的比较。

专题研究主要集中在代词、助词、形容词、量词等词类及重叠、词缀等词法方面。

24.4.1　词类

24.4.1.1　代词

1）对代词进行再综合研究的有乔全生《洪洞话的代词》（1986），该文重点描写了洪洞话人称代词、指示代词、疑问代词的用法及特点，并与普通话进行比较。

2）对代词进行再分类研究的有十余篇论文，如：杨增武《山阴方言的人称代词和指示代词》（1982）、米青《指示代词三分说法补例》（1986）、沈慧云《晋城方言的指示代词》（1986）、宋秀令《汾阳方言的指示代词与疑问代词》（1994）等，分别对单点方言中的一类或两类代词做了详细描述与分析。乔全生《山西方言人称代词的几个特点》（1996）在各单点方言人称代词的基础上，讨论了山西方言人称代词的四个主要特点：①人称代词单数形式的多样化和表述意义的多样性；②人称代词复数词尾的整齐化和语音表现形式的复杂性；③人称代词的内部屈折；④人称代词单数的格。

24.4.1.2 助词

以单点方言助词研究居多。如：李守秀《榆次方言的助词》（1982）分析了榆次方言表时态、表结构、表语气的三种助词。宋秀令《汾阳方言中的"的"》（1988）、吕枕甲《运城方言两个表时间的助词》（1993）、马文忠《大同方言语助词"着"》（1992）、田希诚、吴建生《山西晋语区的助词"的"》（1995），分别讨论了结构助词、表时间的助词和语助词。

在这个时期，乔全生《从洪洞方言看唐宋以来助词"着"的性质》（1998）从山西洪洞方言及其他语言材料入手，着重对唐宋以来助词类"着"的动态性质加以讨论，是对山西方言句法结构进行历史探索的尝试之作。指出唐宋以来的"VX着"结构与"V着X"结构中的"着"性质相同，均是动态助词，前者不是句末语气词。认为洪洞方言的"VX着"及其结构是唐五代甚至更早时期该类结构的孳乳和类化，并从洪洞方言、中原官话汾河片方言、晋语、少数民族语言的相似结构中得以验证。

24.4.1.3 形容词

李鼎龙《万荣县西话形容词表程度的三种形式》（1983）、李守业《文水话形容词的复杂形式》（1983）、任林深《山西闻喜话形容词的生动形式》（1986）等，分别对各单点方言中形容词表性质或状态的程度加以描述。侯精一《山西平遥方言的状态形容词》（1992）将山西平遥方言的状态形容词分为四种结构类型："A+X""A+BB""A+XYZ""AABB"，每类举例说明其句法功能与意义，如"平遥方言的状态形容词必须带助词［ti］""可做谓语、状语、补语""不能指直接做定语"等。"A+X"后缀"刮"的意义相当于北京话的程度副词"很，非常"或形容词后缀"……极了"。"刮"读上声时，含有褒义的色彩。

24.4.1.4 量词

陈庆延《稷山方言的量词》（1981）、胡双宝《文水话的量词、代词和名词》（1983）、宋秀令《汾阳方言的量词和特殊的数量词》（1996）分别描写和分析了稷山、文水、汾阳方言量词的特点。

24.4.1.5 其他词类

1）介词。如：任林深《山西闻喜话常用介词例析》（1987）用例释的形式列举出山西闻喜话常用介词并分析其特点。

2）语气词。如：宋秀令《汾阳方言的语气词》（1994）着重讨论单用语气词和两个语气词连用的现象，单用语气词有"啦、喽、咧、吧、呀、么、来、嗻、噜、的、吭、散"，连用的两个语气词有"啦"与"么、呀、吧、噜、哈啊、咧、吭"连用，"喽"与"呀、吧、么、的、咧、噜、吭、来"连用，"咧"与"么、呀、吧、噜、吭"连用，"吧"与"么、呀、咧"连用，"呀"与"么、噜、咧、吧"连用，"么"与"噜"连用等9种，逐个分析其语法功能及语法意义。

3）特殊词类研究。如：乔全生《洪洞话的"去""来"》（1983）讨论"去、来"作为动词、趋向动词和表目的的语气助词的语法功能。陈茂山《定襄方言"可"字的一种特殊用法》（1986）指出定襄方言的"可"可放在处所名词前表示处所的全部。赵秉璇《灵石方言中的后置词"行"》（1993）指出元曲中的非动词性后置词"行"，今天还活在山西方言中。后置词"行"在今中区一带的太原、清徐、太谷、榆次、寿阳、祁县、平遥、介休读音都未分化。唯有在今灵石方言里产生了音变，分化为［xei］和［xə］，灵石方言中的后置词"行"，在代词之后读作［xei］，表示处所，相当于"家里"，在指物名词之后读作［xə］，表示方位，相当于"上头"。乔全生《河东方言片的独立词"可"》（1995）指出河东方言片的"可"是出现在句尾或句首表示强调、确信、原因等附加意义的独立词，说它独立，是因为出现于句尾，不同于一般的语气助词"呢、么、呀、哩"，出现于句首，与一般的叹词"呵、哎、嘿、哼"所表示的语义也不相同。王临惠《临猗方言中"走"的语法特点》（1998）讨论了临猗话中"走"不同于普通话的特殊用法及意义。

24.4.2 构词法

24.4.2.1 重叠

侯精一《平遥方言的重叠式》（1988）从构成形式和语法意义上描

写了平遥方言的名词、量词、动词、形容词、副词、象声词及数词的重叠式。吕枕甲《运城方言重叠式的韵律特征》（1988）从韵律的角度研究了运城方言重叠式的构成形式与语义语法功能的关系。

分类论述的有：宋秀令《汾阳方言中的叠音名词》（1996）、李小平《山西临县方言 AA 式名词的构词特点》（1997）等，分别对单点方言中叠音名词的读音、构词特点及语法功能进行了描写。

24.4.2.2 词缀

1）前缀。前缀研究以对"圪"的性质及"圪"头词的词性研究最为突出，成果也最多。如：宋秀令《汾阳方言中带"圪"音的词》（1983）列举的"圪"音词数量最多，释义更加详尽。邢向东《晋语圪头词流变论》（1987）根据前人对汉字谐声交替、古代文字记载和汉语同亲属语言之间语音对应的研究以及对某些汉字上古音的构拟，结合对晋语析音词特点的分析，认为晋方言单纯圪头词是上古复辅音析音化的结果，派生圪头词是在单纯圪头词的基础上产生的，它的产生是语音、语义、词汇、语法现象相互影响、相互转化的结果。韩振玉《文水方言"圪"字词例释》（1987）将方言中丰富的"圪"头词，按成词后的词性进行分类汇释，该文认为有的"圪"与词义有关，有的与词义无关，只是同音字。白平《"圪"非词头辨》（1988）认为"圪"非词头，实则为前字的音转。赵宏因《夏县话里"圪"的用法》（1991）指出"圪"的基本用法是作词头或词嵌，可构成名词、动词、形容词、量词和象声词等，"圪"仅仅起表音作用，本身并无具体的词汇意义和语法意义。任林深《闻喜方言中的"圪"与"古"》（1991）注意到了闻喜方言中除有与晋中方言相同的"圪"外，还有"古"，通过对其构成词汇进行考察，发现选择哪个词头成词是受后字声母的影响，二者是互补关系。马文忠《晋方言里的"圪"字》（1995）在综合各单点方言圪头词研究的基础上，首先将山西晋方言中的"圪"分为"实语素""虚语素"和"非语素"三类，其次对圪头词的构成形式及语法意义进行细致分析，最后还对虚语素的"圪"字进行了简单探源，认为是古晋地随着民族融合而进行的语言融合的产物。乔全生《晋语附加式构词的形态特征》（1996）详细描写了"圪"的构词形式、表义作用和语法功能，从语言接触的角度对"圪"字探源，认为"圪"可能来源于山西历史上某个少数民族语言的底层词。在以上研究"圪"类词的成果中，宋秀令《汾阳方言中带"圪"音的词》（1983）举例最全，分析至为细腻，后续研究未出其右者。

陈庆延《说前缀"日"——晋语构词特点研究之一》（1999）搜集了晋方言"日"做前缀的词语50条，逐条分析后认为"日"缀词是晋方言的特色词。

2）后缀。后缀研究主要集中于"子、儿"上，如：侯精一《晋东南地区的子变韵母》（1985）、田希诚《山西和顺方言的子变韵母》（1986）、徐通锵《山西平定方言的"儿化"和晋中的所谓"嵌 l 词"》（1981）、杨述祖《太谷方言的儿韵、儿尾和儿化》（1991）、王临惠《临猗方言的子尾与子变韵母》（1993）、乔全生《山西方言"子尾"研究》（1995）等，这些论文描写了山西方言子尾丰富的读音形式（包括子变韵），富有特色的语法结构、语法意义，并与北京话进行比较，显示出山西方言子尾具有"对内一致性和对外排斥性"的特点，是对山西方言子尾进行全面描写、综合研究的一批佳作。

综合研究附加式构词的有乔全生《晋语附加式构词的形态特征》（1996），该文通过对晋方言附加式形态构词所表现出的表义作用、语法功能和形态特征的分析，说明前缀"圪、日、不"和后缀"货、鬼、圢"的形态特征与印欧语言相比，既有相同于印欧语形态现象的共性特征，又有不同于印欧语形态的独有特征，只有立足于晋方言和其他方言的语言实际，深入研究，才有可能建立起富有特色的汉语形态学。

3）其他词缀。如：吕枕甲《垣峪话里的语素"头"》（1982）、赵宏因《稷山话中的词缀"日"和"人"》（1989）、马文忠《晋北方言的"灰"字》（1991）、乔全生《山西方言的几个詈词后缀》（1996）等，通过对山西方言特殊词缀描写分析，凸显了山西方言的词缀特点，丰富了山西方言词缀研究。

24.4.2.3 语音构词法

徐通锵《山西平定方言的"儿化"和晋中所谓"嵌 l 词"》（1981）、王洪君《汉语常用的两种语音构词法——从平定儿化和太原嵌［l］词谈起》（1994），这两篇文章关注的是山西方言中典型的两种语音构词方式"儿化"和"嵌［l］词"。王洪君认为这是汉语中常用的两种非加合语音构词方式，说明了它们各自的特点并进一步讨论了这两种构词法所反映的汉语"一音节一义"的强势结构关联。米青《垣曲方言用变调表示"子"尾》（1988）描写了山西方言语音构词法的多样态，凸显了山西方言语音构词的多样性。

24.4.3 句法

本时期的句法结构研究主要体现在由动词构成的句法结构上，如：侯精一《平遥方言的动补式》（1981）、马文忠《大同方言的动趋式》（1986）、《大同方言的"动词＋顿儿"》（1987）、陈茂山《忻州方言的"动词（形容词）＋顿咾"》（1990）等，分析了由动词构成的句法结构的特点及语法意义。

还有一些论文涉及句法结构来源即句法结构的历时分析及探源，如：乔全生《洪洞话的"VX 着"结构》（1989）、《山西方言的"V＋将＋来/去"结构》（1992），讨论了"VX 着""V＋将＋来/去"结构，并利用历史文献进行探源。

此外，还有一些著作的部分章节涉及山西方言语法。主要有：

"山西省方言志丛书"（1984—1996）语法部分在内容和篇幅上各有不同，重点调查"圪"字的用法和重叠式，其他语法特点根据各地的调查情况多少不一，后附各点语法例句若干条，基本反映出山西方言语法全貌，衍生了一批高质量的山西方言语法研究成果，为山西方言语法的深入调查研究奠定了坚实基础。

《山西方言调查研究报告》（1993）第九章语法部分描写了山西方言的子尾、子变韵母、子尾变调，儿化、儿尾、儿中缀，前缀和后缀，重叠，使感结构，代词，量词，补语，了$_1$与了$_2$，几种特殊结构，从词类、构词法、句法的角度对山西各点方言特殊的语法现象进行描写，并与北京话进行比较。第十二、十三章是太原、和顺、临县、长治、大同、忻州、临汾、运城、广灵 9 个方言点的 53 条例句的语法对照和长篇语料。整体上看，这一章在内容上初步体现出一种系统呈现山西方言语法特点的意识。如"子尾、子变韵母、子尾变调"部分即着眼于对同一语义的内容在山西各地方言中的不同表达法进行的考察；对前缀、后缀以及重叠的讨论也是按"中、西、北、东、南"五个区域系统调查的；在"代词""量词""了1 和了2"等词类问题的考察中，也兼顾了各区的例子，显示出系统性概述相关内容的特点。《报告》对山西方言语法现象的描写分析，标志着山西方言语法共时研究新的水平。

24.5　山西方言语法研究的辉煌期（1999—2021）

本时期的山西方言语法研究内容日益丰富，研究范围逐步扩大。主要特点为：延续山西方言语法研究注重详尽描写的传统，在积极引入语言学理论研究山西方言语法的同时，及时开展了山西方言语法史的研究；在 20 世纪 90 年代描写分析单点方言的基础上，加强了区域方言研究、语法专题研究及句法结构的研究。研究成果丰硕。

据统计，本时期出版山西方言语法著作十余部、发表论文 550 余篇。其中，山西单点方言语法、区域方言语法、语法专题研究 40 余篇，代词 110 余篇，副词 50 余篇，名词、形容词、助词、介词等其他具体词类 150 余篇，重叠 60 余篇，句法、时制系统、体貌系统 110 余篇，类型学、语法化等 20 余篇，山西方言语法史 10 余篇等。专著有《晋方言语法研究》（乔全生 2000）、《山西晋语语法专题研究》（郭校珍 2008）、《定襄方言语法研究》（范慧琴 2007）、《山西汾阳方言语法研究》（李卫锋 2019）、《山西方言语法研究》（田希诚 2020）等；论文有《山西文水方言的趋向动词及其语法化研究》（王一涛 2012）、《山西方言的语调问句》（郭利霞 2014），《晋语五台片原平方言语法研究》（李小萍 2016）、《山西方言形容词重叠形式的地理类型与主观性》（白云等 2017）、《山西平遥方言复句关联标记"门"的演变——从后置到前置》（史秀菊 2018）、《山西方言量范畴研究》（常乐 2019）等。

语法综合研究的成果有：侯精一《现代晋语的研究》（1999、2008）对平遥方言语法研究颇有新意。其中，"儿尾 儿化 子尾""重叠式""词缀'圪'""后缀'们'""'了₁ 了₂'与'的'""'厮''可''敢'""代词""语气助词""补语"部分，分别从词类、构词法、句法的角度对山西单点平遥方言一些特殊的语法现象进行了翔实的共时描写，突出了晋语与官话的不同特点，从语法的角度回应了学界对晋方言分立的不同意见。

温端政、沈明《太原话音档》(1999)与乔全生、程丽《平遥话音档》(1999)两部音档都记录了山西方言的部分词法、句法特征,如词缀"圪""忽""日"等。《太原话音档》增加了"不"这一前缀,为汉语词汇的发展演变提供了汉语方言的又一特例。其句法特征在概说中反映得更为全面。有声材料有长篇语料的收集才更加完整,且《平遥话音档》还曾收了"牛来了,马来了"一节,与普通话形成对照,在语法例句中总结出平遥方言中了$_1$与了$_2$、的$_1$与的$_2$的不用用法。音档首次科学保留了山西方言语法珍贵有声资料,为方言语法的调查研究与保护提供了新的范式。

《晋方言语法研究》(2000)是乔全生多年来研究山西方言语法的结晶,是第一部研究山西方言语法的专著。大部分章节是参与国家重点项目的成果并先后在国家级刊物上发表,反映了当时国内区域方言语法研究领域的水平,该书的出版标志着晋方言语法全面研究的开始。全书按照词法、词类、句法的顺序,运用共时研究与历时研究、历史比较和文献考证相结合的方法,首次系统地阐述了山西方言语法的突出特点。书中所举重叠式、附加式、屈折式构词以及代词的单复数表示,"V+将+来/去、V+宾/补+着"等句法结构均可作为"晋语分立"语法方面的依据。侯精一评价该书"丰富了晋语研究的成果""用力之勤、资料之翔实对于近现代汉语语法的研究颇具参考价值"。李如龙评价该书"在北方方言中如此大规模的方言语法专书至今还很少见","先罗列事实、不急于设计理论框架;只说有,不说无;多说异,少说同;有话多说,无话少说,不求整齐划一。应该说,这些做法是切实稳妥的办法,也正是本书的优点所在"。

《山西方言语法研究》(2020)是田希诚1991年主持的国家社科基金项目"晋语的语法特点研究"的结项成果,因种种原因,直至2020年由北岳文艺出版社出版,"是一部起步较早、出版较晚、颇具特点的山西方言语法共时描写的著作"。(乔全生,序)全书共分十八章,各章均以专题的形式,重在挖掘山西方言中一些有特色、有价值的构词、词类、句法现象,抓住方言语法中的特点,先罗列语言事实,如实地说清楚各种语法功能和语法意义,按方言区对这些方言现象进行细腻的平面描写、比较,部分方言现象还采用共时、历时相结合的形式进行考察。材料的丰富性和描写的细腻性是该书的最大特点，初步实现了对山西方言语法研究的系统描写，可以说，《山西方言语法研究》是对山西方言语法研究的有益补充。

郭校珍的《山西晋语语法专题研究》（2008）主要讨论山西晋语的一些句法现象。全书共分十章。第一章重点讨论了山西晋语的话题结构，第二章讨论了山西晋语的语气副词"敢"及其"敢"字句，第三章较深入地讨论了山西晋语的疑问系统，第四章集中笔墨探讨了鲜有人问津但意见却很不统一的反复问句的中置成分，第五章、第六章分别讨论了山西晋语动词和形容词的体，第七章详细地描写了山西晋语的各种重叠式，第八章集中笔墨讨论了重叠式中相当特殊的重叠式形容词，第九章探讨了山西晋语的结构助词"的"，第十章讨论了与结构助词同音同形的进行体标记"的"。该书对山西晋语的话题结构、疑问系统两大句法的专题讨论，是对山西方言区域句法研究的尝试。

乔全生主编的《山西方言重点研究丛书》（以下简称《丛书》），是对山西省内单点方言（一县一点）进行较大规模集成研究的一套丛书。从 1999 年到 2019 年，丛书已出版 9 辑 60 部，另有 10 部即将出版，每部 20 余万字，总计超 1500 余万字，在全国鲜见。丛书本着"科学描写、不拘一格"的编写原则，每部均有反映当地语法特色的章节，如词类层面的代词、助词、副词、语气词等，句法层面的使感结构、疑问句、述补结构等。语法专题研究的成果，在这个时期无论哪一方面均比较丰硕，以下分类评述。

24.5.1 词类

代词和助词具有封闭性的特点，本时期词类的研究主要集中在这两大类词上。

24.5.1.1 代词

本时期的代词研究包括单点方言代词的综合研究、单点方言代词中某类代词的专题研究、山西某一区域方言代词研究等，重点挖掘单点方言中的某类特色代词，随着单点代词研究成果的不断丰富，区域方言代词研究成为本时期的研究重点。

1）单点代词的综合研究。杨文娟《大同方言的代词》（2004）、蒋文华《应县方言的代词》（2011）分别分析了山西单点方言代词的语法特征及语法意义。

2）单点代词的再分类研究。人称代词：史秀菊《山西临猗方言人称代词的音变》（2003），赵变亲《襄汾汾城方言人称代词的复数形式》（2009），白云、石琦《山西左权方言人称代词复数形式"X都、X都们"》（2014）等；指示代词：霍晓芳《蒲县方言的指示代词》（2004）、吕美红《山西翼城方言的指示代词》（2005）、史秀菊《晋语盂县方言指示代词四分现象的考察》（2010）等，分析了不同地点方言中的人称代词的读音及用法。

3）区域或大区代词的研究。如：张维佳《山西晋语指示代词三分系统的来源》（2005）从方言指示代词的历史来源及二分系统与三分系统之间的关系着眼，通过分析它们的地理和结构分布，认为山西方言指示代词主要由"这/那"二分系统构成，与相邻的内蒙古、河南晋语保持一致，在与中原官话地缘接触地带也存在"这/兀"二分系统，跟毗邻的中原官话关中片方言保持一致。由此推论，中区的三分系统来自"这/那"系统和"这/兀"系统的叠加，是两种二分系统在地理上竞争的结果。史秀菊《山西方言人称代词复数的表现形式》（2010）将山西方言人称代词复数表现形式概括为单纯型、并用型、叠加型、叠用型和叠置型五种。《山西晋语区与官话区人称代词之比较》（2010）指出山西晋语区和官话区在人称代词方面存在明显的差异。范晓林《晋北方言领属代词的重叠》（2012）分析了人称代词"我""你""他（她）"用在亲属名词前表领属时，都可以重叠，重叠为"我我""你你""他他（她她）"的现象。赵变亲《晋南中原官话的人称代词》（2012）认为晋南中原官话汾河片人称代词单数形式单一且各地一致性强，基本上是"我、你、他"，个别点出现"人家"的合音形式；复数形式复杂多样，有变音式、合音式、附加式三种。武玉芳《山西方言"人家"义代词的形式及其连用》（2014）认为山西方言表"人家"义的代词形式多样，大致有四类：合音式、省略式、重组式和叠置式。部分方言的第三人称代词来自"人家"义代词。不同形式的"人家"义代词在同一方言中可以叠加连用，连用式有强化指代的功能。"人家"义代词也可以和三身代词连用，能表达特定的语用意义。有些连用形式已经词汇化为一个独立的代词。关黑拽《晋东南方言非典型人称代词"俺孩"》（2019）认为在山西东南区方言里，"俺孩"是一个具有特定使用范围的非典型人称代词，在会话中可以用来称代听话人，并带有亲昵的语用色彩。东南区方言中的"俺孩"与汾阳方言里的"我儿"异形同构，二者都来源于近代汉语非典型人称代词"我儿"。受人称代词系统特点的影响，近代汉语非典型人称代词"我儿"在共同语与山西方言中的发展并不同步。山西方言人称代词系统对亲昵、尊敬等语用意义具有较强的包容性，为近代汉语非典型人称代词"我儿"在山西方言的生存、发展提供了空间。

值得肯定的是，该时期对代词的研究比起上一个时期，已不仅限于单纯的描写，在关注到代词特殊用法的同时，还关注到代词的来源、代词的形成、代词的再分类等，充分显示出山西方言代词不同于官话代词的特点。

24.5.1.2 动词

这个时期的动词研究成果较少，仅见黑维强《晋语"去"的词性辨析》（2003），认为"去"字位于句末与语气词连用时，仍然是趋向动词，不是构成语气词的一个语素；"去"字出现在疑问代词、地点名词前边时，是动词，而不是介词。

24.5.1.3 助词

1) 事态助词研究。史秀菊《山西晋语区的事态助词"来""来了""来来""来嘅"》（2011）指出山西晋语区的句末助词"来"，是兼表"过去时"与"已然态"的助词，且有成句作用。连用的句末助词"来嘅""来了"和"来来"分布在不同市县，其中"来了"和"来来"中的后一音节"了"和"来"应是"了也"的合音形式，"来嘅"的"嘅"应是"去也"的合音形式，这种连用形式应是近代汉语句末助词"来"和"去也""了也"功能叠加的结果。刘芳《长治方言体貌助词及相关助词研究——兼与山西晋语各点比较》（2014）以晋语上党片长治方言的体貌现象为研究对象，对长治方言的体貌助词及相关助词进行了共时和历时考察。从共时角度看，该文着重对每个体貌助词及相关助词的句法分布和语法意义进行了全面系统的描写分析，并注重谓词与体助词以及其他宾补成分的搭配关系，找出影响体貌表达的制约条件；从历时角度看，着重对个别特点突出的体助词进行历时探讨，与近代汉语用法基本一致的体助词不作历时考察。通过长治方言与普通话、长治方言与山西晋语各点及其他方言的比较，揭示了长治方言的体貌特点，为山西方言语法研究提供了重要参考。

赵变亲《山西襄汾汾城方言中的助词"价［·tɕiŋ]"》(2011) 描写了山西襄汾汾城方言中的助词"价［·tɕiŋ]"，它既可以表示结构关系，也可以表示将来的事态意义，这两种功能都伴随着强调的语气意义。另外，助词"价"还可以单纯表示强调的语气意义。这些不同功能的助词"价"分别来自近代汉语的助词"价"和"去"（"去也"），是近代汉语助词"价"和"去"（"去也"）在襄汾汾城方言中的沿用和发展。

2）语气助词的研究。如：段雨旋《晋语汾阳方言语气词研究》(2021) 以汾阳城区方言的语气词为研究对象，在分类描写的基础上，对其组合连用情况和语用功能作了全面的梳理与分析。

3）助词连用现象。如：吴建生《晋中方言的"的的"连用和"地的"连用》(2002) 分析了晋中方言中"的的""地的"连用的特殊语法现象。从语法功能上看，"的的"连用分为"动宾+的+的"和"动词+的+的"两大类，后一种情况比较复杂，大体可分为六类；"地的"连用中"地"是形容词性成分的标记、"的"是名词性成分的标记，"的"用在带"地"的状态形容词后面起使状态形容词名词化的作用。名词化用"加的"的方式来实现。

24.5.2 构词法

本时期构词法的研究仍然集中在"圪"头、"忽"头、"儿"尾、"子"尾、重叠几个方面。整体上看，这一时期构词法的相关研究呈现"注重区域内系统概括"和"深入挖掘单点特征"的特点，凸显出山西方言构词法研究正逐步走向深入。

24.5.2.1 "圪"头词的研究

1）综合研究。王临惠《山西方言"圪"头词的结构类型》(2001) 系统讨论了山西方言中"圪A""圪AA""圪A儿/圪A子""圪A圪A""圪AA的（哩）""圪圪AA"及含"圪"的四字格成语的词性、结构类型、语义特点。王临惠在《山西方言的"圪"字研究》（2002）中又以"圪"字在山西方言晋语和中原官话区里不同的存在方式为基础，分析了"圪"字的用字特点，讨论了"圪"字的音韵地位，并分析了"圪"字的语法功能。其在此基础上，初步推论前缀"忽"是"圪"的变体。刘育林、刘肖杉《现代晋语圪字新探》（2012）认为将现代晋方言中的"圪"解释为词缀或副词，有悖于语言事实，基于此，该文从民族接触、语言融合的角度对"圪"字进行探析，分析得出现代晋语"圪"字带有明显的黏着性，很像阿尔泰语的黏着成分，其与汉语并用，构成了独特的"圪"字混合语，其可能来源于山西历史上某个少数民族语言的底层词。

2) 单点研究。范慧琴在其著作《定襄方言语法研究》（2007）中分析出三种不同性质的"圪"：词头"圪"，与并非词根的音节组合成词，如"圪都"（合音为"鼓"）、"圪老"（合音为"搅"）；词缀"圪"，与词根"针""桃""堆"等组合，构成新词，新词词义与词根义不同；词嵌"圪"，位于单音节词根和叠音后缀之间，并非构词所必需，这些词不加"圪"仍然成词，词义也无变化。该书对"圪"构词功能的描写相当细致而深入。

24.5.2.2 "忽"头词单点特征挖掘

孙玉卿《大同方言的词缀"忽"》（2002）系统讨论了大同及周边县市"忽"作前缀可构成的动词、名词、形容词、象声词及其他词类，并对比了前缀"忽"与"圪"的构词能力与所构成词的语义，认为"忽"的构词能力仅次于"圪"；在同一个语素之前，"忽""圪"所构成的词有时候意义相同，如"忽搅"等于"圪搅"，有时候意义不同，如"忽抖_{抖来抖去}"不等于"圪抖_{稍微抖一抖}"；从构词数量上看，"忽"所构成的词比"圪"头词要少。

24.5.2.3 构词手段与语义相结合的专题研究

沈明《山西方言的小称》（2003）一文讨论了山西方言表示小称的四种基本方式：①重叠；②前缀"圪"；③儿缀；④小称音。这四种方式还可以叠加使用。儿缀在山西方言里表示动植物、衣物和家用器具、农具等的类称，在有些方言里也表小称，这种参差和地域有关。与表示衣物和家用器具、农具等类称相对的小称用重叠，如岚县"袖儿_{袖子：}

袖袖_{短袖}｜盒儿_{盒子}：盒盒_{小盒儿}｜碗：碗碗_{小碗儿}｜锄儿_{锄头}：锄锄_{小锄头}"；其他的小称用前缀"圪"，如岚县"圪洞_{浅洞或浅坑儿}｜圪糁_{粉末状的东西}"。重叠和前缀"圪"表小的语义范围大体是互补的。该文认为：重叠是山西方言表示小称的最主要的方式；前缀"圪"表小是名词性分音词指小这一功能重新分析（reanalysis）的结果；儿缀表小的功能可能是后起的。

24.5.2.4　单点重叠式特殊用法研究

薛志霞《山西万荣方言单音节亲属称谓词重叠式的特殊用法》（2008）挖掘出了万荣方言称谓词重叠用法的特殊表达功能。该文指出称谓词的重叠用法北京话也有，但重叠式既可面称又可背称，没有功能上的区别；而万荣县西话中单用和重叠式的使用环境界限分明，具有不同的交际功能，二者不可替换。

24.5.2.5　区域方言"子"尾的概况研究

史素芬《晋东南方言的"子"尾研究》（2012）以东南区17个县、市的方言为研究对象，对东南区方言"子尾"的语音特征、结构类型、语义特征、语法功能、语法意义和作用等进行了比较全面的共时描写和分析。

24.5.3　句法

24.5.3.1　疑问句

疑问句依然是山西方言句法研究的重要关注点，成果较多，本时期的疑问句研究与上一时期相比，侧重于区域方言疑问句、疑问句比较及语调疑问句，研究角度更加多样。如：郭校珍《山西晋语的疑问系统及其反复问句》（2005）认为从语法意义和疑问功能看，晋语的反复问格式"VP－(Prt)－Neg"相当于普通话的无标记肯定式"吗"问句，它之所以能与"敢"字句并存于晋语的疑问系统，是因为二者的疑问功能不同，前者是真性问句，后者是非真性问句。郭利霞《山西山阴方言"A—A?"式选择问句》（2009）描写分析了山西山阴方言的一种选择问句"A—A?"式，即单音节形容词正反对举式，比如"长短""好坏""远近"等，其功能相当于普通话的"A还是－A?"，山西晋语其他方言也有此格式，有些还需要加语气词

（PART），构成"A｛PART｝－A""A－A｛PART｝"或"A｛PART｝－A｛PART｝"，从时间层次来看，"A－A?"式相对较早，"A｛PART｝－A?""A－A｛PART｝?"略晚，而"A｛PART｝－A｛PART｝"可能是"A｛PART｝－A?""A－A｛PART｝?"的混合形式。史秀菊《山西方言的特指疑问句》（2011）指出山西方言特指问句的特点主要体现在疑问代词上，疑问代词在官话区和晋语区既有联系又有区别。郭利霞《山西方言的语调问句》（2014）分析了山西方言的语调问句，并将其分为低平语调问句和高升语调问句。乔全生《洪洞方言用于答语的反诘问句"咋呢不行的"研究》（2015）分析了洪洞方言反诘疑问句作答语的现象和成因。

郭利霞《汉语方言疑问句比较研究——以晋陕蒙三地为例》（2015）是方言句法专题研究的专著。该书选取山西、陕西、内蒙古西部这些区域的90个方言点的疑问句，共分"疑问语气词问句""语调问句""疑问代词问句""VP－NEG－（VP）问句""列项选择问句""用副词'敢（是）'的问句"六个专题，通过与近代汉语及其他方言的有关语言现象进行历时与共时比较，尽力梳理出各类疑问句的发展变化与线索，清晰地展现出各地各类疑问句的异同及不同类型疑问句的变化脉络；该书运用语法化理论、类型学理论、认知语言学理论，对方言语法现象作出了较为合理的解释，提出了关于疑问句的区域类型、成因和共性的新见解，对推动山西方言句法研究及汉语方言语法研究方法的改进做出了有益尝试。

24.5.3.2 特殊句法结构

乔全生《晋方言表空间位移的"V＋X＋来/去"结构》（2006）发现普通话的"V来/去"结构与晋方言的"V来/去"结构表示的方向正好相反，该文分别从结构形式、句法功能两方面加以论述，指出表空间位移的动词一般是动作动词，多数动作动词有致动的意义，如抬、拉等。趋向词内部的表义功能不同，在非指示路径的趋向词位置上，对位移的过程有表方向的作用，在指示路径的趋向词位置上，有定位的作用，如抬进来。晋方言表空间位移的结构形式没有普通话灵活，趋向动词中表向、表位的形式比普通话丰富，在位移表述上，对表向的环节更加依赖。宗守云、张素玲《晋语中的"往CV"结构》（2013）指出在句法构成上"往 CV"的"C"是表达状态变化意义的动词、形容词、唯补词,"V"是具有过程性意义的动词。在语义性质上,"往 CV"具有预期性和过程性,"往 CV"的预期性主要表现为"C"的预期性。"往 CV"的形成经历了扩展和脱落两个过程。史秀菊、郝晶晶《山西平遥方言复句关联标记"门"的演变——从后置到前置》(2018)认为平遥方言的关联标记"门"发生了由后置到前置的变化,关联标记"门"是由单句末的语气词"门"发展而来,"门"由后置到前置是结构的重新分析,重新分析的诱因是紧缩句的高频使用模糊了前后置的界限,更重要的诱因是"门"成为话轮前后句语义关联的标记。不论后置还是前置,"门"都符合"联系项居中"原则,发生演变的动因应是为追求与 VO 语序相和谐。温锁林《晋语寿阳方言里的几种规约化构式》(2020)讨论了寿阳方言中三种特殊的规约化构式:一种用来表示否定,一种用来表示劝止,还有一种是表示悔怨。这些构式均出现在交际互动的应答句中,共同特点是均未直接使用表示否定、劝止和悔怨的词语,其语义是利用规约化的语义解读间接表达的。该文详细地描述了几种构式的使用环境与条件,对其规约化过程进行了探讨,并解释了其表义的机制与特点。该文描写的虽然仅是寿阳方言,但这三种规约化构式在晋语中具有较强的地域共性。任志婷《晋语沁源方言"X 得不行"构式研究》(2021)尽可能全面地描写沁源方言中的这一构式,通过与普通话对比,分析了其句法、语义、语用及形成机制等。

24.5.3.3　话题句与话题标记

刘艳《山西省文水(云周)话中的提顿词"桑"》(2010)着眼于山西省文水县云周话中的提顿词"桑"在共时层面上的多种语法功能,通过列举其用法,追溯其来源,说明了"桑"从作为句首时间状语成分到作为提顿词是词义泛化的结果。郭利霞《山西山阴方言的拷贝式话题句》(2011)指出山阴方言有两种无标记的话题句:对举式拷贝话题句和谓词拷贝话题句。其认为在语用上,前者主要用于客观叙述,后者则表消极下抑的主观性语势。温锁林《寿阳方言的话题标记》(2014)指出山西寿阳方言中有类别多样的专作话题标记的提顿词。论文对四类话题标记进行了详细的描写,并结合各自的表达功能将其命名为对比性话题标记"时时"、申明性话题标记"来[来]"与"昂"、提示性话题标记"勒"与"噪"、假定性话题标记"佬[佬]"与"的话",分析了不同表达功能及来源,结合寿阳方言的话题标记的多样性和丰富性说明了汉语的类型学特征。

24.5.4 引入语法化理论

山西方言语法引入语法化理论进行研究的相关论文有:李小萍、温锁林《山西晋语中两种表程度的否定式补语》(2016)讨论的是山西晋语中两种用否定式补语来表示极深/高程度的格式——"VP+得+不行"和"VP+哩+不能"。在全面描写两类格式使用情况的基础上,该文分析比较了山西晋语中与"VP+得+不行"表义基本相同的"可+VP+嘞""VP+煞/死/死/坏+哩"两种格式的细微差异。文章还通过"不行"和"不能"作补语的语法化过程,对否定式补语表程度极深高的语义进行了解释,认为补语位置上的"不行"和"不能"都经历了由能力否定到能力评价、由评价义再到程度义的过程。温锁林《山西寿阳方言的"将来"及其演化》(2018)讨论了寿阳方言中两个同形但不同音、不同义的"将来"的语法功能及各自的语义虚化过程。李仙娟《晋南方言"到"的用法及其语法化》(2019)主要考释了"到"语法化的动因和历程,探索"到"兼作处置式与被动式标记的来源,归纳其类型化的意义,"到"在兼语句的容任义是其语法化关键的一步,合适的句法位置、语义的相宜性、高频的使用率和方言内部系统的协调都对"到"的发展演变有一定的影响。王绣棠《平遥方言的"见"》(2021)对平遥方言的特色常用词"见"做了分析,"见"可用作谓语、补语和补语标记,其中补语标记用法在普通话及其他方言中并不常见。"见"的不同用法正是其历时的语法化演变在共时层面的投射,并组成了单一的语法化链。

24.5.5 语法史研究

关于山西方言语法史研究的相关成果有:史秀菊《山西南部方言的"X去"及其来源》(2010)认为山西南部方言的"X去"应是近代汉语的沿用与发展。"X去"中"去"已经虚化,其虚化轨迹应是由"空间趋向"变为"时间趋向"。邢向东《晋语的"底"系指示代词及其来源》（2020）指出晋语"底"系指代词在宋元白话中使用较多，可以指代事物、性状等，其用法可分两路：《朱子语类》中"这底"表近指，"那底"表远指；金元白话中，"兀底（阿的）"在具体语言环境下向对方直指面前的事物，该文叫"面指"，"那的"表回指。明初"这底"代替了"兀底"的面指功能。明代以后，"兀底、这底、那底"在官话中逐渐消亡。现代晋语继承和发展了宋元白话中"底"系词指代性状、方式的用法，将其整合到近指"这"，远指"那、兀"的系统中，将"兀底"的指称功能调整为远指。吕梁片少数方言经过省略创新，形成了"底、底个"等指代词，与"这底"形成叠置关系；个别方言继承了明初时期"这底"指代事物的用法。

本时期不仅在山西方言语法研究上取得了丰硕的成果，在山西方言语法保护上也不断探索新时代中国语言文字保护的新途径。2015—2018年，山西省作为语保工程的四个试点省份之一，由乔全生担任首席专家及中国语言资源保护工程核心专家，组建了山西语保调查研究团队，连续四年承担并高质量完成了教育部、国家语委"中国语言资源保护工程·山西汉语方言调查"（以下简称"山西语保工程"）57个汉语方言点的调查摄录任务，形成57本山西语保工程调查记录及高达6TB的57份音视频电子文件，每个方言点包括50条语法例句，山西方言语法研究从单一的纸本记录到全方位联动创新保护晋方言，开辟了方言保护的多样化路径，初步实现了山西方言有声数字化建设，也实现了山西方言语法资料的有声数字化建设。

24.6　山西方言语法研究的几点展望

应该说，目前山西方言语法研究的基础是比较好的，山西方言语法研究正迈向一个由点及面、由浅入深的新阶段，但综观山西方言语法研究成果，也显现出一些不足之处，如研究成果地域上的不均衡，句法研究理论分析的不足，比较研究、区域研究的整体缺乏等。现就山西方言语法研究提几点展望。

24.6.1　全面开展山西方言语法研究

对山西方言语法事实的全面调查和描写是方言语法研究最重要的基

石。鉴于山西方言语法研究地域上的不平衡，必须全面开展山西方言语法研究。不仅要研究单点方言的语法，还要着眼区域方言的语法；不仅要调查盆地的方言语法，还要调查山区的方言语法；不仅要调查研究方言语法的特色，还要兼顾方言语法的共性；不仅要重视词法和词类，还要加强句法的研究。至今还没有一部全面反映山西方言语法的描写语法。基础性的研究做不好，山西方言语法研究就不可能取得根本性的突破。

24.6.2 重点聚焦山西方言语法比较研究

比较研究是方言语法研究最为重要的思维方法和操作方法。只有通过多点的比较，才能得出具有类型学价值的方言语法研究成果。李如龙也曾呼吁"语法的横向比较研究应该加速步伐"。目前山西单点方言语法研究已颇具规模，特别是随着"山西方言重点研究丛书"的陆续出版（目前已出版至10辑70种），为山西方言语法的比较研究提供了可能和支撑。

24.6.3 深入进行山西方言语法历时研究

山西方言中保留了诸多古代语言成分，其中不乏方言语法演化的活化石。如在句法结构上，洪洞一带"VX着"可能是唐宋"VX著"结构的遗衍；长治方言"V将"的虚化轨迹与近代汉语基本一致；方言中遗存的近代汉语"我咱、你咱"的说法，元曲中的非动词性后置词"行"，今天还活在山西晋语中；晋语"底"系指代词在宋元白话中找到很多用例等。赵元任曾提出语言由于"时代的不同，往往反映出地域上的不同"。可以充分利用山西各点方言语法的不同来尝试构建山西方言语法历史的演变脉络。我们要深入进行山西方言语法的历时研究，完善山西方言语法史的构建。

24.6.4 注重提升山西方言语法理论研究意识

陆俭明（2010）曾说："对语言的考察和描写固然重要，但它毕竟只是研究的基础，还未达到真正意义上的科学研究。真正意义上的科学研究，必须对考察、描写所得的语言事实及其规律作出科学的解释，并进一步从中总结出具有解释力的原则，升华为理论，能用这些原则、理论来解释更多的语言事实。"山西方言语法现象丰富，在北方方言中独具特色，但当前的研究重点仍侧重于语言事实的描写与分析，或运用某种语法理论来分析山西方言的语法现象。我们必须强化山西方言语法理论的研究意识，从山西方言丰富复杂的语法事实中揭示出汉语语法规律，总结汉语语法理论，为构建富有特色的汉语方言语法理论提供支撑。同时，还要积极借鉴利用已有的国内外语法研究理论进行山西方言语法研究，如"三个平面"理论、"小句中枢"理论、层次分析理论、配价理论等。

张振兴指出："在汉语方言的研究中，方言语法的研究无疑是十分重要的，它既能丰富汉语语法学，又能发展汉语方言学。"山西方言是语言学的宝库，山西方言语法是汉语方言语法的宝库，加强山西方言语法的研究，无疑可为汉语方言语法理论、为汉语语言学理论做出积极的贡献。

（本章曾以《山西方言语法研究的回顾与展望》为题，发表于《北斗语言学刊》2022 年总第十辑，论文在写作过程中曾得到李小萍副教授、王晓婷副教授的大力帮助。收入本书时作了部分修改。）

参考文献

一 清以前的古文献（按文献的大致年代先后顺序排列）

徐震堮：《世说新语校笺》，中华书局1984年版。
赵璘：《因话录》，上海古籍出版社1979年版。
王重民等《敦煌变文集》，人民文学出版社1957年版。
李昉等：《太平广记》，中华书局1960年版。
陆游：《老学庵笔记》，丛书集成初编本。
朱熹：《二程语录》，丛书集成初编本。
朱熹：《朱子语类辑略》，丛书集成初编本。
普济：《五灯会元》，中华书局1984年版。
徐叟：《宋人小说类编》，北京中国书店1985年版。
凌景埏校注《董解元西厢记》，人民文学出版社1980年版。
《元朝秘史》丛书集成初编本。
《大元圣政国朝典章》诵芬室丛刊初编。
《新校元刊杂剧五十种》，中华书局1980年版。
《老乞大谚解》《朴通事谚解》，奎章阁丛书第八、第九。
洪楩编：《清平山堂话本》，文学古籍刊行社1987年版。
施耐庵：《水浒传》，上海人民出版社1975年版。
罗贯中：《三遂平妖传》，北京大学出版社1983年版。
冯金起选注：《明代戏曲选注》，上海古籍出版社1983年版。
吴承恩：《西游记》，人民文学出版社1980年版。
臧晋叔编：《元曲选》简称"元杂"，中华书局1985年版。
刘坚：《近代汉语读本》，上海教育出版社1985年版。

钱谦益：《牧斋初学记》，四部丛刊初编。

吴敬梓：《儒林外史》，人民文学出版社1977年版。

曹雪芹：《红楼梦》，人民文学出版社1982年版。

石玉崑：《三侠五义》，广东人民出版社1980年版。

文康《侠女奇缘》（原名《儿女英雄传》），广西人民出版社1980年版。

刘鹗：《老残游记》，人民文学出版社1979年版。

二 现代文献（按作者名音序排列，同一作者按发表、出版时间先后排序）

白云、郭艳花：《区域社会史视角下的晋方言特征演化与形成》，《山西大学学报》2021年第3期。

蔡权：《吉县方言语音特点试析》，《语言学论文集》，山西人民出版社1990年版。

曹广顺：《近代汉语助词》，语文出版社1995年版。

常钟玉：《试析反问句的语用含义》，《汉语学习》1992年第5期。

陈平：《论现代汉语时间系统的三元结构》，《中国语文》1988年第6期。

陈昌来：《现代汉语动词的句法语义属性研究》，学林出版社2002年版。

陈茂山：《忻州方言的"动词（形容词）＋顿咾"》《语文研究》1990年第3期。

陈庆延：《稷山方言的量词》，《语文研究》1981年第2期。

成志刚：《晋语孙吉话的"姐夫"》，《中国语文》1996年第4期。

崔容：《山西方言"将"的共时和历时分析》，《第三届晋方言国际学术研讨会论文集》，希望出版社2008年版。

崔淑慧：《代县方言的人称代词》，《山西大学学报》1998年第2期。

戴耀星：《现代汉语时体系统研究》，浙江教育出版社1997年版。

范慧琴：《定襄方言语法研究》，语文出版社2007年版。

冯良珍、佐藤昭：《霍县方言的变读》，《山西方言研究》，山西人民出版社1989年版。

龚千炎：《论近代汉语句末语气词"者""咱""则""则个"及其历史发展》，《合肥师范学院学报》1963年第1期。

龚千炎：《谈现代汉语的时制表示和时态表达系统》，《中国语文》1991年第4期。

龚千炎：《汉语的时相、时制、时态》，商务印书馆1995年版。

龚千炎：《论汉语的时制与体结构（上、下）》，《语文研究》1998年第3、4期。

郭文亮：《平鲁方言志》，山西教育出版社1990年版。

郭校珍：《山西晋语语法专题研究》，华东师范大学出版社2008年版。

何兆熊等：《新编语用学概要》，上海外语教育出版社2000年版。

贺巍：《获嘉方言表音词表》，《语文研究》1989年第3期。

贺巍：《获嘉方言研究》，商务印书馆1989年版。

侯精一：《平遥方言的动补式》，《语文研究》1981年第2期。

侯精一：《长治方言志》，语文出版社1985年版。

侯精一、温端政、田希诚：《山西方言的分区》，《方言》1985年第2期。

侯精一等：《山西方言的分区》，《方言》1986年第2期。

侯精一：《晋语的分区（稿）》，《方言》1986年第4期。

侯精一：《关于"谁们"的说法》，《中国语文》1986年第5期。

侯精一：《平遥方言的重叠式》，《语文研究》1988年第4期。

侯精一：《平遥方言语法研究》，日本东京外国语大学，1989年。

侯精一、温端政主编：《山西方言调查研究报告》，山西高校联合出版社1993年版。

侯精一：《现代晋语的研究》，商务印书馆1999年版。

胡福汝：《中阳县方言志》，学林出版社1990年版。

胡明扬：《B. Comrie〈动态〉简介》，《国外语言学》1996年第3期。

胡双宝：《文水方言的若干语法现象》，《语文研究》1981年第2期。

胡双宝：《文水话的量词、代词和名词》，《语文研究》1983年第1期。

胡双宝：《文水方言志》，语文研究增刊（10），又见1990年修订本，语文出版社1984年版。

胡竹安：《宋元白话作品中的语气助词》，《中国语文》1958年第6期。

黄维：《动词"告诉"带宾语情况分析》，硕士学位论文，湖南师范大学，2009年。

江荫堤：《朔县方言志》，山西高校联合出版社 1991 年版。

蒋绍愚：《再谈"从综合到分析"》，《语文研究》2021 年第 1 期。

金梦茵：《原平方言志》，语文出版社 1989 年版。

李荣：《语音演变规律的例外》，《中国语文》1965 年第 2 期。

李荣：《官话方言的分区》，《方言》1985 年第 1 期。

李仁孝、李作南：《呼和浩特汉语方言中形容词和动词等的重叠形式》，《内蒙古大学学报》1986 年第 2 期。

李如龙：《汉语方言的比较研究》，商务印书馆 2001 年版。

李守业：《文水话形容词的复杂形式》，《语言学论丛》，1983 年。

李小凡：《汉语方言疑问句比较研究——以晋陕蒙三地为例·序》，南开大学出版社 2015 年版。

李小平：《山西临县方言 AA 式名词的构词特点》，《语文研究》1997 年第 1 期。

李新良：《协同动词带宾语及其语义后果》，《语言教学与研究》2013 年第 2 期。

廖梅珍：《"告"的语义演变及其双音化研究》，硕士学位论文，江西师范大学，2017 年。

刘坚、曹广顺、吴福祥：《论诱发汉语词汇语法化的若干因素》，《中国语文》1995 年第 3 期。

刘大为：《修辞性疑问：动因与类型——修辞性疑问的分析框架之二》，《修辞研究》2009 年第 1 期。

刘丹青：《苏州方言重叠式研究》，《语言研究》1986 年第 1 期。

刘宁生：《论"着"及其相关的两个动态范畴》，《语言研究》1985 年第 2 期。

刘勋宁：《现代汉语词尾"了"的语法意义》，《中国语文》1988 年第 5 期。

刘育林：《陕北方言略说》，《方言》1988 年第 4 期。

刘月华：《动态助词"过$_2$""过$_1$""了$_1$"用法比较》，《语文研究》1988 年第 1 期。

龙潜庵：《宋元语言词典》，上海辞书出版社 1985 年版。

陆俭明：《汉语方言语法研究的必由之路》，《语言文字应用》2005 年第

3 期。

陆俭明：《汉语语法研究中理论方法的更新与发展》，《语文学习》2010年第 1 期。

吕叔湘：《汉语语法论文集》，商务印书馆 1984 年版。

吕叔湘：《近代汉语指代词》，学林出版社 1985 年版。

吕叔湘：《中国文法要略》，《吕叔湘文集》（第一卷），商务印书馆 1993 年版。

吕叔湘主编：《现代汉语八百词》（增订本），商务印书馆 1999 年版。

吕枕甲：《山西方言的名词构词后缀 təu》，《汉语方言语法类编》，青岛出版社 1996 年版。

马庆株《时量宾语和动词的类》，《中国语文》1981 年第 2 期。

马文忠：《大同方言的动趋式》，《中国语文》1986 年第 6 期。

马文忠等：《大同方言志》，语文出版社 1986 年版。

马文忠：《大同方言"动词 + 顿儿"》，《中国语文》1987 年第 2 期。

马文忠：《大同方言变音别义三例》，《中国语文》1989 年第 5 期。

马希文：《北京方言里的"着"》，《方言》1987 年第 1 期。

梅祖麟：《现代汉语完成貌句式和语尾的来源》，《语言研究》1981 年第 1 期。

孟庆海：《阳曲方言志》，社会科学文献出版社 1991 年版。

木村英树：《关于补语性词尾"着/zhe"和"了/le"》，《语文研究》1983 年第 2 期。

潘家懿：《交城方言的语法特点》，《语文研究》1981 年第 1 期。

潘家懿：《临汾方言志》，语文出版社 1988 年版。

潘耀武：《清徐方言的重叠式》，《山西大学学报》1989 年第 4 期。

钱乃荣：《汉语语言学》，北京语言学院出版社 1995 年版。

乔全生：《洪洞方言志》，《语文增刊》增刊（6）1983 年版。又见《洪洞方言研究》，中央文献出版社 1999 年版。

乔全生：《洪洞话的"去"、"来"》《语文研究》1983 年第 3 期。

乔全生：《洪洞话的代词》，《山西大学学报》1986 年第 2 期。

乔全生：《洪洞方言的"VX 着"结构》，《语文研究》1989 年第 1 期。

乔全生：《洪洞方言助词"着"的共时研究》，《语言研究》1989 年第

1 期。

乔全生：《汾西方言志》，山西高校联合出版社 1990 年版。又见《汾西方言研究》，九州出版社 2009 年版。

乔全生：《山西方言中的"V+将+来/去"结构》，《中国语文》1990 年第 2 期。

乔全生：《山西方言的几个詈词后缀》，《方言》1996 年第 2 期。

乔全生：《山西方言人称代词的几个特点》，《中国语文》1996 年第 1 期。

乔全生：《晋方言语法研究》，商务印书馆 2000 年版。

乔全生：《晋语与官话非同步发展（一）（二）》，《方言》2003 年第 2、3 期。

乔全生：《再论洪洞方言的"我咱""你咱"》，载《汉语方言语法研究和探索》，首届国际汉语方言语法学术研讨会论文集，黑龙江人民出版社 2003 年版。

乔全生、王晓燕：《中阳方言的人称代词》，《山西大学学报》2003 年第 1 期。

乔全生、余跃龙：《晋方言与官话非同步发展（五）——鼻音韵尾的弱化和消失》，《北斗语言学刊》2019 年第 2 辑。

乔全生主编：《中国语言资源集·山西》（语音卷、词汇卷、语法卷），商务印书馆 2022 年版。

乔全生主编：《山西方言重点研究丛书》，九辑 60 种。山西人民出版社、九州出版社、北岳文艺出版社 1999—2021 年版。

任林深：《山西闻喜常用介词浅析》，《山西师大学报》1987 年第 4 期。

邵敬敏：《现代汉语疑问句研究》，华东师范大学出版社 1996 年版。

邵敬敏、周芍：《汉语方言语法研究的现状与思考》，《暨南大学学报》2005 年第 1 期。

邵敬敏：《汉语方言疑问范畴比较研究》，暨南大学出版社 2010 年版。

沈慧云：《晋城方言的"子尾"变调》，《语文研究》1983 年第 4 期。

沈慧云：《晋城方言的指示代词》，《语文研究》1986 年第 2 期。

沈家煊：《不加帮助的话题》，《中国语文》1989 年第 5 期。

沈家煊：《"有界"与"无界"》，《中国语文》1995 年第 5 期。

沈家煊：《不对称与标记论》，江西教育出版社 1999 年版。

沈家煊：《语言的"主观性"与"主观化"》，《外语教学与研究》2001 年第 4 期。

石毓智：《论现代汉语的"体"范畴》，《中国社会科学》1992 年第 6 期。

舒化龙：《汉语发展史略》，内蒙古教育出版社 1983 年版。

税昌锡：《动词界性分类试说》，《暨南学报》2005 年第 3 期。

宋秀令：《汾阳方言的"圪"》，《山西方言研究》，山西人民出版社 1989 年版。

宋秀令：《汾阳方言的人称代词》，《语文研究》1992 年第 1 期。

田希诚：《运城话的人称代词》，《中国语文》1962 年第 8 期。

田希诚：《临汾方言语法的几个特点》，《语文研究》1981 年第 2 期。

田希诚：《霍州方言的小称变韵》，《山西大学学报》1992 年第 1 期。

汪国胜：《关于现代汉语语法研究的思考》，《长江学术》2019 年第 1 期。

王力：《汉语史稿》中册，中华书局 1980 年版。

王力：《王力古汉语字典》，中华书局 2000 年版。

王国栓：《"动+将+趋"式中"将"的性质》，《语文研究》2004 年第 3 期。

王松茂：《汉语时体范畴论》，《齐齐哈尔师院学报》1981 年第 3 期。

王雪樵：《运城话中的一种"把"字句》，《中国语文》1986 年第 4 期。

温端政：《忻州方言志》，语文出版社 1985 年版。

温端政、张书祥：《忻州俗语志》，语文出版社 1986 年版。

温端政主编：《山西省方言志丛书》，语文出版社、山西高校联合出版社等 1983—1997 年版。

吴建生：《万荣方言的人称代词和指示代词》，《语言学论文集》，山西人民出版社 1990 年版。

吴新华：《青海话里的助词"着"》，《青海师大学报》1984 年第 3 期。

吴云霞：《万荣方言重叠式研究》，硕士学位论文，山西大学，1999 年。

武继山：《不止是大同方言说"动+顿儿"》，《中国语文》1990 年第 2 期。

武振玉：《"动·将·补"句式的历史演变》，《吉林大学社会科学学报》1991年第1期。

项梦冰：《连城方言的人称代词》，《方言》1992年第3期。

萧斧：《早期白话中的"V着哩"》，《中国语文》1964年第4期。

晓宁：《河东方言的不定量词"些"》，《语文研究》1995年第2期。

辛菊：《翼城方言"子尾"的特点》，《语文研究》1999年第1期。

邢公畹：《现代汉语和台语里的助词"了"和"着"（上）（下）》，《民族语文》1979年第2、3期。

邢向东：《神木方言的语法特点》，《内蒙古师大学报》1985年第4期。

邢向东：《说"我咱"和"你咱"》，《中国语文》2000年第2期。

邢向东：《陕北晋语语法比较研究》，商务印书馆2006年版。

徐德庵：《近代汉语中句末语气词"则个""者""著""咱""罢""波"》，《古代汉语论文集》，巴蜀书社1991年版。

徐通锵：《进一步加强山西方言的研究——纪念语文研究创刊十周年》，《语文研究》1990年第4期。

杨凤仙：《上古"言说类动词"词义研究》，博士学位论文，北京师范大学，2006年。

杨述祖：《太谷方言的儿韵、儿尾和儿化》，《语文研究》1991年第3期。

杨增武：《山阴方言的人称代词和指示代词》，《语文研究》1982年第2期。

杨增武：《山阴方言的几个虚语素》，《语言学论文集》，山西人民出版社1990年版。

于根元：《上海话的"勒勒"和普通话的"在、着"》，《语文研究》1981年第1期。

于根元：《关于动词后附"着"的使用》，《语法研究和探索（一）》，北京大学出版社1983年版。

于根元：《反问句的性质和作用》，《中国语文》1984年第6期。

喻翠容：《傣语动词的情貌系统》，《语言研究》1985年第2期。

袁家骅：《汉语方言概要》（第二版），文字改革出版社1983年版。

袁毓林：《准双向动词》，《语文研究》1989年第1期。

岳立静：《从〈醒世姻缘传〉看近代汉语助词"将"的语法功能》，《语言科学》2008 年第 6 期。

翟燕：《明清时期动态助词"将"的发展演变及衰亡原因》，《山东师范大学学报》2007 年第 5 期。

詹贤菱：《英语词素分析》，商务印书馆 1982 年版。

张崇：《陕北延川方言语法特点》，《汉语方言语法类编》，青岛出版社 1996 年版。

张敏：《从类型学和认知语法的角度看汉语重叠现象》，《国外语言学》1997 年第 2 期。

张相：《诗词曲语辞汇释》，中华书局 1979 年版。

张伯江：《关于动趋式带宾语的几种语序》，《中国语文》1991 年第 3 期。

张成材等：《西宁方言志》，青海人民出版社 1986 年版。

张济卿：《汉语并非没有时制语法范畴——谈时、体研究中的几个问题》，《语文研究》1996 年第 4 期。

张延华：《山西临猗方言人称代词》，《中国语文》1980 年第 6 期。

张燕来：《〈红楼梦〉中的"动+将+补"结构》，《中国语文》2004 年第 2 期。

张益梅：《介休方言的文白异读》，《语文研究》1988 年第 4 期。

张谊生：《交互类短语与连介兼类词的分化》，《中国语文》1996 年第 5 期。

张谊生：《交互动词的配价研究》，《语言研究》1997 年第 1 期。

张振兴：《鄂东方言语法研究·序》，江苏教育出版社 2001 年版。

张志毅：《印欧语中屈折变化的简化趋势》，《山东外语教学》1985 年第 4 期。

张志毅：《汉语屈折变化的简化与消失》，《语文研究》1987 年第 3 期。

张志毅、张庆云：《词和词典》，中国广播电视出版社 1994 年版。

赵元任：《语言问题》，商务印书馆 1980 年版。

赵元任：《北京口语语法》，吕叔湘译，商务印书馆 2001 年版。

郑振铎：《中国俗文学史》，人民文学出版社 1959 年版。

周晓君：《汉语相互结构研究》，浙江大学出版社 2018 年版。

朱德熙：《现代汉语语法研究》，商务印书馆1980年版。

朱德熙：《语法讲义》，商务印书馆1982年版。

祝敏彻：《论初期处置式》，《语言学论丛》第一辑，新知识出版社1957年版。

左思民：《现代汉语的"体"概念》，《上海师范大学学报》1997年第2期。

左思民：《现代汉语中"体"的研究—兼及体研究的类型学意义》，《语文研究》1999年第1期。

三　外国文献（按发表、出版时间顺序排列）。

京城帝国大学法文学部：《朴通事谚解》奎章阁丛书第八，1943年。

龙果夫：《现代汉语语法研究》，科学出版社1958年版。

Searle, J. 1975 Indirect speech acts. In Cole, P & Morgan, J. (eds.). Syntax and Semantics, Vol. 3: Speech acts, New York: Academic Press.

Brown, P & S1978 Levinson. Universals in Language Usage: Politeness Phenomena. In Goody, E. (ed.) Questions and Politeness: Strategies in Social Interaction, Cambridge: Cambridge University Press.

R. R. K 哈特曼、F. C 斯托克著，黄长著等译：《语言与语言学词典》，上海辞书出版社1981年版。

Leech, G. 1983 Principles of Pragmatics, London: Longman.

柳田圣山编：《祖堂集索引》，京都大学人文科学研究所1984年版。

布龙菲尔德：《语言论》，袁家骅等译，商务印书馆1985年版。

Quirk et al. 1985 A Comprehensive Grammar of the English Language, Longman: Longman World Publishing Corporation.

太田辰夫：《中国语历史文法》，蒋绍愚、徐昌华译，北京大学出版社1987年版。

Ervin-Tripp, S. Strategies, A. Lampert. M. & Bell, N. 1987 Understanding Requests, Linguistics 25.

Christine Lamarre：《汉语空间位移事件的语言表达——兼记述趋式的几个问题》，《现代中国语研究》2003年第5期。

后　记

拙著《山西方言语法研究》是在原著《晋方言语法研究》（商务印书馆2000年版）的基础上所做的修订和补充。原著16章，现扩充为24章，增加的8章均是近年来笔者与同事、学生合作陆续发表的成果。24章中，有20章的内容曾以论文的形式公开发表过，其余4章的内容或在学术会议上宣读，或是对已有材料的整合。这次出版均对原来的章节和增补的内容作了不同程度的修改。

书名改为《山西方言语法研究》，实际上是对山西方言语法的专题研究，专题研究与书中内容更加契合。首先是研究范围，本书着眼于山西省内方言语法，没有或基本未涉及与山西省毗连的隶属晋语的方言语法。如：《论豫北晋语反复疑问句的过渡性特征》（乔全生、鲁冰，《山西大学学报》2016年第6期）的论文就没有收入。其次是研究内容，本书不是系统地、全面地研究山西方言语法，而是按词法、词类、句法等顺序以专题形式着重描写山西方言或山西某方言区、方言点突出的特点，当长则长，当短则短。书中论及山西方言或山西某片方言语法现象时，重在内外比较；论及某方言点的语法现象时，重在突出特点。

关于山西方言内部的分区，本书采用《山西方言调查研究报告》使用的名称：北区、中区、西区、东南区、南区。没有采用晋语八片的名称，因为八片的名称中有三片涉及山西境外陕西、内蒙古、河北、河南的晋语。

全书可分为四个板块：第一板块：着眼于山西全省的方言语法专题（第1章至第12章）。第二板块：着眼于山西某方言区片的方言语法专题（第13章至第15章）；第三板块：着眼于山西某方言点的方言语法专题（第16章至第23章）；第四板块：着眼于山西方言语法研究史的专题（第24章）。四个板块重心不同，视角不同，重在详细描写，内外比较。力图将作者对山西方言语法专题的调查材料和分析结果呈现出来。

从研究内容看，书中涉及词法、词类、句法、语用等方面。词法方面涉及山西方言的附加式构词、屈折式构词、重叠式构词、子尾、儿化和儿尾、詈词后缀，各类词缀包括圪、日、忽、不、子、儿、货、鬼、猴、佬、屄、叮、呱、娃等用法。词类方面涉及名词、动词、形容词、代词、数词、量词、副词、助词等用法。句法方面则侧重挖掘山西方言的"V+将+来/去"结构、表空间位移的"V+X+来/去"结构、"VX着"结构、补语结构、比较句、"把"+名结构、"V+动+哩"结构、"的"字结构等。语用方面解剖了洪洞方言反诘问句"咋呢不行的"的使用特点。最后，对山西方言语法研究进行回顾与展望，对有关代表性论著作简要的评述与梳理，对以后的山西方言语法研究作一展望。全书内容重在挖掘山西方言的语法现象，凸显处于封闭地理位置中的山西方言语法在北方官话方言中的突出特点。有些特点不仅在北方方言、在汉民族共同语中鲜见，在汉语其他方言中也不多见。需要指出的是，由于种种原因，山西方言中的很多语法现象并不为学界所共知，产生的学术影响也远远不够。因此，深入挖掘、充分展示山西方言语法现象就显得尤为必要。

从研究方法看，有共时比较、历时探讨，有宏观观察、微观观察。共时比较与历时探讨相结合是本书最基本的研究方法，可以比较清晰地展现山西方言语法的一些突出特点。如"V+将+来/去"结构，从横向角度指出山西方言"V+将+来/去"结构发展的不平衡性和助词"将"的消长轨迹，从纵向角度提出这种结构的历史传承性。关于洪洞方言动态助词"着"的系列论文，也是尝试从共时、历时相结合的角度论证洪洞方言"VX着"结构与唐宋以来的"VX着"结构一脉相承性，得出"着"是动态助词，而不是句末语气词的结论。

宏观观察与微观观察相结合也是本书运用的一种重要方法，对山西全省方言的观察、对一个方言片区的观察与对某个方言点的观察，所获也各有不同。第1章至第12章是对山西全省方言语法特点的宏观描写，分析山西方言的构词法、词类、句法；第13章至第15章是对山西某一方言片区的现象的描写，南区的独立词"可"、助词"着"，北区的体貌系统等；第16章至第23章是对山西某一方言点语法特点的微观描写，包括洪洞、长治、中阳等地的方言特点。洪洞方言是作者20世纪80年代最早调查、最熟悉的方言，对洪洞方言语法研究用力最多，收获也丰。尤其对动词"去""来"、助词"着"、代词等词类的观察，对四重叠结构、"形补同词"结构、"V得"结构、"V+动（儿）"结构，"的"字结构的分析，为汉语方言语法研究起到了解剖麻雀的作用。

  作为一个山西人，调查研究山西方言是我们的使命。语音、词汇、语法都需要投入更多的精力。多年的观察比较，越来越感受到山西方言语法在北方方言，在官话方言里的确是富有特色的。挖掘这些特点无疑可为"晋语分立"提供语法方面的依据。

  还有一点需要说明：本书修订后的书名原为：山西方言语法专题研究。书稿上交后，丛书主编汪国胜教授建议书名改为《山西方言语法研究》。因为这套丛书总名冠以"汉语方言语法研究"，都没有"专题"二字。这样一改，就与先师田希诚先生刚出版的遗作同名了。这部遗作是由作为弟子的我在田先生生前再三催促下送往出版社的，没想到田先生尚未见到大著正式出版就仙逝了。该书是在田先生逝世一周年后的2021年出版的，总算了却了作为弟子的一片心愿。拙著与田先生大著同名，也算弟子附骥攀鸿之福。二书虽书名相同，但内容各异，只有一章"山西方言的子尾"是两书共有的，因为田师书中的这章明确注明由乔全生撰写，内容依照原样。本人拙著修订出版时对同名的这一章已作了必要的补充和修改。

  在本书出版之际，我要特别感谢本套丛书主编汪国胜教授，有了汪教授的建议、催促，才使我下决心完成本书的增修工作。还要特别感谢丛书顾问邢福义先生、张振兴二位先生多年来对作者的提携与厚爱。再次感谢为原书《晋方言语法研究》赐序的侯精一先生、李如龙先生。最后，还要感谢论文合作的同事、学生，感谢为本书查阅资料的几位博士生、硕士生。

  本书虽是作者多年来对山西方言语法实地调查后进行的专题探讨，但有些内容仅仅反映我们对山西方言语法现象的粗浅认识，我们愿意与山西方言研究的同人一道对山西方言语法作更深入的调查研究，争取有更多的成果问世。

  有的章节因调查到的方言语料有限，认识未免欠妥，真诚地希望同行专家批评指正。

乔全生

2022年9月于陕西师范大学语言科学研究所

《汉语方言语法研究丛书》书目

安陆方言语法研究
安阳方言语法研究
长阳方言语法研究
崇阳方言语法研究
大冶方言语法研究
丹江方言语法研究
高安方言语法研究
河洛方言语法研究
衡阳方言语法研究
辉县方言语法研究
吉安方言语法研究
浚县方言语法研究
罗田方言语法研究
宁波方言语法研究
武汉方言语法研究
宿松方言语法研究
汉语方言持续体比较研究
汉语方言完成体比较研究
汉语方言差比句比较研究
汉语方言物量词比较研究
汉语方言被动范畴比较研究
汉语方言处置范畴比较研究
汉语方言否定范畴比较研究
汉语方言可能范畴比较研究
汉语方言小称范畴比较研究
汉语方言疑问范畴比较研究

石城方言语法研究
山西方言语法研究
固始方言语法研究
海盐方言语法研究
临夏方言语法研究
祁门方言语法研究
宁都方言语法研究
上高方言语法研究
襄阳方言语法研究
苏皖方言处置式比较研究